Interventionsforschung
Band 1

Larissa Krainer · Ruth E. Lerchster (Hrsg.)

Interventionsforschung

Band 1
Paradigmen, Methoden, Reflexionen

Springer VS

Herausgeberinnen
Larissa Krainer,
Ruth E. Lerchster,
Alpen-Adria-Universität Klagenfurt,
Österreich

Veröffentlicht mit Unterstützung des Forschungsrates der Alpen-Adria-Universität Klagenfurt aus den Fördermitteln der Privatstiftung Kärntner Sparkasse.

ISBN 978-3-531-18553-8   ISBN 978-3-531-19113-3 (eBook)
DOI 10.1007/978-3-531-19113-3

Die Deutsche Nationalbibliothek verzeichnet diese Publikation in der Deutschen Nationalbibliografie; detaillierte bibliografische Daten sind im Internet über http://dnb.d-nb.de abrufbar.

Springer VS
© Springer Fachmedien Wiesbaden 2012
Das Werk einschließlich aller seiner Teile ist urheberrechtlich geschützt. Jede Verwertung, die nicht ausdrücklich vom Urheberrechtsgesetz zugelassen ist, bedarf der vorherigen Zustimmung des Verlags. Das gilt insbesondere für Vervielfältigungen, Bearbeitungen, Übersetzungen, Mikroverfilmungen und die Einspeicherung und Verarbeitung in elektronischen Systemen.

Die Wiedergabe von Gebrauchsnamen, Handelsnamen, Warenbezeichnungen usw. in diesem Werk berechtigt auch ohne besondere Kennzeichnung nicht zu der Annahme, dass solche Namen im Sinne der Warenzeichen- und Markenschutz-Gesetzgebung als frei zu betrachten wären und daher von jedermann benutzt werden dürften.

Satz und Korrektorat: Sieglinde Traar

Gedruckt auf säurefreiem und chlorfrei gebleichtem Papier

Springer VS ist eine Marke von Springer DE. Springer DE ist Teil der Fachverlagsgruppe Springer Science+Business Media
www.springer-vs.de

INHALTSVERZEICHNIS

Vorwort

Interventionsforschung: Paradigmen, Methoden, Reflexionen 9
Larissa Krainer, Ruth Lerchster

Teil I: Wissenschaftstheoretische Reflexionen

Zentrale Grundannahmen der Interventionsforschung 23
Ruth Lerchster

Interventionsforschung im Kontext transdisziplinärer
Wissenschaften 75
Martina Ukowitz

Zur Positionierung von Interventionsforschung 103
Peter Heintel

Interventionsbegriffe im Vergleich 155
Renate Hübner

Teil II: Methodologische Reflexionen

Interventionsforschung in der Praxis 175
Larissa Krainer, Ruth Lerchster, Harald Goldmann

Der weite Raum zwischen mir und den anderen 245
Harald Goldmann

Forschungsmanagement am Institut für
Interventionsforschung und Kulturelle Nachhaltigkeit 265
Ingrid Ringhofer

Teil III: Außenperspektiven

Interventionsforschung
im Kontext der Kärntner Wirtschaftsförderung 281
Erhard Juritsch

Interventionsforschung in der Konfliktbehandlung.
Ein Erfahrungsbericht aus dem Dialogforum Flughafen Wien 299
Wolfgang Hesina

Vorwort

Interventionsforschung: Paradigmen, Methoden, Reflexionen

Larissa Krainer, Ruth Lerchster

Was ist Interventionsforschung? Diese Frage mögen sich interessierte LeserInnen zu Recht stellen. Das vorliegende Buch soll Antworten aus der Perspektive eines vergleichsweise jungen Forschungsansatzes liefern, der an der Alpen-Adria-Universität Klagenfurt seit mehr als zehn Jahren kontinuierlich (weiter)entwickelt, umgesetzt und kritisch reflexiv diskutiert wird. Der Begriff Interventionsforschung eröffnet der Assoziation viele Facetten, dominant sind in der Regel aber zwei: Eine Forschung, die Interventionen verschiedener Art beforscht oder eine Forschung, die selbst Interventionen setzen will. Erstere untersucht etwa Interventionsstrategien, Interventionsformen und versucht deren Wirkungen zu bewerten, die Zweite will von vornherein mit bestimmter Absicht in konkreten Systemen wirksam werden bzw. zu deren Weiterentwicklung beitragen.

Letztere wurde historisch allerdings ob ihrer drohenden direktiven bzw. manipulativen Einflussnahme vielfach problematisiert und zwar aus zweierlei Grund: Zum einen, weil es als ein Credo moderner Wissenschaften gilt, so zu forschen, dass die zu erforschende Natur/Umwelt möglichst objektiv oder „wirklichkeitsnahe" erfasst werden soll – also frei von subjektiven Vorannahmen und auch befreit bzw. weitgehend unbeeinflusst von vorgegebenen Grundfesten (religiöser oder politischer Art). Zum anderen, weil Wissenschaft – so ein weiteres Credo (vor allem im sozialwissenschaftlichen Bereich), möglichst werturteilsfrei verfahren soll, womit unter anderem gemeint ist, dass sich die Wissenschaft wertenden Urteilen über ihren Untersuchungsgegenstand enthalten möge, was nicht zuletzt als Selbstschutz der Wissenschaft gegenüber mächtigen Interessen, die auf Einflussnahme aus sind, gelten kann, zu denen sich vor allem politische Systeme immer wieder berufen fühlten, die Wissenschaft und Forschung für ihre Interessen instrumentalisieren wollten und das mit unterschiedlichen Instrumenten des Zwangs, der Zensur und der Verfolgung getan haben. Forschung, die von sich angibt, in bestimmte Praxisfelder eingreifen zu wollen (wie etwa die

„eingreifende Sozialwissenschaft"[1] das von sich behauptet), muss sich demnach von vornherein mit dem Verdacht drohender Manipulation auseinandersetzen. Von besonderer Relevanz sind diese Fragen immer dort, wo es um Eingriffe in menschliches Leben bzw. gesellschaftliche Zusammenhänge geht oder gehen soll.

Umgekehrt lässt sich freilich auch argumentieren, dass Forschung praktisch nicht ohne Auswirkungen bleiben kann. Im Moment, da Menschen zu forschen beginnen, ob experimentell oder nicht, greifen sie in unterschiedlichem Ausmaß in jene Umwelt ein, die in den Fokus ihrer Beobachtung rückt. Dies hat in der Wissenschaft zu umfassenden Reflexionen und Studien über methodische Verzerrungen aller Art geführt und letztlich auch zur Verfeinerung oder Verbesserung von methodischen Standards (z.B. in statistischen Auswahlverfahren). Das grundlegende Problem, dass Forschung immer intervenierenden Charakter trägt, konnte allerdings nicht prinzipiell beseitigt werden.

Der Ansatz der Interventionsforschung, wie er an der Alpen-Adria-Universität Klagenfurt vertreten wird, versucht hier eine maßvolle Balance vorzuschlagen. Zum einen nimmt er zur Kenntnis, dass Forschung immer intervenierenden Charakter trägt, selbst wenn in ihrer Ausrichtung zunächst keinerlei direktive Manipulationsabsicht angelegt ist und beobachtet zugleich mögliche (unbeabsichtigte) Einflüsse kritisch und reflexiv. Zum anderen bekennt er sich zu beabsichtigten Interventionen in konkrete Praxisfelder. Praxissysteme sollen durch Interventionsforschung Unterstützung auf ihrem Weg zu kollektiver Selbstreflexion und Aufklärung erhalten, mit dem Ziel,

- als Systeme (und nicht nur als in ihnen lebende und arbeitende Individuen) selbstreflexiv zu werden (kollektive Selbstreflexion),
- ein durch Außenperspektiven angereichertes kritisches Selbstbild zu entwickeln,
- ihre inneren Systemlogiken und Grundwidersprüche als konstitutives und kollektiv zu gestaltendes Moment zu begreifen,
- auf Basis von kollektiven Selbstreflexionsprozessen zu Entscheidungen über ihre eigene Zukunftsgestaltung zu gelangen,
- bewusst getroffene Entscheidungen einer strukturierten Umsetzung zuzuführen.

---

1 Vgl. Haug 1997.

Demgegenüber distanziert sich Interventionsforschung von Einflussnahmen, die auf direktive Interventionen aus sind und begreift sich insofern auch nicht als Beratungsansatz im Sinne von Fach- oder Expertenberatung, wenngleich man sich künftig mit dem Begriff der Beratungswissenschaften aktiv auseinandersetzen wird müssen.

Zur Genese der Interventionsforschung

Mehrfach haben uns KollegInnen kritisch gefragt, ob es denn keine bereits entwickelte Methode, keinen Forschungsansatz gäbe, der geeignet gewesen wäre, in Klagenfurt aufgegriffen und weiterentwickelt zu werden. Und Rolf Fechner, ein von uns sehr geschätzter und leider viel zu früh verstorbener Kollege, fragte bei unserem ersten Forschungstag 2003 ganz unverblümt, ob das alles denn nicht nur alter Wein in neuen Schläuchen sei. Ja und nein, lautete jeweils unsere Antwort.

Natürlich lassen sich Bezüge zu verschiedenen Forschungsansätzen und unterschiedlichen Forschungsausrichtungen herstellen, die im vorliegenden Buch auch verfolgt und ausgeschildert werden, Interventionsforschung ist somit weder geschichtslos noch erhebt sie den Anspruch, eine völlige Neuerfindung darzustellen. Historische Linien, die hier zu ziehen sind, betreffen zunächst ihre interdisziplinäre Ausrichtung. Die Annahme, dass Forschung, die bestimmte Praxisfelder und gesellschaftliche Probleme bestmöglich verstehen will, eher fächerübergreifend als disziplinär und am zielführendsten durch die Bündelung unterschiedlicher Fachperspektiven ermöglicht werden kann, ist (inzwischen nicht mehr nur) an der IFF-Fakultät seit mehr als 30 Jahren vertreten und mit einiger Plausibilität begründet worden.[2]

In dieser Tradition stehend, arbeiten am Institut für Interventionsforschung und Kulturelle Nachhaltigkeit (wie auch an anderen Organisationseinheiten der Fakultät) Kolleginnen und Kollegen, die unterschiedlichen Ursprungsdisziplinen entstammen (derzeit: Germanistik, Kommunikationswissenschaft, Mediation, Philosophie, Gruppendynamik, Psychologie, Wirtschaftswissenschaft) und bei Bedarf werden in Forschungsprojekten weitere ExpertInnen eingebunden. Ferner wird an historisch jüngere Wissenschaftsdiskurse angeknüpft, die sich um den Begriff der Transdisziplinarität versammeln. Wenn damit aktuell auch noch sehr unterschiedliche Bedeutungen verbunden werden (zum Teil wird der Be-

---

2 Zur vertiefenden Lektüre vgl. Arnold 2009.

griff mehr oder minder synonym zu Interdisziplinarität verwendet), so setzt sich in der entsprechenden Community immer mehr eine terminologische Verwendung durch, die unter transdisziplinären Forschungsansätzen solche versteht, die PraktikerInnen aus untersuchten Forschungsfeldern in intensiverer Form in Forschungsprozesse einbinden, als dies in Forschungskonzeptionen der Fall ist, die sich um eine möglichst strikte Trennung zwischen Wissenschafts- und Praxissystem bemühen (Subjekt-Objekt-Trennung). Interventionsforschung geht hier sehr weit, sie entwickelt Forschungsfragen und teilweise auch Forschungsdesigns häufig in Kooperation mit jenen, die im zu erforschenden System leben und/oder arbeiten und die dementsprechend auch nicht als Forschungsobjekte betrachtet und bezeichnet werden, sondern als Praxis- oder ForschungspartnerInnen. Insofern lässt sich zu Recht auch von „transdisziplinärer Interventionsforschung" sprechen und gleichwohl Interventionsforschung als eine spezifische Methode transdisziplinärer Forschung darstellen.

Dieses Vorgehen erfolgt weder aus beliebigem Grund noch bleibt es ohne Konsequenzen (für Wissenschaft wie Praxis). Der paradigmatische Hintergrund liegt in einem ursächlich philosophischen Ansinnen, welches sich mit dem Begriff der Aufklärung umschreiben lässt und dem die Annahme zugrunde liegt, dass Aufklärung ausschließlich von, vor allem aber durch Menschen selbst erreichbar ist. Dabei setzt sich Interventionsforschung ein hohes Ziel: Sie will über das Initiieren von individuellen Reflexions- und Aufklärungsprozessen hinausgehen und kollektive Reflexion bzw. in weiterer Folge Aufklärung anregen. In diesem Ansinnen trifft sie sich mit der Gruppendynamik als praktischer Philosophie, die reife Gruppen als solche bezeichnet, die, ausgestattet mit einem aufgeklärten Wir-Gefühl, selbstbestimmt und selbststeuernd arbeitsfähig sind.[3] Im Rahmen der Organisationsdynamik wurde dieses Vorhaben auf größere Strukturen als Gruppen ausgedehnt und auch Interventionsforschung hat größere (in welchem Sinne auch immer organisierte) Zusammenhänge im Blick. Parallelen lassen sich hier auch zu Ansätzen aus der Aktionsforschung, der Praxeologie oder der eingreifenden Sozialwissenschaft ziehen, die ähnliche Ziele verfolgen, insofern sie auf Selbstaufklärung durch Selbstreflexion aus sind, diese unterscheiden sich allerdings wesentlich durch ihr Ansinnen, Betroffene selbst zu ForscherInnen ausbilden zu wollen, von Interventionsforschung.

Das aufklärerische Ansinnen ist allerdings unweigerlich mit gravierenden Vorannahmen konfrontiert, die für Forschung nicht konsequenzenlos bleiben. Spätestens seit Kants 1784 getätigtem Aufruf „sapere aude! Habe Mut, Dich

---

3 Vgl. Heintel 2006, S. 191-250.

Deines eigenen Verstandes zu bedienen" und seinem unmissverständlichen Hinweis darauf, dass nur der Mensch selbst den Weg aus seiner „selbstverschuldeten Unmündigkeit" finden könne[4], erweisen sich Versuche der Fremdbestimmung (und selbst solche, die Aufklärung zugunsten von Menschen von außen erzwingen, befehlen wollen), als inadäquat. Ähnliches ist wohl gemeint, wenn Systemiker davon sprechen, dass Interventionen in Systeme von außen als prinzipiell unmöglich erscheinen.[5]

Das bedeutet aber für Forschung, dass sie sich bestenfalls darum bemühen kann, Prozesse der Selbstaufklärung anzuregen und sich fragen muss, wodurch das gelingen kann. Eine Annahme lautet hier, dass dies umso besser möglich ist, je differenzierter ein System (eine Organisation, ein organisationaler Zusammenhang) über sich selbst Bescheid weiß. Genau an diesem Punkt setzt Interventionsforschung an und bietet sowohl eine Bündelung von durch Forschung erhobenen Innen- oder auch Binnenperspektiven, als auch einen ebenfalls durch Forschung erhobenen oder auch vom Forschungsteam entwickelten Fremdblick von außen an. Methodisch lässt sich dieser Schritt als phänomenologische Beschreibung eines Praxisfeldes umschreiben, womit die Anknüpfung an eine weitere philosophische Tradition kurz umrissen ist.

Um aber eine tatsächliche Auseinandersetzung mit dieser phänomenologischen Beschreibung zu gewährleisten (oder in Gang setzen zu können), erfolgt hier ein methodischer Griff, der in anderen Forschungskonzeptionen zumeist ausbleibt: Die Ergebnisse werden den ForschungspartnerInnen nicht nur präsentiert, sondern mit ihnen in strukturierten Reflexionssettings, den sogenannten Rückkoppelungsveranstaltungen, diskutiert und im Anschluss daran, sofern möglich und erwünscht, einem Entscheidungsprozess zugeführt, in dem die Betroffenen selbst über die Konsequenzen aus dem Gehörten beraten und Entscheidungen über ihr weiteres Vorgehen treffen. Dabei wechseln die ForscherInnen die Rolle, moderieren den Prozess, üben aber keinerlei Einfluss auf die zu treffenden Entscheidungen aus (Vermeidung von Fremdbestimmung).

Neben der philosophischen Tradition der Aufklärung und der hier als philosophische Methode verstandenen Phänomenologie ist schließlich noch die Dialektik zu nennen, die eine wesentliche Hintergrundfolie für Interventionsforschung darstellt: Auf Basis des jeweiligen phänomenologischen Befundes entwickelt Interventionsforschung für das jeweilige Praxisfeld spezifische Hintergrundtheorien, die zumeist dialektische Erscheinungen (insbesondere sys-

---

4 Kant 1845, S. 3.
5 Willke 2005.

temkonstituierende Widersprüche) skizzieren und ausleuchten. Diese Grundwidersprüche ähneln einander in vergleichbaren Kontexten zwar, sie konkretisieren sich in der Praxis aber zumeist in sehr verschiedenen Konflikten, die Menschen befassen und in der Regel kollektive Energie bündeln, sodass letztlich sehr viel Zeit und Aufwand in ihre Nichtbearbeitung investiert werden muss. Beides, nämlich Zeit und Aufwand benötigt auch ihre Bearbeitung, allerdings mit der Perspektive, konstruktive Umgangsformen mit den Widersprüchen zu entwickeln. Auch die dialektische Methode, die dafür zur Anwendung gebracht wird, bedarf jeweils einer Konkretion im spezifischen Praxisfeld, die nicht von außen, sondern nur von den Betroffenen selbst gefunden werden kann. Zumeist handelt es sich dabei um prozessethische Verfahren[6], womit eine weitere wichtige Verbindung zur philosophischen Tradition erwähnt ist: der Ethik, ihrer Identifizierung unterschiedlicher Wert- und Normvorstellungen und der Entwicklung eines methodischen Vorschlags zum Umgang mit Wertkonflikten.

Im grundlegenden methodischen Vorgehen, das sich von der Empirie zur Theorie bewegt, hypothesengenerierend und nicht-prüfend verfährt, lassen sich nun Anknüpfungen zu Forschungstraditionen versuchen, die Ähnliches wollen, prominent geworden ist dafür der Begriff der „Grounded Theory". Im konkreten empirischen Vorgehen unterscheidet sich Interventionsforschung allerdings gerade im Bereich der Bildung von (dialektischen) Hintergrundtheorien und der Methode der Rückkoppelung gravierend von der dort gängigen Forschungspraxis.[7]

Zu einem wichtigen methodologischen Bezugsfeld zählt ferner das breite Methodenrepertoire, das im Kontext der Qualitativen Sozialforschung über Jahrzehnte elaboriert, methodologisch fundiert und wissenschaftstheoretisch in historischen Auseinandersetzungen und im Rahmen verbitterter Schulstreitigkeiten fundiert wurde. Wir bauen gerne auf diesen Errungenschaften auf und sind dankbar, dass die großen Auseinandersetzungen inzwischen so weit beigelegt erscheinen, dass kaum noch relevante Zweifel daran geäußert werden, dass sowohl quantitative als auch qualitative Methoden ihre Berechtigung besitzen, sowie jeweils Vor- und Nachteile zeigen.

Mitunter wurden qualitative Methoden allerdings methodisch so weit ausdifferenziert, verfeinert und letztlich auch verkompliziert, dass der Blick auf das Wesentliche verloren gegangen scheint. Dies zwar zugunsten des Versuchs, naturwissenschaftlich geprägte Qualitätsansprüche wie etwa Reliabilität, Validität und Objektivität auf qualitative Forschung anwendbar zu machen – was in

---

6 Vgl. Krainer/Heintel 2011.
7 Vgl. Mey/Mruck 2011.

Teilen möglich erscheint, in Teilen hingegen aus unserer Sicht weder erreichbar noch angebracht ist. Nachdem Interventionsforschung einen prinzipiellen und aller Forschung innewohnenden Interventionscharakter als gegeben annimmt und akzeptiert, erachtet sie es auch für prinzipiell unmöglich, unter gleichen Bedingungen eine Forschung zu wiederholen (sobald sich ein Forschungsfeld, ein Untersuchungsgegenstand durch Forschung bereits verändert hat, kann nicht mehr dieselbe Ausgangslage für Forschung angenommen, erreicht oder hergestellt werden). Damit scheidet Reliabilität in Hinblick auf das Erzielen identer Ergebnisse als Kriterium weitgehend aus, wohl lassen sich aber in ähnlichen Forschungsfeldern vergleichbare Ergebnisse erzielen. Die Kriterien der Validität und Objektivität lassen sich hingegen partiell auf qualitative Methoden übertragen, wenn sie auch anderer Messgrößen bedürfen, als dies in quantitativen Verfahren der Fall ist und für verschiedene Forschungsansätze unterschiedlichen Stellenwert haben. Ungeachtet dessen ist das Untersuchungsinstrumentarium der Interventionsforschung weitgehend der Qualitativen Sozialforschung entnommen.

Die Entwicklung der Interventionsforschung ist ferner eng mit der Person des Klagenfurter Philosophen und Gruppendynamikers Peter Heintel verbunden, der grundlegende Schriften vorgelegt hat und gemeinsam mit KollegInnen die Interventionsforschung kontinuierlich weiter entwickelt und in verschiedenen Praxisfeldern erprobt hat. Inzwischen liegen zahlreiche Einzelaufsätze verschiedener InterventionsforscherInnen vor.[8]

Die hier in gebotener Kürze skizzierten Parallelen, vor allem aber die doch deutlichen Differenzen zu anderen Forschungstraditionen und -ansätzen erscheinen hinreichend, um von einem eigenständigen Forschungsansatz zu sprechen, was sich letztlich auch in der institutionellen Verankerung des Fachs an der Universität Klagenfurt ausdrückt. Das Institut für Interventionsforschung und Kulturelle Nachhaltigkeit wurde am 29. November 2007 feierlich eröffnet, womit die Umwandlung der ehemaligen Abteilung für Weiterbildung und systemische Interventionsforschung, die als solche bereits seit 2001 an der Fakultät für Interdisziplinäre Forschung und Fortbildung der Universität Klagenfurt bestanden hatte, in ein Institut vollzogen wurde. Abgelegt wurde zu diesem Zeitpunkt das begleitende Adjektiv „systemisch", hatte es aus unserer Sicht doch mehr Verwirrung als Klärung erzeugt (manche meinten, wir würden in bestimmten Systemen forschen, andere vermuteten uns systemtheoretischen Ansätzen verpflichtet,

---

8 Detailliierte Hinweise sind den einzelnen Texten in diesem Buch sowie der Forschungsdatenbank der Universität Klagenfurt zu entnehmen.

Dritte meinten, es ginge uns um das Erforschen von Interventionen in Systeme, von denen andere fanden, dass es solche – aus prinzipiellen Gründen – gar nicht geben könne und die Unmöglichkeit der Intervention von außen ins Treffen führten). Zwar stimmte es, dass unser Forschungsfokus (primär) auf Organisationen, also auf bestimmten Systemen lag und insofern weder Individuen noch größere gesellschaftliche Subsysteme (wie etwa das Rechts- oder Bildungssystem) im Zentrum unserer Forschung standen, dies erschien uns aber mit dem Begriff unzureichend umrissen und der notwendige Erklärungsbedarf in keiner Relation zur intendierten Aussage zu stehen. Zudem war die Aufnahme des Begriffs seinerzeit einem Kompromiss geschuldet – einige Mitglieder in dem damals für die Einrichtung bzw. Umbenennung von Organisationseinheiten zuständigen interfakultären Gremiums befanden den Begriff der Interventionsforschung zu wenig spezifiziert, auch die Medizin sei eine – in das Leben von Menschen – massiv intervenierende Wissenschaft hieß es damals (natürlich auch nicht ganz zu Unrecht). Mit Blick auf die unterschiedlichen Formen der Intervention verschiedener Wissenschaftsfächer lassen sich zumindest die folgenden unterscheiden: Erstens direkte Interventionen, die z.B. durch technische oder naturwissenschaftliche Erkenntnisse zur konkreten Entwicklung von Technologien geführt haben, die unsere Zivilisation bis heute prägen; zweitens indirekte Interventionen, die verschiedene Wissenschaften aufgrund deren Orientierungsfunktion übernommen haben; und drittens jene Interventionen, die im Rahmen der Interventionsforschung gemeint sind, wenn es darum geht, „den Prozess der selbstreflexiven Erarbeitung des Forschungsgegenstandes, auf den sich Systeme und Menschen einlassen, zu begleiten".[9] Mit der Einrichtung des heutigen Instituts wurde Interventionsforschung als Fach in der nun vorliegenden Bezeichnung von der Alpen-Adria-Universität Klagenfurt hingegen ohne einschränkende Bezeichnung anerkannt.

Für die stete Reflexion und Weiterentwicklung hält das Institut jährlich insgesamt vier interne Forschungskolloquien ab (zwei davon im Rahmen einer dreitägigen Klausur, gelegentlich werden externe KollegInnen eingebunden) und veranstaltet jährlich einen Forschungstag, der sich an eine breitere Öffentlichkeit richtet.

2005 wurde ein Interdisziplinäres DoktorandInnenkolleg für Interventionsforschung am Institut eingerichtet und es wird seitdem von Ina Paul-Horn geleitet. Das Kolleg verfolgt das Ansinnen, eine möglichst gelungene Integration von Forschung und Lehre zu erreichen, es erfreute sich von Beginn an einer regen

---

9 Heintel 2003, S. 21 ff.

Nachfrage und wurde bislang sehr positiv evaluiert. Mehr als 90 AntragstellerInnen haben inzwischen das kompetitive Auswahlverfahren durchlaufen, das mit einem Assessment endet, mehr als 20 von ihnen haben bis Ende 2011 ihre Dissertationen erfolgreich abgeschlossen und im Rahmen eines Rigorosums verteidigt. Die erste Absolventin, Barbara Lesjak arbeitet an der IFF-Abteilung für Gruppen- und Organisationsdynamik), Ruth Lerchster hat als erstes Institutsmitglied 2011 zum Thema der Übergabe und Nachfolge in Familienunternehmen promoviert, Martina Ukowitz behandelt in ihrer Habilitationsschrift das Thema Transdisziplinarität aus der Perspektive der Interventionsforschung.[10]

Die Autorinnen und Autoren des vorliegenden ersten Bandes einer geplanten Buchreihe arbeiten entweder als Forscherinnen und Forscher am Institut für Interventionsforschung und Kulturelle Nachhaltigkeit oder sind für uns wichtige interne oder externe Kooperationspartner (z.B. Auftraggeber).

Zum vorliegenden Buch

Im vorliegenden Buch werden erstmals drei Perspektiven in gebündelter Form vorgelegt: Theoretische (paradigmatische) und methodologische Reflexionen sowie Außenperspektiven auf unsere Forschungsarbeit. Derzeit befinden sich zwei weitere Bände in Planung: Einer, der sich mit unterschiedlichen Anwendungsfeldern von Interventionsforschung befasst und ein weiterer, in dem Instrumente der Intervention (z.B. Sprache) näher analysiert werden sollen.

Die in diesem Band versammelten Texte bündeln und reflektieren über mehr als ein Jahrzehnt entwickelte und gemachte Erfahrung in konkreten Forschungsprojekten, fassen langjährig geführte Diskurse zusammen und knüpfen an vielen Stellen an vorhandene Einzelpublikationen an, zumeist ohne diese noch einmal umfassend zu referieren. Geneigte LeserInnen sind daher eingeladen, sich an entsprechender Stelle in die weiterführende Literatur zu vertiefen.

Die einzelnen Beiträge zur (wissenschafts)theoretischen Reflexion greifen Elemente der geschilderten Bezüge auf, vertiefen und erweitern sie. Ruth Lerchster fasst zentrale Grundannahmen der Interventionsforschung zusammen und stellt insbesondere Bezüge zur Qualitativen Sozialforschung her. Martina Ukowitz bettet Interventionsforschung in den Kontext transdisziplinärer Forschung ein, fasst den rezenten Diskurs zu dem jungen Wissenschaftsparadigma zusammen und bietet in ihm Orientierung an. Peter Heintel greift noch weiter aus und

---

10 Vgl. Lesjak 2009, Lerchster 2011, Ukowitz 2012.

stellt aktuelle Leitparadigmen, wie sie den Natur- und Technikwissenschaften entnommen wurden, den Herausforderungen gegenüber, mit denen sich Wissenschaften vom Menschen konfrontiert sehen. Renate Hübner vergleicht verschiedene Interventionsbegriffe miteinander (z.B. aus der Bildenden Kunst, der Politik oder der Pädagogik) und zeigt, dass sie sehr verschiedene Ziele und Aspekte von Interventionen umfassen können und fasst einige relevante davon zusammen.

Im Rahmen der methodologischen Reflexionen befasst sich Harald Goldmann mit Fragen der Rolle und der Haltung von Forscherinnen und Forschern und reflektiert sein eigenes Vorgehen in sehr persönlicher Art und Weise. Larissa Krainer, Ruth Lerchster und Harald Goldmann haben ihre methodische Vorgehensweise und ihre Erfahrungen über viele Forschungsprojekte hinweg gesammelt und dokumentiert und stellen diese möglichst detailgetreu dar. Ingrid Ringhofer, die am Institut für Interventionsforschung und Kulturelle Nachhaltigkeit das Forschungsmanagement (Administration, Projekt- und Finanzmanagement) betreut, befasst sich mit der operativen Seite von Forschungsprojekten, die in den vergangenen Jahren sprunghaft an Bedeutung gewonnen hat.

Für diesen ersten Band wurde nach Außenperspektiven gesucht, die von zwei transdisziplinären Forschungs- bzw. PraxispartnerInnen stammen: Erhard Juritsch blickt aus der Perspektive eines öffentlichen Fördergebers auf unsere Arbeit, Wolfgang Hesina aus der eines privatwirtschaftlichen Auftraggebers.

Eine letzte Bemerkung, die uns als Herausgeberinnen ein großes Anliegen ist: Ein wichtiger Motor, dieses Buch vorzulegen, bestand in den vielen Nachfragen, die uns von Seite der Studierenden, insbesondere aber unseren Doktorandinnen und Doktoranden entgegengebracht wurden. Viele von ihnen entstammen ursprünglich wissenschaftlichen Disziplinen, in denen qualitative Methoden kaum angewandt werden und wissenschaftstheoretische Diskurse einen eher untergeordneten Stellenwert einnehmen. Dieses Buch ist auch dem Versuch geschuldet, Antworten auf viele ihrer Fragen zu geben. Das führt aber in eine große Gefahr, die wir nicht unerwähnt lassen wollen: Je detailreicher das methodische Repertoire geschildert wird umso größer mag die Versuchung sein, möglichst alle Elemente in zukünftigen Forschungs- oder Qualifikationsprojekten aufzugreifen, anzuwenden, umzusetzen – gleichsam ein idealtypisches Projekt auf Basis einer methodischen Rezeptur durchzuführen. Davon möchten wir in aller Deutlichkeit abraten. Jedes Forschungsprojekt bedarf eines spezifischen Designs und des Einsatzes eines wohlüberlegten und begründeten Methodenrepertoires. Wir schildern insofern eine idealtypische Vielzahl von Möglichkeiten, wissen aber zugleich, dass sich in der konkreten Forschungsrealität – aus Gründen begrenzter Mittel und Kapazitäten (wie Zeit, Geld etc.) mitunter nur eine sehr bestimmte Anzahl davon umsetzen lässt. Ferner wissen wir, dass Methoden, die abstrakt geschildert werden, sich nicht von alleine vermitteln. Ein Buch kann das praktische Üben und Ausprobieren nicht ersetzen, kein Training kompensieren. Trotz dieser Widersprüche haben wir uns auf das Wagnis eingelassen, ein Buch über Interventionsforschung vorzulegen und sehen Rückmeldungen von KollegInnen, StudentInnen und PraxispartnerInnen mit großem Interesse entgegen.

Literaturverzeichnis

Arnold, M. (Hrg.) (2009): iff. Interdisziplinäre Wissenschaft im Wandel. Münster: LIT Verlag.
Haug, W. F. (1997): Eingreifende Sozialwissenschaft. In: Haug, Wolfgang Fritz (Hrg.): Historisch-Kritisches Wörterbuch des Marxismus, Bd. 3. Hamburg: Argument, S. 161-165.
Heintel, P. (2003): Interventionsforschung. In: Schmidt, E.: Interventionswissenschaft – Interventionsforschung. Erörterungen zu einer Prozesswissenschaft vor Ort. WBI Klagenfurter Beiträge zur Interventionsforschung, Band 2. Klagenfurt: Alpen-Adria-Universität Klagenfurt, S. 21-25.
Heintel, P. (Hrg.) (2006): betrifft: TEAM. Dynamische Prozesse in Gruppen. Wiesbaden: VS Verlag.
Lerchster, R. (2011): Von Lebenswerken und blutenden Herzen. Die Übergabe in Familienunternehmen der Tourismusbranche. Ein Interventionsforschungsprojekt. Heidelberg: Carl Auer Verlag.
Lesjak, B. (2009): Die Kunst der Politik: Zum Potenzial von Gruppendynamik und Organisationsentwicklung für politische Lernprozesse. Wiesbaden: VS-Verlag.
Kant, Immanuel (1845): Beantwortung der Frage: Was ist Aufklärung. Potsdam: Stuhr'sche Buchhandlung, S. 3.
Krainer, L./Heintel, P. (2011): Prozessethik. Wiesbaden: VS-Verlag.
Ukowitz, M. (2002): „Wenn Forschung Wissenschaft und Praxis zu Wort kommen lässt ..." Transdisziplinarität aus der Perspektive der Interventionsforschung. Marburg: Metropolis.
Willke, Helmut (2005): Systemtheorie 2. Interventionstheorie: Grundzüge einer Theorie der Intervention in komplexe Systeme. Stuttgart: Lucius & Lucius.

TEIL I

Wissenschaftstheoretische Reflexionen

Zentrale Grundannahmen der Interventionsforschung[11]

Ruth Lerchster

Wenn ich mich nachfolgend wissenschaftstheoretischen Überlegungen zuwende, dann geschieht dies im Verständnis, dass Wissenschaftstheorie ganz generell die Theorie von Wissenschaft im Allgemeinen (und später auch im Besonderen, wenn der Bogen zur interventionswissenschaftlichen Forschungspraxis gespannt wird) meint. Dies mag für viele als vorausgesetzt gelten, dennoch ist es nicht „selbstverständlich, da man das Wort ‚Wissenschaftstheorie' heute oft benutzt, wenn man lediglich die Theorie der ‚analytischen' Wissenschaften meint. Diese Einschränkung ist zwar üblich, aber nicht notwendig, sofern ‚geisteswissenschaftliche' Vorgehensweisen wie Phänomenologie, Hermeneutik oder Dialektik auch als ‚Wissenschaft' bezeichnet werden können (…)"[12], ein Anspruch, den ich hier naturgemäß an den Anfang stelle.

Die Differenzierung in „analytische" (der Forschungsgegenstand wird in seine Bestandteile aufgelöst und betrachtet werden die Beziehungen dieser Bestandteile zueinander) und „nichtanalytische" (der Forschungsgegenstand wird in seiner Ganzheit gefasst und interpretiert) Wissenschaften, die Seifert einführt, wird uns in diesem Beitrag insofern beschäftigen, als sich Interventionsforschung und ihre Begründer einerseits dieser Differenz zuwenden (auch um sich im eigenen Wissenschaftsverständnis abzugrenzen), und anhand der Prinzipien einer über Jahrhunderte dominanten analytischen Wissenschaft einerseits deren Verdienste und Möglichkeiten beleuchten, andererseits ihre Grenzen aufzeigen. Damit befinden sich InterventionsforscherInnen nicht alleine in der „Arena" des wissenschaftlichen Diskurses und – betrachtet man die Wissenschaftsgeschichte etwas genauer – es ist eine Auseinandersetzung, die den Kinderschuhen bereits entwachsen ist. Ein wissenschaftsgeschichtliches Eintauchen[13] wäre einerseits ein höchst kompliziertes Unterfangen, andererseits würde es zu Zweck und Anlie-

---

11 Teile dieses Beitrages wurden veröffentlicht in Lerchster 2011.
12 Seifert 2003, S. 17.
13 Einen Überblick dazu geben u.a. Flick 2007, S. 30-37; Seifert 2003, Band 1 und 2.

gen dieses Artikels wenig beitragen können und definitiv den Rahmen sprengen. Es sei lediglich darauf hingewiesen, dass über viele Jahrzehnte hinweg „Geistes- und Naturwissenschaften so gut wie beziehungslos nebeneinander her liefen", und die analytische Sichtweise „auch in ehemals geisteswissenschaftlichen Provinzen die Alleinherrschaft zu übernehmen"[14] suchte. Nach Seifert lassen sich drei Tendenzen festmachen, warum diesem Siegeslauf Einhalt geboten werden muss(te). „Die Phänomenologie zeigt, dass man in den Sozialwissenschaften mit der Analyse schematisierter, ‚operationalisierbarer' Sachverhalte nicht viel weiterkommt, weil sie das eigentlich Interessante, die Feinheiten ‚subjektiven Vermeinens' nämlich, aus der Soziologie und den anderen Sozialwissenschaften heraustheoretisiert; die Sprachkritik in Gestalt der ‚logischen Propädeutik' weist nach, dass die wissenschaftliche Begriffsbildung im Alltagsleben, ja, noch mehr: im alltäglichen Handeln des Menschen verankert ist und daher nicht nur logisch, sondern auch hermeneutisch begründet werden muss; und last not least hat die Studentenbewegung der sechziger Jahre ihre Zeitgenossen drastisch darüber belehrt, dass das von Hegel und Marx begründete dialektische Denken nicht bloß Angelegenheit esoterischer wissenschaftlicher Sekten ist, sondern unüberhörbare Ansprüche an die kritische Selbstreflexion jedweden wissenschaftlichen Denkens überhaupt stellt".[15]

Der klassischen Sozialforschung konstatiert Heintel zudem „drei gravierende Nachteile:

1. Ihr Forschungsgebiet (Inhalt und ‚Material') ist die Vergangenheit.
2. Eine strikte Trennung zwischen Forschung und seinen ‚Forschungsobjekten' verhindert Kommunikation im laufenden Verfahren.
3. Ihr ‚prognostischer Wert' ist gering, weil sie weder über die Macht verfügt, sinnvolle Schlussfolgerungen umzusetzen, noch alle Unwägbarkeiten miteinbeziehen kann, die sich allein durch die Tatsache ergeben, dass deren Akzeptanz Entscheidungen voraussetzt, die multimotivational strukturiert sind."[16]

Letztlich formuliert Toulmin die unerkannten Aufgaben der Moderne und bietet einer aus seiner Sicht dysfunktionalen Wissenschaft vier künftig zu verfolgende Tendenzen an: die Rückkehr zum Mündlichen, die Rückkehr zum Besonderen,

---

[14] Seifert 2003, S. 16.
[15] Ebd., S. 16 ff.
[16] Heintel 2002a, S. 1.

die Rückkehr zum Lokalen sowie die Rückkehr zum Zeitgebundenen. „Wie Gebäude, die auf menschliche Bedürfnisse abgestimmt sein sollten, werden unsere wissenschaftlichen und gesellschaftlichen Verfahren in den kommenden Jahren nur dann das Nötige leisten, wenn wir überflüssige oder übermäßige Stabilität vermeiden und sie auf eine Weise im Fluss halten, dass sie gegenüber unvorhergesehenen – ja unvorhersehbaren – Situationen und Funktionen anpassungsfähig sind."[17]

Es wird künftig darum gehen, naturwissenschaftliche Vorgehensweisen mit nichtanalytischen zu verbinden und Konfrontationen (im Sinne des Auseinander-und-sich-wieder-Zusammensetzens) nicht zu scheuen, da die Interpretation von Kultur zusehends komplizierter wird. „Wie Menschen die Dinge sehen und auf sie reagieren, wie sie sich Dinge vorstellen, sie beurteilen und mit ihnen umgehen, entzieht sich zunehmend der Kenntnis (...) Wir brauchen neue Denkweisen, die mit Besonderheiten, Individualitäten, Absonderlichkeiten, Diskontinuitäten, Kontrasten und Singularitäten umgehen können und die auf etwas ansprechen, was Charles Taylor kürzlich ‚tiefe Vielfalt' (deep diversity) genannt hat – eine Pluralität der Zugehörigkeiten und Seinsweisen. Es fehlt uns an Zugängen, die aus dieser Pluralität dennoch das Gefühl einer Verbundenheit gewinnen können, die weder umfassend noch einförmig, weder originär noch unwandelbar und dennoch wirklich ist (...) Was bleibt uns dann noch zu tun, als uns um den Preis von Verlusten an Allgemeingültigkeit, Sicherheit oder intellektuellem Gleichgewicht in die Niederungen konkreter Fälle zu begeben."[18]

Interventionsforschung als Prozesswissenschaft

Dem Zeitgeist, aber vielmehr den Anforderungen einer pluralisierten Lebenswelt entsprechend, begannen Peter Heintel u.a.[19] bereits in den 70er Jahren mit der Entwicklung einer Wissenschaft, die dem Gebot der Stunde gerecht werden sollte. Diese Bemühungen waren an unterschiedliche (auch außeruniversitäre) Aktivitäten gekoppelt: Die Gruppendynamik wurde im Sinne einer praktischen Philosophie an der Universität Klagenfurt als Studium etabliert, die österreichische Gesellschaft für Gruppendynamik und Organisationsberatung (ÖGGO) und das Interdisziplinäre Institut für Forschung und Fortbildung (IFF) wurden

---

17 Toulmin 1994, S. 297 nach Flick 2007, S. 36.
18 Geertz 1996, S. 23 ff.
19 Teile dieses Weges werden von Wegbegleitern und Mitdenkern der ersten Stunde in der Festschrift für Peter Heintel beschrieben.

gegründet und letztlich mündeten diese Bestrebungen in der Geburtsstunde der Interventionsforschung und in der Gründung eines universitären Instituts für Interventionsforschung und Kulturelle Nachhaltigkeit an der Alpen-Adria-Universität Klagenfurt.

Interventionsforschung als Prozesswissenschaft versteht und etabliert sich als neuer und junger Zweig innerhalb der qualitativen Sozialforschung. Nun könnte man sagen, es gibt am wissenschaftlichen „Markt" bereits ausreichend Angebote im Bereich der Sozialforschung, Gebiete, innerhalb jener man sich einreihen und verorten kann, ohne weitere Neugründungen notwendig zu machen und ohne die wissenschaftliche Landschaft noch ein wenig komplexer und/oder komplizierter werden zu lassen. Ja, die methodische Vorarbeit ist durchaus geleistet, dennoch bedarf es aus unserer Sicht einer Wissenschaft, die sich „vermehrt konkreten gesellschaftlichen Problemlagen zu widmen hat – und zwar in ‚eingreifender Hinsicht'".[20] Einer Interventions- und Prozesswissenschaft, deren Hauptaugenmerk die Ebene der Intervention ist. Eine prozessual ausgerichtete Wissenschaft, die „mit Auftraggebern und ‚Betroffenen' ein gemeinsam verbindliches Forschungsdesign entwirft, das es Letzteren ermöglicht, bereits *während* des Forschungsprozesses (Zwischen)Ergebnisse rückgekoppelt zu bekommen, um für das Weitere bereits ad hoc Konsequenzen zu ziehen. Entscheidungen im laufenden Forschungsprozess verändern aber damit stets den Forschungsgegenstand. Er bleibt nicht derselbe, hat keine kontinuierliche Konstanz. Damit müssen von Wissenschaftsseite her Anfangs- und Zwischenannahmen (Hypothesen) ständig korrigiert, ‚auf den neuesten Stand' gebracht werden; deshalb ‚*Prozesswissenschaften*'"[21].

Die nun folgenden Ausführungen dienen der Verortung der Interventionsforschung innerhalb der Familie der qualitativen Sozialforschung, diese Form der Orientierung erscheint uns wichtig und notwendig, denn „einer Forschung, die Menschen und ihre Systeme zum Gegenstand hat, (...) kommen neue Aufgaben zu und zugleich (oder gerade deshalb) muss sie ihre eigenen Voraussetzungen neu überprüfen."[22] Zudem werden in einer zusammenfassenden Form die der Interventionsforschung zugrunde liegende Axiomatik sowie deren Methoden erläutert und diskutiert. Die Grundaxiomatik der Interventionsforschung[23] ist als unverzichtbares Basiswissen zu betrachten, an dieser Stelle wird jedoch nicht das Gesamtwerk abgedruckt sondern ein Exzerpt angeboten, in welches

---

20 Heintel 2002a, S. 2.
21 Ebd., S. 2 ff.
22 Heintel Forschungstag, unveröffentlicht S. 1.
23 Heintel 2005.

weiterführende bzw. ergänzende und mir wichtig erscheinende Ideen und Gedanken miteinbezogen werden.

- Interventionsforschungsprojekte sind u.a. dadurch gekennzeichnet, dass sie subjektive Sichtweisen der beteiligten Akteure in den Vordergrund rücken und gleichzeitig die Ganzheit im Blick haben um in weiterer Folge diese beiden Ebenen mit den beteiligten Akteuren und ForschungspartnerInnen diskursiv zu interpretieren. Daher sind sie in der Regel durch ihren hermeneutischen, phänomenologischen und dialektischen Charakter gekennzeichnet.
- Interventionsforschungsprojekte bewegen sich in der Regel in Forschungsfeldern, die sich durch ihre hohe Komplexität auszeichnen. Aus diesem Grund werden quantitativ orientierte Vorgehensweisen zwar nicht grundsätzlich ausgeschlossen, aber dennoch nicht forciert verwendet. Der Griff zu quantitativen Methoden ist dort sinnvoll, wo „das zu analysierende Problem deutlich strukturiert ist und der Untersucher selbst ein klares Bild von der Struktur besitzt, die es ihm ermöglicht, Objektbereiche festzulegen, Hypothesen zu bilden und hinreichend angemessene Operationalisierungen vorzunehmen"[24]. Ohne an dieser Stelle die so bezeichnete „quali-quant-Debatte"[25] – eine Kontroverse von qualitativer versus quantitativer Forschung – (nach dem Motto Karl Valentins „es ist schon alles gesagt, nur nicht von allen") erneut zu vertiefen, sei darauf hingewiesen, dass oben genannte Voraussetzungen auf Interventionsforschungsprojekte kaum zutreffen.
- Vielmehr finden wir uns in Forschungsfeldern wieder, die sich „komplex, differenziert, wenig überschaubar und widersprüchlich"[26] darstellen. Damit bewegen und orientieren wir uns in Feldern, die alle Voraussetzungen für einen qualitativen Forschungsweg in sich bergen. Forschungsbereiche, die weniger nach hypothesengeleiteter und dieselben überprüfender quantitativer Forschung verlangen, als vielmehr

    - der Deskription von Erfahrungen und Erlebnissen,
    - der Aufklärung der damit in Verbindung stehenden Sozialstrukturen,

---

24 Treumann 1996, S. 46.
25 Lautmann 1998, S. 38 f.
26 Kleining 1995, S. 16.

- der Analyse und „Ent-wicklung" von emotionalen Gemengelagen,
- der Offenlegung von Widersprüchen (im Sinne der Dialektik)
- der Bildung von Hintergrundtheorien
- der diskursiven und dialogischen Entwicklung von Ergebnissen.

- Entgegen der Logik von Verifizieren und Falsifizieren und dem Prinzip von richtig und falsch oder einer „Entweder-oder-Differenz", sind es in diesem Forschungsfeld „das Einerseits-andererseits und das Sowohl-als-auch, das man zum Arbeiten bringen kann"[27]. Dieses Prinzip vor Augen und im Sinne einer explorativen Herangehensweise werden die ForschungspartnerInnen in die Strukturierung der untersuchten Wirklichkeit miteinbezogen, um auf diesem Wege Hypothesen und weiterführende theoretische Überlegungen (Hintergrundtheorien) zu generieren.
- Wie bereits eingangs erwähnt, gewinnt die qualitative Forschung „besondere Aktualität für die Untersuchung sozialer Zusammenhänge, da die Pluralisierung der Lebenswelten in modernen Gesellschaften – im Sinne der ‚neuen Unübersichtlichkeit' (Habermas 1985), der zunehmenden ‚Individualisierung' von Lebenslagen und Biographiemustern (Beck 1986) oder der Auflösung alter sozialer Ungleichheiten in die neue Vielfalt der Milieus, Subkulturen, Lebensstile und Lebensweisen (Hradil 1992) – eine neue Sensibilität für empirisch untersuchte Gegenstände erforderlich macht"[28].
- Die Paradigmen der Interventionsforschung entsprechen den wissenschaftlichen Anforderungen insofern, als sie der Frage nachgehen, wie „Wissen wirksam werden kann"[29] und wie es gelingen kann, das aus der Forschung generierte Wissen dergestalt zur Verfügung zu stellen, dass es gesellschaftliche Relevanz erlangt. Eine Forderung, die im Bereich der Sozialwissenschaften darauf basiert, dass wissenschaftliche Ergebnisse in der Vergangenheit der Anwendungsorientierung und Anschlussfähigkeit entbehrten[30]. Abgesehen davon, dass „der rasche soziale Wandel und die resultierende Diversifikation von Lebenswelten Sozialforscher zunehmend mit sozialen Kontexten und Perspektiven konfrontieren, die für sie so neu sind, dass ihre klassischen deduktiven Methodologien – die Fragestellungen und Hypothesen aus theoretischen Modellen ableiten und an der Empirie überprüfen – an der Differenziertheit der Gegenstände vorbeizielen", die „Ideale der Ob-

---

27 Krainz 2006b, S. 192.
28 Flick 2007, S. 22.
29 Vgl. Grossmann 1997.
30 Vgl. Flick 2007, S. 25.

jektivität inzwischen weitgehend ‚entzaubert'" sind, „haben die Erkenntnisse (...) weit weniger – und vor allem anders als erhofft – Eingang in politische und alltägliche Zusammenhänge gefunden."[31]
- Darüber hinaus oder eben genau deshalb steht die Inter- und Transdisziplinarität (vgl. Ukowitz in diesem Band) im Zentrum des interventionsforscherischen Handelns. Beide stellen adäquate und zeitgemäße Antworten dar, wenn man der Prognose Glauben schenkt, dass das Expertenwissen und die Wissenschaft mit ihren Einzeldisziplinen einer Krise[32] entgegengehen und die provokante Feststellung Nowotnys „die Gesellschaft hat Probleme, die Universität hat Fakultäten"[33] zunehmend an Bedeutung gewinnt. Die Wissenschaft ist aufgefordert, sich einer kritischen Reflexion zu unterziehen.

Kritisch reflektiert wird mittlerweile an vielen Orten[34], die „Entzauberung der Wissenschaft"[35] ging längst vonstatten, der „Wissenschaftskrieg" tobt an mehreren Fronten und das Zeitalter der „postakademischen Wissenschaft" wurde eingeläutet[36]. Die Auseinandersetzungen und Diskussionen sind eingebettet in die Dichotomie von Naturwissenschaften und Geistes-, Kultur- und Gesellschaftswissenschaften, eine fest gefügte Unterscheidung dieser beiden Wissenschafts-Richtungen, die sich nach wie vor hält – auch wenn Bammé diese Differenzierung mittlerweile für „überkommen"[37] hält. Peter Heintel weist darauf hin, dass es ihm zwar ein Anliegen ist, „die Vorentscheidungen [Axiomatik] der ‚klassischen' von den Naturwissenschaften bestimmten Wissenschaften" zu beschreiben. Dies soll aber nicht im Sinne einer „Abwertung oder Gegnerschaft" geschehen, vielmehr geht es „im Sinne des kritischen Anliegens Kants und seiner ‚Kritik der reinen Vernunft'"[38] um das Sichtbarmachen und Ziehen von Grenzen.

Heintel prägt den Begriff der Interventionsforschung – deren Paradigmen nachfolgend vorgestellt werden – und weist darauf hin, dass zwar viele Wissenschaften den Anspruch erheben, in gewisser Weise zu intervenieren, es ihm aber

---

31 Flick 2007, S. 23-25.
32 Vgl. Heintel 1986, S. 28-32.
33 Nowotny 1999, S. 98.
34 Vgl. Bammé 2006; Krainz 2009; Heintel 2005; Lyotard 1979; Nowotny 1999; Feyerabend 1976; Fischbeck et al. 2002; u.v.a.m.
35 Vgl. Bonß/Hartmann 1985.
36 Vgl. Bammé 2006, S. 19-25.
37 Ebd., S. 20.
38 Vgl. Heintel 2005, S. 2.

„um eine andere Weise der Intervention" geht. Einer partizipativen Intervention „wie sie (...) gegenüber Lebendigem und vor allem gegenüber dem Menschen, seinen sozialen Verhältnissen und seinen Systemen angebracht erscheint"[39].

Eine Beschreibung, die sich in die Grundprinzipien der qualitativen Sozialforschung (Aktionsforschung, Handlungsforschung, mehrdimensionale Ursachenforschung, Beratungsforschung, Grounded Theory, Praxeologie etc.) einbettet, denn „qualitative Sozialforschung hat den Anspruch, Lebenswelten ‚von innen heraus' aus der Sicht der handelnden Menschen zu beschreiben. Damit will sie zu einem besseren Verständnis sozialer Wirklichkeit(en) beitragen und auf Abläufe, Deutungsmuster und Strukturmerkmale aufmerksam machen"[40]. Mit dieser Denkfolie im Hintergrund werden mit Hilfe explorativer Methoden und phänomenologischer Analysen Wirklichkeiten aus dem Forschungsprozess heraus konstruiert, Hypothesen generiert, Neues entdeckt, Fremdes und Überraschendes in die Ergebnisanalyse miteinbezogen, alltägliches Handeln und Erfahrungen des Einzelnen reflexiv berücksichtigt.

InterventionsforscherInnen bedienen sich eines philosophischen Denkweges, konkret schließen wir uns an die philosophische Tradition der Aufklärung und des deutschen Idealismus an. Heintel stellt mit seinen Überlegungen der seit Jahrzehnten andauernden und dennoch aktuellen Debatte zur qualitativen Sozialforschung[41] Argumente zur Verfügung, die das immer noch vorhandene Ungleichgewicht ein Stück mehr in Balance bringen sollen und zu begründen suchen, weshalb eine Hinwendung zu einer praxiswirksamen Wissenschaft ein Gebot der Zeit sei. Auch Seifert weist darauf hin, dass Praxiswirksamkeit zusehends von Nöten ist und konstatiert den analytischen Wissenschaften genau dort ihre Schwachstellen, wenn er sagt: „Die analytische Richtung hat den Versuch gemacht, das Problem der moralischen, sozialen oder politischen Wertung von Sachverhalten völlig aus der Wissenschaft herauszuwerfen, indem man Wertfragen zu einer außerwissenschaftlichen, rein praktischen Angelegenheit erklärte. Also zum Beispiel: Man kann zwar das Problem des ‚Todes' biologisch erforschen – aber die Frage, wie der Mensch mit seinem eigenen und seiner Mitmenschen Tod fertig werden soll, gehört nicht mehr in die Wissenschaft. Entsprechendes gilt für Begriffe wie ‚Freiheit', ‚Demokratie', ‚Menschenwürde'

---

39 Heintel 2005, S. 1.
40 Flick et al. 2000, S. 14.
41 Vgl. dazu u.a.: Flick 1995 und 2000; Eberle/Hitzler 2000; Mayring 1993 sowie zur Inhaltsanalyse 2003; Girtler 1988; Heinze 1995; Strauss 1998 und weiterführend Glaser/Strauss 2005; Felt/Nowotny/Taschwer 1995; Kleining 1995; Lamnek 1995; Ahrens /Beer/Bittlingmayer/Gerdes 2011; Kelle 2008, Bohnsack 2000, Ernst 2010.

und sonstige politische Fundamentalbegriffe"[42]. Diese Auslassungen seien insofern eine Schwachstelle, als es „ – unter anderem – gerade darauf an[kommt], die *praktischen* Fragen als solche zum Gegenstand der Wissenschaft zu machen – nicht *nur*, aber *auch* um den Menschen so zu helfen, besser mit ihnen fertig zu werden, als das angesichts einer Wissenschaft ohne Praxis und einer Praxis ohne Wissenschaft möglich wäre. Auf diesem Gebiet nun ist die nichtanalytische Theorie eindeutig überlegen: denn sie bezieht ausdrücklich gerade die *Lebenspraxis* als ihren Gegenstand in ihr Nachdenken mit ein. Die Lebensprobleme des Menschen und die Fragen seines praktischen Handelns in der Welt sind gerade die Themen, die sie beschäftigen; nicht zufällig ist die Hermeneutik in Gestalt der betont sogenannten ‚Lebensphilosophie' und ‚Existenzphilosophie' aufgetreten, und auch die Phänomenologie und erst recht die Dialektik sind eindeutig auf das ‚gelebte Leben' selber bezogen."[43]

Diese Auseinandersetzung zeichne ich nach, indem ich anschließend die Prinzipien der Naturwissenschaften und die damit verbundenen Schwierigkeiten für die geforderte Praxisnähe von Wissenschaft streife und jene Überlegungen, Methoden und Hintergrundideen der Grundaxiomatik für Interventionsforschung[44] darlege. Dies geschieht – wie bereits erwähnt – in stark verkürzter Form und verfolgt den Zweck, einen Einblick in die Grundidee der Interventionsforschung zu ermöglichen und das Denkmodell, auf dem Interventionsforschung aufbaut, in seinen Umrissen nachvollziehbar zu machen. Interessierte LeserInnen seien auf das Gesamtwerk[45] verwiesen.

Zur Charakteristik eines dominanten Wissenschaftsparadigmas

Prinzip I: Das Verhältnis von Subjekt und Objekt

In der gängigen Forschungspraxis wird grundsätzlich eine Trennung zwischen dem Subjekt (die Person des Forschers/der Forscherin) und dem Objekt (dem Forschungsgegenstand) unterschieden. Dies hat zur Folge, dass das Gegenüber vergegenständlicht wird und das Subjekt in größtmöglicher Distanz – im Idealfall einflusslos – in Stellung gebracht wird. Die Forschungsgegenstände werden

---

42 Seifert 2003, S. 21.
43 Ebd., S. 22.
44 Heintel 2005.
45 Heintel 2002a, 2002b, 2002c, 2003, 2006b, 2009.

somit aus ihren Kontexten herausgenommen, veräußerlicht und in Form von Definitionen voneinander abgegrenzt. Im Selbstverständnis des analytischen Vorgehens werden die einzelnen Elemente voneinander getrennt und untersucht, um sie dann wieder zu einer Wirklichkeit zusammenzusetzen.

Haraway betont in diesem Zusammenhang, dass eine kritische und reflexive Wissenschaft der Transformation des „Objekts von Wissenschaft" in ein „Subjekt von Wissenschaft" bedarf. Die Autorin konstruiert das Konzept des „situierten Wissens". Ein Wissen, welches sowohl die jeweilige Position des Forschers bzw. der Forscherin – inkl. blinder Flecken – als auch das wissenschaftliche Feld selbst analysiert und reflektiert. Demzufolge kann situiertes Wissen nur „lokales und begrenztes Wissen" sein, „das nicht für alle Menschen sprechen kann, sondern sich der Objektivität durch Verknüpfungen von verschiedenen Perspektiven nähert. „Situiertes Wissen erfordert, dass das Wissensobjekt als Akteur und Agent vorgestellt wird (…). Kritische Ansätze der Sozial- und Humanwissenschaften (…), stellen dies paradigmatisch klar. Die Anerkennung der Handlungsfähigkeit der untersuchten Objekte ist in diesen Wissenschaften tatsächlich der einzige Weg, um grobe Irrtümer und (…) falsches Wissen zu vermeiden."[46]

Prinzip II: Disziplinen und Experten

Eine wesentliche Folge oben genannter Definitionen und Differenzierungen von Forschungsgegenständen ist die Spezialisierung (Disziplinierung) von Wissenschaft, die mit sich bringt, dass Forschungsbereiche immer kleiner und abgegrenzter werden, da dadurch die Möglichkeit steigt, diese begreif- und beherrschbar zu gestalten. Diese permanente Spezialisierung bedeutet synchron einhergehende Differenzierung und permanente Erhöhung von Komplexität, wodurch sich Kooperationen und Koordinationen bei interdisziplinären Vorgehensweisen deutlich erschweren. Die Disziplinierung bringt zudem Experten und Expertinnen hervor, ein Expertentum, das Autoritäten schafft, die über ein Spezialwissen verfügen, das in seiner Differenziertheit lediglich für ExpertInnen derselben Profession nachvollziehbar und bewertbar ist. Alle anderen können bzw. müssen sich auf Vertrauen und Glauben beschränken.

Die Selbstverobjektivierung des Expertentums führt auch dazu, sich nur mehr von außen zu betrachten. Der Zweck liegt nicht in der Erkenntnis von

---

46 Haraway 2007, S. 317 f.

Wirklichkeit, sondern in der Erkenntnis von Veränderungspotentialen, Defizitbehebungen, Kontrolle und Macht.[47]

Prinzip III: Kausalitätsprinzip

Damit Ursache- und Wirkungszusammenhänge wissenschaftlichen Anspruch erheben können, müssen Gesetzmäßigkeiten und Notwendigkeiten unter Zuhilfenahme des Kausalitätsprinzips nachgewiesen werden können. Es gibt demnach Ursachen und die aus ihnen folgenden Wirkungen. Man will jedoch nicht nur Gleichbleibendes erkennen, sondern man will Eingriff, Gleich-Bleibendes bewegen und in einen anderen Zustand überführen. Hierbei kommt es zu einer zweiten Kausalisierung, die auf der vorangegangenen Elementarisierung und der darauf folgenden synthetischen Zusammensetzung beruht.

In der wissenschaftlichen Praxis ist dies das Experiment, wo ausprobiert wird, wie sich Elemente in Zusammenhänge einer reduzierten/konstruierten Wirklichkeit bringen lassen. Wenn diese Experimente im Wiederholungsfall unter gleichen Bedingungen immer zu den gleichen Resultaten führen, entsteht eine wissenschaftliche Wahrheit, ein Gesetz. Jedoch dürfen sich die Bedingungen aus sich heraus nicht verändern. Da die Wirklichkeit dies aber ständig tut (Panta rhei), ist es ein Wesentliches von Wissenschaft, diese Selbstbewegung aufzuheben, eine stabile Wirklichkeit herzustellen.[48] In ihrem Anliegen „gegenüber dem Fluss des Seienden Stabilität, Ordnung, Verlässlichkeit herzustellen, unterscheidet sich Wissenschaft nicht von mythologischen, religiösen und ähnlichen Weltinterpretationen. In der Ausführung aber sehr wohl; sie erschafft neue Welten und läuft darin Gefahr, einseitig zu werden, eben nur das berücksichtigen zu können, was sich der Notwendigkeit von Ursache und Wirkung fügt"[49].

---

47 Vgl. Heintel 2005, S. 10-11.
48 Vgl. ebd., S. 11-13.
49 Ebd., S. 13.

Prinzip IV: Materialität

Ein weiteres wichtiges Prinzip ist nach Heintel die Sichtbarkeit von Materialität und deren Wirkungszusammenhängen, um eine Abgrenzung der Elemente überhaupt erst möglich zu machen. Unser Sehen ist sowohl analytisch (zweck- und zielgerichtet – wir unterscheiden Pilze von ihrer Umgebung, wenn wir auf Nahrungssuche sind), als auch synthetisch (gesamthaft). Unser Sehen ist zwar ein gut Beobachtbares, kann das Beobachtete aber nicht erklären. Daher muss Wissenschaft jenes sichtbar machen, was sich unserem natürlichen Sehen entzieht und bedient sich daher spezieller Apparaturen. Es handelt sich aber weiterhin um das gleiche Sehen, nur dass es sich nicht mehr um die gleiche Sinnlichkeit handelt. Die Sinnlichkeit der Wissenschaft ist denkmodell- und begriffgeleitet. Wissenschaftlicher Fortschritt besteht daher auch in der Weiterentwicklung und Verfeinerung von Instrumenten und Methoden, die die Entdeckung von Elementen immer differenzierter und komplexer, die Einflussnahme immer größer macht. Die Konsequenz dieses Sichtbarkeitsgebots ist, dass alles, was nicht sichtbar gemacht werden kann, aus der Wissenschaft herausfällt (oder bestenfalls in der Bemühung bleibt, irgendeinmal sichtbar zu werden).

Problematisch hierbei sind beispielsweise Begriffe wie Wille, Freiheit, Denken, Bewusstsein, Verstand, Vernunft, Seele, Geist, das Ich, denen man mit Hirnstrommessungen und Computermodellen auf die Spur zu kommen versucht. Da Wissenschaft *wissen* will, was das alles ist, und weil es nicht sichtbar gemacht werden kann, wird deren Existenz vielfach geleugnet.[50]

Neben diesen äußeren Messinstrumenten (wie Mikroskope, Röntgenapparate etc.) bedient sich die Wissenschaft auch eines inneren Handwerkzeugs in Form von Terminologien, Begriffen, Formeln, Symbolen, Zeichen. Hierbei wird nicht einfach nur kommuniziert, vielmehr wird eine bestimmte Weltsicht transportiert und eine bestimmte Kommunikationsgemeinschaft konstituiert. „Beide Seiten verstärken einander zur Identitätsillusion. Es wird die wissenschaftliche Erkenntnis zur Wirklichkeitserkenntnis genommen."[51] So wie ein Werkzeug nicht dazu da ist, das Material in seinem Wesen zu erkennen, sondern zu bearbeiten, so verhält es sich mit der wissenschaftlichen Sprache. Beides lässt sich als Instrument zwar verfeinern und funktioniert auch, solange man das Objekt diesbezüglich zurichten kann, es sich nicht verweigert oder das Instrument (äußeres wie inneres) nicht zur Kenntnis nimmt.

---

50 Vgl. Heintel 2005, S. 14-19.
51 Ebd., S. 19.

Prinzip V – Wissenschaftliche Sprache

Diese Verfeinerungstendenzen führen nicht selten zu einer terminologischen Komplexität und Selbstverkomplizierung, die dem Laien erst recht unverständlich ist (wer versteht schon seinen Arzt?). Im Gegensatz dazu findet sich in der Alltagssprache das gesamte Repertoire des Mediums Sprache wieder (als Sprechen, als Schweigen, als Metapher, als Ironie, als Witz, als Mimik und Gestik etc.). Wissenschaft kann sich einen solchen chaotischen Sprachgebrauch nicht erlauben und bereinigt Sprache deshalb durch Definitionen und Formeln.[52] Natürlich darf nicht außer Acht gelassen werden, dass die (sprachliche und begriffliche) Exaktheit der Naturwissenschaften der Wissenschaft an sich das Fundament zur Entwicklung von „sauberen" Grundbegriffen und Definitionen beigestellt hat, eine Anforderung, der nichtanalytische Wissenschaften nicht immer gerecht werden konnten. Seifert weist auf das Paradoxon hin, dass „gerade dasjenige wissenschaftliche Denken, das stets einen Praxisbezug betont hat, infolge seiner dem Durchschnittsmenschen unverständlichen Wortmystik der Praxis am allerfernsten [war] – von Hegel über Marx bis Habermas –; und umgekehrt kann ein Denken, das sich theoretisch als vom Leben abgeschieden versteht, schon auf zwölfjährige Schüler eine unwiderstehliche Faszination ausüben, wie das an der Logik, der Mathematik und den Naturwissenschaften zu beobachten ist. Die nichtanalytischen Lebenswissenschaften wollen zwar aufklären, reden aber so unverständlich, dass sie faktisch niemanden aufklären. Damit heben sie den angestrebten Effekt selber wieder auf und erreichen praktisch nicht mehr als die Wissenschaften, die ihren Anspruch gar nicht erst teilten."[53] Zu Recht stellt er abschließend die Frage, wem ein gesellschaftlich noch so angemessenes Wissenschaftsverständnis nütze, „wenn seine Manifestationen demjenigen, den sie überzeugen sollen, als Phraseologie erscheinen"?[54]

Die Versuchung ist groß, in einer „gereinigten" Sprache eine gereinigte und widerspruchsfreie Welt zu vermuten, wo das Leben Ordnung und Verlässlichkeit verspricht. Ein versierter Umgang mit Terminologien sowie der korrekte Begriffs- und Methodengebrauch zählen zu den Tugenden innerhalb des Wissenschaftsbetriebs, auf deren Verletzung häufig sehr emotional reagiert wird.[55]

In diesem Sinne kann auch die Sprache als Prinzip dieser Art von Wissenschaft gesehen werden, wenngleich sich keine Wissenschaft einer seriösen Aus-

---

52 Vgl. Heintel 2005, S. 6.
53 Seifert 2003, S. 23.
54 Ebd., S. 23.
55 Vgl. ebd., S. 20-22.

einandersetzung mit der ihr eigenen Sprache und Sprachbildung entziehen kann.

Prinzip VI: Die Abstraktion

„Die grundsätzliche, gleichsam zur Existenz gehörende, weil überlebensnotwendige Fähigkeit des Menschen zur Abstraktion wird in der dominanten Form der Wissenschaft genützt und auf die Spitze getrieben (extremisiert)".[56]

Die Zusammenfassung von Unterschieden in der Wirklichkeit wird mittels Abstraktion vollzogen, damit nicht jedes Phänomen eine neue Fragestellung, Orientierung und Bestimmung erfordert. Hierbei erfindet Sprache Begriffe um Wirklichkeit klassifizieren zu können, was wiederum Ausschluss von Wirklichkeit bedeutet, wenn es um weniger relevante oder störende Merkmale geht. Abstraktionen übergehen bestimmte Eigenschaften und heben andere hervor, mit welchen gearbeitet wird und werden oft in neue Zusammenhänge gesetzt. Wissenschaft wird somit zu gemachten Entscheidungen, die aber insofern unsicher sind, da andere Entscheidungen andere Erkenntnisse liefern, die wiederum andere Wirklichkeiten eröffnen. Um diesen Fragen auszuweichen, werden Abstraktionen mit einer höheren Wahrheit in Verbindung gebracht, gleichsam mit der Erörterung des Gottesbegriffs als die absolute Abstraktion. Das Selbstverständnis und die Logik von Wissenschaft verstehen sich in der Nachfolge dieser Denkform, stellt sie doch den Anspruch, die Weltformel, den Bauplan des Lebens zu finden bzw. finden zu wollen. Das von der Wissenschaftlichkeit Ausgeschlossene wird entwertet oder als nicht existent erklärt (wie z.B. das Ich in der Hirnforschung).

Wissenschaft funktioniert also nur, wenn sie widerspruchsfrei begriffen wird und nach den Prinzipien der Logik bearbeitet wird. Sinn macht das dort, wo solche Ergebnisse auch gebraucht werden, wie zum Beispiel in der Technik. Von Ergebnissen wird erst dann gesprochen, wenn Widersprüche entweder ausgeräumt oder als nicht relevant vernachlässigt werden.[57]

---

56 Heintel 2005, S. 22.
57 Vgl. ebd., S. 23-26.

Prinzip VII: Quantifizierung

Ein weiterer wichtiger Parameter von Wissenschaft ist die Quantifizierung, die vor allem zur Herstellung beliebiger Abstraktionen dienlich ist. Zählen sagt nichts über Qualität und Individualität eines Dinges oder eines Phänomens aus und eröffnet je nach Zweck eine zu wählende Abstraktion. Die Höhe der Abstraktion wird durch die Anzahl der ihr untergeordneten Begriffe erkennbar (wem ist was in welcher Menge unter- oder übergeordnet). Die Statistik hat gerade diesen Anspruch, etwas vergleichbar zu machen, was aus seinen qualitativen Unterschieden heraus eigentlich gar nicht vergleichbar ist, aber Zahlen zwingen zur Einigung und damit zur Unbezweifelbarkeit. Heintel zieht das Beispiel des Geldes heran, um sichtbar zu machen, welch hohe Abstraktionsform Zahlen in sich tragen: „Es [das Geld] ist für sich genommen eigentlich ‚Nichts'. (…) Das Nichts bekommt Substanz durch Quantität; die Seinsform des Nichts ist also ebenso die reine Quantität. (…) reine Quantität entqualifiziert (…) hat keinen inneren Zusammenhang mehr, sie geht ins Leer-Unendliche; bietet keinen Halt; banal heißt dies: Um Geld kann man *alles* haben. Halt im Geld verschafft nur seine gemessene Größe; ihr entsprechen bestimmte (Kauf-)Möglichkeiten. (…) Die Begierde, immer mehr Geld zu besitzen, hängt dann mit Möglichkeitserweiterung, Vermögen mit Machtzuwachs zusammen; (…) Das Geld tritt an die Stelle Gottes. Wenn ein System der Leitwährung Geld verpflichtet ist, muss alles durch es ausdrückbar werden. (…) *Alles* muss übersetzt, alles in Zahlen ausgedrückt werden. Die Leistung eines Mitarbeiters wird bis ins Detail mathematisiert: Wichtig wird die *Zahl* der Kundenbesuche oder -gespräche, die *Zahl* der Mitarbeitergespräche, alles wird in einer ‚balance score card' gemessen. Was nicht leicht gemessen werden kann, gerät in eine Nebenrolle; es lässt sich nicht in Geld übersetzen und wird damit für das System ungreifbar."[58]

Der wissenschaftliche Ort der reinen Quantität ist die Mathematik, weil sie Instrumente zur Verfügung stellt, die alle Abstraktionen ermöglichen sollen. Messen und Berechnen ist der Zweck, aber Messbarkeit setzt Bedingungen voraus, die etwas anderes sind als das Gemessene. Somit muss sich das Gemessene diesen Bedingungen fügen und anpassen, was bereits eine Entqualifizierung darstellt.[59]

---

58 Heintel 2005, S. 28.
59 Vgl. ebd., S. 29.

Prinzip VIII: Das Verhältnis zu Zeit und Geschichte

Dem naturwissenschaftlichen Wissenschaftstypus wesentlich ist auch das Verhältnis zu Zeit und Geschichte. Mathematische Axiome haben Ewigkeitsanspruch (man ist auf ewige Gesetze aus). Begonnen hat die Mathematik mit jenen Gegenständen, die ohnehin Ewigkeitscharakter aufwiesen (Gestirne und Himmelskörper), da sich diese in ihren Bewegungen über die Jahrtausende nur wenig oder gar nicht verändert haben. Denn, wenn etwas, das gleich bleibt, immer wiederkehrt, dann vermittelt es Unendlichkeits- und Ewigkeitsvorstellungen und wird mit den Göttern (dem Unsterblichen) gleichgesetzt.

In der Forschung ist man ebenfalls auf Ewigkeit ausgerichtet. Es wird versucht, ein Gleichbleibendes, sich immer Wiederholendes zu erschaffen und dazu nimmt man die Forschungsgegenstände aus der Zeit und aus ihrer Geschichtlichkeit. „Natur- und Menschengeschichte haben aber keineswegs den Charakter eines Sich-gleich-Bleibens. Hier gibt es Mutationen, dort Kultur. Veränderungen, gar Diskontinuitäten und Entwicklungssprünge sind nicht mathematisierbar."[60]

Prinzip IX: Selbstvergegenständlichung und Selbstzweckhaftigkeit

Am Instrumentengebrauch und seiner Entwicklung wird sichtbar, dass die Gegenstandskonstitution sich mit den Instrumenten ändert (Mikroskop) und damit nicht dauerhaft ist. Eine Besonderheit stellt sich dort ein, wo es um den Menschen und seine Sozietäten geht. Zwar versucht die naturwissenschaftlich-vermessende Psychologie die Menschen dauerhaft zu beschreiben, der Mensch kann sich aber zu seiner Selbstvergegenständlichung bewusst verhalten. Vergegenständlichung ist ein Produkt einer Entscheidung zu einem bestimmten Zweck, der ein von außen aufgezwungener ist und in den Wünschen und dem Wollen des Menschen wurzelt. Diese Denkform rechtfertigt, alles Natürliche für seine Zwecke zu objektivieren und besagt, dass der Zweck der Natur in der Ausrichtung auf den Menschen liegt. Es gibt aber für jeden Gegenstand und für alles Lebendige eine Selbstzweckhaftigkeit, die sich einen inneren Sinn gibt und weder der Wissenschaft noch einer äußeren Zweckhaftigkeit bedarf. Der innere Sinn geht allerdings verloren, wenn alles äußeren Zwecken unterworfen wird. Entweder geht der Gegenstand zugrunde, oder wird für einen neuen Zweck

---

60 Heintel 2005, S. 32.

umgeformt, wobei ein Kunstprodukt entsteht – und, wie im Falle von Maschinen, materialisierter Zweck ist.

Beim Lebendigen kann diese Umformung nicht gelingen. Es stirbt, wenn der äußere Zweck nicht mit dem inneren Sinn in Verbindung gebracht werden kann.[61]

Der gemeinte Wissenschaftstypus ist in seiner äußeren Zwecksetzung dem Für-sich-Sein hinderlich, „sie [die Wissenschaft] muss geschlossene Gesamtzusammenhänge aufbrechen; und sie tut es, indem sie für sie wichtige Teile herausnimmt bzw. isoliert, andere vernachlässigt. Dieses Vorgehen führt immer zu einer Störung der Selbstzweckhaftigkeit. Eine analytisch-elementarisierende Wissenschaft kommt in ihrer Subjekt-Objektspaltung (…) um diese Störung nicht herum"[62]. Hegel erklärt dies am Beispiel der Mathematik wie folgt: „Im mathematischen Erkennen ist die Einsicht ein für die Sache äußerliches Tun; es folgt daraus, dass die wahre Sache dadurch verändert wird. Das Mittel, Konstruktion und Beweis, enthält daher wohl wahre Sätze; aber ebenso sehr muss gesagt werden, dass der Inhalt falsch ist. Das Dreieck wird (…) zerrissen und seine Teile zu anderen Figuren, die die Konstruktion an ihm entstehen lässt, geschlagen. Erst am Ende wird das Dreieck wiederhergestellt, um das es eigentlich zu tun ist, das im Fortgange aus den Augen verloren wurde und nur in Stücken, die anderen Ganzen angehörten, vorkam. (…) Die eigentliche Mangelhaftigkeit dieses Erkennens aber betrifft sowohl das Erkennen selbst als seinen Stoff überhaupt. Was das Erkennen betrifft, so wird fürs Erste die Notwendigkeit der Konstruktion nicht eingesehen. Sie geht nicht aus dem Begriffe des Theorems hervor, sondern wird geboten, und man hat dieser Vorschrift, gerade diese Linien, deren unendliche andere gezogen werden könnten, zu ziehen, blindlings zu gehorchen, ohne etwas weiter zu wissen, als den guten Glauben zu haben, dass dies zur Führung des Beweises zweckmäßig sein werde. Hintennach zeigt sich denn auch die Zweckmäßigkeit, die deswegen nur eine äußerliche ist, weil sie sich erst hintennach beim Beweise zeigt. Ebenso geht dieser einen Weg, der irgendwo anfängt, man weiß noch nicht in welcher Beziehung auf das Resultat, das herauskommen soll. Sein Fortgang nimmt *diese* Bestimmungen und Beziehungen auf und lässt andere liegen, ohne dass man unmittelbar einsähe, nach welcher Notwendigkeit; ein äußerer Zweck regiert diese Bewegung. Die *Evidenz* dieses mangelhaften Erkennens, auf welche die Mathematik stolz ist und womit sie sich auch gegen die Philosophie brüstet, beruht allein auf der Armut ihres *Zwecks* und der Man-

---

61 Vgl. Heintel 2005, S. 36 ff.
62 Ebd., S. 38.

gelhaftigkeit ihres *Stoffs* und ist darum von einer Art, die die Philosophie verschmähen muss."[63]

Anders als in der Mathematik reagiert Lebendiges vielfach aus sich heraus und in der Selbstzweckhaftigkeit wird alles, was von außen kommt, für eigene Zwecke zu verwenden versucht. Weiters bestimmt sich damit ein Eigenwert, indem man für sich selbst wertvoll ist.

Um das Verhältnis von Selbstzweckhaftigkeit (Eigenwert) und Zweck von außen (Fremdbestimmung) in den Dialog zu bringen, reicht die klassische Wissenschaft nicht aus, deren Mittel zur Zweckerreichung aus Unterwerfung, Verpflichtung und Dienstbarkeit bestehen. Die Rechtfertigung dieser Denk- und Vorgehensweise liegt in der Vorstellung des Menschen vom Ebenbild Gottes und seiner hierarchischen Setzung, die es erlaubt, sich die Natur untertan zu machen (auch aus einer Überlebensnotwendigkeit heraus).[64] Die Frage, die sich hierbei stellt, ist die, ob nicht ein anderes Verhältnis zur Natur im Sinne eines Zusammenlebens möglich ist (analog dazu die Frage nach der Anwendung von Wissenschaft), „indem die Zwecksetzung des Menschen nicht nur mit der Selbstzweckhaftigkeit übereinstimmt, sondern diese sogar befördert, erweitert. (…) Es ist aber ein großer Unterschied, ob wir einander ausschließlich für fremde Zwecke verwenden – Sklaverei, Ausbeutung, funktionalistische Reduktion in Arbeitszusammenhängen – oder ob unsere Selbstzweckhaftigkeit – als besondere Gestalt Freiheit genannt – jedenfalls teilweise akzeptiert und respektiert wird; oder ob eine gemeinsame Objektivierung uns allen nützlich ist, uns weiterbringt oder nur einige"[65].

Heintel betont auch an anderen Stellen in der Literatur, dass es in erster Linie um Selbstaufklärung geht. Dies gilt nicht nur für Individuen sondern auch für Gruppen und größere Zusammenhänge wie Organisationen oder die Gesellschaft. Denn „mit dem Begriff einer kollektiven Autonomie wird auch das Thema einer ‚zweiten Aufklärung' angesprochen. Die Erfassung der Selbstzweckhaftigkeit ist einerseits Fundament der Selbststeuerung, andrerseits Voraussetzung für kollektive Autonomie. Letztere wiederum ermöglicht sowohl individuelle Autonomie als auch deren Einbindung in eine handlungsfähige Sozialität. Sie bringt überhaupt erst so etwas wie ‚Systemfreiheit' in den Blick".[66]

---

63 Hegel 1986, S. 43 ff.
64 Vgl. Heintel 2005, S. 38-40.
65 Ebd., S. 40.
66 Heintel 2006a, S. 191.

Prinzip X: Die Entwertung des Subjekts

Ein weiterer Faktor im Verhältnis zur Natur ist die Rolle des Subjekts und seiner Entwertung. Diese besteht darin, dass das Wissenschaft betreibende Subjekt vergessen muss, was es selbst ist, und dass Sinnlichkeit und Emotionen aus dem verobjektivierten Erkenntnisprozess auszuschließen sind. Dies erscheint im Licht der Geschichte von Naturwissenschaft noch nachvollziehbar, als man den Lauf der Sonne um die Erde als normale Sinneserfahrung erfasste, bzw. viele Wirklichkeiten erst mittels Geräten sichtbar wurden, was zu jener Erkenntnis führte, dass die wissenschaftliche Wirklichkeitser- und auffassung durch Instrumente und Methoden besser sei als die alltäglichen sinnlichen und emotionalen Realitäten. Diese Subjekt-Objektspaltung in der Wissenschaft hat unser ganzes Leben in sich gegenüberstehende Teile zerlegt. Auf der einen Seite die objektive, autoritäre Wissenschaft und das Expertentum, auf der anderen Seite der Alltag, das Gefühl, die Subjektivität, Vorurteile und Täuschungen usw. Problematisch wird es speziell dort, wo es sich um die Relation der Subjekte selbst handelt, d.h. Menschen würden ihre Beziehungen zueinander gemäß wissenschaftlichen Objektivierungen gestalten.

Heintel sieht in dieser Selbstentwertung des Subjektiven das Motiv für eine andere Wissenschaft – nämlich der Interventionsforschung. Als Experte ist man zwar immer Spezialist für kleine Ausschnitte von Wirklichkeit, aber Themen wie Gesundheit, Erziehung, Bildung, Verhalten, Sterben und Tod usw., also Themen, wo wir mit Gefühlen, Vorurteilen und Traditionen konfrontiert sind und davon gelenkt werden, entziehen sich der Verobjektivierung und somit einer wissenschaftlichen Wirklichkeit. Am Beispiel der Medizin wird deutlich, wie fortgeschritten dieser Dualismus gelebt wird, wo doch am Thema Gesundheit/Krankheit über Expertentum, Instrumentarien und Verallgemeinerungen Gefühle und Ängste vernachlässigt werden, und dass subjektiver Eigenbezug und Eigenwert keine Rolle zu spielen brauchen. In der verobjektivierten Diagnose findet eine Verallgemeinerung statt, wo alle Subjekte gleich sind, sich unterwerfen und ausliefern und bei sich selbst keine Potenziale (Selbstheilungskräfte) mehr finden. (Die Verdienste der verobjektivierten Wissenschaft sollen damit aber nicht geschmälert werden).[67]

Im Sinne einer zweiten (Selbst)Aufklärung ist ein neuer Umgang mit Gefühlen und Sinnlichkeiten zu finden, wo der Eigenwert als das Subjekt-Verbindende wieder erkannt wird.

---

67 Vgl. Heintel 2005, S. 42-45.

Prinzip XI: Direkte Umsetzung

Den Naturwissenschaften liegt das Gebot der direkten Umsetzung zugrunde, wodurch sich die Frage stellt, was unter welchen Bedingungen und zu welcher Zeit Forschungsgegenstand war. Abgesehen von den eigenen Fragestellungen ist es relevant, welche äußeren Forderungen, Anstöße und Aufgaben (ökonomisch gesteuerte Auftragsforschung) die Schnittstelle zwischen Gesellschaft und Wissenschaft gebildet haben.

Der Umsetzungsauftrag ist aber im Modell immanent, d.h. prinzipiell passiert die Umsetzung bereits in der Konstruktion und im Experiment. Man weiß schon vorher, was man mit der Umsetzung will – also welches Resultat herauskommen soll (das technische Gerät, der chirurgische Eingriff müssen funktionieren). Die Wissenschaft vollzieht nur das nach, was in der Natur an innerer Ordnung vorhanden oder angelegt ist. Das Umsetzungsziel ist demnach, Natur und Welt in einen Begriff zu übersetzen und jene Wirklichkeiten, die in dieser vorkonstruierten Wirklichkeit nicht vorkommen, fallen in den Bereich des Unbegriffenen und Bedeutungslosen.[68]

Prinzip XII: Determinismus

Heintel weist auf die deterministische Enge hin, weil eine von Konstruktion und Anwendung beschriebene Identität keine Freiheit des Gegenstandes oder des Materials erlaubt. Eine Maschine kann ihren Konstruktionsauftrag aus sich heraus nicht verweigern, beim Lebendigen wird versucht, Wechselwirkungen auszuschließen, weil Menschen, Tiere (und Pflanzen) sich oft dem äußeren Zweck verweigern und die erwünschte Determination nicht stattfinden lassen. Im Lebenden ist Umsetzung abhängig von Akzeptanz oder Verweigerung (bewusst[69] oder unbewusst). Zu Seienszusammenhängen kommen Wollenzusammenhänge, die nicht berechnet werden können. Hierbei wird jener kritische Punkt sichtbar, wo das vorweggenommene Umsetzungsresultat nicht modifiziert werden darf.[70]

Außerdem erhebt sich die Frage, ob dem Wollen – mit anderen Worten – der Akzeptanz von Selbstzweckhaftigkeit, Eigenwert und Autonomie ein Platz in der Wissenschaft eingeräumt werden soll, weil sie einen Seinsbestand des Men-

---

68 Vgl. Heintel 2005, S. 48-49.
69 Als unterhaltsamer und gleichsam lehrreicher Film dazu ist „Kitchen stories" von Bent Hamer (2003) zu erwähnen.
70 Vgl. Heintel 2005, S. 52-54.

schen darstellen. Diese Frage im Speziellen und *die Frage* im Allgemeinen spielen in der qualitativen Sozialforschung eine zentrale Rolle. Für Heintel stellt die qualitative Sozialforschung ein Übergangsphänomen dar, welches im Einfluss der alten Wissenschaft in der Tradition von Methode und Forschungsprozess anhaftet, anderseits aber bereits eine Neugestaltung des Subjekt-Objektverhältnisses gestaltet. In dieser Neugestaltung bekommt die Frage zentrale Bedeutung. Es macht nämlich einen Unterschied, ob sich die Wissenschaft einem Gegenstand zuwendet, der selbst keine Fragen stellt, oder ob der Gegenstand selber fragt, Befragung sogar als Mittel zur Selbstbefragung verstanden werden kann. In der Tradition der Naturwissenschaften wurden in den Sozialwissenschaften seit jeher die Gegenstände analog den Naturobjekten festgelegt – also keine Fragen ihrer Gegenstände zugelassen und somit den Objekten ihre Freiheit genommen. Die Folge ist eine Mehrklassengesellschaft von Wissenden/Vorschreibenden und Nachvollziehenden.

Menschen sind Differenz- und Widerspruchswesen. Das bedeutet, jede Person trägt die ganze Menschheit in sich und damit können wir „weder den Menschen, so wie er jetzt lebt und sich eingerichtet hat, zum Begründungsfundament machen, auch nicht dieses oder jenes besondere Individuum; noch haben wir etwas von einem allgemeinen abstrakten Menschheitsbegriff, in den alles Mögliche hineinprojiziert werden kann. Wie kann es gelingen, ein Allgemeines zu finden (denn das Fundament muss, wenn es auf den Menschen rekurriert, auch alle Menschen meinen), das zugleich situativ, historisch, konkret also, auch das Besondere ist? (…) man muss diese Differenz selbst als Wesen des Menschen anerkennen und setzen. Differenzwesen ist aber keine theoretisch von außen aufgeklebte Etikette, es ist ein Begriff für einen Widerspruch, den jeder Mensch und jedes Kollektiv selbständig prozessiert bzw. prozessieren. Der Mensch ist weder nur, noch ist er abstrakte projizierte Menschheit, er ist ein Mit-sich-selbst-Prozessieren, gerade dieses unauflöslichen Widerspruchs"[71]. Und damit ist er imstande, nicht nur von außen beschrieben und erkannt zu werden, sondern besitzt die Fähigkeit zur Selbstbeschreibung und Selbsterkenntnis. [72] „Verbunden ist diese Selbsterkenntnis in unserer Tradition mit der Aufklärung und ihren Bestrebungen, die Menschen aus ‚selbstverschuldeter Unmündigkeit' heraus zu führen, institutionellen Fremdbestimmungen, Autonomie und Gewissen (Letzteres insbesondere in moralischen Zusammenhängen) gegenüberzustellen."[73]

---

71 Krainer/Heintel 2010, S. 62.
72 Vgl. Heintel 2005, S. 55-62.
73 Krainer/Heintel 2010, S. 166.

Die Rolle der Wissenschaft könnte sich dahingehend verändern, als dass sie in begleitender Intervention Menschen in eben diesen Fähigkeiten unterstützt. Wahrheit ist nicht mehr in der traditionellen Wissenschaft und ihrer Erkenntnis bestimmt, sondern in gemeinsamen Reflexionsprozessen zu suchen und zu entscheiden.

Wissenschaften im Übergang

Heintel wendet sich im Anschluss an die Kritik der Naturwissenschaften in einem Zwischenschritt den Rechtswissenschaften zu, bevor er sich der Axiomatik der Interventionsforschung widmet.

Die Rechtswissenschaften unterscheiden sich grundsätzlich in ihrer Charakteristik von den Naturwissenschaften, zählen neben der Mathematik und Astronomie zu den ältesten aller Wissenschaften und haben die Verläufe der Geschichte – nicht immer zum Besten – bis heute überdauert. Ihr Einfluss auf andere Wissenschaften – in Sprache und Begriffsbildung – liegt zum einen darin, dass sie sich immer auf das Ganze beziehen, das auf das Einzelne rückbezogen werden muss. Es handelt sich um ein System, welches das Zusammenleben aller Teile einer Gesellschaft regelt.

Innerhalb dieses Systems gibt es keine analoge Gegenstandskonstitution und Objektivität, der Gegenstand sind das gesellschaftliche Leben und die Individuen. Gesetze bestimmen das Leben und die Ordnung, werden aber immer gebrochen und verdanken daraus ihre Existenz – einem Negativen.

Das Gemeinsame mit anderen Wissenschaften ist die Abstraktion und die Vernachlässigung des Individuellen. Wenn es darum geht, das Zusammenleben mehrerer Menschen zu regeln, direkte Kommunikation nicht mehr möglich ist, wird indirekte und anonyme Kommunikation notwendig, die ihrerseits schwer Rücksicht auf Unterschiede und Besonderheiten nehmen kann und deshalb Regeln und Prinzipien erstellt werden müssen, die sich für das Allgemeine eignen.

Im Gegensatz zur Materialisierung der Naturwissenschaften muss sich die Abstraktion im Recht ständig ihre Wirklichkeit neu erschaffen und sieht somit immer wieder anders aus. Die Verbindung zwischen dem Allgemeinen und dem Besonderen muss jedes Mal aufs Neue hergestellt werden (Prozess). Das Rechtssystem stellt einen Weg vor, mit Widersprüchen umzugehen. Der Allgemeinheit wird eine Re-Individualisierung zur Seite gestellt, die sich auf soziale Zusammenhänge, historische Situationen, Ermessensspielräume u. dgl. bezieht. Damit das Allgemeine, das für so viele zuständig ist, nicht einer Willkür ausgesetzt ist, bleiben Bezugspunkte (positives Recht) und formalisierte Verfahren aufrecht, damit auch die Dauerhaftigkeit gewährleistet bleibt.

Im Zentrum der Entscheidungsfindung liegt der Kompromiss, der zwischen dem Allgemeinen und dem Individuellen gefunden werden muss. Die Re-Individualisierung wird delegiert (Rechtsanwälte), die richterliche Unabhängigkeit repräsentiert das System und ist eher dem Allgemeinen verpflichtet. Der Einbezug von Laien wiederum relativiert wissenschaftliche und systembezogene Wahrheit und ist somit für die Zusammenhänge der Interventionsforschung von Bedeutung. Denn in den Naturwissenschaften werden Beweise nur von Wissenschaftlern derselben Disziplin überprüft, im Recht kontrollieren Laien, ob eine Beweislage ausreichend ist. Ins Spiel kommen Emotionen, Lebenszusammenhänge, Erfahrungen u.dgl.m.

Zusammengefasst konstatiert Heintel, dass es in den Übergangswissenschaften (Psychoanalyse, Formen der Psychotherapie, Aktionsforschung, Organisationsberatung, Rechtswissenschaften, Philosophische Praxen) zu einer partiellen Aufhebung der Subjekt-Objekt Differenz kommt. Gemeinsam erlebte Prozesse in eingerichteten sozialen Konstellationen (Designs) zwischen Laien und Wissenschaftlern ermöglichen einen beiderseitigen Gewinn. Das Ziel liegt im Sinn für die jeweils erforschten Personen und Systeme, auch weil Verallgemeinerungen ihre Dominanz verlieren. Die Problemorientierung erfordert interdisziplinäre Vorgehensweisen und ständigen Praxisbezug, wodurch eine neue Verknüpfung von Wissensgenese und Können stattfindet. Die Frage spielt in der Methode eine zentrale Rolle. Dadurch wird die Entscheidung und Akzeptanz des Forschungsgegenstandes wahrheitskonstitutiv – somit wird die inhaltliche Wahrheit um der Freiheit willen *endlich*.[74]

Zur Charakteristik und Philosophie von Interventionsforschung

Erneut auf die Entzauberung der objektivistischen Ideale einer analytischen Wissenschaft zurückgreifend, kann eine ernst zu nehmende qualitativ durchdrungene Sozialforschung, die sich der Aufklärung verschreibt und nachhaltig zu intervenieren gedenkt, nur das Ziel haben, subjektbezogene Aussagen und situationsspezifische Phänomene aufzugreifen, zu untersuchen und anhand der empirischen Ergebnisse nachvollziehbare Theorien zu entwickeln. Dabei ist

---

74 Vgl. Heintel 2005, S. 83-92.

grundsätzlich davon auszugehen, dass eine solche Form der Forschung, anderen – und vermutlich ist eine Gegenüberstellung dieser unterschiedlichen Herangehensweisen und Logiken Ausdruck einer Übergangsphase innerhalb einer sich im Aufbruch befindlichen wissenschaftlichen Gemeinde – Leitgedanken folgen muss, als ich sie oben beschrieben habe.

Die Interventionsforschung orientiert sich entlang ihrer *Axiome*, Aussagen, die einer Setzung gleichkommen. Eine Setzung, die in – wenn man so will – Anfangssätzen oder Behauptungen zusammenfasst und für sich eine Aussage trifft und diese in weiterer Folge zu begründen sucht. Übersetzt bedeutet das Wort soviel wie Würde, Ansehen und Wert und möglicherweise ist es tatsächlich notwendig, eine junge und neue Wissenschaft mit der nötigen „Würde" auszustatten, ihr durch ausführliche Begründung ihren Wert zu geben.

Seifert setzt sich mit dem Begriff der Axiomatik auseinander und gerne greife ich an dieser Stelle auf seine Ausführungen zurück, in welchen er (nach längeren Erläuterungen eines mathematischen Beispiels) zu dem Schluss gelangt, dass nicht von vornherein evident sein muss, wie ein Axiom lautet – „man kann es sich aussuchen, wie man ein Axiom formulieren will. (…) Der springende Punkt ist also: man muss erst einmal verstehen, *dass man gar nicht verstehen soll, warum ein Axiom nun gerade so und nicht anders lautet* – man soll es als Anfangssatz annehmen und andere Sätze daraus ableiten."[75] Die Akzeptanz (ohne Verstehen) eines beliebigen Anfangssatzes ist nun aber nicht von vornherein einsehbar. „Erkenntnis und ‚Wissenschaft' sind für [den Menschen] untrennbar mit dem ‚Verstehen' verbunden. Denn die Wissenschaft ist keine Instruktionsstunde, in der beschränkte Ausbilder unwissenden Rekruten von beiden unverstandene Sachverhalte eintrichtern. Vielmehr hat es die Wissenschaft stets mit einzusehenden oder zu verstehenden Zusammenhängen zu tun."[76] Mit dieser – im Grunde ureigensten philosophischen Haltung – widme ich mich nun der *Axiomatik der Interventionsforschung* mit dem Bestreben, nicht nur „Anfangssätze" in den Raum zu stellen, sondern diese in weiterer Folge auch verstehbar zu machen.

---

75 Seifert 2003, S. 139.
76 Ebd., S. 140 ff.

Axiom I: Die Freiheit des „Forschungsgegenstandes"

Nach Heintel handelt es sich bei der Interventionsforschung um einen erweiterten Wissenschaftsbegriff, der sich allerdings nur auf Forschungsfelder bezieht, in denen Menschen wirksam sind. Die übrigen lebendigen Systeme bleiben unberücksichtigt, obwohl sie ebenfalls einer neuen Wissenschaft bedürfen. Grundsätzlich ist der „Forschungsgegenstand" der Interventionsforschung lebendig und frei. Was bedeutet nun Freiheit? Freiheit heißt nicht nur, aus sich heraus etwas zu wollen, „sie ist die zugestandene Möglichkeit, immer wieder bei sich selbst und aus sich heraus ‚anzufangen'. Sie ist damit die Bezeichnung für die Selbstdifferenz, die wir alle als Menschen sind"[77]. Freiheit kann in ihrer notwendigen Unbestimmtheit nie Objekt werden, dadurch ist die Aufgabe der Wissenschaft nun, zuerst zu beobachten, in welcher Form Individuen, Kollektive, Systeme von ihrer Freiheit und Selbstbezüglichkeit Gebrauch machen, nicht Gebrauch machen bzw. was sie daran hindert, ihr Wollen Wirklichkeit werden zu lassen.

Für das Etablieren von Selbstdifferenz wird jene Widersprüchlichkeit sichtbar, die zwischen der Verweigerung der Freiheitsdelegation und der angetragenen Expertenrolle angesiedelt ist. Diese Expertenrolle besteht im Wesentlichen aus drei Qualitäten:

1. Das Angebot, die notwendigen Prozesse zur Selbstbezüglichkeit zu organisieren, zu strukturieren und zu begleiten,
2. Erfahrungen und Vergleiche von ähnlichen Zusammenhängen bei richtigem Timing (und als Angebot formuliert) anzubieten,
3. Hintergrundtheorien anzubieten zum Zweck des gemeinsamen Selbstverständnisses.

Damit die Theorie nicht in den Verdacht kommt, über die Hintertür wieder das alte wissenschaftliche Verfahren und seine Privilegiertheit einzuführen (Belehrung und Besserwisserei), muss der Charakter von Theorie bezüglich Sprache und Begrifflichkeit einerseits zu vergemeinschaften in der Lage sein, andererseits bieten Theorien eine Entscheidung für eine Reduktion an, die Distanz ermöglicht, um neu oder woanders wieder anzufangen und weiterzutun, ohne sich in den unendlichen Bezügen zu verlieren. Ein Forschungsgegenstand verhält sich somit weder ruhig noch stabil, sondern ist in ständiger Bewegung, auch weil die Forschung selbst das Feld ständig beeinflusst und verändert.

---

[77] Heintel 2005, S. 124; Krainer/Heintel 2010.

Die Interventionsforschung bietet dabei ein Verfahren an, bei dem das Material (die Interventionen inhaltlicher Art) „zum Motiv, zum Bearbeitungsfaktor für die Systemfreiheit wird. Somit heißt indirekte Beeinflussung nichts anderes als freiheitsermöglichende Differenzsetzung. Damit wird allerdings ein Grundzug dieser anderen Wissenschaft deutlich, der gegenüber klassischen einen Unterschied macht, der Letztere immer an ihrer Wissenschaftlichkeit zweifeln lassen. Er besteht ganz schlicht in der Tatsache, dass man nie wissen kann, was herauskommt. Voraussagen bzw. Voraussagbarkeit, angestrebt von allen klassischen Wissenschaften und vielfach auch ihr ganzer Stolz, ist hier eben aus prinzipiellen und methodischen Gründen unmöglich"[78.] Im Prozess und in der Selbstreflexion tauchen immer neue Bezüge und Möglichkeiten auf, vormals feststehende Optionen können wieder verschwinden. Außerdem verändert sich der Forschungsgegenstand aus sich heraus und nicht von außen, der Prozess ermöglicht Selbstbefreiung, löst Befangenheiten, Vorurteile, Fixierungen usw. auf.[79]

Im Spannungsfeld des angefragten wissenschaftlichen Experten und des Selbst-Teil-des-Systems-Seins kann mitunter durchaus der Wunsch auftauchen, sich vollends in die sogenannte professionelle Distanz zurückziehen zu wollen. Wenn es um einen herum arg „menschelt", ist oft guter Rat teuer. Vielleicht trifft es Koepping am besten, der meint, der Forscher müsse als „soziale Figur genau die Eigenschaften besitzen (...), die Simmel für den Fremden herausgearbeitet hat: Er muss in sich selbst beide Funktionen, die des Engagiertseins und der Distanz, dialektisch verschmelzen können"[80].

Axiom II: Berücksichtigung der Grenzdialektik von Systemen

Der Forschungsgegenstand ist ein System – ein in sich vermittelter Zusammenhang, ein aufeinander Bezogensein, ein Bedingungsgefüge, wo es schwierig ist, von Elementen zu sprechen, die es zwar gibt, aber in ihrer für-sich-seienden Individualität auch aufgelöst sind. Heintel sieht hierbei den prinzipiellen Unterschied zur klassischen Forschung, die elementarisierend vorgeht und danach aus den Elementen wieder Systeme zu erstellen versucht.

---

78 Heintel 2005, S. 127.
79 Vgl. ebd., S. 122-128.
80 Koepping 1987, S. 28.

Gleichzeitig sind Systeme grenzdialektisch. Sie sind in sich geschlossen, als auch in sich nicht geschlossen. Die Notwendigkeit der Geschlossenheit liegt in der personellen und kulturellen Kontinuität, um erfolgreich sein zu können. Erfolgreiche Systeme neigen aber ebenso zu einem Sich-selbst-Abschließen, also dazu, ihre Grenzen zu betonen. Sie sind aber ebenso nicht geschlossen, weil Grenzziehungen immer nur in der Überschreitung derselben gelingen. „Das Jenseits der Grenze ist mitbestimmend für ihr Diesseits."[81] Seifert stellt fest, dass die Frage, inwieweit es berechtigt sei ganzheitlich zu denken und inwieweit auch nicht-analytische Wissenschaften analytisch vorgehen (müssen), eines der wenigen „grundlegenden Probleme der Wissenschaftstheorie überhaupt"[82] aufgreift.

Für die Interventionsforschung von Bedeutung ist, dass die Forschungsgegenstände Systemcharakter haben, weil es sich um lebendige Zusammenhänge handelt, die in ständiger Bewegung sind, miteinander kommunizieren, interagieren, in unterschiedlichen Beziehungen zueinander stehen und Identifikationen, Rollen und Funktionen einnehmen. Die Schwierigkeit in der Interventionsforschung liegt darin, die Elemente und ihre Verbindungen zu berücksichtigen und gleichzeitig wirksam sein zu wollen.[83] Paradox gewendet, arbeitet die Interventionsforschung ganzheitlich und individualisierend gleichzeitig, da das jeweils Individuelle nicht losgelöst von der Ganzheit betrachtet werden kann und die Ganzheit sich wiederum im Individuellen abbildet.

Axiom III: Beziehung zum Forschungssystem

Bei der Interventionsforschung nehmen Beziehung und Vertrauen einen hohen Stellenwert ein. Beziehungen sind forschungskonstitutiv und können nicht ausgeschlossen werden, sind sogar Absicht der Methode. Sie hält Beziehung aufrecht und lässt sich daher darauf ein. Irritationen können über Feedbackschleifen thematisiert und verstehbar gemacht werden. Heintel bezeichnet den ‚Königsweg' der Interventionsforschung folgendermaßen: „Sie muss zu erreichen versuchen, dass man sich auf einer reflexiven Metaebene auch in den Inhalten treffen kann. Praktisch heißt dies, dass man (…) die Gesamtsituation und die Sichtweisen auf sie selbst zum Sprechen bringt. Das System erhebt sich zur Selbstdiffe-

---

81 Heintel 2005, S. 129.
82 Seifert 2003, S. 19.
83 Vgl. Heintel 2005, S. 129-131.

renz. Es bewegt sich nicht mehr bloß in seinen Elementen und Zusammenhängen, es lässt sich über sie befragen, denkt über sie nach und gibt seine Perspektiven wieder"[84].

Die Schwierigkeit in der Interaktion liegt auf zwei Ebenen: zum einen im alltäglichen Zusammenhang, zum anderen auf der Reflexionsebene, wo die Aktion angehalten ist. Trotzdem wird hier ebenso agiert, was der Interventionsforschung die Chance gibt, nicht bloß eine Stütze der Reflexion zu sein, sondern fragend und aufnehmend diese Bestände zu akzeptieren, um sie in neue Verhältnisse setzen zu können. Auf dieser Ebene bedeutet das aber auch, immer wieder sich selbst (als Person und als Team) in Beziehung zu setzen. Sowohl für die ForschungspartnerInnen als auch für die Forschenden gilt der Grundsatz: „Ohne Selbstbeobachtung, Selbstbeschreibung, Selbstthematisierung keine Selbsterforschung, ohne Selbsterforschung keine Selbsterkenntnis und kein Selbstbewusstsein, ohne Selbstbewusstsein keine Selbstbestimmung (griechisch: ‚Autonomie'), ohne Selbstbestimmung keine Selbststeuerung"[85].

Simone de Beauvoir weist bereits auf Interessenhierarchien innerhalb der Forschung hin, und wie sie geht auch die Interventionsforschung davon aus, dass „es wohl unmöglich [ist], irgendein menschliches Problem ohne Voreingenommenheit zu behandeln: schon die Art der Fragestellung, der Blickwinkel, den man einnimmt, setzt eine Interessenhierarchie voraus: jede Position schließt Werte ein, es gibt keine ‚objektive' Beschreibung, die nicht einen ethischen Hintergrund hätte. Statt die Prinzipien, von denen man mehr oder weniger stillschweigend ausgeht, zu verschleiern, sollte man sie lieber vorher nennen."[86] Im Sinne der Offenheit, der Transparenz und der Beziehung zwischen Forscher/in und Forschungspartner/in *muss* Kommunikation und Selbststeuerung des Gesamtsystems im Zentrum der Forschung stehen. Dort wo „Forschende und Erforschte miteinander ein System [bilden], das sich selbst zum Gegenstand nimmt"[87], bedarf es eines regelmäßigen Wechsels auf die Meta-Ebene, wo Reflexion und kollektive Steuerung ermöglicht werden kann.

---

84 Vgl. Heintel 2005, S. 132-133. Zitat S. 133.
85 Krainz 2006a, S. 18.
86 de Beauvoir 1951, S. 24 f.
87 Krainz 2006a, S. 14.

Axiom IV: Prozessgestaltung

Die unaufhebbare Differenz zwischen System und Beobachter „wird zu einer in der Forschung prozessierenden und sich inhaltlich verändernden Differenz"[88]. Auch wenn zu Beginn von außen erstmal herangetreten werden muss, eine Subjekt-Objekt Trennung vorliegt, so wird diese Trennung im Prozess der Interventionsforschung laufend gesetzt und wieder aufgehoben, die Systeme konstituieren sich fortlaufend. Fremdbeobachtungen werden zur Verfügung gestellt, um Selbstbeobachtung und Reflexion anzuregen, was dann als Material zur wissenschaftlichen Weiterarbeit zur Verfügung steht.

Wichtig in der Beschreibung der Interventionsforschung ist der „dialektisch-dialogische" Prozess, Dialektik ist ohne Dialog und der ihm geschuldeten Räume nicht denkbar. In diesem Prozess „geht es nämlich nicht nur um die vorhandene Grenzdialektik aller Systeme (offen – geschlossen), sondern um eine weitere, zusätzliche. Denn jede Forschung formuliert in ihren Ergebnissen eine Grenze (sie ist gezwungen auszuschließen), wie ebenso das System selbst diese anerkennen kann oder auch nicht. Der Prozess der Auseinandersetzung von Beobachtung und Selbstbeobachtung setzt nun jeweils die *realen* Systemgrenzen fest."[89]

Diese Form der praktisch gewordenen Philosophie findet sich als Grundprinzip auch in der gruppendynamischen Tradition wieder und wurde von diversen AutorInnen beschrieben[90]. Die Gruppendynamik etablierte sich in der Zeit nach dem Zweiten Weltkrieg „als Anwendungsbereich einer ‚alternativen' politischen Bildung mit emanzipatorischen Implikationen"[91]. Emanzipation bedeutet in diesem Zusammenhang, dass die Beteiligten innerhalb eines sozialen Gefüges und Prozesses nicht nur als Agierende teilhaben, sondern gleichzeitig ihre jeweilige Situation analysieren, reflektieren, sich darüber austauschen und sich in einem iterativen Prozess ihr sowohl individuelles als auch kollektives Lernsystem einrichten. Durch diese Form der Kommunikation und des Lernens hält sich der Prozess in einer permanenten Bewegung und Wahrheit verändert sich in dem Maße, wie das jeweilige soziale System sich entwickelt.

Ins Forschungs-Praktische übersetzt heißt das z.B., dass bei einem Auftrag erst einmal erste Erhebungen gemacht werden, das relevante Umfeld ausgelotet

---

88 Heintel 2005, S. 134.
89 Vgl. ebd., S. 135-136, Zitat S. 136.
90 Vgl. u.a.: Bradford et al. 1964; Pages 1974; Lapassade 1972; Krainz 2006a; Lackner 2006; Heintel 1977a, 2006a.
91 Lesjak 2009, S. 215.

wird, die Meinung der Betroffenen wird erfragt u.dgl.m. Dieses Material wird bearbeitet, in Zusammenhang gebracht, mit ähnlichen Forschungen verglichen und Hypothesen werden gebildet. Hier konstituiert sich bereits ein dem Auftrag zugeordnetes System, das nicht mehr von für sich bestehenden Einzelsystemen allein ausgehen kann, weil die relevanten Systeme zueinander in Bezug gesetzt werden. Bei den ersten Rückbindungen der Forschungsergebnisse wird zum einen überprüft, ergänzt und korrigiert, weiters wird das gerade relevante System mit seinen Grenzen gemeinsam erfasst. Erst wenn diese beiden Schritte akzeptiert sind, ist der dritte und letzte Schritt möglich, nämlich der Anschluss eines neuen, kommenden Systems an das alte bestehende. Dieser Vorgang erfordert neuerlich Grenzziehungen. Die Umsetzung dieser Systemveränderungen bedürfen flankierender praktischer Maßnahmen, wie persönliches Engagement, organisatorische Eingriffe, beratende Begleitungen, Einsatz von Zeit und Geld u.dgl.m. Im Rahmen dieser Vorgänge treten Themen auf, die im Vorfeld nicht planbar sind; Themen wie z.b. Motivation, Konflikte, Umgang mit Veränderungen etc.

Als Kernaussage ist festzuhalten, dass die zentrale Methode der Interventionsforschung der gestaltete Prozess ist, der je nach Etappen andere Schwerpunktsetzungen mit sich bringt. Dieser Prozess ist es, der in der Auseinandersetzung von Beobachtung, Selbstbeobachtung, Aktion und Reflexion systemkonstitutiv wirkt.[92] In diesem Sinne können Prozesse dieser Art auch als politisch bildend wahrgenommen werden, denn „nimmt man politische Bildung beim Wort, so bildet Gruppendynamik [und Interventionsforschung] politisch primär schon deshalb, weil sie bei der unmittelbaren politischen Situation und Basis beginnt, in der gebildet werden soll. Sie versucht daher, Erleben, Verhalten und Wissen möglichst wenig auseinanderfallen zu lassen und aufeinander zu beziehen[93]. Diese Form der Integration geschieht im Sinne der Aufklärung sozialer Systeme und der sich in ihnen versammelten Individuen. Letztlich geht es „um einen Akt der Selbstvergewisserung, des Setzens ‚selbstbewusster Kollektivität'. Letztere ist Bedingung für die Selbststeuerung"[94].

---

[92] Vgl. Heintel 2005, S. 137 ff.
[93] Heintel 1977b, S. 83.
[94] Heintel 2006a, S. 191.

Axiom V: Die Frage im Zentrum der Forschung

Grundsätzlich geht jede wissenschaftliche Forschung von einer Fragestellung aus. Die enge Verbindung von Wissenschaft und Praxis (Transdisziplinarität) in der Interventionsforschung weist die Besonderheit auf, dass die Fragestellungen meist (ausgenommen ist hier die Grundlagenforschung) aus einem beliebigen Praxisfeld an die ForscherInnen herangetragen werden. Man könnte auch sagen, die PraktikerInnen haben ein Problem (im therapeutischen Jargon wäre das der Leidensdruck), für dessen Lösung die Wissenschaft um einen Beitrag gebeten bzw. beauftragt wird, Ergebnisse und Antworten zu liefern. Im Heintel'schen Sinn käme in der klassischen Wissenschaft nun das Prinzip „die Praxis hat ein Problem – die Wissenschaft hat die Antwort" zum Tragen. Die Interventionsforschung hingegen geht davon aus, dass die jeweiligen Antworten in jedem Menschen (wie auch in Kollektiven) bereit liegen und lediglich eine Hilfe bei der „Entbindung" brauchen. Methodisch übersetzt wird dies mit der sokratischen Maieutik (griech. „Hebammenkunst") als Dialogtechnik. Bei der Begriffsfindung griff Sokrates auf seine praktischen Erfahrungen und Prägungen zurück: Sokrates' Mutter Phaenarete war Hebamme – das Bild der Hilfestellung beim „Gebären" schien ihm für sein Verständnis von Gesprächsführung hilfreich zu sein. Im Gespräch mit Theätet meint er: „Ich selber bin also überhaupt nicht klug und kann auch keinen Fund als Erzeugnis meiner Seele vorweisen. Dagegen lassen einige von denen, die mit mir zusammen sind, anfangs zwar recht wenig an Klugheit sehen, aber im Laufe unseres Zusammenseins machen alle, denen es der Gott vergönnt, für sich selbst und auch die anderen überraschende Fortschritte. Und dabei lernen sie offensichtlich nie auch nur irgendetwas bei mir, sondern finden selber viele hervorragende Wahrheiten bei sich heraus und bringen sie hervor. Urheber der Entbindung jedoch sind der Gott und ich."[95]

Ganz im Sinne Sokrates' begeben sich die ForscherInnen in die Rolle des Unwissenden und auf die Suche nach dem Verborgenen. Die Frage ist ins Zentrum des Handelns gestellt – Adressaten sind Menschen in und aus der Praxis, welche innerhalb Ihrer Frage- und Problemstellung selbst die Möglichkeit haben am Forschungsergebnis aktiv mitzuarbeiten. An dieser Stelle eröffnet sich auch die Differenz zwischen Experten/Expertin, ausgestattet mit Erkenntnisreichtum und Spezialwissen und Laien. Aus meiner Sicht wird das Verhältnis zwischen Experten und Laien innerhalb der Interventionsforschung wesentlich komplexer betrachtet. Experten und Laien stehen hier in einem interaktiven Verhältnis

---

[95] Birnbacher/Krohn 2002, S. 18.

zueinander – der Laie ist nicht der Nichtwissende sondern wird quasi zum Co-Produzenten[96] von Wissen für die ExpertInnen. Die hierarchische Differenz von Experten und Laien wird (dort wo es gelingt) umgewandelt in ein partnerschaftliches Generieren von Ergebnissen und Theorien, die Beforschten werden zu ForschungspartnerInnen, welche mit einem interdisziplinären Team an ihrer Forschungsfrage arbeiten.

Axiom VI: Angewandte Dialektik – die Dialektik als Motor der Wirklichkeit[97]

Bevor man sich einer angewandten Dialektik zuwendet, muss man sich dem Begriff ein Stück weit annähern. Ludwig[98], der sich mit Hegels Phänomenologie des Geistes auseinandersetzt, erzählt dazu folgende Geschichte: „Bei einer Einladung in Weimar bat Gastgeber Goethe seinen Gast, ihm doch in knappen Worten zu erklären, was eigentlich Dialektik sei. ‚Gern Exzellenz', antwortete Hegel und bezeichnete die Dialektik als einen geregelten, methodisch ausgebildeten Widerspruchsgeist, der jedem Menschen innewohnt." Aufgrund dieser doch etwas knapp gehaltenen Information soll der Begriff erstmal grundsätzlich erschlossen werden. „Das griechische Wort *dialegein* heißt ‚auslesen', als *dialégesthai* heißt es ‚überlegen, die Argumente ordnen' und vor allem ‚sich unterhalten', was im Wort ‚Dialog' sichtbar wird. Als *dialektike techne* bedeutet es ‚Kunst der Unterredung', die zum beherrschenden Stilmittel der berühmten platonischen Dialoge des Sokrates wird. Somit ist Dialektik am besten zu übersetzen mit ‚Methode von Rede und Widerspruch', einem Abwägen von Pro und Contra, um zu einer weiterführenden Aussage zu gelangen."[99]

Traditionellerweise verortet man die Dialektik dort, wo es sich um Gegensätze/Widersprüche handelt, die nicht auf die eine oder andere Seite hin logisch gelöst werden können, also ein Entweder/Oder nicht zulassen.[100] „Schon hundert Jahre vor Sokrates (gest. 399 v. Chr.) sagte der griechische Denker Heraklit, Gott sei Tag und Nacht, Winter und Sommer, Krieg und Frieden, Überfluss und Hunger. Das was Dialektik ausmacht, ist damit auf den Weg gebracht: die Einheit der Gegensätze ermöglicht die Entwicklung des Lebens."[101] In Bezug auf

---

96 Vgl. dazu: Hörning 2001.
97 Vgl. Ludwig 2006, S. 37.
98 Ludwig 2006.
99 Ebd., S. 37.
100 Vgl. Heintel 2005, S. 138.
101 Ludwig 2006, S. 37.

Heraklit soll Hegel gemeint haben: „Hier sehen wir Land" und erklärt dieses Land-in-Sicht anhand der Liebe.
„- da ist ein Mensch, ein einzelnes Ich, das liebt. Seine Persönlichkeit ruhte bislang in sich selbst. Er steht souverän auf eigenen Beinen. (Wer es nicht lassen kann, soll Thesis dazu sagen: Das Ich bejaht sich und begreift sich als Selbstsetzung).
- Aber in der Liebe passiert etwas Eigentümliches. Der Betroffene tritt aus sich heraus, vergisst sich und gibt sich in der totalen Hingabe auf. Dies ist eine klare Negation, eine Verneinung seines ursprünglichen Ich (dies wäre die Antithese). Bliebe es bei dieser Negation, wären die fatalen Folgen Hörigkeit und ein tragisches Ende.
- Aber jetzt passiert etwas Entscheidendes. In der Hingabe an den geliebten Menschen, in der Aufgabe der eigenen Persönlichkeit findet der Liebende zu sich selbst, er erfährt sich selbst ganz neu, er sieht sich im anderen und stößt dabei zu einer ungewohnten Tiefe vor. (…) diese Synthese ist die Negation der ersten Negation: Die erste Verneinung des Ich wird selbst verneint. Mit dieser doppelten Negation findet der Liebende sein neues Ich. (…) Hegels eigenes Beispiel in der ‚Vorrede' von dem Weg der Knospe über die Blüte zur Frucht bestätigt die Erkenntnis, die wir in der Liebe gewonnen haben: *Die Wirklichkeit befindet sich in einer Bewegung!* Somit ist die Dialektik keine schlaue Methode, mit der wir von außen die Wirklichkeit abklopfen, sondern sie ist eine Bewegung, die wie ein Gesetz alles, was ist, durchzieht. Die Dialektik ist ein Bewegungsgesetz des Lebens."[102] Dialektik als Verschmelzung von Widersprüchen, Gegensätzlichem, als Methode, die nichts anderes ist, „als der Bau des Ganzen, in seiner reinen Wesenheit"[103]. Man könnte es auch so verstehen: Die Theorie Hegels ist die Wirklichkeit und nicht eine Theorie über die Wirklichkeit.

Mit diesem philosophischen Verständnis vom Aufgehoben-Sein der Widersprüche im Ganzen (Synthese) unterscheidet sich Hegel von den Naturwissenschaften insofern, als die klassische Logik versucht, Widersprüche zu eliminieren.

Ein Hinweis, den man auch bei Pietschmann findet, der ebenfalls Bezug auf die klassische Wissenschaft nimmt, wenn er bemerkt, dass im Gegensatz zur fernöstlichen Logik „der europäische Denkrahmen auf den Axiomen der Logik und des Experimentes [fußt]. Die Logik fordert Eindeutigkeit aller Begriffe und Widerspruchsfreiheit aller Aussagen, sowie die kausale Begründbarkeit in Form einer Ursache-Wirkung-Relation. Das Experiment fordert Reproduzierbarkeit

---

102 Ludwig 2006, S. 38 ff.
103 Hegel 1986, S. 47.

und Quantifikation, das heißt Darstellung aller Ergebnisse durch Messgrößen, ferner die Analyse, das heißt die Zerlegung jedes Problems in Teile und Beschränkung auf einfache Subsysteme. Wir können den Denkrahmen auch als Zielrichtung jeder menschlichen Tätigkeit auffassen, wobei dann gilt: Reproduzierbares geht vor Einmaligem, Quantität geht vor Qualität, Analyse geht vor Zusammenschau, Eindeutigkeit geht vor Offenheit, Kausalität geht vor Vernetzung und gegenseitiger Abhängigkeit, Widerspruchsfreiheit geht vor ‚Lebendigem'. Dies ist nicht wertend gemeint, sondern ist die stillschweigende Voraussetzung unseres öffentlichen Handelns. ‚Lebendiges' ist hier im Sinne Hegels gemeint, der sagte: ‚Etwas ist lebendig, nur insofern es den Widerspruch in sich enthält'".[104]

Die Eliminierung von Widersprüchen macht dort Sinn, wo es um verlässliche Festlegungen geht, wo etwas beherrscht und kontrolliert werden muss, wie etwa in der Technik (die praktische Umsetzung der Naturwissenschaften und der Mathematik). Das heißt nicht, dass Logik in der Struktur von Wirklichkeit zu finden ist, vielmehr ist die Wirklichkeit voll von Widersprüchen. Logische Setzungen dienen der feststellenden Entscheidung für bestimmte Ordnungen von Gegensätzen. Was soziale Systeme anbelangt, so hat sich die Denkform der Logik in die Organisationsform der Hierarchie übersetzt, die wiederum instabil ist, weil es durch die Entscheidung von Über- und Unterordnung bei gleichwertigen Gegensätzen zu Machtumkehrungen kommt. Mit der Hierarchiekrise hat sich die Wissenschaft zu einem anderen kritischen Bewusstsein befreit.[105]

Die Interventionsforschung bringt sich in ein anderes Verhältnis zu Widersprüchen. Als angewandte Dialektik versucht sie ihnen einen entsprechenden Platz zuzuweisen, indem sie Prozesse organisiert, wo Gegensätze selbst aufeinander treffen, sich gegenseitig begreifen, anerkennen und ihr Verhältnis zueinander selbst gestalten. „In einem geglückten Forschungsprozess gelingt allmählich die Akzeptanz des Widerspruchs und vor allem in die Einsicht der (Gleich-) Berechtigung der Existenz seiner Momente. Erst dann kann ein Lösungsweg betreten werden."[106]

---

[104] Pietschmann 1997, S. 157 ff.
[105] Vgl. Heintel 2005, S. 139-141.
[106] Ebd., S. 142.

Axiom VII: Die Organisation prozessethischer Entscheidungen[107]

Um gemeinsame Lösungswege konstruieren zu können, bedarf es im Vorfeld der Analyse, mit welchen Widersprüchen das Bezugssystem konfrontiert ist. In Bezug auf das Forschungsfeld gilt es gewissermaßen „in einer Fortsetzung der bereits begonnenen phänomenologischen Spurensuche die erkannten Phänomene auf Widersprüche zu untersuchen. Dies kann geschehen, indem man danach fragt, welche Grundwidersprüche bestimmten Konflikten zugrunde liegen[108].

Krainer/Heintel entwickelten dazu das prozessethische Modell, welches dem der Interventionsforschung zugrunde liegenden *Menschenbild* (der Mensch als Differenz- und Widerspruchswesen; der Mensch auf dem Weg zur Aufklärung über sich selbst; der Mensch als selbstbewusstes, selbst-bestimmtes und freies Wesen) praktische Relevanz verleihen soll[109]. In diesem Modell werden relevante Paradoxien angeführt, die prozessethischen Entscheidungen oft zugrunde liegen und meist erst im Zuge einer analytischen Auseinandersetzung „frei gelegt" werden können. Konkret werden Widersprüche im *Unbestimmten* wie Natur/Freiheit und Leben/Tod sowie Widersprüche im *Bestimmten*, nämlich

- existenzielle Widersprüche wie Alt/Jung, Mensch/Natur, Mann/Frau, Gesundheit/Krankheit,
- Widersprüche entlang von sozialen Konfigurationen wie Individuum/Paar, Paar/Dreieck/Gruppe, Gruppe/Organisation,
- Organisation/Institution,
- Widersprüche anhand systemischer Unverträglichkeiten (Eigenlogiken, Kulturen) wie von Familie/Unternehmen, Unternehmen/Eigentum, Produktion/Verkauf etc.,
- Widersprüche aufgrund historischer Ungleichzeitigkeiten,
- und strukturelle Widersprüche wie Hierarchie (Linie)/Teamstruktur (Projekt)

zusammengefasst und in fünf Feldern wie folgt skizziert:

---

107 Vgl. Krainer/Heintel 2010.
108 Krainer 2010 (unveröffentlicht).
109 Vgl. Krainer/Heintel 2010, S. 53 ff.

Feld I: Differenzwesen Mensch und die zu seinem Sein gehörenden Widersprüche
Feld II: Aus diesen Widersprüchen resultierende Konflikte
Feld III: Unmittelbare Reaktiosformen und mögliche Lösungen
Feld IV: Antworten auf Konflikte und Widersprüche
Feld V: Instanzen, die vorangegangene Antworten schützen, begründen oder auf Dauer stellen. (vgl. Tabelle in Krainer/Heintel 2010, S. 165)

Für die prozessethische Praxis kann man dieses Modell insofern verwenden, als man sich „bei auftretenden Konflikten, Problemen, offenen Fragen, im Repertoire des Vorhandenen umsieht. Gibt es brauchbare Antworten? Gewohnheiten, die man aufgreifen kann, Normen, die man erneuert, befestigt, verbindlich macht? Gesetze müssen ohnehin beachtet werden. Finden sich Werte, die – aus der Versenkung hervorgeholt – für gemeinsame Orientierungen tauglich sind, usw."[110] Der Sinn dieser Umsicht ist nämlich ein dreifacher:

1. Standortbestimmung im Sinne des sich Bewusst-Machens, in welcher Umgebung man lebt.
2. Die Reflexion dient der Vergemeinschaftung einer gemeinsamen Sichtweise und der Prozess befördert gleichzeitig Verbindlichkeit und eine kollektive Identifikation mit der Lösung.
3. Neues und Überraschendes kann entdeckt werden und der Analyse der Situation dienen, zudem werden die Beteiligten sichtbar, sowohl für sich selbst als auch für die anderen. In einem gewissen Sinne wird eine „phänomenologische Anthropologie" geschaffen. [111]

Weder die Bestimmung der Ist-Situation (Standortbestimmung), die Reflexion derselben noch die Entdeckungsreise in bester phänomenologischer Absicht, und im Bestreben, konsensuale Lösungen für durch Widersprüche gekennzeichnete Konfliktsituationen zu finden, organisieren sich von selbst. Die Umsetzung eines prozessethischen Modells ist abhängig von der Einrichtung sozialer Räume, einer adäquaten Kommunikationsstruktur und damit der Möglichkeit, den Betroffenen Zeit und Raum zur Verfügungen zu stellen, wo auf Basis der Reflexion nachhaltige Entscheidungen getroffen werden können. Systeme wie

---

110 Krainer/Heintel 2010, S. 200.
111 Vgl. Krainer/Heintel 2010, S. 200.

z.B. Familien, Familienunternehmen bzw. Klein- und Mittelbetriebe sie darstellen, sind in der Regel nicht in der Lage, aus sich heraus derartige Prozesse zu installieren, sie sind es nicht gewohnt, sich in Klausuren und Workshops ein Innehalten zu gönnen, um mit Hilfe der Rückschau (Vergangenheit) die Vorausschau (Zukunft) zu gestalten. Vielmehr findet man in den meisten Systemen EinzelentscheiderInnen, die speziell in Konfliktsituationen dazu neigen reaktiv zu handeln und sozusagen aus der Hüfte schießen. Diese Schnellschusslösungen bringen möglicherweise kurzfristige Erleichterung, zur Entwicklung einer kollektiv-partizipativen und prozessual gesteuerten Kultur (die in der Regel ein motiviertes Umfeld schafft, weil Entscheidungen auf breiter Basis mitgetragen werden) tragen sie aber wenig bei.

Das Einrichten dieser Räume alleine ist zudem noch nicht der Weisheit letzter Schluss. Reflexions- und Entscheidungsprozesse basieren auf einer geordneten Kommunikationsarchitektur und darin brauchen Systeme meist Unterstützung von außen.

In Bezug auf die Interventionsforschung geschieht das in der Form, dass bereits in den Einzelgesprächen (Interviews) Reflexion stattfindet. Ein gelungenes Interview führt in der Regel dazu, dass die GesprächspartnerInnen am Ende des Gesprächs mehr über sich und ihre Situation wissen, als zu Beginn. Im Sinne von „Darüber habe ich noch nie nachgedacht", werden Denkräume eröffnet und ein Stück Selbsterkenntnis kann auf den Weg gebracht werden. Meist wird den Beteiligten auch bewusst, in welcher Komplexität sie verhaftet sind, in welchen Widersprüchen sie sich verfangen sehen und daraus entsteht vielfach das Interesse am Gesamten. Man möchte wissen, was die anderen dazu zu sagen haben bzw. will man, dass die anderen erfahren, was man sich selber zu einem Thema gedacht hat.

Die Zusammenfassung der Interviewergebnisse, die Ortung der Widersprüche und das Formulieren von Hypothesen und Hintergrundtheorien, sind Leistungen der Wissenschaft, welche wiederum dem System zur Verfügung gestellt werden. Man könnte auch sagen, es passiert eine Form von Übersetzungsleistung und Interpretation. Das fällt den ForscherInnen auch deshalb leichter, weil sie diejenigen sind, die mit allen Beteiligten gesprochen haben und daher eher einen Überblick gewinnen können und weil sie als nicht unmittelbar Betroffene emotional auf Distanz gehen können ohne jedoch die Empathie zu verlieren.

Axiom VIII: Partizipation, Mitbestimmung und die Expertise des Nichtwissens[112]

> „*Es gibt so viele verschiedene Arten von Dummheit, und die Gescheitheit ist nicht die beste davon ...*"[113]

Mit den bisherigen Ausführungen wurde schon direkt und indirekt auf ein weiteres Prinzip der Interventionsforschung hingewiesen. Ausgehend von der Idee einer praktischen Philosophie wird die Individualität des Forschungsgegenstandes[114] nicht nur anerkannt, sie steht quasi an oberster Stelle. Im Gegensatz zum klassischen Wissenschaftsverständnis (Verallgemeinerung, Vergleichbarkeit) ist nun das Ziel eine aus dem Allgemeinen gewonnene Konkretion, die die jeweilige Individualität des Gegenstandes und des Systems darstellt, und wo sich das Forschungsfeld seine eigene Handlungsfreiheit erwirbt. Diese Individualität, die sich in Organisationen als kollektive Identität wiederfindet, unterscheidet sich oftmals weniger in den Inhalten, als kulturell, also jenem Ganzen, das für die Grenzsetzungen verantwortlich ist, Normen und Muster hervorbringt und die einzelnen Personen in Kommunikation zueinander setzt. Keine Organisation, kein System kann auf diese Individualität (Erwartungen, Hoffnungen, Emotionen) verzichten und ist trotzdem für die klassischen Wissenschaften analytisch nicht greifbar. Kollektive müssen lernen, sich ihrer Individualität bewusst zu werden, damit sie über sich entscheidungsfähig werden.[115] „Die Interventionsforschung, die hier angepeilte andere Wissenschaft, eröffnet hier eine neue Möglichkeit, indem sie Selbst-Aufklärung in den Mittelpunkt ihrer Prozesse stellt. Und diese muss dann intendiert werden, wenn Wissen nicht von außen oktroyiert wirksam werden soll, sondern aus den Beteiligten kommt."[116] Oder nochmals anders gewendet: Primär geht es um den Auftrag der Selbstaufklärung, „es geht um einen Akt der Selbstvergewisserung, des Setzens ‚selbstbewusster Kollektivität'. Letztere ist Bedingung für die Selbststeuerung"[117].

---

112 Buchinger 1998.
113 Mann, 1982, S. 615.
114 Genau genommen ist der Begriff des Gegenstandes im Zusammenhang mit Interventionsforschung unpräzise, da es im Grunde um die „Entgegenständlichung" von Forschung und um die Vergegenständlichung von Emotion (sichtbar in den Widersprüchen) geht.
115 Vgl. Heintel 2005, S. 143-146.
116 Heintel 2005, S. 102.
117 Heintel 2006a, S. 191.

Soziale Systeme entwickeln gegen Gebote und Handlungsanweisungen als Resultate klassischer Wissenschaft aus sich heraus immer Widerstand, weil sie sich eben nicht mechanisch verstehen. Als Konsequenz daraus versteht sich die Interventionsforschung in der Miteinbeziehung der Forschungsfelder in den gemeinsamen Untersuchungs- und Lernprozess. Grundlegend dafür ist eine Akzeptanz dieses anderen Forschungsansatzes, d.h. die Freiwilligkeit zur Wissenschaft und die Abkehr von der Abhängigkeit.

Weiters braucht es die Akzeptanz und das Verständnis der Forschungspartnerlnnen für die relativ aufwändige Forschungsorganisation (Erhebungsphase, Rückbindungen, Entscheidungsfindung, Umsetzung), die nicht nur motivierten Einsatz, sondern auch viel Arbeit abverlangt, Tätigkeiten, die im operativen Alltag Raum einnehmen. Interventionsforschung ist im Forschungssystem per se eine Intervention, da sie darauf angewiesen ist, vor Ort zu forschen, d.h. tatsächlich im Feld zu arbeiten, zu beobachten und Ergebnisse zu generieren, denn „es geht um die angemessene institutionelle Form, wissenschaftliches Wissen ‚vor Ort' zu erzeugen, ein Wissen, das in dieser Komplexität und Dynamik in der relativ ‚geschlossenen Institution' Universität bislang keinen Platz hatte"[118].

Zudem spielt der Faktor Eigenzeitlichkeit eine bedeutende Rolle, weil emotionale Lernprozesse eigenen Rhythmen und Dauer unterliegen. Eigenzeiten entziehen sich ebenfalls der Prognostik im Sinne klassischer Wissenschaft. Die Kunst der Interventionsforschung liegt mitunter darin, im Sinne der Eigenzeitlichkeit die richtige Intervention zum richtigen Zeitpunkt zu setzen, also das richtige Maß zu halten.[119] Dies alles dient dem „forschungsethischen" Ziel der Interventionsforschung, „für die Zukunft Betroffene so weit wie möglich selbst imstande zu setzen, ohne Wissenschaft weiter zu machen. Dieses Ziel ist nur realistisch, wenn man gelernt hat, für seinen Weiterverfolg eigene Strukturen zu installieren; damit zu wissen, dass ‚Selbstforschung' mit kollektiver Ausrichtung immer eigener Arbeit und organisatorischer Maßnahmen bedarf."[120]

Die versuchte Aufhebung von Experten und Laien sowie die Gewissheit vom impliziten Wissen der Forschungspartner bedeutet gleichzeitig, dass an eben diese so etwas wie ein „Emanzipationsanspruch" gestellt wird, „...die Praxis wird durch die Auseinandersetzung zur Selbstreflexion ‚gezwungen', lernt sich besser verstehen, bekommt von sich einen ‚klareren' Begriff, jedenfalls aber einen, in dem sie sich eine kommunikative Gemeinsamkeit verschafft."[121]

---

118 Bammé 2003, S. 8.
119 Vgl. Heintel 2005, S. 144-152.
120 Heintel 2005, S. 150 ff.
121 Ebd., S. 102.

Sowohl die Hinführung zur Eigenverantwortung und zur Reflexion, die einen wichtigen Beitrag zur Selbstaufklärung darstellt als auch die „kommunikative Gemeinsamkeit" sind Anforderungen, die nicht selten auch eine Herausforderung bedeuten.

Selbstbetrachtung und Nachdenken wird in unserer Kultur (noch) nicht gefordert und gefördert und gehört demzufolge auch nicht zum Selbstverständnis von Individuen, Gruppen oder Organisationen. Hinzu kommt, dass der Weg zur Selbstaufklärung ein nicht immer schmerzfreier und streckenweise mühsam zu beschreitender ist und zudem eines erheblichen Zeitaufwandes bedarf. Selbstaufklärung würde auch bedeuten, Autorität und hierarchische Systeme aus einem anderen Blickwinkel zu betrachten und möglicherweise zu *hinter-fragen*. Wo Organisationen Tendenzen zur Re-hierarchisierung zeigen (und Mitarbeiter ökonomisch abhängig sind), Politiker, die an der Spitze an sich demokratisch organisierter Staaten stehen, wieder vermehrt autoritäre Entscheidungen treffen, Universitäten an der Autonomiezumutung leiden etc., erfordert es eine Portion Mut, Selbstüberwindung und Rückgrat hier eine kritische Haltung einzunehmen.

In diesem Zusammenhang würde ich auch das Spannungsfeld zwischen Gemeinsamkeit und Einsamkeit verorten. Kommunikative Gemeinsamkeit bedeutet sowohl für das Individuum als auch für Gruppen und Organisationen wie Institutionen, dass der Hierarchieanspruch hintan gestellt werden muss. Führungskräfte beispielsweise, welche sich auf einen partizipativen Umgang mit ihren MitarbeiterInnen einlassen, müssen auch damit rechnen Feedback zu bekommen, kritisiert zu werden und Entscheidungen revidieren zu müssen. Wenngleich ihnen die Wahrscheinlichkeit einer „besseren", zumindest aber einer kollektiv getragenen Entscheidung in Aussicht gestellt ist, kann eine freudige Hinwendung zur gemeinsamen Bearbeitung und Reflexion nicht vorausgesetzt werden.

Der „Zwang" zur Selbstaufklärung ist in der Interventionsforschung im Forschungsdesign verankert. Das beforschte System partizipiert an den Ergebnissen (Rückkoppelung) sowie an der Diskussion der Ergebnisse und somit an der Entwicklung von systemadäquaten Antworten. Dort wo diese Vorgehensweise aus oben genannten Gründen Irritationen auslöst, ist einerseits inhaltliche Klarheit und Verständlichkeit gefragt und andererseits ein sensibles bzw. empathisches Vorgehen bei der Auftragsverhandlung unabdingbar. Auch wenn man sich den Vorwurf der Beliebigkeit gefallen lassen muss, ist es manchmal notwendig, Zwischenschritte im Forschungsprozess einzuplanen, die dem Auftraggeber Sicherheit gewährleisten. Das kann z.B. bedeuten, dass Ergebnisse in ei-

nem ersten Schritt nur an die Führungsebene rückgekoppelt werden. Im Anschluss an diese Erstpräsentation fällt es den jeweiligen Auftraggebern erfahrungsgemäß leichter, der Partizipation zuzustimmen.
Die Spannungsfelder Dependenz vs. Interdependenz, Hierarchie vs. kollektive Führung, Sicherheit vs. Unsicherheit, Freiheit vs. Zwang etc. müssen innerhalb eines Forschungsprozesses mitgedacht und reflektiert werden. Dies gilt sowohl innerhalb des zu beforschenden Systems als auch zwischen Forschungsteam und ForschungspartnerInnen und nicht zuletzt innerhalb des Forschungsteams selbst.

Zugegeben, ein nicht unaufwändiges Procedere, das sich aber in der Regel lohnt. Die Wissenschaft tut gut daran, nicht nur über die Menschen zu reden, sondern diesen selbst eine Stimme zu verleihen, denn „wo immer Menschen von Entscheidungen betroffen sind, haben sie ein Recht auf Mitbestimmung".[122]

Axiom IX: Die Endlichkeit von Wahrheit

Im Zuge eines Forschungsprozesses „konstituiert sich so etwas wie eine ‚kollektive Seele', wenn man mir diesen durchaus unwissenschaftlichen Ausdruck verzeihen möchte. Wir alle aber wissen, was damit gemeint ist; es ist eine gemeinsame Sichtweise, ein gemeinsames Verständnis erreicht, es gibt allgemein geteilte Handlungsantriebe und Zielsetzungen, Identifikationen mit der Situation und Motivation für nächste Aufgaben"[123].

An dieser Stelle (wie auch an anderen) trifft sich die Interventionsforschung mit dem Konzept der „Grounded Theory"[124], weshalb ich den Zugang zur Theoriebildung von Glaser/Strauss nicht unerwähnt lasse, aber auch nicht vertiefen will. Die Grundidee der Grounded Theory besteht darin, dass Theorie nicht deduktiv-logisch entsteht, sondern es darum geht, Theorie anhand der Forschungsergebnisse zu entdecken, also auf Ergebnisse zurückzugreifen, die direkt im untersuchten Gegenstandsbereich entstehen. Anhand des „theoretical sampling" wird zusammengefasst deutlich gemacht, wie dieser Ansatz zu interpretieren ist. „Die Untersuchungsdurchführung wird wesentlich geprägt durch Vorkenntnisse in Form von Fachwissen, persönlichen Erfahrungen mit dem Thema, Kenntnis der Literatur sowie bisheriger Forschungserfahrungen. Diese Kenntnis-

---

122 Galtung 2000, S. 109 u. 116.
123 Heintel 2005, S. 152.
124 Glaser/Strauss 2005.

se können in ihrer Gesamtheit als Datenmaterial bezeichnet werden, das für das Themengebiet sensibilisiert. Es strukturiert themenrelevante Wahrnehmungen und damit auch die Art und Weise des ‚Einstiegs' in das Forschungsfeld. Im Verlauf der Untersuchung findet quasi eine ‚Belehrung' durch das Untersuchungsfeld statt. Somit entsteht ein ständiger Wechsel zwischen Datenerhebung und -interpretation."[125]

Interventionsforschung unterscheidet sich von diesem Ansatz dahingehend, dass die ForscherInnen zwar durchaus über ein gewisses Maß an Fachwissen verfügen, dieses zu Beginn eines Prozesses aber erstmal hintan stellen, damit eine etwaige Expertise nicht den Blick verstellt (Expertise des Nichtwissens). Und ich beeile mich auch zu erwähnen, dass Forschungsprojekte an uns herangetragen werden, wo wir zu Beginn tatsächlich über keinerlei Fachwissen verfügen, wie z.b. über die Anwendung von Microdrohnen oder die Einrichtung von Biosphärenparks. Zudem werden die Ergebnisse an die Interview- und ForschungspartnerInnen rückgekoppelt, mit ihnen diskutiert und damit wird ein weiteres Gefäß der Datengenerierung und -überprüfung geschaffen.

Logik der Interventionsforschung und deren Methoden ist Kooperation, das Vermitteln zwischen verschiedenen Systemen, das Organisieren des Dialogs, das Einrichten von Kommunikationsräumen, die Integration divergenter Systemlogiken.

Diese „Produktlogik" spiegelt sich möglicherweise im wissenschaftstheoretischen Zugang wider. Viele unterschiedliche Forschungsstränge aus der Sozialwissenschaft, der Gruppendynamik, der Philosophie sowie Psychologie und Pädagogik, der mehrdimensionalen Ursachenforschung, der Praxeologie oder der Aktionsforschung finden sich vereint in der Interventionsforschung. Vereint auch in der Überzeugung, dass „im Gegensatz zu logiko-deduktiven Theoretikern (…), die Angemessenheit einer soziologischen Theorie heute nicht (mehr) von dem Prozess, in dem sie generiert wird, getrennt werden kann. (…) Eine Theorie auf der Grundlage von Daten zu generieren, heißt, dass die meisten Hypothesen und Konzepte nicht nur aus den Daten stammen, sondern im Laufe der Forschung systematisch mit Bezug auf die Daten ausgearbeitet werden. *Theorie zu generieren, ist ein Prozess*"[126].

Es geht den ForscherInnen nicht um Dogmatisierung oder Festlegung, um die Formulierung eines Wahrheitsanspruches. Vielmehr geht es darum, Interdisziplinarität zu leben und wirksam werden zu lassen. Und letztlich braucht es die

---

125 Erdmann 1999, S. 65.
126 Glaser/Strauss 2005, S. 15.

Akzeptanz der Endlichkeit von Wahrheit, weil die Resultate von Wissenschaft nur so lange relevant sind, als sich alle daran halten.

Zusammenfassende Überlegungen, kritische Anmerkungen und offene Fragen

Anspruch der Interventionsforschung ist es, das Material so aufzubereiten, dass die Betroffenen handlungsfähig werden bzw. Optionen erkennen, auf Basis derer Entscheidungsmöglichkeiten entstehen. Oder anders gewendet: „Interventionsforschung generiert Wissen so, dass daraus eine Veränderung des Systems entsteht."[127]

Diese Prämisse bedingt ein Interesse an der uns umgebenden Öffentlichkeit und deren Kulturen. Das Forschungsfeld ist dementsprechend grenzenlos, divergent und vielfältig. Eine Antwort auf diese Vielfalt ist die *Interdisziplinarität*, je nach Forschungsfeld wird das jeweilige Forschungsteam ausgesucht und zusammengestellt, so das Prinzip, wenngleich auch angemerkt werden muss, dass sich Kooperation innerhalb der meist disziplinär ausgerichteten Wissenschaften nicht immer einfach organisieren lässt. Zudem wird jedem Forschungsprojekt eine *Recherchephase* vorangestellt, das Feld wird eingegrenzt, bereits vorliegende Studien werden gesichtet, nach Möglichkeit ExpertInnen befragt. Zusätzlich wird der *Bildung von Vorhypothesen* Raum gegeben, das Team versucht ein Bewusstsein darüber herzustellen, mit welchen Vorvermutungen man in das jeweilige Feld eintritt und von welchen subjektiven Einstellungen, Meinungen und Theorien der jeweilige Forscher, die Forscherin, beeinflusst ist.

Um mit der hohen Divergenz der Forschungsfelder einen Umgang zu finden, braucht es ein hohes Maß an Offenheit sowie die Überzeugung, dass es nicht um die Aufbereitung vorgefertigten Wissens geht, sondern vielmehr um das Generieren von Wissen innerhalb der beforschten Systeme. Auch wenn diese Offenheit und das Vertrauen in die Fähigkeit der „Entbindung" systemeigenen Wissens vorhanden ist, hat der/die Forscher/in beim Eintritt in ein ihm/ihr völlig fremdes System einige Unsicherheiten zu überwinden. Zu überwinden ist zuerst die Erwartungshaltung der ForschungspartnerInnen, dass die Menschen der Universität ein Universum an Wissen im Gepäck mitführen. Das Bewusstsein über die systemeigenen Kräfte in Bezug auf die Wissensgenerierung ist nicht von vornherein gegeben, das zu untersuchende System muss sich sozusa-

---

[127] Heimerl et al. 2006, S. 12.

gen erst an diese Form der Autonomie und Freiheit gewöhnen. Diese Gewöhnungsphase ist nicht immer ganz friktionsfrei, das Forschungsteam muss a) den möglicherweise auftretenden Widerstand einkalkulieren (Designkompetenz) und b) damit umzugehen wissen (Konfliktmanagement). Interventionsforschung funktioniert dort gut, wo es gelungen ist, eine gute Vertrauensbasis mit der für die Arbeit gleichzeitig nötigen Distanz herzustellen, und wo zwischen Drinnensein und Draußenbleiben eine für alle akzeptierbare Balance gefunden wurde. Dieser Prozess ist im Allgemeinen eingebettet in eine hohe emotionale Dichte, man wird mit Gefühlen, Widersprüchen und Konflikten konfrontiert. Die Voraussetzungen dafür sowie die Kompetenzen, die ForscherInnen dafür mitbringen müssen, sind nicht von vornherein gegeben und ein Misslingen muss deshalb immer Teil der Kalkulation und des Lernens sein.

Neben der Anleitung zur „Selbstbelehrung", wie Heintel es nennt, sprich mit Hilfe von Frage- und Moderationstechniken bei der Umwandlung von implizitem in explizites Wissen unterstützend zu sein, stellt die Interventionsforschung dem System ihrerseits Theorien zur Verfügung. Diese (Hintergrund-)Theorien transportieren nicht einen allgemeingültigen Wahrheitsanspruch in den Prozess hinein, sondern ermöglichen den ForschungspartnerInnen vielmehr, ihre jeweils spezifischen Themen- und Problemstellungen in einem allgemeinen größeren Ganzen zu betrachten. Diese Form der Abstraktion ist zwar einerseits eine Lehre, die von außen zur Verfügung gestellt wird und dadurch auch als Belehrung verstanden werden kann, andererseits hat sie nicht selten die Funktion der Entpersonalisierung und damit der Entlastung von Individuen. Stellt man beispielsweise dem Verkäufer und der Produzentin die Dialektik von Verkauf und Produktion, der Unternehmerfamilie den Widerspruch von Familie und Organisation oder das grundsätzliche Wissen über existenzielle Widersprüche zur Verfügung und wird die Verbindung von Widerspruch und Konflikt in diesen Rahmen eingebettet, entlastet dies die jeweils betroffenen und am Prozess beteiligten Personen. Gleichzeitig eröffnet die Abstraktion neue Handlungs- und Entscheidungsspielräume oder anders gesagt: Versteht man den Mikrokosmos mit der Hintergrundfolie des Makrokosmos, entstehen Möglichkeiten zur Reduktion der zeitweise unüberschaubaren Komplexität.

Unsere Forschungspraxis ist durchdrungen vom Prinzip der Dialektik, sowohl die theoretische Betrachtungsweise sowie das Formulieren von Hintergrundtheorien passieren im Kontext dieser Methode. Das Herausarbeiten von Widersprüchen und das damit verbundene Erarbeiten von Reflexionsinstrumenten und -methoden stehen dabei im Vordergrund. Diese Form der Betrachtung ist hilfreich, entlastet und ist imstande, verfahrene Situationen zu entwirren.

Gleichzeitig stellt sich die Frage, ob es nicht auch dazu verführt, andere mögliche Perspektiven außer Acht zu lassen – oder streng formuliert – die Dialektik als einzige Wahrheit in sich zu tragen und sich damit ebenso in eine Disziplin zu begeben?

In eine ähnliche Richtung gehen diese Überlegungen in Bezug auf den Wahrheitsanspruch der Interventionsforschung. In gewisser Weise haben die Interventionsforschung und mit ihr die InterventionsforscherInnen den Anspruch, dass diese Form der wissenschaftlichen Arbeitsweise Zukunft hat und „wahr" ist. Diese Überzeugung ist einerseits notwendig um diese noch neue Methode zu vertreten und zu verteidigen (zumal man einen wahrlich streitbaren Geist braucht um dem scharfen Wind in der „scientific community" standzuhalten), andererseits widerspricht sie einer dialektischen Grundhaltung und damit stehen wir wieder am Beginn unserer Überlegungen.

Die Frage des Standings innerhalb der wissenschaftlichen „Gemeinde" (die zunehmend weniger „gemein" hat und hoch ausdifferenziert ist), spielt u.E. auf mehreren Ebenen eine Rolle.

Stelle ich für mich die Autonomie der menschlichen Vernunft und die damit einhergehende Kritikfähigkeit ins Zentrum der Aufmerksamkeit, ist der Glaube an den Fortschritt (im Sinne von Entwicklung) und die Erschließung neuer Erkenntnisse ein „Must". Diese Erschließung bringt in Bezug auf das wissenschaftliche Tun mehrere Fragestellungen sowie Zu-Bedenkendes mit sich:

1. Wie viel an neuen Erkenntnissen ist tatsächlich zu leisten, gibt es einen Gedanken, der nicht in irgendeiner Form schon gedacht und verschriftet wurde? In Zeiten der präventiven Verdächtigung, alle Studierenden plagiieren und sind dementsprechend zu kontrollieren, fällt es zusehends schwerer, seinen eigenen gedanklichen Vertiefungen zu trauen bzw. diese als persönliches Gedankengut zu veröffentlichen. Vorherrschend ist so etwas wie ein Suchzwang – wo finde ich das von mir Gedachte woanders wieder und wem gehört nun das produzierte „Wissen"? Kann Wissen überhaupt Eigentum sein und wie hoch ist die Einschränkung in Bezug auf eigene Denkprozesse? Sowohl bei sich selbst als auch bei den Studierenden fällt auf, dass viel Zeit investiert wird, vorhandenes Wissen zu sammeln, zu selektieren und dabei das eigene wiederum aus den Augen zu verlieren (abgesehen davon, dass es lustvoller ist Pilze zu sammeln, als sie zu putzen und zu verarbeiten). Die Angst, sich (wenn auch unwissentlich) mit fremden Federn zu schmücken, ist in den Vordergrund geraten und es bedarf

eines hohen Maßes an Mündigkeit und des Mutes, dem eigenen Verstand zu vertrauen und seinen Produkten Raum zu verschaffen.

2. Im vorangegangenen Abschnitt sprach ich über den „Glauben an den Fortschritt", die Wendung „Glauben" erinnert unweigerlich an höhere Mächte und nicht zuletzt an die Kirche. Das Dogma der Naturwissenschaften ist und war immer, den Glauben durch Wissen zu ersetzen bzw. mittels Experimenten und Formulierung von Gesetzmäßigkeiten wissenschaftliche Beweise zu erbringen, damit traten sie in gewisser Weise in Konkurrenz zur Kirche. Die Interventionsforschung hat nicht den Anspruch im Rahmen der Beweisführung (im Sinne der klassischen Wissenschaften) zu arbeiten, diese Form der Forschung wird als „endlich" beschrieben, deren Ergebnisse als nicht quantifizierbar, nicht unbedingt verallgemeinerbar und vergleichbar zu sehen sind. Im Vordergrund steht jeweils die „Individualität des Forschungsgegenstandes" und damit tritt die Frage nach Validität und sogenannter Generalisierbarkeit von Ergebnissen ins Zentrum der Betrachtung.

3. Diese Fragen und die Individualität des Forschungsgegenstandes bedingen einerseits eine genaue Beschreibung des Forschungsgegenstandes und -prozesses und andererseits eine nachvollziehbare Darstellung der Ergebnisgenerierung. Beides bedeutet, dass sich die ForscherInnen zwar an wissenschaftlichen Standards orientieren, gleichzeitig aber ein hohes Maß an Freiheit haben, Freiheit in Bezug auf das Denken, in Bezug auf die Darstellung der Inhalte sowie in der praktischen Arbeit mit ihren ForschungspartnerInnen (Forschungsmethoden und Gestaltung interaktiver Räume) und der damit verbundenen Entdeckung neuen Wissens und Widersprüchen.

4. Diese Form der Freiheit kann im Sinne des Wortes befreiend sein, sie kann und wird aber ebenso viele Unsicherheiten hervorbringen, da wir a) in einer Gesellschaft groß wurden, wo uns eher Anpassung als Autonomie beigebracht wurde und es b) zusehends schwieriger wird sich im Sinne der Freiheit des Denkens im wissenschaftlichen Betrieb zu bewegen. Dies hängt mit der Entwicklung der Organisation Universität per se zusammen und dem Trend, Bildung zu ökonomisieren. „Der politisch weitgehend undiskutierte, neoliberale Rückzug des Staates aus ehemaligen Zuständigkeiten bedeutet für das Wissenschaftssystem, dass man sich schleichend von der humanistischen Idee der universitas verabschiedet. Das freie Denken bleibt auf der Strecke und die sozialisatorischen Auswirkungen für ganze Generationen von Studierenden und deren politisches Bewusstsein sind nicht

abzusehen."[128] Um dieser Herausforderung zu begegnen, um Studierende fit und selbstbewusst in den Wissenschaftsbetrieb integrieren zu können, bedarf es in vielen Fällen einer Nach-Sozialisation der InterventionsforscherInnen. Es gilt einen Umgang mit der gegebenen Freiheit und der gleichzeitig notwendigen Anpassung zu finden bzw. eine Balance innerhalb dieses Widerspruchs zu erreichen, die wissenschaftliches Arbeiten ermöglicht und letztlich zur Selbstbestimmung führt.

5. In gewisser Weise sind auch die ForschungspartnerInnen mit der Frage der Freiheit konfrontiert, wenn es darum geht, an partizipativ gedachten und organisierten Prozessen teilzuhaben und aktiv mitzuarbeiten. Hier tut sich ein Paradoxon auf. Der Wunsch nach Partizipation führt zur Organisation derselben. Die baldige Erkenntnis, dass Mitbestimmung und kollektive Entscheidungsprozesse zeit-, energie- und kraftaufwändig sind und oft von einem Gefühl der Mühsal, Erschöpfung und Überforderung begleitet werden, produziert, beinahe reflexiv, die Sehnsucht nach autoritären Entscheidungen und hierarchischen Strukturen. Auf solche Systemreaktionen muss Rücksicht genommen werden, d.h. die Forschung muss der Komplexität folgend flexibel bleiben und permanent rollierend planen. Diese Unplanbarkeit, die Prozesse gemeinhin an sich haben, fordert nicht nur die InterventionsforscherInnen (gruppendynamische Prozess-, Methoden-, Interventionskompetenz sowie der Umgang mit Konflikten sind in solchen Situationen vorteilhaft), sondern kann auch das Forschungsdesign, den Zeitplan und mitunter sogar die Kalkulation einer Überarbeitung unterwerfen.

6. Last not least agiert Interventionsforschung mit interdisziplinär verschränkten Forschungsteams und so wohlklingend wir den Begriff der Interdisziplinarität mittlerweile wahrnehmen, so bewusst muss den ForscherInnen auch sein, dass das Arbeiten in solchen Teams auch darin besteht, eben diese interdisziplinären Teamstrukturen gruppendynamisch zu bewältigen[129], sich Zeiten dafür vorzunehmen, und nicht zuletzt der Bemühung ins Auge zu sehen, dass erstmal eine für alle verständliche Sprache gefunden werden muss.

In diesem Sinne sei abschließend noch darauf hingewiesen, dass im Zuge von Interventionsforschungsprojekten kein „Forschungsgegenstand" vom For-

---

128 Krainz 2009, S. 9.
129 Vgl. Heintel 2002, S. 10.

schungsergebnis unberührt geblieben ist. Ich sehe einen neuen Forschungszweig, den ich gegenüber sozialen Systemen als adäquatesten beschreiben würde und der für mich und meine KollegInnen Konsequenz einer forschungsethischen Entscheidung ist und der gleichzeitig seitens der Auftraggeber viel an Mut und unbefangener Neugierde voraussetzt[130], „allerdings mit dem Lohn der weitgehenden Akzeptanz von ergebnisbezogenen Entscheidungen".

Literaturverzeichnis

Ahrens, J./Beer, R./Bittlingmayer, U. H./Gerdes, J. (Hrg.) (2011): Normativität. Über die Hintergründe sozialwissenschaftlicher Theoriebildung. Wiesbaden: VS Verlag für Sozialwissenschaften.

Bammé, A. (2003): Interventionswissenschaften. In: Heintel, P./Krainer, L./Paul-Horn, I. (Hrg.): WBI Klagenfurter Beiträge zur Interventionsforschung: Erörterungen zu einer Prozesswissenschaft vor Ort. Band 2, Klagenfurt: Alpen-Adria-Universität Klagenfurt, S. 5-20.

Bammé, A. (2006): Wissenschaftskrieg. Kontroversen im Übergang von akademischer zu postakademischer Wissenschaft. In: Heintel, P./Krainer, L./Paul-Horn, I. (Hrg.): WBI Klagenfurter Beiträge zur Interventionsforschung: Beiträge zur Interdisziplinären Ringvorlesung Interventionsforschung. Band 4. Klagenfurt: Alpen-Adria-Universität Klagenfurt, S. 7-43.

Beauvoir, S. de (1951): Das andere Geschlecht. Sitte und Sexus der Frau. 8. Auflage 2007. Hamburg: Rowohlt Taschenbuch Verlag.

Birnbacher, D./Krohn, D. (2002): Das sokratische Gespräch. Ditzingen: Reclam.

Bohnsack, R. (2000): Rekonstruktive Sozialforschung. Einführung in Methodologie und Praxis qualitativer Forschung. 4. Auflage. Opladen: Leske und Budrich.

Bonß, W./Hartmann, H. (1985): Konstruierte Gesellschaft, rationale Deutung – Zum Wirklichkeitscharakter soziologischer Diskurse. In: Bonß, W./Hartmann, H. (Hrg.): Entzauberte Wissenschaft – Zur Realität und Geltung soziologischer Forschung, Göttingen: Schwartz, S. 9-48.

Bradford, L. P./Gibb, J. R./Benne, K. D. (1964): Zwei Innovationen der Erziehung: die T-Gruppe und das Laboratorium. In: Bradford et al. (Hrg.): Gruppen-Training. T-Gruppentheorie und Laboratoriumsmethode. Stuttgart: Klett Verlag, S. 19-32.

Buchinger, K. (1998): Supervision in Organisationen. Den Wandel begleiten. Heidelberg: Carl-Auer-Systeme

---

130 Vgl. Heintel 2002, S. 10 ff.

Eberle, T. S./Hitzler, R. (2000): Phänomenologische Lebensweltanalyse. In: Flick, U./von Kardorff, E./Steinke, I. (Hrg.): Qualitative Forschung. Reinbeck bei Hamburg: Rowohlt Taschenbuch Verlag, S. 109-118.

Erdmann, C. (1999): Unternehmer und Nachfolger. Die Entstehung von Nachfolgebereitschaft. Wiesbaden: Deutscher Universitätsverlag.

Ernst, S. (2010): Prozessorientierte Methoden in der Arbeits- und Organisationsforschung. Eine Einführung. Wiesbaden: VS Verlag.

Felt, U./Nowotny, H./Taschwer, K. (1995): Wissenschaftsforschung. Eine Einführung. Frankfurt/Main: Campus.

Feyerabend, P. (1976): Wider den Methodenzwang. Frankfurt/Main: Suhrkamp.

Fischbeck, H. J./Schmidt, J. C. (Hrg.) (2002): Wertorientierte Wissenschaft. Perspektiven für eine Erneuerung der Aufklärung. Berlin: edition sigma.

Flick, U. (2007): Qualitative Sozialforschung. Eine Einführung. Reinbek bei Hamburg: Rowohlt Taschenbuch Verlag.

Flick, U./von Kardorff, E./Keupp, H./Wolff, S./Rosenstiel, L. (1995): Handbuch Qualitative Sozialforschung. Grundlagen, Konzepte, Methoden und Anwendung. Weinheim: Beltz Verlag.

Flick, U./von Kardorff, E./Steinke, I. (Hrg.) (2000): Qualitative Forschung. Reinbek bei Hamburg: Rowohlt Taschenbuch Verlag.

Galtung, J. (2000): Die Zukunft der Menschenrechte. Verständigung zwischen den Kulturen. Frankfurt/Main: Campus.

Geertz, C. (1996): Welt in Stücken – Kultur und Politik am Ende des 20. Jahrhunderts. Wien: Passagen Verlag.

Girtler, R. (1988): Methoden der qualitativen Sozialforschung. Wien, Köln, Graz: Böhlau Verlag.

Glaser, B. G./Strauss, A. L. (2005): Grounded Theory. Strategien qualitativer Forschung. Bern: Huber Verlag.

Grossmann, R. (1997): Wie wird Wissen wirksam? Wien: Springer Verlag.

Haraway, D. (2007): Situiertes Wissen. Die Wissenschaftsfrage im Feminismus und Privileg einer partialen Perspektive. In: Hark, S. (Hrg.): Dis/Kontinuitäten. Feministische Theorie. 2. Auflage. Wiesbaden: VS Verlag, S. 305-322.

Hegel, G. W. F. (1986): Phänomenologie des Geistes. Werke 3. Frankfurt/Main: Suhrkamp Verlag.

Heintel, P. (1977a): Die Bedeutung der Gruppendynamik für die menschliche Kommunikation. In: Heintel, P. (Hrg.): Das ist Gruppendynamik. München: Heyne Verlag, S. 129-171.

Heintel, P. (1977b): Politische Bildung als Prinzip aller Bildung. Wien, München: Jugend und Volk.

Heintel, P. (1986): Zur gegenwärtigen Situation von Wissenschaft. In: Bammé, A./Berger W./Kotzmann E. (Hrg.): Anything Goes – Science Everywhere? Konturen von Wissenschaft heute. München: Profil, S. 27-56.

Heintel, P. (2002a): Forschungsschwerpunkt: Interventionsforschung. Unveröffentlichtes Positionspapier: Entwurf, 13 Seiten.

Heintel, P. (2002b): Interventionsforschung. Der Paradigmenwechsel der angewandten Sozialforschung. Unveröffentlichtes Manuskript, 17 Seiten.

Heintel, P. (2002c): Interventionsforschung. Manuskript, 5 Seiten, Dezember 2002.

Heintel, P. (2003): Interventionsforschung. In: Schmidt, E.: Interventionswissenschaft – Interventionsforschung. Erörterungen zu einer Prozesswissenschaft vor Ort. WBI Klagenfurter Beiträge zur Interventionsforschung, Band 2. Klagenfurt: Alpen-Adria-Universität Klagenfurt, S. 21-25.

Heintel, P. (2005): Zur Grundaxiomatik der Interventionsforschung. In: Heintel, P /Krainer, L./Paul-Horn, I./Ukowitz, M. (Hrg.): WBI Klagenfurter Beiträge zur Interventionsforschung, Band 1. Klagenfurt: Alpen-Adria-Universität Klagenfurt.

Heintel, P.(2006a): Über drei Paradoxien der T-Gruppe. In: Heintel, P. (Hrg.): betrifft: Team. Dynamische Prozesse in Gruppen. Wiesbaden: VS Verlag, S. 191-250.

Heintel, P. (2006b): Interventionsforschung: Wissenschaft als kollektive Entscheidung: In: Heintel, P./Krainer, L./Paul-Horn, I. (Hrg.): Beiträge zur interdisziplinären Ringvorlesung Interventionsforschung. Klagenfurter Beiträge zur Interventionsforschung, Bd. 4. Klagenfurt: Alpen-Adria-Universität, S. 45-47.

Heintel, P. (2009): Spiele und Regeln in Forschungs-Kooperationen. Interventionsforschung: Über die Zusammenarbeit von Wissenschaft und Praxis. Unveröffentlichtes Manuskript, 11 Seiten.

Heinze, T. (1995): Qualitative Sozialforschung. 3. Auflage. Opladen: Westdeutscher Verlag.

Heimerl, K./Dinges, S./Reitinger, E. (2006): Forschung und Beratung sind zwei Paar Schuhe – vom selben Schuster? In: Heintel, P./Krainer, L./Paul-Horn, I.(Hrg.): WBI Klagenfurter Beiträge zur Interventionsforschung: Das Verhältnis von Forschung und Beratung, Band 5. Klagenfurt: Alpen-Adria-Universität Klagenfurt, S. 7-28.

Hörning, K. H. (2001): Experten des Alltags. Die Wiederentdeckung des praktischen Wissens. 1. Auflage. Weilerswest: Velbrück Wiss.

Kelle, U. (2008): Die Integration qualitativer und quantitativer Methoden in der empirischen Sozialforschung. Theoretische Grundlagen und methodologische Konzepte. Wiesbaden: VS Verlag.

Kleining, G. (1995): Methodologie und Geschichte qualitativer Sozialforschung. In: Flick et al. (1995). Qualitative Forschung. Reinbek bei Hamburg: Rowohlt, S. 11-22.

Koepping, K. P. (1987): Authentizität als Selbstfindung durch den anderen. Ethnologie zwischen Engagement und Reflexion, zwischen Leben und Wissenschaft. In: Dürr, H. P. (Hrg.): Authentizität und Betrug in der Ethnologie. Frankfurt/Main: Suhrkamp, S. 7-37.

Krainer, L. (2010): Interventionsforschung als Praktische Philosophie. In: Festschrift Peter Heintel. Voraussichtlicher Erscheinungstermin: Sommer 2012.

Krainer, L./Heintel, P. (2010): Prozessethik. Zur Organisation ethischer Entscheidungsprozesse. 1. Auflage. Wiesbaden: VS Verlag.

Krainz, E. E. (2006a): Gruppendynamik als Wissenschaft. In: Heintel, P. (Hrg.): betrifft: Team. Dynamische Prozesse in Gruppen. Wiesbaden: VS Verlag, S. 7-28.

Krainz, E. E. (2006b): Versuch über die Ethik in der Organisationsberatung: Das Bedürfnis nach Ethik und die Schwierigkeit, Wertmaßstäbe „vernünftig" zu thematisieren. In: Heintel, P./Krainer, L./Ukowitz, M. (Hrg.): Beratung und Ethik: Praxis, Modelle, Dimensionen, Berlin: Ulrich Leutner, S. 170-195.

Krainz, E. E. (2009): Ende des Disziplinären: In: Hanschitz, R./Schmidt, E./Schwarz, G.: Transdisziplinarität in Forschung und Praxis. Wiesbaden: VS Verlag, S. 7-14.

Lackner, K. (2006): Zur Aktualität von T-Gruppen. In: Heintel, P. (Hrg.): betrifft: Team. Dynamische Prozesse in Gruppen. Wiesbaden: VS Verlag, S. 126-144.

Lamnek, S. (1995): Methodologie, Band 1 von Qualitative Sozialforschung. 3. Auflage. Weinheim: Psychologische Verlags Union.

Lapassade, G. (1972): Gruppen, Organisationen, Institutionen. Stuttgart: Klett Verlag.

Lautmann, R. (1998): Empirische Sozialforschung – hart oder/und weich? In: Mitteilungsblatt der Deutschen Gesellschaf für Soziologie, 3/1998, S. 38 f.

Lesjak, B. (2009): Die Kunst der Politik. Zum Potenzial von Gruppendynamik und Organisationsentwicklung für politische Lernprozesse. Wiesbaden: VS Verlag.

Ludwig, R. (2006): Hegel für Anfänger. Phänomenologie des Geistes. 5. Auflage. München: dtv – Deutscher Taschenbuchverlag.

Lyotard, J. F. (1979): Das postmoderne Wissen. Ein Bericht. Graz und Wien: Böhlau.

Mann, T. (1982): Der Zauberberg. Frankfurt/Main: Fischer Verlag.

Mayring, P. (1993): Einführung in die qualitative Sozialforschung. 2. Auflage. Weinheim und Basel: Beltz Verlag.

Mayring, P. (2003): Qualitative Inhaltsanalyse. Grundlagen und Techniken. 8. Auflage. Weinheim und Basel: Beltz Verlag.

Nowotny, H. (1999): Es ist so. Es könnte auch anders sein. Über das veränderte Verhältnis von Wissenschaft und Gesellschaft. Frankfurt/Main: Suhrkamp.

Pages, M. (1974): Das affektive Leben der Gruppen. Eine Theorie der menschlichen Beziehung. Stuttgart: Klett Verlag.

Pietschmann, H. (1997): Europäische und fernöstliche Logik. In: Pesendorfer, B./Schwarz, G.: Denkstoff. St. Gallen: Ivo Ledergerber, S. 157-159.

Seifert, H. (1996): Einführung in die Wissenschaftstheorie, Band 2. Phänomenologie, Hermeneutik und historische Methode, Dialektik, 10. Auflage. München: Verlag C.H. Beck oHRG.

Seifert, H. (2003): Einführung in die Wissenschaftstheorie, Band 1. Sprachanalyse, Deduktion, Induktion in Natur- und Sozialwissenschaften, 13. Auflage. München: Verlag C.H. Beck oHRG.

Strauss, A. L. (1998): Grundlagen qualitativer Sozialforschung. Datenanalyse und Theoriebildung in der empirischen soziologischen Forschung. 2. Auflage. München: Fink.

Toulmin, S. (1994): Kosmopolis. Die unerkannten Aufgaben der Moderne. Frankfurt: Suhrkamp.

Treumann, K.P./Neubauer, G./Müller, R./Abel, J. (Hrg.) (1996): Methoden und Anwendungen empirischer pädagogischer Forschung. Münster u. New York: Waxmann.

Interventionsforschung im Kontext transdisziplinärer Wissenschaften[131]

Martina Ukowitz

Transdisziplinäre Forschungspraxis ist vielfältig

Unter der Bezeichnung transdisziplinäre Forschung findet sich eine ganze Reihe unterschiedlicher Forschungsvorhaben, die vor verschiedenen disziplinären Hintergründen durchgeführt werden und häufig interdisziplinär aufgesetzt sind. Transdisziplinäre Forschung ist in verschiedenen thematischen und gesellschaftlichen Feldern vorzufinden, ein deutlicher inhaltlicher Schwerpunkt liegt dabei im Bereich Umwelt- und Nachhaltigkeitsforschung. Aber auch in einer entwicklungs- und nachhaltigkeitsorientierten Regionalforschung sowie in den Bereichen Public Management, Öffentliche Gesundheit, Nord-Süd-Partnerschaft und der Science and Technology Studies bzw. der Technikfolgenabschätzung hat sich transdisziplinäre Forschung etabliert.

Konkret wird dann beispielsweise an Themen wie „Sommer-Bergtourismus im Klimawandel" gearbeitet und es werden Szenarien und Handlungsbedarf am Beispiel des hochalpinen Wegenetzes entwickelt. Es handelt sich dabei um ein an der Wiener Universität für Bodenkultur angesiedeltes Projekt im Fachbereich Landschaftsplanung, das drei österreichische Bergregionen in den Blick nimmt[132]. Ein anderes Beispiel ist das Pilotprojekt „Nachhaltiges Krankenhaus" des iff-Instituts für Soziale Ökologie (Alpen-Adria-Universität Klagenfurt). In diesem Projekt beschäftigen sich ForscherInnen und PraxispartnerInnen damit, das Konzept nachhaltiger Entwicklung im Sinne einer Integration von sozialen, ökonomischen und ökologischen Aspekten in einer Organisation des Gesundheits-

---

131 Der Beitrag folgt in einigen Passagen dem Text „Wenn Forschung Wissenschaft und Praxis zu Wort kommen lässt ..." Transdisziplinarität aus der Perspektive der Interventionsforschung (Ukowitz 2011).
132 Ritter/Muhar/Fiebig 2010.

wesens zu entwickeln und umzusetzen[133]. In einem an der ETH Zürich angesiedelten Projekt werden in Kooperation mit lokalen EntscheidungsträgerInnen nachhaltige Entwicklungsstrategien für eine Schweizer Region erarbeitet[134] und Themen wie Raumnutzung, Mobilität, Landschaftspflege und Tourismus aufgegriffen. In einem Projekt des schweizerischen Tropen- und Public Health-Instituts bemühen sich ForscherInnen in Kooperation mit lokalen Organisationen um Gesundheitsdienstleistungen für nomadisch lebende Viehhalter und ihre Tiere im afrikanischen Tschad[135]. Um vor dem fremden kulturellen Hintergrund geeignete Maßnahmen entwickeln zu können, liegt in diesem Projekt ein wesentliches Ziel darin, nomadisch lebende Communities zu verstehen und ihre Gewohnheiten, Erfahrungen und Bedürfnisse in den Prozess mit einzubeziehen. Dabei ist es entscheidend, eine Basis des Vertrauens zwischen ForscherInnen und der lokalen Bevölkerung herzustellen.

Die Forschungslandschaft im Bereich transdisziplinärer Forschung ist überaus heterogen. Die unterschiedliche Ausrichtung der hier exemplarisch genannten Projekte, die zahlreichen Publikationen zu Projekten und die große Diversität der Beiträge bei einschlägigen Konferenzen geben beredtes Zeugnis davon. Es lassen sich aber durchaus auch Gemeinsamkeiten beobachten. Gemeinsam ist den Projekten einmal, dass die Forschungsarbeit überwiegend entlang praxisnaher, lebensweltlicher Themenstellungen erfolgt. Viele der Forschungsvorhaben sind projektförmig organisiert und umfassen kommunikative Arrangements zur Diskussion forschungsrelevanter Fragen innerhalb des Projekts und zwischen den Projektbeteiligten. Gemeinsam ist den ForscherInnen auch das Anliegen, mit ihrer Arbeit praxiswirksam zu werden und umsetzungsorientiert vorzugehen, deshalb sind die Projekte oft partizipativ angelegt, d.h. es sind mehrere von einem Thema betroffene Akteursgruppen am Prozess beteiligt. Die Teilhabe der Betroffenen an den Forschungsprozessen wird als eine wesentliche Voraussetzung dafür angesehen, dass die Forschungsergebnisse in der außerwissenschaftlichen Praxis etwas bewirken können. Die Projektarchitekturen weisen dann, deutlicher als in einer disziplinären und eher literaturorientierten „Schreibtisch"-Forschung, spezifische Projektphasen auf, in denen zu den inhaltlichen Fragen kommuniziert wird. Zu nennen ist etwa die Anfangsphase, in der ForscherInnen aus verschiedenen Disziplinen, oft gemeinsam mit AkteurInnen aus der Praxis, die Forschungsfragen formulieren, oder die Phase der Integration und die Ab-

---

133 Vgl. www.das-nachhaltige-krankenhaus.at; 19 07 2011.
134 Walter/Wiek/Scholz 2008.
135 Schelling/Wyss/Diguimbaye 2008.

schlussphase, in welchen die Forschungsperspektiven zusammengeführt und Handlungsoptionen entwickelt werden – in vielen Projekten wiederum im Austausch mit Betroffenen aus den Praxissystemen[136]. Gemeinsam ist transdisziplinären Forschungsprojekten auch ihre zumeist interdisziplinäre Ausrichtung. Die bisher genannten Charakteristiken weisen bereits in diese Richtung: Wenn von lebensweltlichen Fragestellungen ausgegangen wird, sind disziplinär „reine" Forschungsfragen kaum zu erwarten, wenn dazu noch AkteurInnen aus der Praxis mit einbezogen werden, verändern sich einerseits die Forschungsfragen und andererseits werden die zu verhandelnden disziplinären Wissensbestände um die Dimension des Praxis- und Erfahrungswissens ergänzt. Die geläufige Bemerkung „Die Welt hat Probleme, die Universität hat Fakultäten" spiegelt ein wenig die Schwierigkeiten wider, in die akademische Wissenschaft angesichts transdisziplinärer Forschungszugänge geraten kann. Bestehende wissenschaftskulturelle Usancen und institutionelle Strukturen erweisen sich angesichts transdisziplinärer Forschungsarbeit nicht selten als unpassend.

Ähnlichkeiten gibt es teils auch in methodischer Hinsicht. Im Zusammenhang mit dem Erheben und Verarbeiten von empirischen Daten und dem Entwickeln von Inhalten wird in den Publikationen zu transdisziplinären Projekten allerdings unterschiedlich ausführlich auf die dahinterliegenden methodischen Fragen eingegangen. Oft werden auch Begriffe genannt, die einen gewissen Interpretationsspielraum offen lassen. Es lässt sich dennoch feststellen, dass häufig mit verschiedenen Formen von Recherchen und Systemanalysen und mit computerunterstützten Modellierungen von Szenarien gearbeitet wird. Die Perspektiven der beteiligten außerwissenschaftlichen AkteurInnen werden auch mit Interviews erhoben, oft mit Fragebögen und darauffolgender quantitativer Auswertung, seltener mit teilstrukturierten qualitativen Interviews.

Reflexion transdisziplinärer Praxis

Über die heterogene und sehr lebendige Praxis transdisziplinärer Forschung in zahlreichen Projekten hinaus hat sich in den vergangenen Jahren zusehends auch eine reflexive Auseinandersetzung mit der Forschungsform entwickelt. Während in den früheren Jahren das praktische, eher „hemdsärmelige Tun" im Vordergrund stand, da man zu wenig Zeit und Geld hatte, wie Brand im Jahr 2000 schreibt, um sich systematisch mit methodologischen oder konzeptionellen

---

136 Zu den Phasen transdisziplärer Forschung vgl. auch Pohl/Hirsch-Hadorn 2006.

Fragen auseinanderzusetzen, hat man sich später auch stärker mit der Aufarbeitung von Forschungserfahrungen und mit konzeptionellen Ausarbeitungen beschäftigt[137]. Die ForscherInnen reflektieren und diskutieren ihre in den Projekten gemachten Erfahrungen, formulieren methodologische Konsequenzen und thematisieren die Herausforderungen, die sich in der Einbettung dieser Form von Forschung in der Wissenschaft ergeben. Es gibt dabei eine Reihe von Themen, die in der Meta-Kommunikation über Projekte immer wieder angesprochen werden, die in Publikationen, in Konferenzbeiträgen und informellen Gesprächen unter ForscherInnen immer wieder bewegen[138]. Es sind dies:

- Motive und Begründungen für transdisziplinäre Forschung und im Besonderen die Frage der gesellschaftlichen Wirksamkeit von Forschung
- Die Integration unterschiedlicher Formen von Wissen und die Integration von PraxisakteurInnen in der Forschung
- Die Frage der Prozessgestaltung und die Bedeutung von sozialen Beziehungen und Emotionen
- Der Umgang mit Zeit
- Wissenschaftskulturelle Konsequenzen transdisziplinärer Forschungspraxis.

Gemeinsam ist den ForscherInnen die Erfahrung, dass sich transdisziplinäre Forschung nicht reibungslos in die akademische Wissenschaft einfügen lässt. So unterscheiden sich beispielsweise die Ergebnisse, die erarbeitet werden, von jenen, die in traditioneller disziplinärer Forschung gewonnen werden. Dies wird etwa an der Frage der Verallgemeinerbarkeit von Ergebnissen deutlich. Um die oben genannten Beispiele wieder aufzugreifen: Wenn in einem Schweizer Kanton an regionalen Entwicklungsstrategien gearbeitet wird, so wird es vermutlich einiges geben, das in ähnlicher Form auch in anderen ähnlichen Regionen relevant ist, letztlich werden es aber sehr spezifische Ergebnisse sein, die für die Region wichtig, aber wissenschaftlich nicht unbedingt relevant sind. Zunächst deshalb, weil sie nicht valide sind. Hier kommen nun mitunter auch jene Forschungsbereiche, die den Naturwissenschaften nahestehen, in eine ähnliche Lage wie sonst Ansätze qualitativer (Sozial-)forschung, die tendenziell dem Vorwurf ausgesetzt sind, keine verallgemeinerbaren Forschungsergebnisse liefern zu können (wenn z.B. mit kleinen Samples gearbeitet wird, was für die lokalen Fragestellungen ausreichend ist, aber zu wenig, um allgemeine Aussagen abzu-

---

137 Brand 2000, Vorwort.
138 Vgl. Ukowitz 2011, Kapitel 2 und 3.

leiten). Rund um die Frage der Verallgemeinerung gibt es einiges zu diskutieren. Worum es dabei m.E. nicht gehen sollte, ist das Vorhaben, Gesetzmäßigkeiten aufzufinden, Verallgemeinerung also mit einer subsumtiven Logik zu assoziieren. Herausfordernd ist hingegen, wie Kommunikation über stark kontextualisierte Inhalte möglich ist, wie dabei eine inhaltliche Straffung, eine Bündelung relevanter Aspekte, wie in einem gewissen Ausmaß Vergleichbarkeit möglich wird. In diesem Sinn, nämlich Vergleichbarkeit im Bewusstsein der Einzigartigkeit der Prozesse zu ermöglichen, können die Überlegungen Wolfgang Krohns verstanden werden, der vorschlägt, das Besondere und das Allgemeine über das Typische zu verbinden[139].

Als wissenschaftlich wenig relevant werden die Ergebnisse aus transdisziplinären Prozessen aber auch deshalb angesehen, weil sie nur zum Teil „innovativ" sind. In diesem Zusammenhang wird es nötig, den Begriff der Innovation zu überdenken und der Vorstellung von einem „absolut neuen" Wissen ein ebenso wertvolles „relatives neues" Wissen beiseite zu stellen. So manche Erkenntnis, die aus einem transdisziplinären Prozess erwächst, ist für die beteiligten AkteurInnen wirklich neu und wertvoll, auch wenn es dieses Wissen im wissenschaftlichen Wissensbestand schon gibt. So manches Ergebnis ist im Kern bekannt, aber in seiner speziellen konkreten Ausprägung, die es durch seine Kontextualisierung erhält, neu und innovativ. In anderer Hinsicht ist Innovation in der transdisziplinären Forschung aber durchaus ein Thema: Gerade durch die Besonderheiten dieser Forschungsform und ihren unterschiedlichen Spielarten eröffnet sich im Bereich methodologischer Themen ein weiteres Feld wissenschaftlicher Arbeit, in dem noch Raum für Innovationen gegeben ist. Insofern lässt sich der wissenschaftskulturell geprägten Prämisse, wonach neues, innovatives Wissen erarbeitet werden soll, auch entsprechen.

Für ForscherInnen, die neues disziplinär-inhaltliches Wissen (propositionales Wissen im Sinne von Mittelstraß, Systemwissen im Sinne von Pohl und Hirsch-Hadorn[140]) für den wissenschaftlichen Diskurs generieren wollen, bedeutet dies, dass transdisziplinäre Forschungsarbeit nur zum Teil dafür geeignet ist. Oder negativ formuliert: ForscherInnen haben viel Energie für Aktivitäten aufzubringen, die nicht direkt in wissenschaftlich anerkannte Ergebnisse einfließen. Zu diesen Aktivitäten gehört auch der hohe Kommunikationsaufwand innerhalb der interdisziplinären Teams und mit den involvierten PraxispartnerInnen. Manches Mal finden sich in diesem Zusammenhang durchaus drastische Formu-

---

139 Krohn 2008, S. 371 ff.
140 Mittelstraß 2003, S. 46, Pohl/Hirsch-Hadorn 2006.

lierungen, so schreibt etwa ein AutorInnenteam, Energie und Arbeitszeit von ForscherInnen würden „in diversen Mittlerrollen verschlissen"[141].

Die beiden Beispiele der Verallgemeinerbarkeit und des innovativen Charakters von Forschungsergebnissen und die Schwierigkeiten, die sich in diesem Zusammenhang für transdisziplinäre Forschung ergeben, zeigen, wie wirkmächtig bestehende wissenschaftskulturelle Wertvorstellungen und Normen sind. Wenn traditionelle Qualitätsmerkmale an ihre Grenzen stoßen, wie in diesem Fall, braucht es aber Bemühungen um neue, und dazu gibt es bereits einige Anstrengungen: Publikationen, die sich mit dem Thema auseinandersetzen[142], Konferenzen und Tagungen, die diesem Aspekt gewidmet sind[143], Arbeitsgruppen in Forschungsförderungseinrichtungen oder Bemühungen an Universitäten, adäquate Qualitätssicherungsprozesse einzurichten[144]. Die Diskussionen sind nicht einfach, einmal weil es keineswegs trivial ist, sich mit einem Qualitätsbegriff auseinanderzusetzen, der vieldimensional und kaum quantitativ fassbar ist[145], weil aber wie gesagt auch das Zueinander von neuen und bestehenden Qualitätsvorstellungen mitverhandelt wird (mit all den damit einhergehenden Prestige- und Machtfragen). Das Thema ist aber wichtig, für die Legitimation und Etablierung transdisziplinärer Forschung genauso wie für viele vor allem junge WissenschaftlerInnen, die in diesem Bereich arbeiten wollen und deren Fortkommen nicht zuletzt auch von der Reputation der Forschungsrichtung abhängig ist.

Was den gewohnten Forschungsbetrieb so nachhaltig „durcheinanderbringt" ist die Einmischung durch die außerwissenschaftliche Praxis, dies wird deutlich, wenn man die Forschungslandschaft und die Diskurse in den Blick nimmt. Es ist der Mensch, mit seinen widersprüchlichen Bedürfnissen und Interessen, seinen vielfältigen Unternehmungen. Letztlich werden durch diese Einmischung Themen wie die Gestaltung von kommunikativen Prozessen und sozialen Beziehungen, die Frage der Emotionalität, das Entscheidungsthema, der Umgang mit Zeit oder die Frage der Integration verschiedener Wissensbestände in Forschungsprozesse und die dadurch notwendigen (sprachlichen) Verständigungsprozesse

---

141 Hoffmann/Konold/Nagel 2009, S. 260.
142 Vgl. z.B. Bergmann 2007, Bergmann/Brohmann/Hoffmann/Loibl/ Rehaag/Schramm/Voß 2005, Stoll-Kleemann/Pohl 2007.
143 Vgl. td-conference 2011: Evaluation; Forschungstag des Instituts für Interventionsforschung und Kulturelle Nachhaltigkeit 2011: Qualität in der Forschung.
144 Vgl. die aktuell laufenden Diskussionen zum Qualitätsmanagementprozess an der Alpen-Adria-Universität Klagenfurt.
145 Vgl. Heintel 2007a zum Thema Qualität in der Sozialarbeit.

wirklich relevant. Die Umweltwissenschaften oder auch die Regionalforschung geben für die durch „das Menschliche" entstehende Komplexitätssteigerung ein gutes Beispiel ab. Beide Forschungsrichtungen können nahe an den Naturwissenschaften angelehnt praktiziert werden. In diesem Fall ist es leicht, Forschungsfragen einzugrenzen, sich Zeit zu nehmen um analytisch in die Tiefe zu gehen, in breit angelegten Studien verallgemeinerbares Wissen zu generieren. Nehmen die ForscherInnen den Menschen als wesentlichen Akteur in dem Gefüge dazu, wird also ein rein ökologisches zu einem sozial-ökologischen Thema oder wird naturwissenschaftlich orientierte Regionalforschung zu einer Frage regionaler Entwicklung oder werden gar sozial-ökologische Thematiken in Prozessen der regionalen Entwicklung relevant, sind die ForscherInnen ganz anders gefordert. Auf das Gefüge wissenschaftlicher Disziplinen bezogen könnte man sagen, dass transdisziplinäre Forschung sich besonders im Zusammenhang mit Themen aufdrängt, die an den Grenzen zwischen natur- und kultur- bzw. sozialwissenschaftlichen Sphären gelagert sind. Freilich nicht nur dort, auch rein kultur-/sozialwissenschaftliche oder rein natur-/technikwissenschaftliche Forschung kann sich um transdisziplinäre Vorgangsweise bemühen, aber an der genannten Schnittstelle, dem „great divide", von dem immer wieder die Rede ist, ganz besonders[146].

Der Mensch, konkreter gesagt außerwissenschaftliche AkteurInnen wurden für die Forschung zusehends auch in einer weiteren Hinsicht relevant. Waren sie über lange Zeit vor allem AdressatInnen von Forschung, es wurden wissenschaftliche Erkenntnisse in Form von Verfahren und Produkten einfach zur Verfügung gestellt (wiederum stehen hier Natur- und Technikwissenschaften im Vordergrund), sind sie nun verstärkt in Entscheidungsprozesse rund um wissenschaftliche Erkenntnis einbezogen. Die Möglichkeit wissenschaftlicher Entwicklung, die durchaus als ein Erfolgsprogramm gesehen werden kann, führt an die Frage der Grenzen des Wissens und des Risikos heran, das wissenschaftliche Erkenntnis mit sich bringt. Sollen wir wirklich alles wissen, was wir wissen können, lautet dann die Frage. Entscheidungen darüber können nicht allein aus der Wissenschaft heraus getroffen werden, es müssen Entscheidungsträger aus anderen gesellschaftlichen Bereichen mit einbezogen werden. Entscheidungsprozesse dieser Art können in unterschiedlichen Settings erfolgen, etwa in Form von Politikberatung, oder eben in Gestalt von transdisziplinären Forschungsprozessen.

Die neue Rolle, die außerwissenschaftliche PraxispartnerInnen in wissenschaftlicher Forschung einnehmen, berührt die oben als wichtiges Thema ge-

---

146 Smetschka/Gaube/Lutz 2008, S. 26; Ukowitz 2011, S. 9, 156 f.

nannten Motive und Begründungen für transdisziplinäre Forschung. Es geht um die gesellschaftliche Wirksamkeit von Forschung einerseits und um ihre gesellschaftliche Legitimation andererseits. Was damit in den Blick kommt, und dies wird von einigen AutorInnen auch angesprochen[147], ist auf allgemeinerer Ebene das Verhältnis zwischen Wissenschaft und Gesellschaft, das immer wieder neu zu klären ist. Es ist einiges in Bewegung gekommen. Einige Gedanken dazu: Hierarchie und Autorität traditionellen Zuschnitts haben es zusehends schwerer, sich durchzusetzen – sei es aufgrund des Erstarkens des einzelnen Individuums, sei es durch die Komplexitätssteigerung, die zentralistisch-hierarchische Systeme zunehmend verunmöglicht; die Wissenschaft muss eingestehen, dass sie vieles bewirken kann, zugleich aber vieles (noch) nicht wissen kann – dies berührt wieder das oben angesprochene Thema des Risikos, das wissenschaftliches Wissen mit sich bringt; sie muss eingestehen, dass sie sich durch große Ausdifferenzierung und methodische Abstraktion zum Teil weit von der gesellschaftlichen Realität entfernt hat und die Ergebnisse, die sie generiert, nicht angenommen werden; umgekehrt muss sich die Wissenschaft vor allzu großer Nähe und einseitiger Einflussnahme durch gesellschaftliche Subsysteme schützen – es geht also auch um neue Balancen von Nähe und Distanz; sie muss eingestehen, dass in manchen Bereichen angesichts komplexer Fragestellungen neue methodische Vorgangsweisen angezeigt sind, die der den Themen innewohnenden lebensweltlichen Komplexität Raum geben und zugleich helfen, im konkreten Fall unnötige (oft wissenschaftlich erzeugte) Komplexität zu reduzieren – damit ist ein neuer Umgang mit Nichtwissen und Komplexität angesprochen. Es ist insgesamt ein ambivalentes Verhältnis zwischen Wissenschaft und Gesellschaft, das sich in dieser kurzen Skizze abzeichnet, ein „new social contract", wie Gibbons schreibt[148], ist noch nicht in Sicht. Peter Heintel bezeichnet die Gesellschaft, in der wir leben, als Übergangsgesellschaft.[149] Dies hat Vor- und Nachteile. Einerseits sind wir darin angesichts relativierter oder fehlender Vorgaben freier und selbstbestimmter geworden, andererseits laufen wir auch Gefahr, blind Sachzwängen anheimzufallen, wenn wir uns durch die enorme Komplexität und die Herausforderung, die in der Orientierungs- und Entscheidungsnotwendigkeit liegen, überfordert sehen.

Mit den Überlegungen zum Gefüge von Wissenschaft und Gesellschaft hat sich die Argumentation auf den ersten Blick recht weit von der Forschungspraxis

---

147 Bammé 2005; Bammé 2008; Grunwald 2003.
148 Gibbons 1999.
149 Vgl. Heintel 2007b, S. 37-64.

entfernt. Bei genauerer Betrachtung zeigt sich allerdings, dass diese Fragen sich in einem transdisziplinären Paradigma, das in entsprechenden Forschungsarrangements verwirklicht wird, spiegeln, dass also die allgemeineren Fragen in den konkreten Forschungsprojekten und in methodologischen Diskursen letztlich immer mitverhandelt werden. Transdisziplinäre Forschung ist in diesem Sinn nicht nur eine Methode, sondern sie stellt eine Institution dar, ein Wertgefüge, mit dem versucht wird *eine* Antwort auf die neuen Herausforderungen an die Wissenschaften zu formulieren.

Transdisziplinarität und Interventionsforschung

Transdisziplinarität als Wert an sich zu begreifen, ist für Interventionsforschung bedeutsam, und darin unterscheidet sich der Ansatz auch von manchen anderen Positionen in diesem Forschungsfeld[150]. Während Transdisziplinarität also vielfach als eine Reaktion auf veränderte Gegebenheiten verstanden und deshalb in der Forschung praktiziert wird, kann man Transdisziplinarität aus der Sicht der Interventionsforschung als eine Form der Umsetzung eines bestimmten Menschen- und Weltbildes im Rahmen wissenschaftlicher Arbeit verstehen. Interventionsforschung ist auch insofern mehr als eine Methode, als sie mit ihren Bezügen zur Transzendentalphilosophie, der dialektischen Philosophie und der Prozessethik ein starkes meta-theoretisches Fundament aufweist. Ein zentrales Element ist dabei das Anliegen, Forschung nicht nur als Prozess der Wissensgenerierung zu verstehen, sondern auch als Prozess kollektiver Selbstaufklärung und Entscheidung. Demgemäß ist es wichtig, dass die von einem Thema betroffenen außerwissenschaftlichen Akteursgruppen die Möglichkeit haben, in der Forschung mit ihren Perspektiven und Interessen zu Wort zu kommen.

Das Thema Partizipation, die Auseinandersetzungen mit den sozialen Konfigurationen und Organisationsformen, in denen Praxis als Akteur im Forschungssystem erscheint, sowie die Frage der Gestaltung entsprechender sozialer und kommunikativer Prozesse werden so zu zentralen Aspekten für die Interventionsforschung. Es geht um das Entwickeln von Systemlandschaften und die Entscheidung, wer in welcher Form miteinbezogen werden kann; es geht um die Interessen der Beteiligten und Fragen der Auftraggeberschaft; es geht um Beziehungsdynamiken zwischen Forschung und PraxispartnerInnen, aber auch unter den beteiligten Akteursgruppen aus der Praxis; es geht um me-

---

150 Vgl. z.B. Pohl/Kerkhoff/Hirsch-Hadorn/Bammer 2008, S. 412.

thodische Arrangements, die imstande sind, das Wissen und die Perspektiven der PraxispartnerInnen zu heben und in den Forschungsprozess zu integrieren.

Während den PraxispartnerInnen und der Frage ihrer Partizipation in der Interventionsforschung große Aufmerksamkeit gewidmet wird, kommt dieser Aspekt im Diskurs zu transdisziplinärer Forschung weniger ausführlich und in anderer Ausprägung vor[151]. Es finden sich zwar Argumentationen für die Integration der Praxis und es wird darauf hingewiesen, dass gerade dies einen entscheidenden Unterschied zu anderen Forschungsansätzen markiert. Besonders in den Passagen zur Begründung für transdisziplinäre Forschung wird argumentiert, dass Forschung mehr Bezug zur Praxis braucht. Die Praxis wird in den theoretischen und methodischen Annäherungen also thematisiert, in Projektbeschreibungen lässt sich dann aber vergleichsweise wenig über konkrete Formen der Partizipation finden und über weite Strecken bleibt der Eindruck, die Integration von PraxispartnerInnen würde „nur" als forschungsmethodisches Element, als etwas Zusätzliches und Äußerliches verstanden, und weniger als konstitutives Element des Forschungsprozesses.

Im Zusammenhang mit der Integration verschiedener Perspektiven aus den jeweils relevanten wissenschaftlichen Disziplinen bzw. der außerwissenschaftlichen Praxis und dem Anliegen, kollektive Reflexions-, Entscheidungs- und Lernprozesse zu gestalten, ist die Bedeutung der Prozesshaftigkeit von Forschung zu sehen. Auch in diesem Punkt unterscheidet sich Interventionsforschung von anderen Zugängen. Während Prozessorientierung und Prozessoffenheit im Diskurs zu transdisziplinärer Forschung häufig im Sinne von bloßem Projektmanagement verstanden wird, ist die Organisation von kommunikativen Prozessen und deren sorgsame Begleitung in der Interventionsforschung wiederum konstitutives Element. Ähnlich wie im Zusammenhang mit Partizipation klingen die Positionen im Diskurs zur transdisziplinären Forschung an manchen Stellen modellhaft, als etwas von außen Herangetragenes. Prozessbewusstsein, Prozessoffenheit, situative und rekursive Prozessgestaltung werden angestrebt, aber nicht immer verwirklicht. Dieser Eindruck entsteht wiederum vor allem aus der Diskrepanz zwischen methodologischen Bemerkungen und den Projektbeschreibungen, in welchen diese Dimension kaum vorkommt. Zum Zusammenhang von Prozessgestaltung und sozialen Beziehungen finden sich auch Bemerkungen, dass Beziehungsgestaltung etwas ist, mit dem man sich zusätzlich „herumschlagen" muss, das viel Zeit braucht und manches Mal auch lästig

---

[151] Vgl. Ukowitz 2011, Kapitel 2 „Transdisziplinäre Forschung im Spiegel des wissenschaftlichen Diskurses – Erfahrungsberichte und Diskussionen".

fällt[152]. Die AutorInnen sprechen die damit einhergehenden Herausforderungen zum Teil auch an: Prozessoffenheit bringt Unsicherheiten inhaltlicher und organisatorischer Art mit sich und erfordert neue zusätzliche Kompetenzen von ForscherInnen, die im Wissenschaftsbetrieb noch nicht selbstverständlich sind.[153]

Die beiden zuletzt angesprochenen Aspekte vermitteln, dass Interventionsforschung sehr stark darauf fokussiert, *wie* Wissen in den Forschungsprozessen generiert wird. Die Beschaffenheit der Inhalte selbst wird wesentlich durch den prozessualen Rahmen und die Kontexte geprägt gesehen, in denen Inhalte entwickelt werden bzw. sich entwickeln lassen. Interventionsforschung ist dabei stark an den Praxissystemen orientiert und sieht sich nicht nur in der traditionellen Rolle der Wissenschaft, Wissen zu generieren und zur Verfügung zu stellen, sondern nimmt sich deutlich der in der Wissenschaft noch weniger etablierten moderierenden und prozessgestaltenden Rolle an. Die besondere Aufmerksamkeit für diese Aspekte lässt sich auch anhand der historischen Entwicklung der Interventionsforschung erklären, die neben der Philosophie auch die Gruppendynamik und Organisationsentwicklung als Basis hat.

Begriffsdefinitionen als Spiegel unterschiedlicher Schwerpunktsetzungen

Es lassen sich in der Auseinandersetzung mit Interventionsforschung und transdisziplinärer Forschung gemeinsame Anliegen und Ähnlichkeiten, aber auch unterschiedliche Schwerpunktsetzungen wahrnehmen. In diesem Zusammenhang ist ein kurzer Blick auf verschiedene Definitionen von transdisziplinärer Forschung interessant – und dies obwohl Definitionen mitunter gemischte Gefühle auslösen, denn obgleich sie dazu da sind, Begriffe und die dahinterliegenden Bedeutungswelten zu bestimmen und sie damit von anderem abzugrenzen, führt das Definieren, wenn man es ernst nimmt, nicht selten in immense Komplexität ohne die gewünschte Klärung zu erreichen, oder aber es führt in eine Scheinsicherheit, die durch allzu rasch vorgenommene Eingrenzungen und „Schubladisierungen", die kaum das jeweils Ganze auszudrücken vermögen, vermittelt wird. Geht man aber davon aus, dass Definitionen nur sprachliche Annäherungen an Begriffe und Phänomene darstellen und versucht man angesichts von Definitionen nicht nur das zu Bestimmende zu erfassen, sondern auch die Intentionen, die hinter dem Bestimmungsversuch liegen („Jedes Wort trägt

---

152 Vgl. z.B. Hoffmann/Konold/Nagel 2009, S. 260; Moll/Zander 2006, S. 75.
153 Godemann 2007, S. 129.

ein eigenes Schwingungsfeld von Bewusstsein in sich"[154]), lässt sich ein freundlicheres Bild entwerfen: Es spiegeln sich in den Definitionsbemühungen unterschiedliche Aufmerksamkeitsschwerpunkte, und dies kann durchaus aufschlussreich sein.[155]

Christian Pohl und Gertrude Hirsch-Hadorn haben die am häufigsten vorkommenden Definitionen von Transdisziplinarität zusammengefasst und vier wiederkehrende Elemente identifiziert, die in unterschiedlichen Konstellationen in Beschreibungen von Transdisziplinarität vorzufinden sind[156]:

- Das Überschreiten und Integrieren disziplinärer Paradigmen
- Partizipative Forschung
- Orientierung an lebensweltlichen Problemen
- Universelle Einheit des Wissens.

Wenn Transdisziplinarität definiert wird (Interdisziplinarität ist dann zumeist mit gemeint), besteht weitgehende Einigkeit darin, dass das Überschreiten von disziplinären Grenzen in theoretischer und methodischer Hinsicht charakteristisch ist. Einig sind sich die AutorInnen auch darin, dass es nicht nur um ein bloßes Akkumulieren von Wissensbeständen aus verschiedenen Disziplinen geht, sondern um eine unterschiedliche Perspektiven integrierende Sichtweise. Dass die Forschung die Sphäre des Akademischen/Wissenschaftlichen überschreitet, ist hingegen nicht common sense. Was auf der Ebene der Definitionen sichtbar wird, spiegelt sich auch in den Diskursen rund um transdisziplinäre Forschungsprozesse. In manchen ist partizipative Forschung im Sinne des Miteinbeziehens von außerwissenschaftlichen Akteuren als Charakteristikum genannt, dafür aber nicht Orientierung an lebensweltlichen Problemen, in anderen gerade umgekehrt. Dort geht man von lebensweltlichen Problemen aus, strebt aber keine partizipative Forschung an. Aus der Perspektive der Interventionsforschung gehört beides untrennbar zusammen: Möchte man sich an lebensweltlichen Fragestellungen orientieren, so braucht es die Partizipation derer, die mit den lebensweltlichen Fragen zu tun haben; würden lebensweltliche Fragen nur aus der Sicht der WissenschaftlerInnen betrachtet werden, ergäbe sich ein zu

---

154 Marica Bodrozic zit. nach Nicolini 2011, S. 17.
155 Zu Definitionen transdisziplinärer Forschung vgl. u.a. Balsiger 2005, Pohl/Hirsch-Hadorn 2006.
156 Pohl/Hirsch-Hadorn 2006; für das Folgende vgl. auch Ukowitz 2011, Kapitel 9 „Einheit der Wissenschaften – prozessual vernetzte Wirklichkeiten".

eingeschränktes Bild. Und wenn partizipative Forschung ein wichtiges Prinzip darstellt, also Nicht-Wissenschaftliches schon ab der Phase der Problemformulierung mit einbezogen wird, bringt sich dieses Nicht-Wissenschaftliche wohl in Form von „lebensweltlichen Themenstellungen" ein. Es ist zwar auch denkbar, dass lebensweltliche Fragestellungen aufgegriffen und in wissenschaftliche umformuliert innerhalb der Wissenschaft bearbeitet werden. Interventionsforschung geht hier aber den direkteren Weg auf die außerwissenschaftliche Welt zu, geht von den Themenstellungen aus, wie sie in der Praxis erlebt und beschrieben werden und entwickelt daraus den Forschungsprozess.

Interessant ist der vierte von Pohl/Hirsch-Hadorn identifizierte Punkt, und zwar der Aspekt der universellen Einheit des Wissens. Das Thema kommt sowohl in Beiträgen, die nahe an der Forschungspraxis formuliert sind, als auch in stärker methodologisch oder wissenschaftstheoretisch ausgerichteten Schriften zur Sprache. In den Beschreibungen transdisziplinärer Projekte wird es an manchen Stellen als unabdingbar, zugleich aber als besonders große Herausforderung beschrieben, im interdisziplinären Team eine gemeinsame begriffliche und theoretische Basis, „ein gemeinsames ‚axiomatisches System'"[157], herzustellen, um an die transdisziplinäre Forschungsarbeit gehen zu können. Die Gefahr daran zu scheitern ist groß, auch das geht aus den Beiträgen hervor. Hier lohnt es sich, einen Blick auf die Hintergründe zu werfen[158]. Was in der aktuellen Praxis als methodische Anforderung erscheint, geht offensichtlich auf eine alte Sehnsucht nach der Einheit der Wissenschaften zurück. Zugleich wird dieser Gedanke zurückgewiesen, wenn von Denkstilen und unterschiedlichen Paradigmen die Rede ist. Es gibt „keinen einfachen ‚wissenschaftlichen' Lageplan der Realität", schreibt John Ziman[159], denn jede Themenstellung verlange nach einer ihr adäquaten Herangehensweise, somit könne es auch keine einheitliche Wissenschaft geben.

Wie Transdisziplinarität aus der Sicht der Interventionsforschung beschrieben werden kann, welche Aspekte dabei in den Vordergrund treten, entfaltet sich in den Beiträgen dieses Buches mit jeweils unterschiedlichen gedanklichen Ausgangspunkten. Einige Überlegungen, die dabei immer wieder zur Sprache kommen:

---

157 Balsiger 2005, S. 174.
158 Vgl. dazu Ukowitz 2011, S. 229 ff.
159 Ziman 1980, S. 19 cit. nach Feyerabend 2005, S. 168.

- Transdisziplinäre Forschung wirkt sowohl auf der Beziehungsebene als auch auf der Erkenntnisebene, d.h. soziale Beziehungsgestaltung und Emotionalität sind mit dem kognitiven Erkenntnisprozess verflochten; Erkenntnisprozesse haben (auch) Entscheidungscharakter.
- Transdisziplinäre Forschung bedeutet eine Annäherung an eine ganzheitliche Problemsicht. Themenstellungen werden in ihrer lebensweltlichen Komplexität und ihrer historischen Gebundenheit aufgegriffen, über Systemgrenzen, also über die Eingrenzung der Forschungsvorhaben, wird diskursiv und kontextbezogen entschieden; es wird versucht, die Dialektik zwischen Detail und Ganzem in einem „selbstaufgeklärten Universalismus" aufzufangen, d.h. „die jeweils sinnvollen und notwendigen Ganzheiten (Identitäten) herzustellen und zugleich ihre Partikularität, die in ihrer Bestimmtheit (Entschiedenheit) liegt", zu akzeptieren[160].
- Eine ganzheitliche Problemsicht bringt es mit sich, dass disziplinäre Grenzen überschritten und verschiedene Wissensbestände, wissenschaftliche und außerwissenschaftliche, in Forschungsprozessen integriert werden.
- Transdisziplinäre Forschung hat Prozesscharakter. Es geht nicht nur um Resultate, sondern auch um die Prozesse, die zu Resultaten führen (Reflexions-, Erkenntnis-, Entscheidungs-, Lernprozesse). Die Vermittlung zwischen Perspektiven bzw. von Wissen erfolgt über „Erlebensarchitekturen", d.h. die Beteiligten nehmen auch physisch Anteil am Zustandekommen von Erkenntnis.
- Transdisziplinäre Forschung ist eine Forschungsform, die es ermöglicht, Wirklichkeiten prozessual zu vernetzen. Sie bietet ein kommunikatives Arrangement zur Integration verschiedener Perspektiven und Wissensbestände. Einheit der Wissenschaft kann in diesem Sinne als Einheit im Prozessualen verstanden werden.

Zur Kontextualisierung von Forschungsansätzen

Vergleichendes Gegenüberstellen von Begriffsklärungen, Methodenvergleiche, eine Zusammenschau theoretischer Grundannahmen und eine Sichtung durchgeführter Forschungsvorhaben ermöglichen einen Überblick über ein Forschungsfeld und seine Charakteristiken. Die Vergleiche und Bezugnahmen werden je nach Intention auf unterschiedlichen Ebenen aufsetzen. Auf einer metho-

---

160 Heintel 2005, S. 118.

dologischen Ebene kann es um grundlegende Fragen gehen: etwa ob in einem Projekt mit qualitativen oder quantitativen Methoden gearbeitet wird; ob hypothesen-testend oder hypothesen-generierend vorgegangen wird; ob Zukunftsszenarien computerunterstützt modelliert oder Zukunftsgestaltung mit den Betroffenen diskursiv entwickelt wird. Genauso können Detailfragen diskutiert werden: etwa wenn mit qualitativem Datenmaterial gearbeitet wird, können Kategorisierungs- und Auswertungstechniken verglichen werden. Auf der Ebene der Theorien werden die Funktionen von Theorien in verschiedenen Forschungszugängen beleuchtet, können Theorien auf ihrer inhaltlichen Beschreibungs-/Erklärungsfunktion oder im Sinne formaler Theorien auf ihre prozessgestaltende Funktion hin betrachtet werden. Vergleiche und Bezugnahmen können schließlich auch auf ein meta-theoretisches Fundament bezogen sein, d.h. auf Wertentscheidungen und daraus folgende Anliegen, Haltungen und Handlungsvorstellungen.

Einen Überblick über ein Forschungsfeld zu erarbeiten, kann nun beispielsweise wissenschaftsforscherischem Interesse entspringen und für soziologische, philosophische oder kulturwissenschaftliche Belange genützt werden. Einen Forschungsansatz zu kontextualisieren kann aber auch der Orientierung sowohl nach innen als auch nach außen dienen sowie der Positionierung einer Forschungsrichtung in der Wissenschaftslandschaft gewidmet sein. Mit Orientierung nach innen ist ein gemeinsames Verständnis unter den ForscherInnen gemeint, die in Anlehnung an einen Forschungsansatz denken und handeln. Ein gemeinsames Verständnis davon, was man in der Forschungsarbeit tut, worauf es ankommt und worauf die Prämissen zurückzuführen sind. Gerade für jüngere Forschungsrichtungen, zu welchen es noch wenig ausgeprägte Tradition und vergleichsweise wenige schriftliche Ausarbeitungen gibt, ist dieses gemeinsame Verständnis besonders von Bedeutung, da es viel mehr als in etablierten Zugängen in der Auseinandersetzung auch um die Ausarbeitung und Entfaltung eines Ansatzes geht. Dazu braucht es neben einer gemeinsamen Praxis, in der man die Dinge konkret erfahren kann, auch intensive Diskussionen, am besten in einem relativ stabilen, nicht zu großen Kreis von Interessierten und am besten bei mehreren Gelegenheiten. Orientierung nach innen meint auch, dass aus der historischen Entwicklung eines Zuganges, dem man sich beispielsweise über die Biographien von wichtigen Personen im jeweiligen Umfeld bzw. über deren Schriften annähern kann, viel zu lernen ist[161]. Grundlegende Prämissen, Spielar-

---

161 Vgl. die von L. Krainer und M. Ukowitz begonnene „Spurensuche" zur Interventionsforschung in Krainer/Ukowitz 2009.

ten eines Forschungsansatzes werden so erkennbar. Die Verständigungsprozesse, zu denen auch ein Ausloten der Grenzen eines Ansatzes und ein Beschreiben von Differenzen zu anderen Zugängen zählt, sowie eine gemeinsame Praxis tragen zur Ausbildung eines Denkstils, eines Paradigmas bei[162].

Neben dem wechselseitigen Verständnis in Forschungsgruppen und dem daraus gewonnenen Selbstverständnis der ForscherInnen ist Orientierung nach außen von Bedeutung. Es gilt, den Studierenden eine Forschungsrichtung in ihrer Praxis und ihrem theoretischen Fundament zu vermitteln, ihnen zugleich aber auch zu zeigen, in welchem Gefüge sie eingebettet ist. Über Vergleiche und daraus gewonnene Analogien werden Bezeichnungen, die zunächst unbekannt oder schwer fassbar sind, oft leichter zugänglich. Für die Interventionsforschung lässt sich etwa die qualitative Methodik im Umgang mit der Datenauswertung mit der qualitativen Sozialforschung, die Prozessorientierung und die Prozessgestaltung lassen sich mit Organisationsentwicklung in Verbindung bringen, der Fokus auf sozial-dynamische Prozesse mit einem Bezug auf die Gruppendynamik erklären.

Eine zweite Intention einen Forschungsansatz zu kontextualisieren ist seine Positionierung in der Wissenschaftslandschaft. Man könnte hier langwierige Bezugnahmen auf die Forschungsarbeit anderer bleiben lassen, und sich darauf konzentrieren, über die eigenen Zugänge Auskunft zu geben und in dieser Selbst-Positionierung möglichst kraftvoll aufzutreten. Ein Herstellen von Bezügen zu anderen mag zum Teil auf eine kooperative Grundhaltung der Beteiligten zurückzuführen sein, viel mehr noch ist dies aber auch Ausdruck eines bestimmten Wissenschaftsverständnisses. Wenn man den Gedanken ernst nimmt, in einer Weise an Themenstellungen wissenschaftlich heranzugehen, die vor allem dem Thema entspricht und nicht institutionellen, disziplinären oder sonstigen äußerlichen Kriterien geschuldet ist, kommt man nicht umhin zu überlegen, wen und was es in den verschiedenen Forschungszusammenhängen braucht, was jeweils sinnvoll ist und was welche Vorgehensweise sichtbar macht und ermöglicht. „Was können wir leisten, was können die anderen leisten, wo braucht es möglicherweise noch weitere Forschungsrichtungen?", lauten salopp formuliert wesentliche Fragen. Dass deren Beantwortung nicht immer emotional unaufgeregt passiert, soll nicht verschwiegen werden, das gehört dazu.

Die Bemühungen, einen Forschungsansatz innerhalb der Wissenschaftslandschaft zu positionieren, können auf einen speziellen Ansatz beschränkt bleiben, es ist dann ein vergleichsweise einsames und mehr oder weniger mühsames

---

162 Zu den beiden Begriffen vgl. Fleck 1980; Kuhn 1981.

Geschäft. Der fruchtbarere Weg ist es m.E., sich um „strategische Allianzen" zu bemühen, um eine Forschungsform wie etwa die transdisziplinäre Forschung nicht nur innerhalb der Wissenschaften besser zu verankern, sondern auch nach außen zur gesellschaftlichen Praxis hin ein Forschungsangebot zu formulieren, das verständlich und brauchbar ist. Fruchtbarer ist dieser Weg, weil im Zuge der notwendigen Verständigungs- und Entwicklungsarbeit über Forschungsgruppen und Disziplinen hinweg wertvolles Lernen voneinander möglich wird, mit größeren personellen und damit intellektuellen Ressourcen weitgreifende Fragestellungen besser zu bearbeiten sind und schließlich der Außenauftritt leichter gelingt, wenn man eine kritische Masse erreicht hat. Fruchtbarer ist der Weg auch insofern, als eine transdisziplinäre Wissenschaft eine Forschungsform bereithält, auf die PraxispartnerInnen aus verschiedenen gesellschaftlichen Bereichen zurückgreifen können. Dies kann auch einen positiven Impuls für die Weiterentwicklung des oben als ambivalent bezeichneten Verhältnisses zwischen Wissenschaft und Gesellschaft darstellen. Der Kritik, die Wissenschaft habe sich zu weit von der gesellschaftlichen, lebensweltlichen Realität entfernt, wird dadurch begegnet. Freilich muss auch dieses Näherrücken der Wissenschaft an die Gesellschaft laufend reflektiert werden, um Einseitigkeiten vorzubeugen, auch das wurde bereits erwähnt[163].

Interventionsforschung im Kontext transdisziplinärer Wissenschaften

Interventionsforschung versteht sich als eine kultur-/sozialwissenschaftliche Forschungsrichtung, die vorwiegend mit qualitativen Methoden arbeitet, es mag deshalb erstaunen, dass den überwiegend aus der Sphäre naturwissenschaftlicher Perspektiven formulierten Überlegungen zur transdisziplinären Forschung so viel Aufmerksamkeit gewidmet wird. Es gibt dafür mehrere Gründe. Einerseits sind es strategische Überlegungen – damit wird der zuletzt besprochene Aspekt wieder aufgegriffen. Die Wissenschaftslandschaft scheint nicht zuletzt aufgrund einer sich formierenden, sehr lebendigen Community rund um transdisziplinäre Forschungsansätze verstärkt in Bewegung zu kommen. In vielen Forschungsprogrammen wird Transdisziplinarität postuliert, zusehends steigt die Zahl der Projekte, in welchen eine solche Vorgangsweise auch tatsächlich

---

163 Zum Thema Verfügungs- und Orientierungswissen vgl. Mittelstraß 1982 bzw. Ukowitz 2011, Kapitel 6 „Systemtranszendierende Reflexion – Wissenschaft und Forschung als Orte der Orientierung".

versucht wird, Erfahrungen werden diskutiert und theoretische Auseinandersetzung wird vorangetrieben. Zugleich wird deutlich, dass die Einbettung der transdisziplinären Forschung in die Wissenschaftslandschaft nicht leicht ist und es wird auch die Frage aufgeworfen, ob transdisziplinäres Engagement ein Risiko für Forschungskarrieren bedeutet. Wenn sich – bei aller Unterschiedlichkeit im Detail – Gleichgesinnte finden, wenn ähnliche Intentionen vorliegen, so ist es m.E. sinnvoll, das Verbindende sichtbar zu machen, sich gemeinsam um eine Weiterentwicklung zu bemühen und so gewissermaßen in einer „Community Without Unity" die Kräfte jenseits des Mainstream zu bündeln[164]. Möglicherweise kann ein solches gemeinsames Vorhaben auch eine neue Entwicklungsstufe in der Beziehung zwischen Natur-/Technikwissenschaften und den Kultur-/Sozialwissenschaften ermöglichen.

Die Forschungserfahrungen in den naturwissenschaftsnahen Feldern sind aber auch ein Resonanzboden für kultur- und sozialwissenschaftliche Forschungsrichtungen. In den Ausführungen zahlreicher AutorInnen spiegelt sich m.E. eine bemerkenswerte Entwicklung in jenen Bereichen der Naturwissenschaften, die nahe am Menschen und seiner Lebenspraxis angelagert sind[165]. Die ForscherInnen beschäftigt die Frage nach Möglichkeiten des Wirksamwerdens ihrer Forschung und Fragen der Legitimation des wissenschaftlichen Tuns. Das sind Themen, die üblicherweise nicht die natur- oder technikwissenschaftlichen Disziplinen, sondern die so genannten „Orchideenfächer" aus den Geistes- und Kulturwissenschaften betreffen. Die Erfahrungen der ForscherInnen und ihr Interesse, transdisziplinäre Forschung zu etablieren, also Forschung stärker an die gesellschaftliche Praxis anzubinden, sind in diesem Sinne eine doppelte Intervention. Einmal in die Natur- und Technikwissenschaften selbst (zumindest in Teilbereiche), die sich bisher kaum Gedanken machen mussten, wie sie wirksam werden, weil sie über Verfahren und Produkte in die Gesellschaft intervenieren und die Menschen in der Rolle von AdressatInnen oder KonsumentInnen von wissenschaftlichen Erkenntnissen bzw. Ergebnissen sind. Die Intervention geht aber auch in Richtung jener kultur- und sozialwissenschaftlichen Forschungsrichtungen, die sich methodisch und paradigmatisch stark an naturwissenschaftlichen Herangehensweisen orientieren, einen eher deskriptiven Forschungszugang haben und mitunter recht weit von Praxisbedürfnissen entfernt sind. Die Intervention besteht primär darin, dass die Grenzen einer Methode

---

164 Vgl. den gleichlautenden Buchtitel von Corlett 1993.
165 Vgl. Ukowitz 2011, Kapitel 2 „Transdisziplinäre Forschung im Spiegel des wissenschaftlichen Diskurses – Erfahrungsberichte und Diskussionen".

aufgezeigt werden, und das Interessante ist, dass diese Grenzen von den Naturwissenschaften selbst aufgezeigt werden. Wovon hier die Rede ist, ist eine Intervention in bestehende wissenschaftskulturelle Gegebenheiten. Es ist zunächst also eine Intervention nach innen. Für die Interventionsforschung ist die Community der transdisziplinären Forschung aber auch insofern ein interessanter Bezugspunkt, als sich deutlicher als in anderen Bereichen Tendenzen in Richtung einer „neuen" Wissenschaft abzeichnen. Darauf lassen einerseits die Gestaltung von Forschungsprojekten und der besondere Umgang mit Themenstellungen schließen. Auch die Bezugnahmen auf Überlegungen aus der Wissenschaftsforschung zu einer Modus 2-Wissenschaft weisen in diese Richtung[166]: Kontextualisierung statt universeller, kontextfreier Wissenschaft, Entwicklung von Wissen in Anwendungskontexten, sozial robustes Wissen, geteilte Expertise, Transdisziplinarität, Heterogenität sind Charakteristiken dieser neuen Art der Wissenschaft. Aus der Perspektive der Interventionsforschung betrachtet kommt damit eine Interventionswissenschaft in den Blick. Eine Wissenschaft, die nicht abgekapselt vom gesellschaftlichen Leben arbeitet und nur schwer verständliche und praxisferne Ergebnisse entwickelt oder rein innerwissenschaftlich erarbeitete Ergebnisse medial so aufbereitet, dass sie vermittelbar sind, sondern eine Wissenschaft, die ihre Forschungsarbeit aus dem gesellschaftlichen Leben heraus und in enger Anlehnung an die gesellschaftlichen Bedürfnisse gestaltet; die zugleich aber die gesellschaftlichen Bedürfnisse transzendiert[167] und der Gesellschaft einen Reflexionsraum eröffnet, in dem auch diese Bedürfnisse und die Rolle der Wissenschaft in diesem Gefüge kritisch befragt werden und Entscheidungen getroffen werden können. Wissenschaft und Gesellschaft, ForscherInnen und PraxispartnerInnen begeben sich in diesem Sinne auf einen gemeinsamen Weg der Themenfindung und der Bearbeitung von Themen. Die ForscherInnen nehmen darin eine Rolle ein, die zwischen den Systemen Wissenschaft und Praxis angesiedelt ist, sie balancieren Nähe und Distanz zu beiden, sie stellen einen sozialen und kommunikativen Rahmen zur Verfügung, innerhalb dessen eine Fragestellung bearbeitet werden kann und begleiten die Prozesse; sie bringen aber auch inhaltlich ihre Expertise ein. Es ist damit also ein besonderer Interventionsbegriff angesprochen, der das Spannungsfeld von Partizipation und Intervention aufgreift. (Zu verschiedenen Ansätzen von Intervention vgl. Renate Hübner in diesem Band.) Die Auseinander-

---

166 Zu den Charakteristiken einer Modus 2-Wissenschaft vgl. Bammé 2004; Ukowitz 2011, Kapitel 5 „Wissenschaft und ihre Rolle in der Gesellschaft – Ein Streifzug durch Geschichte und Gegenwart".
167 Vgl. Mittelstraß 1982, S. 23.

setzung mit dem Thema Intervention kann an dieser Stelle nicht weiter vertieft werden, verwiesen werden soll aber auf die Prozessethik, in der ein solches Interventionsverständnis grundgelegt ist, sowie auf die durch die neuere Systemtheorie inspirierte Organisationsentwicklung, die in der beraterischen Praxis einem solchen Interventionsverständnis folgt und dieses auch in der theoretischen Auseinandersetzung thematisiert[168].

Um noch einmal die verschiedenen Dimensionen aufzugreifen, die von Vergleichen zwischen Forschungszugängen adressiert werden können: Eine Bezugnahme auf transdisziplinäre Forschung bzw. eine Positionierung der Interventionsforschung als Spielart transdisziplinärer Forschung setzt auf der Ebene des meta-theoretischen Fundaments, des Forschungsparadigmas an. Es geht um die Wertentscheidungen, die Anliegen, die Grundprämissen. In dieser Hinsicht lassen sich – freilich je nach Forschungsgruppe in unterschiedlichem Ausmaß – eine gemeinsame Basis und gemeinsame zukünftige Entwicklungsmöglichkeiten ausmachen.

Ein weiterer Grund für die Betrachtung des Forschungsfeldes liegt in partiell ähnlichen inhaltlichen Interessen vor allem der transdisziplinär ausgerichteten Nachhaltigkeitsforschung und der Interventionsforschung. Eines der Anliegen der Interventionsforschung ist es, einen Beitrag zu einer nachhaltigen Entwicklung der Gesellschaft zu leisten, indem für die Forschung ein methodisches Arrangement zu Verfügung gestellt wird, das multiperspektivische Reflexions- und Entscheidungsprozesse ermöglicht. Interventionsforschung sieht sich als *eine* Form, *ein* Setting neben anderen, wie etwa Bildungsarrangements oder (Politik-)Beratung, um Kulturelle Nachhaltigkeit zu befördern. Der Begriff der Kulturellen Nachhaltigkeit ist noch relativ jung, es ist damit ein Zugang zum Nachhaltigkeitsthema gemeint, der eine Reflexion gesellschaftlicher Praktiken und Entwicklungen anregt und die Gesamtheit und Vielfalt individueller und gesellschaftlicher Haltungen und Handlungen, also unsere Kultur, als etwas auffasst, über das immer wieder kollektiv entschieden werden muss. In diesem Sinne ist Kulturelle Nachhaltigkeit als eine Betrachtungsweise und ein Anliegen zu verstehen, das quer zu den häufig unterschiedenen Formen ökologischer, sozialer und ökonomischer Nachhaltigkeit liegt, das diesen innewohnt bzw. diesen vorgelagert ist[169]. Vor diesem Hintergrund ist für die Interventionsforschung eine Anbindung an den Diskurs zum Thema Nachhaltigkeit, besonders

---

168 Heintel/Krainz 1998; Krainer/Heintel 2010; Willke 1999.
169 Zur Konzeption von Kultureller Nachhaltigkeit vgl. Krainer/Trattnigg 2007.

auch zur Gestaltung nachhaltiger Entwicklung über transdisziplinäre Forschungsarrangements also interessant.

Nun soll noch überlegt werden, was Interventionsforschung, die wie gesagt als ein Ansatz transdisziplinärer Forschung gesehen werden kann, und transdisziplinäre Forschung, ein Überbegriff, um den sich sehr heterogene Forschungspraktiken in unterschiedlichen Forschungsfeldern versammeln, voneinander gewinnen können. Interventionsforschung als sozial-/kulturwissenschaftlicher Zugang mit philosophischem Hintergrund bringt besondere Aufmerksamkeit für die soziale, organisationale und kulturelle Einbettung von Themenstellungen ein. Sie stellt in Anlehnung an die systemische Organisationsentwicklung Prozessdesigns und in Anlehnung an die qualitative Sozialforschung ein Methodenrepertoire zur Verfügung, die es ermöglichen, lebensweltliche Themenstellungen in ihrer systemischen und inhaltlichen Ausprägung zu „entfalten", d.h. für die beteiligten wissenschaftlichen und außerwissenschaftlichen AkteurInnen zugänglich zu machen und zu beschreiben. In dieser Hinsicht kann Interventionsforschung besonders in der ersten Projektphase der Entwicklung der Forschungsfragen und der Identifikation relevanter Stakeholder, also in der Phase der Entscheidung über die Systemgrenzen eines Forschungsvorhabens[170] wirksam werden; da solche Entscheidungen in inhaltsoffenen Prozessen möglicherweise mehrmals neu zu bedenken und zu treffen sind, da sich Akteurskonstellationen ändern können und da es vor allem in der Abschlussphase, wenn es in Richtung Umsetzung geht, Überlegungen dazu braucht, was mit den Ergebnissen geschehen soll, ist es sinnvoll, der Prozessdimension mit einem interventionsforscherischen Zugang über den gesamten Projektverlauf Aufmerksamkeit zu widmen.

Abgesehen von den theoretischen Grundlagen und den darauf basierenden Kompetenzen zur Gestaltung der Prozesse einer mehrdimensionalen Wissensgenerierung, die eine Integration unterschiedlicher Wissensbestände aus der Wissenschaft und der außerwissenschaftlichen Praxis sowie die dazu nötigen sozialen Interaktionen erfordert, kann sich Interventionsforschung in Form von Hintergrundtheorien auch auf einer inhaltlich-deskriptiven Ebene einbringen; beispielsweise wenn es darum geht, soziale und organisationale Dynamiken in Systemen aufzuzeigen, im Sinne einer dialektisch vorgehenden Analyse Widerspruchsfelder in einem System anzusprechen oder vor einem philosophisch-anthropologischen Hintergrund menschliche Grundbedürfnisse zu diskutieren. Sowohl auf der Prozess- als auch auf der Inhaltsebene ist das thematische Spektrum, in dem Interventionsforschung eingesetzt werden kann, sehr offen. Erfah-

---

170 Grunwald 2003.

rungen gibt es bisher beispielsweise im Bereich der Organisationsforschung, der Gemeinde- und Regionalentwicklung oder einer co-evolutiven Technologieentwicklung.

Aus der Sicht der Interventionsforschung ist Kooperation unter Forschungsgruppen aus der Community der transdisziplinären Forschung wünschenswert, weil auf Projektebene ein Erfahrungsaustausch eine wechselseitige Befruchtung in methodologischer Hinsicht bedeutet. Kooperation mit anderen Disziplinen ist aber vor allem in der Forschungspraxis, in der Durchführung von Projekten, von Bedeutung. Interdisziplinarität ist ein wesentliches Element von Transdisziplinarität und besonders interessant und herausfordernd sind dabei Kooperationen zwischen natur- und technikwissenschaftlichen Disziplinen, weil hier die Differenzen zwischen den Forschungskulturen deutlicher zum Tragen kommen. Gerade in komplexen thematischen Zusammenhängen liegt in einer gelingenden Kooperation zwischen unterschiedlichen Disziplinen aber eine große Chance. Genauso wie in manchen Zusammenhängen eine Reduktion der Betrachtungen auf natur-/technikwissenschaftliche Perspektiven wenig sinnvoll ist, kann auch eine Reduktion auf einen rein kultur-/sozialwissenschaftlichen Zugang einen Nachteil bedeuten. Als einfaches Beispiel hierfür können wieder die Themen ökologische Nachhaltigkeit, z.B. die Frage des Ressourcenverbrauchs, und Regionalentwicklung herangezogen werden. Wenn sich eine Region mit interventionsforscherischer Begleitung in einen zunächst inhaltsoffenen regionalen Entwicklungsprozess begibt und sich im Projektverlauf herausstellt, dass für die außerwissenschaftlichen Akteure Ressourcenverbrauch ein relevantes Thema ist, so wird es einer eigenen Projektphase und der Beteiligung entsprechender disziplinärer Expertise bedürfen, um diesen thematischen Aspekt weiterzubearbeiten. Wenn umgekehrt ein naturwissenschaftlich-ökologisches Projekt zum Thema Ressourcenverbrauch aufgesetzt wird und in einer Region dazu Analysen durchgeführt und Zukunftsszenarien entwickelt werden, kann eine interventionsforscherische Einbettung des Projekts die Anbindung des Vorhabens an eine Region erleichtern. Ohne einen vermittelnden Prozess zwischen Forschung und dem relevanten außerwissenschaftlichen Kontext würden Forschungsergebnisse in der Sphäre des wissenschaftlichen Diskurses verbleiben.

Es ließe sich dem nun entnehmen, es würde sich in solchen Kooperationen um ein rein arbeitsteiliges Vorgehen zwischen interventionsforscherischen und anderen disziplinären Zugängen handeln. Dies ist allerdings nicht gemeint. Es geht eher darum, einen integrativen Gesamtprozess zustande zu bringen, mit unterschiedlichen Schwerpunktsetzungen in einzelnen Projektphasen, je nachdem welcher thematische Aspekt und welcher Zugang gerade im Vordergrund stehen.

Neben dem Forschungspraktischen ist m.E. aber auch eine Kooperation unter transdisziplinär Forschenden im Zusammenhang mit institutionellen Fragen sowie auf methodologischer und theoretischer Ebene sinnvoll. Vieles ist hier bereits auf dem Weg, vor allem im Zusammenhang mit methodologischen Fragen. Ein Beispiel dafür ist das Identifizieren von „cross cutting issues", Themen, die sich in transdisziplinären Projekten häufig als relevant herausstellen und noch weiterer Auseinandersetzung bedürfen. Hier werden etwa die Themen Werte, Partizipation, Integration, Lernen von Fall-Vignetten, Projektmanagement oder Aus- und Weiterbildung angesprochen[171]. Prozessaufmerksamkeit und Kompetenzen für die Gestaltung der Forschungsprozesse (dies geht über das Projektmanagement weit hinaus) könnten hier ebenso ein Zukunfts-Thema sein, zu dem ein Austausch innerhalb der Community erfolgt. Auf institutioneller Ebene wird insofern schon einiges bewegt, als über Förderkriterien und Qualitätsmerkmale transdisziplinärer Forschung diskutiert wird. Was m.E. auch einen gewissen Reiz hat, und dies würde eine institutionelle Verankerung transdisziplinärer Forschung unterstützen, sind Überlegungen in Richtung einer wissenschaftstheoretischen Verankerung transdisziplinärer Forschung. Wenn in diese Richtung nachgedacht werden soll, müsste zunächst die Frage diskutiert werden, welchen Sinn und welche Funktion wissenschaftstheoretische Überlegungen in diesem Kontext haben; wie eine Wissenschaftstheorie transdisziplinärer Forschung beschaffen sein könnte; und wie, im Sinne der Dialektik von Form und Inhalt, der Prozess ihres Zustandekommens verlaufen könnte. Aus der Perspektive der Interventionsforschung hat eine Wissenschaftstheorie der transdisziplinären Forschung jedenfalls auch eine sozial-kommunikative Funktion. Sie dient der Verständigung zwischen den ForscherInnen und erleichtert die Kooperation innerhalb von Projekten. Zugleich trägt sie dazu bei, transdisziplinäre Forschung besser nach außen (hin zu anderen Forschungsformen, zu Auftrag- und FördergeberInnen, zu PraxispartnerInnen, zu Entscheidungsträgern in der Wissenschaftspolitik) zu kommunizieren und sie zu legitimieren. Eine Wissenschaftstheorie transdisziplinärer Forschung müsste vermutlich im Stande sein, dem Nicht-Wissen und dem Umgang mit Unsicherheit und Risiko einen Ort zu geben, die Integration von unterschiedlichen Perspektiven ermöglichen, einen prozessualen Rahmen für die Forschungsarbeit bieten, der die Integration

---

171 Vgl. Hirsch-Hadorn/Hoffmann-Riem/Biber-Klemm/Grossenbacher-Mansuy/Joye/Pohl/ Wiesmann Zemp 2008.

von unterschiedlichen Methoden und Theorie-Elementen möglich macht, und sie müsste die besondere Beschaffenheit von Forschungsergebnissen berücksichtigen. Wissenschaftstheorie hätte in diesem Sinn weniger deskriptiven oder nomothetischen Charakter, sondern vielmehr ermöglichenden, gestaltenden, intervenierenden Charakter. Vieles, was transdisziplinäre Forschung ausmacht, müsste sich m.E. auch in einer Wissenschaftstheorie dieser Forschungsform spiegeln. Zur Orientierung könnten Interventions- und Organisationstheorien, prozess- und organisationsethische bzw. diskursethische Ansätze herangezogen werden. Es könnte also in Richtung einer Rahmen- und Steuerungstheorie gehen, die an der Forschungspraxis orientiert entwickelt wird. Letzteres meint, dass wissenschaftstheoretische Arbeit diskursiv erfolgt, dass sie alle ForscherInnen in diesem Bereich miteinbezieht (und nicht nur WissenschaftstheoretikerInnen), dass sie die Heterogenität des Feldes berücksichtigt und für alle Beteiligten möglichst verständlich ist, um Teilhabe am Diskurs zu ermöglichen. Gemeinsam mit anderen Interessierten auszuloten, inwieweit die Arbeit an einer theoretischen Verankerung transdisziplinärer Forschung sinnvoll ist und wo mögliche Grenzen liegen, ist ein interessantes zukünftiges Tätigkeitsfeld für die Interventionsforschung.

Literaturverzeichnis

Balsiger, P. W. (2005): Transdisziplinarität. München: Fink.
Bammé, A. (2004): Science Wars. Frankfurt, New York: Campus.
Bammé, A. (2005): Erklären oder intervenieren? Wissenschaft neu interpretiert. Unveröff. Manuskript. Klagenfurt, 26 S.
Bammé, A. (2008): Wissenschaft im Wandel. Marburg: Metropolis.
Bergmann, M. (2007): Transdisziplinäre Qualitäten - Kriterien für die diskursive und formative Evaluation transdisziplinärer Forschung. In: Stoll-Kleemann, S./Pohl, C. (Hrg.): Evaluation inter- und transdisziplinärer Forschung. München: Oekom, S. 211-233.
Bergmann, M./Brohmann, B./Hoffmann, E./Loibl, M. C./Rehaag, R./Schramm, E./Voß, J.-P. (2005): Qualitätskriterien transdisziplinärer Forschung. Ein Leitfaden für die formative Evaluation von Forschungsprojekten. Frankfurt: Institut für sozial-ökologische Forschung.
Brand, K.-W. (Hrg.) (2000): Nachhaltige Entwicklung und Transdisziplinarität: Besonderheiten, Probleme und Erfordernisse der Nachhaltigkeitsforschung. Berlin: Analytica.
Corlett, W. (1993): Community Without Unity. A Politics of Derridian Extravagance. Durham, London: Duke University Press.
Feyerabend, P. (2005): Die Vernichtung der Vielfalt. Ein Bericht. Wien: Passagen Verlag.
Fleck, L. (1980): Entstehung und Entwicklung einer wissenschaftlichen Tatsache. Einführung in die Lehre vom Denkstil und Denkkollektiv. Frankfurt: Suhrkamp.
Gibbons, M. (1999): Science's new social contract with society. In: Nature 402, C81. S. 11-17.
Godemann, J. (2007): Besonderheiten der Evaluation transdisziplinärer Forschung und der Stellenwert von Kompetenz. In: Stoll-Kleemann, S./Pohl, C. (Hrg.): Evaluation inter- und transdisziplinärer Forschung. München: Oekom, S. 123-136.
Grunwald, A. (2003): Relevanz und Risiko. Zum Qualitätsmanagement integrativer Forschung. In: Gottschalk-Mazouz, N./Mazouz, N. (Hrg.): Nachhaltigkeit und globaler Wandel. Frankfurt, New York: Campus, S. 257-276.
Heintel, P. (Hrg.) (2005): Zur Grundaxiomatik der Interventionsforschung. Klagenfurter Beiträge zur Interventionsforschung. Band 1. Klagenfurt: Alpen-Adria-Universität Klagenfurt.
Heintel, P. (2007a): Spannungsfelder im Qualitätsdiskurs. In: E. D.-Q. i. Inclusion (Hrg.): Sozialer Sektor im Wandel. Zur Qualitätsdebatte und Beauftragung von Sozialer Arbeit. Linz: edition pro mente, S. 317-329.
Heintel, P. (2007b):Über Nachhaltigkeit. Geschichtsphilosophische Reflexionen. In: L. Krainer und R. Trattnigg (Hrg.): Kulturelle Nachhaltigkeit. Konzepte, Perspektiven, Positionen. München: Oekom, S. 37-64.
Heintel, P./Krainz, E. E. (1998): Veränderungswiderstand von Organisationen. In: Dalheimer, V./Krainz, E. E./Oswald, M. (Hrg.): Change Management auf Biegen und Brechen? Revolutionäre und evolutionäre Strategien der Organisationsveränderung. Wiesbaden: Gabler, S. 201-233.

Hirsch-Hadorn, G./Hoffmann-Riem, H./Biber-Klemm, S./Grossenbacher-Mansuy, W./Joye, D./Pohl, Ch./Wiesmann, U./Zemp, E. (Hrg.) (2008): Handbook of Transdisciplinary Research. Zürich, Berlin, Wien: Springer.

Hoffmann, V./Konold, W./Nagel, U.-J. (2009): Inter- und transdisziplinäre Forschung als Zukunftsmodell: Potenziale und Schwierigkeiten – unser vorläufiges Fazit. In: Hoffmann, V./Thomas/A./Gerber, A. (Hrg.): Transdisziplinäre Umweltforschung. München: Oekom, S. 259-263.

Krainer, L./Heintel, P. (2010): Prozessethik. Zur Organisation ethischer Entscheidungsprozesse. Wiesbaden: VS Verlag für Sozialwissenschaften.

Krainer, L./Trattnigg, R. (2007): Kulturelle Nachhaltigkeit. Konzepte, Perspektiven, Positionen. München: Oekom.

Krainer, L./Ukowitz, M. (Hrg.) (2009): Anliegen, Theorien und Praxis von Forschungskonzeptionen. Aktionsforschung, Gruppendynamik, Mehrdimensionale Ursachenforschung, Praxeologie, Systemische Ansätze und Interventionsforschung. Eine Spurensuche. Klagenfurter Beiträge zur Interventionsforschung. Band 8. Klagenfurt: Alpen-Adria-Universität.

Krohn, W. (2008): Learning from Case Studies. In: Hirsch-Hadorn, G./Hoffmann-Riem, H./Biber-Klemm, S./Grossenbacher-Mansuy, W./Joye, D./Pohl, C./Wiesmann, U./Zemp, E. (Hrg.): Handbook of Transdisciplinary ResearchZürich, Berlin, Wien: Springer, S. 369-383.

Kuhn, T. S. (1981): Die Struktur wissenschaftlicher Revolutionen. Frankfurt: Suhrkamp

Mittelstraß, J. (1982): Wissenschaft als Lebensform. Zur gesellschaftlichen Relevanz und zum bürgerlichen Begriff der Wissenschaft. In: Mittelstraß, J. (Hrg.): Wissenschaft als Lebensform. Frankfurt: Suhrkamp, S. 11-36.

Mittelstraß, J. (2003): Die Häuser des Wissens. Wissenschaftstheoretische Studien. Frankfurt: Suhrkamp.

Moll, P./Zander, U. (2006): Managing the Interface. From Knowledge to Action in Global Change and Sustainability Science. München: oekom.

Nicolini, M. (2011): Wissenschaft ist Sprache. Form und Freiheit im wissenschaftlichen Sprachgebrauch. Klagenfurt: Wieser.

Pohl, Ch./Hirsch-Hadorn, G. (2006): Gestaltungsprinzipien für die transdisziplinäre Forschung. München: Oekom.

Pohl, Ch./Kerkhoff, L. van/Hirsch-Hadorn, G./Bammer, G. (2008): Integration. In: Hirsch-Hadorn, G./Hoffmann-Riem, H./Biber-Klemm, S./Grossenbacher-Mansuy, W/Joye, D./Pohl, C./Wiesmann, U./Zemp, E. (Hrg.): Handbook of Transdisciplinary Research. Zürich, Berlin, Wien: Springer, S. 411-424.

Ritter, F./Muhar, A./Fiebig, M. (2010): Transdisziplinärer Dialog: Fachwissen und Erfahrungswissen im Austausch über Sommer-Bergtourismus und Klimawandel. In: GAIA. 19/3, S. 194-203.

Schelling, E./Wyss, K./Diguimbaye, C. (2008): Towards Integrated and Adapted Health Services for Nomadic Pastoralists and their Animals: A North-South Partnership. In: Hirsch-Hadorn, G./Hoffmann-Riem, H./Biber-Klemm, S./Grossenbacher-Mansuy, W/ Joye, D./Pohl, C./Wiesmann, U./Zemp, E. (Hrg.): Handbook of Transdisciplinary Research. Zürich, Berlin, Wien: Springer, S. 277-291.

Smetschka, B./Gaube, V./Lutz, J. (2008): Gender als forschungsleitendes Prinzip in der transdisziplinären Nachhaltigkeitsforschung. In: Reitinger, E. (Hrg.): Transdisziplinäre Praxis. Forschen im Sozial- und Gesundheitswesen. Heidelberg: Carl-Auer-Systeme, S. 23-33.

Stoll-Kleemann, S./Pohl, Ch. (Hrg.) (2007): Evaluation inter- und transdisziplinärer Forschung. Humanökologie und Nachhaltigkeitsforschung auf dem Prüfstand. Edition Humanökologie. München: Oekom.

Ukowitz, M. (2011): "Wenn Forschung Wissenschaft und Praxis zu Wort kommen lässt ..." Transdisziplinarität aus der Perspektive der Interventionsforschung. Unveröff. Habil-Schrift. Klagenfurt: Alpen-Adria-Universität Klagenfurt (erscheint im Metropolis-Verlag).

Walter, A. I./Wiek, A./Scholz, R. W. (2008): Constructing Regional Development Strategies: A Case Study Approach for Integrated Planning and Synthesis. In: Hirsch-Hadorn, G. /Hoffmann-Riem, H./Biber-Klemm, S./Grossenbacher-Mansuy, W/Joye, D./Pohl, C./ Wiesmann, U./Zemp, E. (Hrg.): Handbook of Transdisciplinary Research. Zürich, Berlin, Wien: Springer, S. 223-243.

Willke, Helmut (1999): Systemtheorie II: Interventionstheorie. Stuttgart: Lucius & Lucius.

Internet

www.das-nachhaltige-krankenhaus.at; 19 07 2011.

Zur Positionierung von Interventionsforschung

Peter Heintel

Vorbemerkung

Die eingeführten und ausgetretenen Pfade des wissenschaftlichen Betriebes zu verlassen, bedeutet eine mehrfache Herausforderung auf sich zu nehmen. Man begibt sich in ein unwegsames Gebiet, muss dort gleichsam neu gehen lernen, Pfade legen durch das Dickicht der Überraschungen, Wegweiser aufstellen in einem Land, das noch nicht kartographiert ist, das man erst entdecken will. Und das Land ist nicht menschenleer, es ist bewohnt, wohl bestellt, mit vielen Einrichtungen ausgestattet. Einiges kennt man aus seinem „bürgerlichen Alltagsleben", vieles nicht. Gestützt auf Bekanntes wagt man allmählich Schritte in die Fremde. Zwar haben wir, bewandert in unseren Wissenschaften, auch sonst nicht ungebildet, von einigem schon Kenntnis bekommen, Theorien in Büchern gelesen, uns Vorstellungen und Bilder gemacht. Als Spezialisten für das eine oder andere meinen wir ohnehin über diese fernen Wirklichkeiten besser Bescheid zu wissen, als diese über sich selbst. Auch geht uns der Expertenruf voraus, der den Laien befiehlt, uns zu glauben. Ihre Anerkennung und unser Vorurteil, überall bereits Bekanntes anzutreffen, wiegt uns in der Hoffnung, nun tatsächlich die Wirklichkeit erkannt zu haben.

Beunruhigend wirkt nur die verhaltene Skepsis, die mitschwingt; oder eine, die sich gar zu einer Überheblichkeit aufschwingt, die zu behaupten wagt, „in der Praxis sei alles anders als in der Theorie". Das kann kränken, denn zu welchem Zweck hat man sich in die Wissenschaft vertieft, ausführlichst mit jener Praxis beschäftigt, die nun als Gegnerschaft ins Treffen geführt wird. Auf Kränkungen wird gern mit zwei Reaktionsmustern reagiert:

- Der „unsichere Theoretiker" resigniert, zieht sich zurück in sein Heimatgebiet, scheut ab nun den Konflikt mit den Praktikern; bemerkt, dass sie sich nicht einfach zu Objekten, Gegenständen der Wissenschaft machen lassen, nicht stillhalten, sogar Gefühle äußern, die bedrängen können. Dieser Rückzug garantiert Geborgenheit bei seinesgleichen und erhält ein Wissenschaftssystem in „selbstreferentieller Form" und „operativer Geschlossenheit". Auch wenn dort und da Konkurrenzen auftreten, Schulbildungen feindseligen Charakter bekommen, man kennt seine „Feinde", sie sind aus gleichem Holz geschnitzt. Jedes System braucht zu seinem Selbsterhalt diese „Restposten" an Emotionalität auf den Schaubühnen von Kongressen, den intimeren Symposien, schließlich den sonstigen akademischen Einrichtungen in Kommissionen, Fakultäten etc. Auch im Wissenschaftssystem kann es nicht nur „wissenschaftlich" zugehen und seine Beobachtung und Reflexion sollte eigentlich mehr Verständnis für die „Praktiker" aufbringen können.

- Der „sichere Theoretiker" hingegen macht sich an die Überzeugungsarbeit. Er will auch allen Nicht-Theoretikern die Wahrheit der Theorie zugänglich machen, beweisen. Dies kann durchaus gelingen, man hat dann einen Mitbewohner im System gewonnen, und manchmal ist dieser auch stolz auf diese Ehrenbürgerschaft. Er hat sich Begriffe und Terminologien angeeignet und traktiert nun damit seine Umgebung. Oftmals gelingt es aber auch nicht, nicht weil die Argumentation nicht stringent, das Theoriegebäude nicht gut fundiert und aufgebaut wäre; die Zurückhaltung und Abwehr kommt aus einer anderen Welt, einem anderen Leben, nicht aus dem eigenen.

Es ist etwas anderes, in etwas zu leben, als über etwas nachzudenken. Das Denken ist gleichsam unendlich, seine Entlastung von alltäglicher Praxis und ihrer Mühseligkeit macht es einerseits „frei", andererseits entbindet es auch von jener Verantwortung, die mit Entscheidungen verbunden ist. Übrigens eine Facette der vieldiskutierten „Wertfreiheit". Zwar wird auch in der Wissenschaft über Wahrheit entschieden (das beginnt bereits bei der Methodenwahl, der Auswahl und Priorisierung des „Gegenstandes", der Selektion der Empirie, der Konsensfindung in plausiblen Interpretationen, usw.), es liegt diese Entscheidung aber auf einer anderen, ungefährlicheren Ebene. Existenziell wird sie erst, wenn sie von praktischen, politischen (Macht-)Interessen übernommen wird, oder was seltener ist, Wissenschaftler selbst diese Macht haben.

Dieses Schweben in ungefährlicher Sphäre, das in dieser Form „Unpraktische", bringt Kompensationen auf den Plan; eine davon besteht in einer sprachlichen, terminologischen, begrifflichen Ausdifferenzierung, in der wiederholten Öffnung des unendlichen Möglichkeitsraumes des Denkens. Sich in ihm zu bewegen vergnügt, macht Kunst und spielerischen Umgang möglich, kann sich an der Macht des „reinen" Denkens erfreuen, in einem Bezirk beheimatet, der eine Seite dessen ausmacht, was der Mensch kann und ist.

Wiederum ist es nicht die Ausdifferenzierung selbst, die zu kritisieren wäre, sie ist ein notwendiges Gegenstück zu den Simplifikationen, zu denen uns Entscheidungsnot und -druck zwingen. Die Frage aber bleibt offen, wie sie sich zueinander verhalten. Wie kommt Differenzierung ins Leben, ohne dass es im Wust seiner Komplexität untergeht, entscheidungsohnmächtig wird? Eine Annäherung beider Seiten ist verlangt, Treffpunkte und Zeiten müssen vereinbart werden, in denen der Unterschied von „In" und „Über" verhandelbar wird. Dieser Brückenschlag, in dessen Aufgabe sich Interventionsforschung sieht, bedarf eigener Organisationsformen, eigener Forschungs- und Vermittlungsarchitekturen, er gelingt nicht, wenn nur guter Wille und vorurteilslose Absicht im Spiel sind. Zu sehr verlaufen außerdem die Begegnungen zwischen dem Wissenschaftssystem und der übrigen Gesellschaft noch in alten (meist hierarchisch strukturierten) Veranstaltungsmustern; in ihnen steht Belehrung, Information im Vordergrund, bestenfalls bemüht man sich wie im Wissenschaftsjournalismus noch um eine Vermittlungsdidaktik. Das Ganze verläuft meist in eine Richtung, für Antworten von der anderen Seite fehlt allein schon die Zeit. (Interessanterweise scheint der Wissenschaftsbetrieb sich immer mehr in dasselbe Muster zu verlieren: Kongresse dienen der gegenseitigen Belehrung und Information, eine Überfülle von Referaten müssen untergebracht werden, nur „key-speakern" billigt man die Autorität zu, mehr Zeit für sich beanspruchen zu dürfen.)

Ein „Zugeständnis" von Wissenschaftsseite mag den Gang auf die Brücke erleichtern: Die Anerkennung des Wissens außerhalb, des expliziten und des impliziten. Wir sprechen einerseits von einer „verwissenschaftlichten" Welt, andererseits wollen wir im Wissenschaftssystem nicht wirklich zur Kenntnis nehmen, was dies an Wissen vor Ort bedeutet. Bestenfalls geben wir noch zu, dass der Fortschritt angewandter Wissenschaft, z.B. in Technik, Medizin, auch in der Praxis Spezialisten erfordert, die zumindest wissen müssen, wie mit wissenschaftlichen Produkten zu verfahren ist, wofür man sie brauchen kann, was sie können. Man trifft also in der Praxis immer mehr „intelligente" Spezialisten, deren Rückmeldungen an die Wissenschaft immer wichtiger werden. Zusätzlich gibt es außerhalb des Wissenschaftssystems (den Universitäten, Akademien etc.) bereits mehr, jedenfalls eine besser dotierte Forschung als innerhalb; eine, die anwendungsverpflichtend ohnehin ein anderes Verhältnis zur Praxis entwickeln muss.

In einer „verwissenschaftlichten" Welt geraten wir, wenn wir das Wissenschaftssystem verlassen also nicht in völlig fremde Gegenden, finden Bekanntes vor. Es ist aber in seiner Transformation etwas anderes geworden und das gilt es zu entdecken, sonst fühlen wir uns im Falschen zu Hause. Die Wissenschaft entlässt nämlich ihre Ergebnisse und Produkte in eine „weite Welt". Letztere muss sie „adaptieren" und ihnen einen neuen Zusammenhang herstellen, sie aus ihrer einzelnen Funktion herausholen. Indem sie so das Produkt verändert, verändert sie sich selbst. Eine Maschine kann nach Funktion und Nutzen klar beschrieben werden, wann und wie wir sie „bedienen", darüber sagt sie nichts aus. Alle jene aber, die damit befasst sind, erwerben ein Wissen, das weit über das der wissenschaftlichen Spezialisten hinausgeht. Diese können zwar Vermutungen anstellen, Wirkungen simulieren, was aber wirklich geschieht, hängt nicht zuletzt von denen ab, die mit der Anwendung befasst sind. Im Einzelnen ist daher auch dieser Rest technischer Wirkung nicht vorhersehbar; das Wissen darüber ergibt sich im Gebrauch; und es ist dies ein Wissen, das für die Praxis eminent relevant ist. Man könnte sich nun auf den Standpunkt stellen, dass dieses Wissen das Wissenschaftssystem nichts angeht; das mag dort zutreffen, wo in institutioneller Arbeitsteilung die einen forschen, erfinden und produzieren und es den anderen überlassen, was damit geschieht. Diese Arbeitsteilung wird aber in mehrfacher Hinsicht immer problematischer.

Naturwissenschaft und Technik. Die neue „Nutzerrolle"

Mit der Frage: „Dürfen wir all das, was wir können?" hat sich eine Reflexionsdimension eröffnet, der sich auch das Wissenschaftssystem nicht mehr ohne Weiteres entziehen kann. Das war zwar schon seit dem Abwurf der Atombombe klar, hat aber seit Humangenetik, Pränataldiagnostik, Stammzellenforschung etc. sozusagen alltägliche Relevanz bekommen. Nicht nur Ethik und Recht sind gefragt, Individuen sind in ihren alltäglichen Entscheidungssituationen betroffen; mit einer Verantwortungserweiterung konfrontiert, die zu tragen Überforderungscharakter annimmt.

Angewandte Naturwissenschaft und Technik haben mit ihren Produkten, aber auch mit ihrem Natur- und Menschenverständnis natürlich immer schon in das Leben der Menschen eingegriffen, ohne sie vorher zu fragen, ob es ihnen guttut. Fortschrittsüberzeugung und Erfolgsnachweise machten diese Fraglosigkeit plausibel, auch dass z.B. kaum Rücksicht auf soziale Situationen und ihre Verlierer genommen wurde (siehe Maschinensturm, Weberaufstand, Arbeitslosigkeit durch Automation, Ausbeutung von Rohstoffen etc.). Auch heute noch wird im Zusammenhang mit den Fortschritten des IT-Bereichs darüber diskutiert, wer alles „aus der Welt fällt", wenn er nicht „online" ist. Schließlich war aber schon früher der Nicht-Besitz eines Führerscheins Anlass zu ähnlichen Gedanken. Es schienen aber immer die Vorteile zu überwiegen, sodass man von den Betroffenen Anpassung und lernenden Erwerb verlangen konnte. Es ist nicht nur unsere inzwischen verbreitete Fortschrittsskepsis (z.b. sich profilierend bei Untersuchungen zum Computermüll), die Fragen an diese vergangenen Selbstverständlichkeiten stellt, auch nicht die Furcht vor den unwägbaren und unabsehbaren Folgen technisch manipulativer Eingriffe in Lebendiges; das alles mag eine Rolle spielen.

Paradoxerweise hat unsere „eingreifende" Wissenschaft aber auch aus sich selbst etwas gefördert, das die Situation grundlegend geändert hat: Eine weitreichende Einbeziehung der Nutzer („User") im Sinne einer sie vor diverse Wahlen stellende Optionenvervielfältigung; insbesondere ausgeprägt in der modernen Kommunikationstechnologie. Aber auch die Pränataldiagnostik z.b. erweitert den Entscheidungshorizont, verpflichtet zur Informationsbeschaffung, zu häufigeren Kontrollen etc. Das heißt aber nichts anderes, als dass in den wissenschaftlichen Anwendungen und Produkten, in ihren Interventionen bereits der Entscheidungszwang mitgeliefert wird. Zwar stellt sich die Wissenschaft selbst gern auf die Seite ihres Fortschritts, kann aber nicht verhindern, dass sich Individuen auch gegen ihn entscheiden (dabei sogar soziale Repressalien in Kauf nehmen).

Entscheiden, gepaart mit Verantwortungsübernahme, macht nachdenklich. Interventionen kommen auf den Prüfstand, nicht bloß wie früher als Gegenstand eines verantwortlichen politischen Systems und seiner Gesetzgebung, sondern als Alltagsrealität von Betroffenen. Diese Situation ruft auch andere Wissenschaften auf den Plan, die, wie nicht anders zu erwarten, die Ambivalenz dieser Interventionen überprüfen, erforschen, in näheren Kontakt zu den „Usern" treten, ihren Wirkungen und Veränderungsfolgen nachgehen. Institute einer Technikfolgenabschätzung werden gegründet, die zumindest zur Interdisziplinarität zwingen, ebenso medizinethische Kommissionen.

Zwar gab es auch früher schon Technikkritik, soziologische, philosophische Analysen etc. Sie blieben aber dem innerwissenschaftlichen Diskurs vorbehalten. Die zu treffenden Entscheidungen blieben außerhalb, zugewiesen der Politik, besonders aber wirtschaftlicher Verwertbarkeit. In einem Fortschritts- und Entwicklungsklima war es der Wirtschaft leicht gemacht, für Kunden und Käufer zu entscheiden; sie musste bloß und in geeigneter Form als Mangel darstellen, ein Produkt nicht zu besitzen; hier half auch das damit verbundene Prestigedenken („ich bin, was ich habe"). Bei Marktsättigungen wird es schwieriger, wenn sich der Verkäufermarkt in einen Käufermarkt verändert und auch hier trotz aller

Bemühungen von Werbung und Marketing sie der „neuen" Freiheit der Kunden Respekt zollen muss. (Marktforschung, Distributions- und Disseminationsforschung, Motiv- und Akzeptanzforschung beweisen den Aufwand der nötig geworden ist, wenn die Wirtschaft akzeptieren lernt, dass das Wissen und die Entscheidungssituation „außerhalb" für sie relevant sein können. Mit anderen Worten, die alte Arbeitsteilung zwischen Wissenschaftssystem und „übriger" Praxis ist auch deshalb obsolet geworden, weil sich der Freiheitsgrad der Betroffenen und damit das Wissen, das sie für ihre Entscheidungen benötigen, erweitert hat; damit auch die Entscheidungen, die „außerhalb" getroffen werden, wissenschaftliche Relevanz bekommen. Wie bekommt man aber vom Wissenschaftssystem hier einen adäquaten Zugang?

Es fällt auf, dass vor allem im technischen und wirtschaftlichen Bereich das Thema bekannt ist. Auch wenn das Herz eher für die Grundlagenforschung schlägt, ergeben sich doch aus ihr heraus auch Anwendungsmöglichkeiten, die sich in Produkten umsetzen lassen. Bevor man sich aber die Mühe macht, in diese Richtung zu gehen, wäre es doch ganz interessant zu wissen, was die Motivlage der Nutzer ist; man will ja schließlich nicht an ihren Bedürfnissen vorbeiproduzieren. Umgekehrt ist man sich auch auf Benützerseite über seine Wünsche und Bedürfnisse nicht so ganz im Klaren. Ein gegenseitiger Aufklärungsprozess wäre angesagt.

Wie dieser aussehen, wie er durchgeführt werden soll, dafür fehlt weitgehend das nötige Know-how im Wissenschaftssystem. Disziplinen „schützen" eher vor Fremdberührung als sie sie fördern. So tritt das Wissenschaftssystem gleichsam mit seinen „klassischen", eingeübten Methoden und Vorgehensformen nach außen. Fragebogen, strukturierte Interviews und andere „Instrumente" erfassen zwar Antworten auf vorher überlegte und ausgewählte Fragestellungen (denen meist schon Hypothesen und vorgefasste Vermutungen die Richtung zeigen), kommen aber nicht direkt an die Personen heran; es ist immer etwas dazwischengeschaltet, das beide Seiten determiniert. Ein Antwortverhalten auf Fragebogen ist etwas ganz anderes als ein Nachdenken in direkter Kommunikation. Vor allem fehlt meistens die in der Interventionsforschung vorgesehene Rückkoppelung. Ergebnisse der Forschung bleiben Material der Wissenschaft und gelangen meist erst auf größeren Umwegen an ihre „Quellen", die „Datenlieferanten" zurück. Über die „Wahrheit" dieser Ergebnisse entscheidet das Wissenschaftssystem. Entscheidet es überhaupt? Eher vermittelt es den Eindruck, dass seine Ergebnisse gleichsam „unterm Strich" aus den verwendeten Methoden herausfallen.

Exkurs zum Thema: Experiment

Eine besondere Form wissenschaftlicher Forschung sei hier näher betrachtet, das Experiment. An ihm ist der Unterschied zwischen „klassischem", dem naturwissenschaftlich-technischen, wissenschaftlichen Vorgehen und dem der Interventionsforschung am besten darstellbar. Zunächst wird in den Wissenschaften darin übereingestimmt, dass Experimente dazu dienen, Hypothesen zu bestätigen und bei ihrer Wiederholbarkeit mit gleichen Ergebnissen diese zu verifizieren, letztlich in Gesetzmäßigkeiten zu übersetzen. Dies klingt noch ganz harmlos und nachvollziehbar; hat lange Zeit auch dem Vorurteil gedient, es handle sich überall dort, wo Experimente Dreh- und Angelpunkte der Wissenschaft sind, um empirische Wissenschaften, ein Beobachten und Lernen aus der Erfahrung.

Tatsächlich ist aber jedes Experiment „geistige" Wirklichkeitskonstruktion. Meist wird diese Tatsache hinter dem Prädikat „idealtypisch" versteckt. Die sich anbietende Empirie rezeptiv aufnehmen zu wollen, ist sowohl unmöglich, wie sinnlos. Darüber hinaus würde man sich in eine erkenntnistheoretische Debatte verstricken, erklären müssen, wie sich die unmittelbare Erfahrung unserer Sinnlichkeit und ihre ordnenden Perspektiven zu einer wissenschaftlichen Erfahrung verhält (wir „sehen" die Sonne auf- und untergehen, also in Bewegung, während wir unsere Erde als ruhend empfinden und nicht in „rasendem Dauertempo" durchs All. Auch die Dichtung, die Kunst überhaupt, schwärmt von Sonnenuntergängen und hat noch keine Worte gefunden für unser physikalisches Weltbild).

Der sich also vordergründig als selbstverständlich anbietende Begriff der Empirie ist mindestens zwiespältig und hat, auch von seinem geschichtlichen Ursprung her, eher kontrovers-polemischen Charakter gegenüber theologisch-philosophischer Spekulation, einem religiös fundierten Wissenschaftsverständnis. Ihm gegenüber war es der „neuen" Wissenschaft wichtig, wegzukommen von transzendenten Ursachen und Begründungsfundamenten, ebenso jenen in ähnlichen „Metaphysika" wie Seele, Glauben, Geist, Visio dei, usw. Empirisch heißt dann Wirkungszusammenhänge im „Seienden" (Materiellen) zu suchen und zu erkennen, Seiendes auf Seiendes zu beziehen (bestimmte Wirkungen haben eine bestimmte Ursache, die sie begründen; diese Ursache kann man vorfinden, man muss sie nicht erfinden).

Nun gibt es zweifellos in unserer Gesamtwirklichkeit höchst verschlungene und komplexe Wirkungszusammenhänge. Betrachtet man sie für sich genommen, wird es schwierig, seine eindeutigen Kausalverhältnisse zu identifizieren. Man wird bemerken müssen, dass jede Ursache ebenso von einer anderen „gewirkt" ist, und wenn man dies einmal zugeben muss, kann der alte metaphysische Gedanke schlecht abgewehrt werden, dass „Alles mit Allem zusammenhängt", man nicht weiß, wo und warum man irgendwo Grenzen und Trennungen setzt. Die Natur, die Materie in ihrem unendlichen Zusammenhang, bietet sie jedenfalls nicht von sich aus an.

Der neuen, empirischen Wissenschaft kann es also gar nicht darum gehen, Natur in ihrem So- und Dasein zu erkennen, erstens weil es unmöglich ist, zweitens auch gar nicht im Zweck dieser Wissenschaft liegt. Welchen Sinn hätte es auch, alles so zu erkennen, wie es ist, es wäre dies ja nur eine „Verdoppelung im Geiste". Unsere Erfahrung in allen Facetten kann daran überhaupt nicht interessiert sein; sie dient dazu, uns in unserer Welt einzurichten, unser Überleben zu sichern, vielleicht auch ein besseres Leben zu ermöglichen. So auch die wissenschaftliche Erkenntnis. Zum Unterschied von der „naiven" Erfahrung, die sich eher in einem Anpassungscharakter zur Geltung bringt (Natur und Wirklichkeit in ihrem Vorgegebenen, Bestehenden für sich auszunützen, zu verwenden versucht, dadurch aber unauflösliche Abhängigkeiten in Kauf nehmen muss), ist sie auf Machtausübung, Kontrolle und tendenzielle Aufhebung der Abhängigkeit ausgerichtet. Das heißt, sie „macht" etwas mit der Natur, der vorgegebenen Wirklichkeit. In der Erkenntnis, ihren Methoden, Begriffen, Instrumenten bekommt dieses Machen Struktur, Ordnung und Kommunikation; erzeugt in Übereinkunft, Argumentierbarkeit, Begründungspflicht und dabei die „intersubjektive" science community.

Dieser Vorgang wird – von wenigen Ausnahmen abgesehen (F. Bacon ist so eine) – nicht näher reflektiert; offensichtlich hatte man sich „aus der Schöpfung Gottes" doch noch nicht so weit entfernt, um nicht bei einem Eingriff in dieselbe von einem schlechten Gewissen geplagt zu werden. So könnte man vielleicht sagen, dass der reine (ideologische) Empirismus ein Ablenkungsmanöver darstellt, vielleicht auch „Schuldabwehr", aus Angst vor der eigenen „Courage" („Hybrisangst").

Es hat aber diese ideologische Ausgerichtetheit bis heute dazu geführt, dass die Naturwissenschaft „geistvergessen" agiert hat, nicht erkannt hat oder zugeben will, dass sie eine „radikale Geisteswissenschaft" ist, insofern ihre Erkenntnisse im „Geist" ihren Ursprung haben, der sich an den Elementen der Natur bewährt und manifestiert (austobt). Dies lässt sich gerade am Experiment gut aufzeigen. „Idealtypisch" heißt nämlich nichts anderes, als „nicht wirklich". Experimentelle Anordnungen selektieren, elementarisieren, abstrahieren und schließen aus. Die Wirklichkeit muss „zugerichtet" werden. Ein Experiment ist dann als gelungen zu bezeichnen, wenn die „Zurichtung" gelungen ist; das macht auch seine Wiederholbarkeit aus. Misslingt es aber, hat man entweder die falschen Elemente ausgewählt, sie in einen nicht entsprechenden Zusammenhang von gegenseitigen Einwirkungen gebracht, zu viele Stör- und Einflussfaktoren zugelassen. Um Letzteres zu vermeiden, muss „isoliert" werden (Isolation ist etwas, dem hier nicht genauer nachgegangen werden kann; ihre Bedeutung, nicht nur für den engeren Bezirk des Experiments, ist kaum zu überschätzen, sie reicht weit ins Rechts- und Gesundheitssystem hinein).

Mit dem „reinen" Experiment mag zwar der Geist in seiner Erkenntnisfähigkeit zufrieden sein können, in der in ihm angelegten Wirklichkeitsveränderungskraft entdeckt der Wissenschaftler die Macht des Menschen aber in grundsätzlicher Weise. So wird er zwar zugeben müssen, dass das Experiment, so wie es angeordnet und gestaltet wurde, in der Wirklichkeit nicht vorkommt, dass aber sein inneres Funktionieren beweist, man könne mit der Wirklichkeit jedenfalls so verfahren. Oder, wenn es nicht in ihr existiert, „umso schlechter für sie"; man kann sie ja experimentadäquat herrichten, den Anordnungen unterwerfen. Der Schritt in die Anwendung, die Technik ist schon vorbereitet.[172]

Die sogenannte empirische Wissenschaft ist also auf eine Veränderung durch Erkenntnis aus („nur was wir verändern, können wir erkennen"). Voraussetzung für ihre Entstehung war „Distanzfähigkeit", eine Fähigkeit, die das gesamte Wissenschaftssystem konstituiert; es muss sich sozusagen der „autonome", konstruierende Geist aus seiner „natürlichen" Umgebung und Abhängigkeit herauslösen.

War bis zum Ende des Mittelalters der Mensch entweder Teil der Natur (im griechischen Denken, obwohl sie bereits die Naturwissenschaft erfunden hatten, war dies wohl auch ein Grund ihrer technischen „Enthaltsamkeit", nicht bloß ihre Einstellung gegenüber Arbeit und Sklaverei) oder Teil der Schöpfung Gottes und der Natur zusammen, trennt er sich jetzt von ihr; wird zu ihrem „Subjekt", die Natur zur „Materie", zum Objekt (dafür gibt es eine Reihe von Übergangszeugnissen, z.B.: „Gott hat das Buch der Natur in mathematischen Lettern geschrieben" nach Galilei, der Mensch ist verpflichtet, Gottes Schöpfung „nachzuschöpfen", die Natur ist nach Fichte „Material der Pflicht", usw.). Auch wenn im Wort „Materie" noch der alte Mutterbegriff steckt, kann man erfahren, welche Wendungen er nimmt, wenn man F. Bacon liest, der der Erde die Mutterrolle abspricht, sie zur „mater nocera" (Stiefmutter) macht, die uns schlecht bedient, freiwillig nichts hergibt, wir sie also dazu zwingen müssen. Zeugnisse, die im

---

[172] Maschinen sind z.B. das in Wirklichkeit übersetzte Experiment; zu ihrer Ausprägung in den „Menschenwissenschaften" siehe Band 1 der Klagenfurter Beiträge zur Interventionsforschung: „Zur Grundaxiomatik der Interventionsforschung", S. 51 ff.

„ersten" Materialismus davon sprechen, dass unser Körper, ja der ganze Mensch eine Maschine ist, dehnen die Distanz in der Natur auf den Menschen und seine Natur aus. Die Wissenschaft soll auch über sie Macht gewinnen, nicht mehr ihren Abhängigkeiten ausgeliefert sein. Jedes Experiment braucht Distanz zur vorgegebenen Wirklichkeit, und es gibt wohl kaum etwas steriler Distanziertes, als ein Labor mit seinen „Zulassungsbedingungen".

Distanzfähigkeit

Es empfiehlt sich, dieser Distanzfähigkeit noch ein wenig Aufmerksamkeit zu schenken. Schon aus dem Grund, weil die Interventionsforschung, indem sie sich aus dem Wissenschaftssystem herausbewegt, Distanzen „überspringt", gleichsam eine „methodische" Nähe zur ihrem Forschungsfeld sucht (dass die Interventionsforschung sich hier in guter Nachbarschaft zu anderen wissenschaftlichen Versuchen befindet, die in die gleiche Richtung gehen, wie z.b. Psychoanalyse, Gruppendynamik, Aktionsforschung usw. wurde an anderer Stelle dargestellt[173]. Es hat nämlich diese Distanzfähigkeit durchaus zwei Gesichter. Auf der einen Seite ist sie uns als Menschen gleichsam „angeboren". Mit dem Paradiesesverlust haben wir unsere Naturunmittelbarkeit eingebüßt, befinden uns ihr gegenüber in einer sich geschichtlich verändernden Differenz. Letztere macht uns selbst zu Differenzwesen, mit einem Fuß in der Natur, als deren Geschöpf und Resultat einer komplexen Evolution, mit dem anderen aber im offenen, unbestimmten Reich der Freiheit, eine Differenz, die sehr oft in der philosophischen Tradition reflektiert wurde.[174]

Die oben genannte Janusköpfigkeit kommt so zum Ausdruck: Die Differenz ist Freiheit und Mangel in einem, deshalb hieß es auch, dass Freiheit Einsicht in diesen Mangel sei, Einsicht in Not-Wendigkeit (also eine vorgegebene Not, die nach einer Wendung verlangt). Die Differenz ist nicht aufhebbar und somit eine dialektische, obwohl es immer wieder diesbezüglich Phantasien gab, sich entweder in Richtung Natur und hin zu ihrer inneren „Vernünftigkeit" hinzubewegen, oder im freien Selbstentwurf sie endgültig hinter sich zu lassen. Wenn aber der Widerspruch, der sich hier einstellt, nicht nach einer Seite hin („logisch") auflösbar ist, wir aber gleichzeitig nicht bloß in der „leeren" Differenz leben

---

173 Vgl. Heintel, Grundaxiomatik der Interventionsforschung. Klagenfurt, 2005.
174 Vgl. Hegel 1970, Herder 1841, Gehlen 1940, Nietzsche 1930, zuletzt Krainer/Heintel 2010.

können, müssen wir Antworten finden, uns in ein Verhältnis setzen. Hier ist aber ausschlaggebend, in welche Richtung dieses tendiert. Vermutlich lässt sich in unserer Geschichte hier eine Entwicklung nachzeichnen, die beide Pole recht unterschiedlich „bewertet" hat.

Erste Etappen menschlicher Geschichte waren wahrscheinlich von einer größeren, intimeren Naturnähe gekennzeichnet als spätere. Kaum der Natur „entronnen", hatten diese Menschen wohl noch sehr viel „Mitgift" erhalten, um in ihr überleben zu können; dieses sollte auch nicht leichtfertig riskiert werden (an anderer Stelle habe ich diese Überlebensform als „Anpassungsgesellschaft" bezeichnet). Die Weiterentwicklung führt zu einer kollektiv geleisteten größeren Freiheitsentdeckung („Kultivierung" der Natur, ihre Bearbeitung, Tierzucht, Sesshaftwerdung, Stadtgründung mit Mauern, die Erfindung von Arbeitsteilung und Organisation = Kooperationsnot-wendigkeit, Erfindung der Hierarchien und damit der Abstraktion, usw.). Noch war aber die Abhängigkeit von Natur und sonstigen Unzukömmlichkeiten (von Feinden, Landeinnahmen etc.) zu groß, um in dieser neu erworbenen Freiheit „Selbstbewusstsein" zu bekommen. Es blitzte zwar dort und da in gesellschaftlichen „Luxusnischen" auf (z.B. im Gilgameschepos, einem ägyptischen „Leidenspapyrus", in Mythen, wie der Geschichte des Prometheus etc.; besonders im Orakel auf dem Delphischen Tempel wurde Selbsterkenntnis förmlich als „Befehl" aufgeschrieben), konnte sich aber noch nicht verallgemeinern. Das Allgemeine als Ausdruck kollektiver Freiheit (der Staat, die Schöpfung) blieb im transzendenten Außenhalt verankert; die Differenz, die der Mensch selbst ist, „nach außen" gesetzt (trotz der christlichen Botschaft von der Menschwerdung Gottes). Der Rahmen der Freiheit wurde durch den Ort angegeben, den man in der Schöpfungsordnung einzunehmen hatte: Für seine Stabilisierung sorgten religiöse und staatliche Institutionen. Distanzfähigkeit konnte schnell als Häresie ausgelegt werden.

Neuzeit, Aufklärung und Wissenschaft verändern diese „Vorgeschichte" radikal; und sie geben damit eine neue Antwort im Differenzverhältnis. In zweifacher Weise bewegt man sich zum Freiheitspol hin: Gegenüber religiöser kirchlicher Fremdbestimmung (vor allem auf dem Gebiet des Glaubens und der Ethik) wird individuelle Autonomie ins Treffen geführt[175] und im Gewissensbegriff die Differenz, die der Mensch ist, zum moralischen Selbstbewusstsein erhoben; von außen nach dem Inneren geholt (Gewissen als „innerer Gerichtshof"[176]). Distanz wird verlangt zur autoritären Fremdbestimmung (hauptsächlich der Kirche und

---

175 Vgl. Luther 1959.
176 Vgl. Kant 1968, S. 173.

ihren Vertretern), aber auch zu sich selbst. Betroffen sind hier nicht bloß sittlich-moralische Vorschriften, Gebote etc., sondern auch die eigene Natur, der „Körper". Er wird sozusagen zur Materie der Freiheit, zum Objekt der Disziplinierung, ohne welche sich die Moderne nicht hätte entwickeln können; man kann sich nicht mehr auf seine Natur ausreden; Gefühle, Emotionen, Triebe, die nicht so ohne Weiteres dem Willen unterworfen werden können, versinken ins „Irrationale". Damit werden sie zwar einerseits distanziert, zugleich verliert man zu ihnen einen „vernünftigen" Zugang. Den hatten allerdings die „Früheren" auch nicht, ihrer war über die Institution vermittelt, die im „Schaukelspiel" zwischen Sünde und Vergebung sich bemühte, halbwegs ein Gleichgewicht zwischen den Individuen und ihrer Körper(nähe) herzustellen.

Der zweite Freiheitsgewinn war durch die Wissenschaft erreicht worden. In ihr findet die radikale Hereinnahme aller Außenbegründungen, aller transzendenten Fundamente statt, wie bereits erwähnt. Sie lässt nichts mehr außer sich selbst gelten, keinen Glauben, keine Autorität, nichts, was sich als von vornherein als Wahrheit ausgeben will, ohne es einer Überprüfung auszusetzen. Damit distanziert sie sich von allem, was sie nicht selbst ist; und das ist zugleich ihre Freiheit, ihre auch mit der Zeit gesetzlich zugebilligte Autonomie. In der Wissenschaft hat, was früher nach außen versicherte kollektive Freiheit war, ihr kollektives Selbstbewusstsein erlangt.

Dieses ist zunächst ein recht fragiles Gebilde, alle möglichen Außeninteressen versuchen, es in ihre Dienste zu zwingen. Das ist auch oft genug gelungen, ganz verloren gegangen ist dieses Selbstbewusstsein aber nicht. Die Institutionalisierung der Wissenschaften in Universitäten hat mit der Zeit dazu geführt, dass trotz aller In-Dienst-Nahmen und bereitwilligem Entgegenkommen die Autonomie geschützt blieb. Allerdings war die „neue" Wissenschaft von Beginn an in einem gewissen Rechtfertigungsdruck. Bei der Autonomie angekommen zu sein, mag den Aberglauben durch die Fremdbestimmung bekämpfen können, was aber setzt man an seine Stelle? Distanzierung des „Alten" ist zu wenig und das neue Fundament Vernunft, Autonomie, das Ich noch wenig konkret. Es muss sich Wirklichkeit geben. Das heißt aber, man kann sie um der Bewahrung der errungenen Freiheit willen nicht einfach übernehmen. Auch sie muss distanziert zum Objekt (dem „Entgegengeworfenen") gemacht werden. Freiheit beginnt sich als Macht über sie zu verstehen (auch wenn sie dies, wie erwähnt, zunächst nicht zugibt, ihre Tätigkeit als Empirismus verharmlost). Diese Freiheitsverwirklichung als Macht richtet sich zunächst, außer gegen alte Mächte wie Kirche und Feudalismus, gegen die erste und primäre Abhängigkeit, gegen die Natur, die jetzt erst als das Andere der Freiheit entdeckt wird. Diese Freiheitsinterpretation hat Konsequenzen für das gesamte Wissenschaftssystem.

Freiheit als „Zwang" zur Machtausübung

Die Naturwissenschaften, so die bereits erwähnte These, sind in radikaler Form Geisteswissenschaften; sie sind weder in der Natur vorfindbar, noch geht es ihnen um eine Erkenntnis, die in der Natur bereits „angelegt" ist, sozusagen nur aus ihr „herausgeklaubt" werden müsste. Die Erkenntnis will und muss verändern zum Zwecke der Beherrschung, Machtausübung und Kontrolle. Die Naturwissenschaft ist insoferne keine Geisteswissenschaft, als sie sich mit dem Geist, der Freiheit als den vorausgesetzten Ursprung der eigenen Wissenschaft nicht beschäftigt. Insofern ist sie geist- und selbstvergessen. Die Hereinnahmen, transzendente Begründungen in die Immanenz der eigenen Methoden, verwehrt ihr den Blick auf die eigene Selbsttranszendenz, das Differenzwesen Mensch. Die „Vernachlässigung" befreit ab nun die Naturwissenschaft von Philosophie, Metaphysik und Spekulation. Ihr „Gegenstand" ist die Natur, von der sie zwar auch keinen Gesamtbegriff hat, die aber die Richtung weist; seine Aufmerksamkeit auf all das zu konzentrieren, was als Gegebenes (materiell Seiendes) vorhanden und bestimmbar ist.

Die Differenz, die der Mensch ist, wird somit zwar wieder „nach außen" verlegt, aber in eine andere Richtung und dabei auch in anderer Form konkret gemacht. Konkretion heißt hier, dass sich der Geist, die Freiheit in die Natur, vielmehr in bestimmte Elemente „entäußert". Die Selbstdifferenz kann nicht bei sich selbst stehenbleiben, es hieße das, der Freiheit den Bereich der Selbstbestimmung nehmen zu wollen, sie im Reich bloßer Möglichkeit anzusiedeln. Autonomie („Selbstgesetzgebung") verlangt nicht bloß die innere moralische Bestimmung, sondern auch die gegenüber äußerer Abhängigkeit. Zumindest muss überprüft werden, wie weit sie überwunden werden kann. Wir erkennen hier eine eigentümliche Dialektik: Das Differenzwesen Mensch macht von sich selbst radikalen Gebrauch. Es erfasst seine Freiheitsseite, indem es alles Vorgegebene distanziert, zum Objekt, zu einem Anderen, „Fremden" macht, im selben Prozess aber zu einem zu Erforschenden. Wissenschaft und Forschung befinden sich also ständig in einem Prozess, eine selbst hergestellte Distanz (Verobjektivierung, Elementarisierung, Verdinglichung) wieder zu „heilen"; allerdings nach ihren Gesetzen. Diese „Wiederaneignung" aber ist der Ort, an dem sich die Macht der Freiheit bewährt. Die Erkenntnis des zunächst Distanzierten, zum

Anderen, Gemachten, ist nicht eine Erkenntnis der Natur, des Vorgegebenen, vielmehr gibt sie Zeugnis davon ab, was wir mit ihm wollen; und – wie weit die Macht unserer Freiheit und unseres Geistes reicht.

Die nicht unplausible Grundannahme dahinter mag wohl die Überlegung sein, dass Freiheit und Geist, d.h. die Selbstdifferenz des Menschen erst dann zu ihrem „wahren" Selbstbewusstsein gelangen können, wenn sie voll ausgelotet haben, inwieweit alle ihre Abhängigkeiten aufgehoben werden können, alle freiheitsbestimmt sein könnten. Der Gedanke scheint von vornherein nicht so absurd zu sein, öffnet er doch den Menschen ein reiches Betätigungsfeld, Entwicklungs- und Fortschrittsperspektiven. Wenn die Natur so umverwandelt ist, dass sie uns überall als Entäußerung, als „Werk" unserer Erkenntnis und Freiheit „entgegenkommt", wir uns in ihr als Grund und Ursprung entdecken können, dann haben wir unser Selbst erst wirklich „substanziell" erreicht; uns sozusagen über die Macht über die Natur selbst eingeholt, endlich Heimat gefunden.

Von kritischer Seite wurde daher der Naturwissenschaft und vor allem der Technik immer schon „Allmachtsphantasie", demiurgische Anmaßung vorgeworfen, dabei aber oft nicht ausreichend bedacht, was denn prinzipielle Alternativen sein könnten. Die neuzeitliche Selbstentdeckung, (in Verbindung mit Autonomie, auch der Würde der Person, usw.) kann nicht bei sich stehen bleiben. Sie muss ausloten, was alles durch sie möglich geworden ist (das Subjekt wird in seine tätige Selbstauslegung „hineingehetzt", es soll sich seine Existenz selbst verdanken; in eine „vita activa", arbeiten, leisten etc.). Man kann die früher nach außen gesetzte Selbstdifferenz nicht „ungestraft" in sich hineinnehmen. Was früher Gott vorbehalten war, wird den Menschen zur Aufgabe, seine Prädikate bedürfen menschlicher Auslegungen. Der Unterschied besteht aber darin, dass im traditionellen Gottesbegriff sozusagen schon alles erledigt ist. Er ist allmächtig, während wir uns erst umsehen müssen, worin unsere Macht besteht. Es scheint hier aber kaum eine Alternative in Sicht, es sei denn, wir verzichten von vornherein auf unsere Möglichkeiten. Dieses Thema wird zwar gegenwärtig heftig diskutiert, ein Ende bestimmter traditioneller Machtausübung taucht am Horizont auf. Ob wir damit aber schon jenes „Selbst" erreicht haben, das wir uns vorgenommen haben, wissen wir nicht, zumal noch viele historische Ungleichzeitigkeiten bewältigt werden müssen. Wir wissen auch noch viel zu wenig darüber, was an Abhängigkeiten wir akzeptieren müssen, sich unserer Macht der Freiheit entzieht. Der globale Ausgriff von Wissenschaft und Technik zeigt jedenfalls, dass die Attraktivität dieses Machtbegriffes immer noch vorhanden ist.

Der hier versuchte anthropologisch geschichtsphilosophische Befund kann verständlich machen, warum in unserer Neuzeit Naturwissenschaft und Technik eine derart bedeutsame Rolle übernommen haben. Sie bezeugten Machtmöglichkeiten der Menschen, bewiesen Fähigkeiten, von denen die bisherige Geschichte nur geträumt hatte. Träume, Wünsche und Sehnsüchte wurden in Produkten Wirklichkeit. Sie mussten nicht mehr bloß in Mythen, Sagen, Religionen aufbewahrt werden. In ihnen kommt die Freiheitsmacht der Menschen ihnen förmlich entgegen, sie findet sich im Bekannten wieder; und es ist eines, über das man verfügt, das gehorcht. Dies ist allerdings nur die eine Seite; paradoxerweise kommt uns die „materialisierte", entäußerte Freiheit auch als gehorchende entgegen. Sie hat sich in ihrer „Metabasis" gleichsam in ihr Gegenteil verkehrt. Die Dinge, Produkte gehorchen uns, weil wir unserer veräußerten fixierten Freiheit gehorchen. Um zu verfügen, müssen wir uns nach der Logik des Geschaffenen richten, sie „bedienen" (zumindest Bedienungsanleitungen verstehen). Wie in der Philosophie längst bekannt, besteht die Dialektik der Macht darin, dass sie abhängig ist von denen, derer sie sich bemächtigt hat. In ihnen erkennt sie nicht nur ihre Freiheit, sondern auch ihre selbstgeschaffenen Grenzen. Das was sie ist, kann nur über sie bestimmt werden, ohne sie ist Macht ein leerer Begriff. G. Hindrichs radikalisiert: „Die Machwerke können daher mehr als das machende Subjekt. Seine Ungemachtheit wirft es aus dem funktionierenden Zusammenhang der Machwerke heraus, und es bleibt nur seiner großen Macht, die Ordnung der Dinge herzustellen, hierin den Dingen unterlegen"[177] und: „Nun können wir sehen, inwiefern die Verdinglichung, die das Subjekt vornimmt, sich ebenfalls gegen es selber wendet. Unsere prometheische Scham bedeutet den Widerruf des Arbeitens. Sie stellt das Bewusstsein unserer Ungemachtheit dar. Unser Arbeiten hingegen ist das Machen von Machwerken. Die prometheische Scham über unsere Ungemachtheit beinhaltet somit das Bewusstsein, dass das Machen von Machwerken an uns auf seine Grenze stößt. Das aber heißt, dass das Sein des Subjektes, das ja im Machen besteht, sich selber zuwiderläuft. Denn dieses Sein ist ungemacht und bleibt gegeben; es widerspricht sich also, dem Verarbeiten alles Gegebenen zu einem Gemachten. Hierin wendet sich das Sein des Subjektes gegen sich selber. Wir wollen alles machen und können doch das Machen selber nicht machen. Das ungemachte Machen bleibt daher das letzte, allerdings unüberwindbare Hindernis im Vollzug unserer Arbeit.

Wir streben daher danach, uns ebenfalls als unsere Machwerke zu begreifen, um hierdurch unsere Ungemachtheit zu überwinden. Das aber heißt, wir streben danach, uns nicht mehr als Subjekte, sondern als Dinge zu sehen. Dies ist folglich die letzte Stufe unserer Selbstverletzung. Wir verdinglichen uns selber. Unsere

---

177 Hinrichs 2008, S. 282.

beschämende Ungemachtheit soll in die funktionierende Gemachtheit der Dinge überführt werden"[178].

Im Sinne einer Konkretisierung des Selbst macht es von seinen Fähigkeiten Gebrauch; es zeigt, was es ist, dadurch, dass es etwas kann. Dieses Können richtet sich zunächst auf das außer dem Selbst Vorhandene; die Veräußerlichung braucht ein Außen. Dieses wird konstituiert durch Distanznahme. Erst Distanz erlaubt eingreifende Machtausübung. Nähe, Verbundenheit schwächt. Eingriffe reduzieren den „Gegenstand" auf ein Objekt des Willens. Auch wenn er in seiner für-sich-seienden Realität nicht gänzlich aufgehoben werden kann, und jeder Eingriff Reaktionen der Macht zum Unterworfenen herstellt (insofern geht der „radikale Konstruktivismus" hier fehl), die Bewegung hat nur eine Richtung (es ist anzunehmen, dass die Natur nicht nach Eingriffen ruft, außer dort, wo sie bereits vom Menschen so abhängig geworden ist, dass sie ohne ihn nicht überleben könnte, z.B. als domestizierte Natur).

Nun haben wir im obigen Zitat mahnende Worte gehört. Gar von einer „Selbstverletzung" wird gesprochen; zumindest dort, wo wir in analoger Form dieses eingreifende Können gegen uns selbst richten. Dies ist aber erst ein zweiter Schritt. Bereits im ersten, den Eingriffen ins Äußere, unterliegen wir, wie bereits gesagt, der Dialektik der Macht. Das Gemachte, Hergestellte, das Werk, das Produkt, zeigen nicht nur die Macht unserer Freiheit, unseres Könnens, und eröffnen ihr neue Handlungsräume, sie fesseln sie zugleich; was wir den Anderen antun, tun wir uns selbst an (vielleicht kommt die Maßlosigkeit in Konsum und Verschwendung genau aus der Verdrängung dieser neuen Abhängigkeit; oder noch drastischer: Wir müssen rasch wieder „vernichten", was uns fesselt).

Das Verlockende und Verführerische an dieser Selbstfesselung ist einerseits die Optioneneröffnung (Freiheitsgewinn), Entlastung vor unsteuerbarer Abhängigkeit, andererseits der offensichtliche Selbstbeweis unseres Könnens. Der Preis, den dies alles hat, tritt in den Hintergrund, die Faszination überwiegt und wer könnte sich ihr verschließen. Die direkte und indirekte Außensteuerung durch das von uns Geschaffene nehmen wir nach einigen Gewöhnungsprozessen gern in Kauf. Sind gleichsam stolz, Anteil daran zu haben, „mitgekommen" zu sein. Wer würde leugnen, dass unsere Neuzeit eine einzige Erfolgsgeschichte von Naturwissenschaft und Technik, also des eingreifenden (intervenierenden) Denkens und Könnens gewesen ist. Die Steigerung unseres Freiheitsgrades, die Entlastung von anscheinend unüberwindlichen Abhängigkeiten ist augenfällig. Was ist es, das uns heute skeptisch macht?

---

178 Hinrichs 2008, S. 283.

Die Wissenschaften und die „großen" Probleme

Es ließen sich hier viele bekannte Argumente anführen, die in der letzten Zeit unseren Fortschrittsglauben einigermaßen erschüttert haben. Die meisten sind „nach außen" gerichtet; das Klima, die Ressourcenknappheit, Umweltthemen allgemeiner Art, Energiefragen, Artensterben, usw. Und alle verweisen zurück auf die Menschen als Verursacher der Probleme. Dieser Richtungswechsel relativiert jene Maßnahmen, die versuchen, nach altem Muster die Probleme „draußen" zu lösen; technologisch, in das jeweilige Problemfeld intervenierend; also reparierend dort, wo augenscheinlich Fehler feststellbar sind. Nun wäre dagegen dann nichts einzuwenden, wenn Erfolge absehbar wären (in Detailfragen werden sie auch weiterhin vorhanden sein). Zwei Tatsachen verhindern sie aber:

- Erstens sind die Probleme „zu groß", ineinander verschränkt, überfordern jede wissenschaftliche Einzeldisziplin. Man weiß zwar, dass darauf Interdisziplinarität eine Antwort wäre, und dort und da finden sich auch schüchterne Anfänge. Es muss uns aber klar sein, dass wir in diese Interdiszplinarität weder eingeübt sind, noch wird sie von unserem universitären Wissenschaftssystem gefördert (das beginnt schon bei den immer strenger verschulten Studien). Wie wir weiter schon erwähnt haben, baut die angewandte Naturwissenschaft auf Elementarisierung, Analytik, Experiment auf. Die Art der heute zu bewältigenden Probleme verlangt einen Perspektivenwechsel. Man muss in Systemen und ihren gegenseitigen Beeinflussungen Denken lernen, es geht weniger um das Herausgreifen, Selektieren von Elementen, um über idealtypische Konstellationen („künstliche" Synthesen) verändernde Eingriffe in der Natur vorzubereiten, es geht um das Verstehen von bereits vorhandenen Zusammenhängen.
- Große Probleme haben es weiters auch an sich, dass sie sich Experimenten entziehen. Mit einem „Weltklima" chemisch, physikalisch zu experimentieren, heißt nicht bloß ein hohes Risiko einzugehen, weil man um die Folgen nicht Bescheid wissen kann (z.B. biologische Nebenfolgen), es muss darüber hinaus „die Welt" auch einverstanden sein, weil alle Menschen betroffen sind. Damit würde auch jedes Experiment zu einem weltpolitischen Thema, womit wir bei der zweiten Tatsache sind. Der Rückverweis auf die Menschen als Verursacher hieße, dass sich auch die Wissenschaft in verstärktem Ausmaß mit ihnen beschäftigen müsste. Denn schlussendlich konzentrieren sich alle Probleme auf die Art seines Freiheitsgebrauchs, dessen Engführung in Machtausübung, und der sich immer mehr verbreitenden Erfahrung,

dass diese zu Ende geht; Freiheit mit ihrer inneren Maßlosigkeit in ihr Gegenteil umschlägt.

Wir müssen bemerken, dass wir uns mit unseren eingreifenden Naturwissenschaften und Technologien Probleme geschaffen haben, die wir, jedenfalls mit den Mitteln, die ja zu ihnen geführt, sie hervorgebracht haben, nicht lösen können. Das soll keine Kritik an diesen Wissenschaften sein. Man könnte, abgesehen von ihrer Erfolgsgeschichte, geradezu im Gegenteil behaupten, dass nur über sie und ihre „Werke" erfahren werden konnte, was Freiheit in Bezug auf Machtausübung zustande bringen kann, und wo diese Macht an ihre Grenzen kommt. Auf sie von vornherein zu verzichten, hätte eine Seite von ihr leugnen müssen; diese besteht nämlich nach wie vor und auch in Zukunft noch in Machtausübung, die man nicht woandershin delegieren kann, weil es diesen Ort nicht gibt. Wir bleiben immer auf uns zurückverwiesen (wenn in analoger Weise von der Macht der Natur gesprochen wird, die schon dafür sorgen wird, dass die Maßlosigkeit des Menschen, dieses „Irrläufers der Natur", bestraft wird, weil sie sich selbst vernichtet, zeigt diese Redeweise eigentlich nur die stattfindende Selbstreflexion der Menschen an. Die Natur hat keine Freiheit gegenüber den Menschen, er ist ihr ziemlich „egal"). Der Rückverweis bringt neue „Kausalitäten" ins Spiel. Die Naturwissenschaft hat sie im „Äußeren", im Vorhandenen, Seienden, Materiellen gesucht, gefunden und gesetzt; insofern bezeichnen wir sie als „geistvergessen", weil der Geist als (Mit-)Ursache keine konstitutive Rolle gespielt hat; weil er auch eine Ursache besonderer Art ist, nämlich als Seiendes, Materielles nicht vorfindbar. Die geschilderte Problemlage bringt diese (Mit-)Ursache wiederum zum Vorschein. Wie aber soll man sie sich, gewohnt Kausalitäten nur im Seienden zu finden, vorstellen? Was ist diese seltsame „Kausalität aus Freiheit", wie I. Kant sie bezeichnet hat?[179]

Gegenwärtig können wir ein eigentümliches Paradoxon bemerken: Für all die „großen Probleme", welche genannt wurden, werden die Menschen und ihre „Veranstaltungen" (Wissenschaft, Wirtschaft, Politik etc.) als Mit-Ursache verantwortlich gemacht. Dort und da nähert man sich auch den einzelnen Individuen, spricht von Gier, ihrer Unfähigkeit, Verzicht zu leisten, ihrem „gesunden" oder weniger gesunden Egoismus, usw. Man kann sich also kaum beklagen, über zu wenige Ursachen Bescheid zu wissen. Auch die Wissenschaften sind hier stramm unterwegs und liefern eine Unzahl an Daten. Man sollte also meinen, dass diesem umfangreichen Wissen „Taten" folgen müssten. Das scheint

---

179 Vgl. Kant, 1963, 1956.

aber kaum der Fall zu sein. Wissen und Einsicht führen noch lange nicht zu einem ihnen entsprechenden Handeln. Dafür lassen sich bekannte Gründe anführen:

Wir sind nicht mehr imstande, das von uns selbst Eingerichtete, in seiner globalen Verschränktheit, Interdependenz, Unübersichtlichkeit und Komplexität zu steuern. („Zauberlehrlingssyndrom", verbunden mit Ohnmachtsgefühlen.) In diesem System hat sich ein Machtgefälle der Freiheit eingerichtet, Machtinteressen wurden etabliert, die von ihm profitieren, an langfristigen Problemlösungen schon deshalb nicht interessiert sind, weil sie sich gegen sie selbst richten könnten. Die Politik befindet sich längst in der Abhängigkeit von Wirtschaft und Finanzkapital, das sie zum Teil auch vertritt, ihr Handlungsspielraum ist dadurch gewaltig eingeschränkt (abgesehen von der Kurzfristigkeit von Wahlperioden, die ihr eigene Gesetze vorschreiben, viele daran zweifeln lassen, ob Demokratien überhaupt geeignet sind, die anstehenden Probleme zu lösen). Der „Leidensdruck" ist in den „reichen" Ländern auch zu gering, um Aktivität zu produzieren, in den „armen" zu groß, um sich politisch engagieren zu können. Oppositionelle, NGOs, sind zu schwach oder nicht demokratisch legitimiert. Im Übrigen und nicht zuletzt fehlen die Alternativangebote, die uns mit Freude in eine neue Menschenwelt übertreten ließen („ein sicheres Unglück ist uns lieber, als ein unsicheres Glück").

Die Argumente könnten so fortgesetzt und differenziert werden und haben sicherlich alle etwas Wahres an sich. Seltsamerweise bleibt bei all dieser Kritik die Wissenschaft verschont; wird eher als Quelle aufklärender Analyse gelobt. Dabei tritt einiges in den Hintergrund, das vor den Vorhang gebeten werden sollte. Zunächst kann festgehalten werden, dass die Wissenschaften den gegenwärtigen Zustand mitverursacht haben, nicht bloß die angewandten Naturwissenschaften und ihre Technologien, gefördert durch unsere kapitalistische Ideologie, sondern auch die Wissenschaften, die sich mit den Menschen, der Gesellschaft beschäftigt haben; selbst in ihrer kritischen Funktion. Dieser Behauptung soll nun nachgegangen werden, weil sie die Frage nach Alternativen stellen lässt, von denen eine die hier thematisierte Interventionsforschung ist.

Die Wissenschaften vom Menschen

Die Wissenschaften vom Menschen sind nicht so neutral, objektiv, wertfrei, wie sie gerne vorgeben (auch die Naturwissenschaften nicht; allein die Reduktion der Natur auf Materie ist bereits eine vorgefasste Wertentscheidung, ebenso die

Selektion im Einzelnen und überhaupt die Auswahl des Forschungsgegenstandes; nicht jeder hat das „Glück", beforscht zu werden). Das beweist ihre Geschichte in allen Facetten.

Das Beispiel ökonomische Wissenschaft

Gegenwärtig „beweist" z.B. der Mainstream unserer ökonomischen Wissenschaften bis hin zur Fahrlässigkeit nicht nur Systemabhängigkeit, sondern dessen Unterstützung. Seine Alternativenlosigkeit fördert natürlich alles, was an ihm verdient. Krisen werden nicht als Systemkrisen identifiziert, sondern trotz ihrer Offensichtlichkeit, immanent mit Detailmaßnahmen in den Griff zu bekommen versucht. Ihre sichtbare Unfähigkeit wird durch ein Sachzwangsargument kaschiert, das eigentlich die Hilflosigkeit nur auf den Punkt bringt. Die Wissenschaft hat sich längst einer Systemlogik ausgeliefert, die sie selbst mitverursacht hat. Der sogenannte Sachzwang, der personifizierte und ins Transzendente verschobene Markt (der alle Gottesprädikate zugesprochen bekommt) verhindern, diese Mit-Schuld transparent zu machen. An diesen Wissenschaften vom Menschen und ihrer politischen Wirkung kann abgelesen werden, was es bedeutet, wenn sie Reduktionsmodelle in die Praxis umsetzen. In der Lebenswirklichkeit der Menschen gibt es weder jenes idealtypisierte Individuum, von dem die Theorie spricht, das nach rationalen Kalkülen handelt, noch ein „Gleichgewicht", noch einen Markt des gleichberechtigten Einstieges; abgesehen davon, dass die Neoklassik über keine ausreichende Geldtheorie verfügt, wie man jetzt aus ihren Äußerungen zur Krise entnehmen kann.

Würde sie bloßes Modelldenken bleiben, einen von mehreren wichtigen Aspekten des Wirtschaftens darstellen, wäre der Schaden begrenzt. Im Zusammenspiel politischer Ideologien und Wissenschaft, in dem Letztere mit Expertenautorität auftritt und auch „missbraucht" wird, kann der Unterschied zwischen den Naturwissenschaften und jenen, die mit den Menschen zu tun haben, deutlich gemacht werden. Die Ersteren machen in ihren Anwendungen kein Hehl daraus, Wirklichkeit verändern zu wollen, Eingriffe vorzunehmen und damit Macht auszuüben. Das Funktionieren ihres einzelnen „Werts" lässt sich daher auch prognostizieren, kontrollieren, nach Bedarf korrigieren (Fehler können vermeidbar gemacht werden). Welche Wirkungen ihr Produkt darüber hinaus erzielt, ihre Eingriffe Gesamtwirklichkeiten der Gesellschaft zu verändern imstande sind, davon weiß man zwar, die eigene Wissenschaft hat aber nicht das Instrumentarium, die Methoden etc., diese wissenschaftlich zu erfassen. Wie wir wissen, sind hier andere „Kausalitäten" wirksam.

Zwar gab es immer wieder auch Übergriffe und Grenzüberschreitungen. Erfolge machen übermütig, vor allem in Zeiten, in denen Angebote universalwissenschaftlicher Orientierung fehlen und man meint, ein Vakuum ausfüllen zu müssen (z.B. Physikalismus und Biologismus). Wenn man sich als „Leitwissenschaft" verantwortlich fühlt, auch dort mitzureden, wo man mit seiner Wissenschaft nichts zu suchen hat (ein typisches Beispiel findet man immer wieder in der Diskussion um die Existenz Gottes: Hier ist auffällig, dass man einem Physiker oder Astronomen, wenn er von sich gibt, es könne auf Grund der „Vernünftigkeit" der Naturgesetze doch einen Gott geben, jedenfalls sei es nicht auszuschließen, mehr „glaubt" als einem Theologen, der eigentlich für solche Aussagen zuständig sein sollte; ihn verdächtigt man der Voreingenommenheit).

Die vorhin zitierte ökonomische Wissenschaft hat bei ihren Eingriffsversuchen ein doppeltes Problem zu bewältigen:

- *Erstens* ist sie ebenso wie viele andere eine „Einzeldisziplin", die noch dazu selbst in viele Unterdisziplinen aufgeteilt ist, die sich nicht immer auf der gleichen Ebene verständigen können (siehe: den bekannten Widerspruch zwischen Betriebswirtschaftslehre und Volkswirtschaftslehre). Disziplinierung gelingt nur in methodischer Abstraktion, d.h. in grenzsetzendem Ein- und Ausschließen. Es ist die Grundidee dieser Disziplinierung und Spezialisierung, organisatorisch der Arbeitsteilung entnommen, die schon weit vor den Wissenschaften existiert, Themen und Probleme „kleinzuhacken", weil sich dann Machtausübung am besten verwirklichen lässt. („infinitesimale Machtausübung" habe ich dieses Vorgehen an anderer Stelle genannt).[180]

Wie sollen aber Einzeldisziplinen einem solch gewaltigen und universellem System entsprechen können, wie jenem der Wirtschaft? Schon die Titel deuten auf eine Aussichtslosigkeit hin, „Volks"-Wirtschaft, „National"-Ökonomie etc. weisen auf ein höchst komplexes Ganzes hin, das sich in Einzeldisziplinen nicht „einfangen" lässt. Nun weiß man, dass Letztere meist auch gar nicht einen solchen Anspruch stellen, bescheiden ihr Feld eingrenzen und ihren Gegenstand definieren; damit alle sich auskennen, worüber man etwas sagen will, worüber nicht. Die Wirklichkeit hält sich aber nicht an Definitionen, das Zusammenspiel aller säuberlich getrennten Teile macht sie aus; sie ist ständig in einer sich selbst verändernden Bewegung (was übri-

---

180 Vgl. Thesen zum Thema: Heintel 2003, S. 12.

gens viele Wissenschaften dazu gebracht hat, ihr Forschungsfeld immer nur im bereits Vergangenen zu sehen, in einem Bereich, der sich selbst nicht mehr ändern, nur durch Interpretationen ein anderes Gesicht bekommen kann).

Was bleibt also einer derartig organisierten Wissenschaft übrig, der die Wirklichkeit ständig davonläuft? Die aber gerne auch wirksam wäre, analog ihrem großen Vorbild, den Naturwissenschaften? Sie muss trachten, wenigstens ihren Teilbereich in die Wirklichkeit umzusetzen, sie damit auf die „Definition" zu beschränken. Meist fehlt ihr dazu die Macht, weil traditionell für solche „Ganzheiten" die Politik zuständig war. Wenn Letztere allerdings diese übernimmt, kann es schon, wie derzeit bemerkbar, gelingen, „Einseit-Modelle" in die Praxis zu übersetzen. Einseitmodelle sind entweder so abstrakt, dass sie unbrauchbar sind (die Geschichte der Modellbildung hat hier zahlreiche Beispiele), oder sie entsprechen einer ebenso einseitigen Macht in der (ökonomischen) Wirklichkeit. Diese gibt es zweifellos, weshalb hier die Wissenschaft nichts anderes tut, als diese zu bestätigen. Vielfach zum Schaden der Gesamtwirtschaft selbst, in der die der Finanzwirtschaft unterworfene Realwirtschaft längst nach der Politik ruft, ihr Primat einfordert. Diese Option gibt es allerdings im „Mainstream" der ökonomischen Theorie nicht, im Gegenteil.

- *Zweitens* hat es die Wissenschaft mit handelnden Menschen zu tun, nicht bloß mit Objekten der Wissenschaft (Kausalität aus Freiheit). Der Handlungshorizont von Entscheiden in Systemen, zumal wenn sie „groß" sind, ist immer weiter als wissenschaftliche Einzeldisziplinen vorsehen können. Wir wissen aus der Praxis darüber hinaus, dass es ein Ding der Unmöglichkeit ist, sich für alltäglich notwendige Entscheidungen wissenschaftlich so „aufzumunitionieren", dass man alles berücksichtigt, was so gedacht und gefordert wird; man käme nicht mehr zum Handeln. Wir hatten das Problem schon: Wenn Wissenschaft eingreifend wirksam sein soll, darf sie nicht glauben, ihr gesamtes Wissen vermitteln zu können, denn sie ist zu ihrem Glück vom Zwang zu endlicher Entscheidung befreit. Wie aber kann sie mithelfen, ihr Wissen so zu gestalten, dass es für Entscheidungen relevant macht, die immer „mehr" zu berücksichtigen haben?

Hatten wir früher von einer Seite der Freiheit, ihrer Notwendigkeit Macht auszuüben, gesprochen und dies auch als wesentliche Selbstauslegung kennengelernt, treffen wir hier auf eine ihrer anderen Seiten, die vor allem im Zusammensein von Menschen Bedeutung hat. Es geht um den Respekt – auch der Wissenschaft – vor der Freiheit aller anderen. Die Freiheit der Wissenschaften ist ein sinnvolles Privileg, das nicht als Macht über die Freiheit von Nicht-Wissenschaften ausgenützt werden darf. Im Gegenteil, die moralische Frage lautet eher: Was kann ich dieser Gesellschaft zurückgeben, als Dank dafür, dass sie mich in diese besondere Position gebracht hat? Dieser Verpflichtungsgedanke wird in den Naturwissenschaften leichter beantwortet, als in jenen vom Menschen. In ihnen nützt Machtausübung über Natur und Gerätschaft dem Menschen, hier wird mit Nützlichkeit und Brauchbarkeit argumentiert. Wie aber verhält es sich in den Wissenschaften vom Menschen, was kann von ihnen aus kommen, wenn es in ihrem Gegenstand Grenzen einer solchen Machtausübung an der Freiheit handelnder Menschen gibt? Und nicht so vorgegangen werden soll, wie vorhin im ökonomischen Zusammenhang beschrieben wurde?

Geschichtliche Erscheinungsweisen

Um diese Fragen beantworten zu können, müssen einige geschichtliche Erscheinungsweisen der Wissenschaften vom Menschen betrachtet werden. Bereits in der griechischen Philosophie, wohl der ersten Wissenschaft vom Menschen in unserer Tradition, zeigen sich mehrere Strömungen. Allen gemeinsam ist das Bestreben nach Aufklärung, Verabschiedung einer kunst-religiösen Weltinterpretation. Ein besonders radikaler Part kam hier zweifellos den Sophisten zu, die unter Beweis stellten, was alles den Menschen durch Analytik, Rhetorik vor allem vor Gericht möglich ist. Dazu gehörte es auch, den Menschen als Erstursache in den Mittelpunkt zu stellen, wie dies z.B. Protagoras mit seinem berühmten „homo-mensura-Satz" tut („der Mensch ist das Maß aller Dinge, der Seienden, dass sie sind, der nicht Seienden, dass sie nicht sind"); radikaler lässt sich ein Anthropozentrismus nicht zum Ausdruck bringen. Die Sophisten waren Lehrer, Anwälte und nahmen, was ihnen vielfach vorgeworfen wurde, für ihre Tätigkeit Geld. Ihre Aufklärungsleistung bestand darin, ihren „Besitz" an Wissen und rhetorischen Fähigkeiten weiterzuverkaufen. Wie bei Platon nachzulesen, bestand ihre Autorität in einer bestimmten Form der Überzeugungskraft. Wissensvorsprung und bestimmte Fähigkeiten ermöglichten es ihnen, sozusagen für die anderen stellvertretend Aufklärung zu übernehmen. Wenn sie vom Menschen als Maß sprachen, konnten sie eigentlich nur sich selbst meinen; deshalb werden sie auch als selbstherrlich und eingebildet geschildert und später ihr Wissen und ihre Autorität darin von Sokrates zum Gegenstand ironischer Entlarvung gemacht. Freilich sorgten sie bereits selbst für gegenseitige Relativierungen; dadurch, dass sie verschiedene Positionen vertraten und damit vorführten, dass das menschliche Maß ein sehr verschiedenes sein kann. Aber auch das sorgte für weitere Aufklärung, weil dabei deutlich wurde, dass mehrfache positionelle Stellvertretung in Aufklärungswissen für Autoritätsverlust sorgt.

Diese erste Figur einer solchen Wissenschaft vom Menschen ist mit den Sophisten nicht ausgestorben und hat sich in der Geschichte immer wieder wiederholt. Wissenschaftler, Lehrer denken, beziehen Positionen, bilden Schulen und versuchen, Schüler, Interessierte zu überzeugen; die Schüler, dass sie für die Fortsetzung des Gedachten und seiner Wahrheit sorgen, sie differenzieren, weiterentwickeln, die Interessierten, dass sie am Vorgedachten teilhaft werden. Es bleibt immer ein Autoritätsgefälle, das bei Ersteren nicht so sehr ins Gewicht fällt, weil sie selbst zu Lehrern werden, also zu Autoritäten, bei den Zweiten aber nicht unproblematisch ist: Was heißt Stellvertretung in Aufklärung, in dem, was der Mensch ist? Bei Schülern gibt es eine andere Gefahr. Sie besteht in der unkritischen Übernahme des Vorgedachten, auf das man während seiner Ausbildung hin trainiert wird (heute sorgen auch Karrierebedingungen, Rankings, Standardisierungen in Beurteilungskriterien der Qualität für merkliche und unmerkliche Anpassungsforderungen). Generell besteht die Gefahr, dass sich das Aufklärungswissen immer mehr von den Betroffenen abkoppelt, mehr mit sich, als den Menschen „draußen" beschäftigt ist.

Der platonische Sokrates als zweite Denkfigur greift viel des sophistischen Wissens auf, auch wenn er sie selbst ironisiert. Auch ihm geht es um Aufklärung und das Interesse am Menschen, seinem Wissen, seiner Erkenntnisfähigkeit, das Gestalten seines Zusammenlebens aber steht im Mittelpunkt. Der Angelpunkt, auf den alles zurückgeführt werden kann, ist die „Selbsterkenntnis", angeraten jedem Menschen, dem zugleich auch die Fähigkeit zu ihr zugebilligt wird. Was allerdings das Position-Beziehen betrifft, das Verkünden von Standpunkten, affirmativen Wahrheiten, finden wir bei Sokrates immer wieder ermüdende Zurückhaltung, manchmal bleibt das erörterte Problem überhaupt offen, ohne Antwort, nachdem man sich mühsam durch eine Analyse von Positionen durchgekämpft hat. Sokrates wurde bekanntlich von der Priesterin in Delphi orakelhaft als der „weiseste" der Griechen bezeichnet; und wie bei Orakeln so üblich, der davon Betroffene auf einen längeren Selbstinterpretationsweg geschickt. Danach sagt er von sich selbst, erkannt zu haben, worin seine Weisheit bestünde, was gerne in der banalen Aussage überliefert ist, er sei deshalb der Weiseste, weil er „weiß, dass er nichts weiß". In dieser Form gesagt gibt die Aussage wenig her; jeder von uns kann sie bestätigen, wenngleich er leise für sich in Anspruch nehmen würde, dort und da doch ein wenig zu wissen. Anders, wenn man sie umformuliert und Sokrates „unterstellt", er habe um die Bedeutung des

Nicht-Wissens Bescheid gewusst. Von ihr aus wird nämlich einerseits verständlich, was Philosophie als Menschenwissenschaft ist, andererseits, was hier lernen und vermitteln heißt.

Zum Ersten: Philosophie handelt von „Gegenständen", die keine sind, nicht wie diese bestimmbar sind. Bereits das, was Selbsterkenntnis ist, kann nicht gesagt werden, bevor sie getätigt wird; was unter anderem bedeutet, dass ein „Etwas" in den Blick kommt, das „Selbst", das als Voraussetzung und Ziel jeder Selbsterkenntnis nicht dasselbe ist, wie ihre Inhalte, in ihnen nicht aufgeht, in prinzipieller Differenz dazu bleibt. Dennoch ist es in dieser Unbestimmbarkeit „realer", als jede zufällige, lebensgeschichtlich „punktuelle" Selbsterkenntnis. Als Vorausgesetzt-Vorausliegendes ist es uneinholbar, bleibt sich selbst Aufgabe; es ist nie bloß aussagbares Sein, es ist immer auch Werden, etwas anderes als es gerade jetzt ist (die moderne psychologische Debatte um die Identität des Individuums plagt sich genau um die Erfassung dieser Bewegung). Diese „Gleichzeitigkeit" von Sein- und Nicht-Sein hat Hegel in seiner berühmten, dialektischen Formel von der „Identität der Identität und Nicht-Identität" gefasst.[181]

Nicht viel anders verhält es sich mit vielen anderen Begriffen, die in der Philosophie besondere Aufmerksamkeit erfahren haben und denen hier nicht im Einzelnen nachgegangen werden kann (Geist, Seele, Vernunft, Verstand, Freiheit etc.; alle sind als solche nicht bestimmbar, weil sie Voraussetzung eigener Selbstbestimmung bleiben; nicht von ungefähr haben sie Neopositivisten daher gerne als „metaphysische Leerformeln" bezeichnet. Tatsächlich kommt ihnen diese „Leere" auch zu, was aber nicht, wie diese „Antimetaphysiker" wollen, sie am besten aus unserem Sprachschatz zu streichen oder uns Schweigeverbote aufzuerlegen, wie Wittgenstein es vorschlägt).

Vielleicht sei ein einziger Satz noch erwähnt, der auch bei Sokrates besondere Bedeutung für die Philosophie erlangt hat, wenn er sagt „Philosophieren heißt Sterben lernen". Und damit die Selbsterkenntnis von der Bedeutung des Nicht-Wissens auf den Punkt bringt. Das zu bewältigende Paradoxon lautet nämlich wie folgt: Der Tod ist das Gewisseste unseres Lebens, zugleich wissen wir nichts von ihm. Die Bedeutung dieses „Nicht-Wissens" aber ist in unserem ganzen Leben wirksam. Klar ist, dass diese Dialektik nicht gerade zu unserer Sicherheit beiträgt; wir wollen wissen. Nachvollziehbar ist allerdings, warum Sokrates bei Platon so vorsichtig und zurückweisend mit Positionen, die sagen wollen, wie es eben ist, umgeht. Gleichzeitig bekommen wir einen anderen Eindruck von der Unabschließbarkeit der Wissenschaften vom Menschen, die, wenn sie ihn be-

---

181 Hegel, 1970, S. 96.

stimmt begreifen wollen, immer nur einen Teil erfassen, nicht aber das, was ihn als „Differenzwesen" ausmacht. Was zusätzlich noch diesen „Begriffen" zukommt, ist ihre innere besondere Dialektik: Sie kommen nämlich allen Menschen zu (auch wenn sie von ihnen verschieden wahrgenommen werden), haben aber ihre Wirklichkeit in den einzelnen Individuen (typisches Beispiel: Ich kann „jeder" zu sich sagen). Sie sind also einerseits in ihrer Allgemeinheit dialektischer „Prozessbegriff", zugleich aber „leiblich-geistig" verankert in den jeweiligen Personen. Auch wenn also Selbsterkenntnis allen Menschen empfohlen wird, muss sie sich dennoch in jedem Einzelnen vollziehen. Würde sie „von außen" anbefohlen, könnte sie sich im individuellen „Selbst" nicht entwickeln, wäre daher auch keine Selbsterkenntnis.

Damit kommen wir zur zweiten Bedingung philosophischer Menschenwissenschaft, die ebenso aus den platonischen Dialogen herauszulesen ist. Es geht nicht um Lehre, Überzeugung, die Vermittlung von Positionen, sondern um Dialoge, Maieutik, ein „Sich-auf-den-Weg-Begeben" in gemeinsamer Wahrheitssuche. Hier bekommt das Nicht-Wissen zusätzlich eine „didaktische" Bedeutung. Es verwehrt die Anmaßung, wissen zu können, was der „Schüler" wissen soll. Wie uns bekannt, verwendet Sokrates die Metaphern der „Hebammenkunst" und der „Wiedererinnerung" (Anamnesis, Platon, 1988). Mehreres ist damit gesagt. Erstens steckt bereits viel an Wissen im anderen Menschen drinnen, schlummert dort gleichsam (indem Sokrates zeigt, wie sich der „Pythagoreische Lehrsatz" aus einem Sklaven herausholen lässt, sagt er damit indirekt, dass es in diesem Wissen keine Standes- und Rangunterschiede gibt). Zweitens wird darauf hingewiesen, dass dieses Wissen dem Schüler „angehört", sein Selbst ausmacht, bzw. hervorbringt; etwas ihm Eigenes ist. Drittens sagt Sokrates aber auch, dass es einer „Kunst" bedarf, es „herauszuholen". Die Philosophie gibt hier also nicht einfach Wahrheiten vor, sie ist vielmehr eine Kunst gemeinsamer Hervorbringung; dafür gibt es vielleicht bestimmte Methoden, Dialogfiguren, Gesprächsverläufe, Prozessarchitekturen. Es gibt auch ein „theoretisches" Vorwissen aller Beteiligten, das zur Geltung kommen soll, insbesondere auch das der „Lehrer", der „Wissenden", die sich schon länger damit beschäftigt haben; auch „fremde" Standpunkte können eingeholt werden. Diese aber stehen nicht für sich und im Zentrum. In allem soll Selbsterkenntnis stattfinden. Aufklärung muss Selbstaufklärung werden. Deshalb werden auch in vielen Dialogen Platons „Praktiker" herangezogen. Sie dienen also nicht bloß der inneren Philosophenszene. Hier wird ihre Entscheidungsrealität miteinbezogen, überprüft, was ihr an Wissen fehlt, wo sie sich selbst, aus welchen Gründen auch immer, beschränkt, was an Wissen ihr nützen kann.

Diese zweite Figur einer Wissenschaft vom Menschen ist in der europäischen Denkgeschichte immer wieder erinnert worden, hat sich aber nicht zum „Mainstream" entwickelt. Als Ausblick kann allerdings festgehalten werden, dass sich im letzten Jahrhundert in diese Richtung einiges getan hat. Nicht zuletzt dadurch, dass man erkannt hat, wie wichtig Selbstaufklärung allgemein in allen Bereichen ist, von der Psychotherapie bis hin zu Bürgerinitiativen. Also in jenen, wo ein „neues Selbst" entwickelt werden muss, damit genau dieses für sich und andere aktiv werden kann. Die hier engagierten Wissenschaften belehren die Menschen nicht mehr darüber, wer oder was sie sind, reden also nicht mehr über sie, sondern mit ihnen; aktivieren so jenes Selbst, das wesentlich zum Menschen dazugehört, aber eine Leerstelle bleiben muss, wenn es in den genannten Prozessen zu sich selbst entwickelt wird (dieses Selbst ist zwar prinzipiell, wie gesagt, im Individuum beheimatet, dort haben wir es auch schon vorhin als spezifischen Ort der Freiheit vorgefunden, es ist aber nicht zu leugnen, dass auch Gruppen, Organisationen etc., eine Individualität entwickeln. Hier lässt sich „kollektive Selbstaufklärung" als Ziel setzen).

Diese philosophische Weise, Menschenwissenschaft zu betreiben, konfrontiert uns mit einem völlig ungewohnten Wissenschaftsbegriff; einem, der selbst in der Philosophie bis zum heutigen Tag nicht wirklich Platz gegriffen hat; vielleicht in der Theorie noch eher, wenn über die Autonomie des Menschen „theoretisch" philosophiert wird. Kaum aber ist, mit Ausnahme der jüngsten Einrichtung „Philosophischer Praxen" oder der „Philosophischen Cafés", eine Philosophie in Sicht, die intensivere Überlegungen darüber anstellt, was sie zur Selbstaufklärung von Individuen und Systemen beitragen könnte. Zwar hat sie in sich, ihrem Fach viel an kritischem Wissen ständig „geparkt", aber noch nicht in ganzem Umfang begriffen, was Aufklärung praktisch heißt; was man an Forschungs- und Vermittlungsarchitekturen braucht, wie das alte sokratische Dialogprinzip in die Gegenwart übersetzbar sein könnte; auf diesem Weg auch erkennen würde, dass die Organisationen solcher Prozesse, wie schon bei Platon inhaltskonstitutiv, nicht nur didaktisches Instrument sind. Die Vermittlungsleistung unserer diesbezüglichen Bildungsinstitutionen ist auch deshalb so ungenügend, weil dieser Seite der Wissenschaft kaum viel Aufmerksamkeit gewidmet wird. Außerdem bewegt sie sich in der Schmalspur des eigenen Faches, im Schonraum verschiedener Wirklichkeitskontexte. Wiederum heißt Letzteres nicht, dass sie nicht über diese Wirklichkeit nachdenken, sich ihre Meinung bilden, sie vermeiden aber den mühsameren Weg mit ihr, sich gegenseitig in Bewegung zu bringen.

Insofern ist auch die Philosophie, ihre Anfänge verlassend, zu jener Wissenschaftsauffassung verführt worden, die Menschen als ihre Objekte erforscht, in der Hoffnung, sie würden ihre Ergebnisse bereitwillig übernehmen und in Konsequenzen umsetzen. Dies gehört zur Illusionsbildung einer Wissenschaft, die ohne Selbstaufklärung auskommen will, aber auch nicht die nötige Macht hat, im Sinne ihrer Resultate einzuwirken. Gemäß ihren Kriterien muss sie auch von der Psychotherapie über Gruppendynamik, Aktionsforschung bis hin zu unserer Form der Interventionsforschung, diese allesamt als „unwissenschaftlich" bezeichnen, weil es eben nicht bloß die eingerichtete Wissenschaft ist, die über ihre Wahrheit verfügt. Da kommt eben noch „Einiges" hinzu, in ihrer Auffassung „Außerwissenschaftliches", das klassische Trennungen über den Haufen wirft.

Noch schwerer fassbar ist das Hintergrundmotiv. Dass außerhalb der Wissenschaft – überhaupt in unserer „verwissenschaftlichen" Gesellschaft – viel an „implizitem" Wissen vorhanden ist, das zu heben man gut beraten ist, will man ja gerade noch zugeben: Dass es aber um Selbstaufklärung geht, um eine Wissenschaftspraxis, die sich anschickt, die Freiheit von Personen und Systemen anzuerkennen und damit einen Begriff des Menschen zu ihrer Grundlage macht, der sonst eher nur theoretisch bleibt, bzw. in Verobjektivierungsverfahren überhaupt keinen Platz hat, wohl eher nicht. Das „Unerhörte" dieser Wissenschaft vom Menschen wird kaum in der Anreicherung eines vielfältigen zusätzlichen Wissens bestehen, sondern in ihrem Perspektivenwechsel um 180 Grad; was heißt es, wenn eine Wissenschaft sich praktisch jenem „Feld" menschlicher Existenz widmet, das wie vorhin erwähnt, sich allem bestimmten (einzeldisziplinären) Wissen entzieht? Oder anders herum ausgedrückt: Wie kann man als Wissenschaft wirksam werden, ohne die Freiheit des Selbst von Personen und Systemen zu überspringen? Das „Unerhörte" einer solchen ist nämlich, dass sie „Gegenstände" dabei zur Wirkung bringt, die zwar existenziell zum Menschen gehören, die sich aber der wissenschaftlichen Bestimmung entziehen.

Die dritte hier zu nennende Epoche der griechischen Menschenwissenschaften verlässt den sokratischen Weg. Sie kennt die einen, die sich in einen Schutzraum eines privatisierten, kosmologischen Universalismus zurückzogen und von dort aus Ratgeberfunktion übernahmen; wie kommt man halbwegs glücklich durchs Leben, wie vermeidet man Leid, wie macht man sich gleichgültig gegenüber Schicksalsschlägen? Anders Aristoteles und seine Nachfolger, die eher „aristokratisch" universelle Systeme der Weltinterpretation ausbildeten; nicht ohne einen theologischen Hintergrund lebendig werden zu lassen (siehe die Stellung der Theoria bei Aristoteles als „Gottesschau"). Aristoteles war der Erzieher von Alexander dem Großen, der sich anschickte, sein Weltreich zu gründen, die Enge griechischer Stadtstaaterie hinter sich zu lassen. Ebenso hat Aristoteles nicht mehr den Dialog mit seiner Umgebung gesucht und für seine

Philosophie konstitutiv gemacht, sondern sich in die einsame Leistung einer gesamten Weltinterpretation hineinbegeben; diese auch noch ohne Skrupel aufgeschrieben, während Platon aus seiner Position heraus noch erheblichen Zweifel daran hatte, ob Verschriftlichung („Feststellung") der Philosophie nicht schaden würde.

Der gigantischen Leistung des Aristoteles verdanken wir ein Problembewusstsein, an das noch heute angeschlossen werden kann. In der Fach-Philosophie ist sein Einfluss ungebrochen und wir bewundern noch heute nicht bloß seine scharfsinnigen erkenntnistheoretischen Analysen, seine „Erfindung" der Logik, sondern auch seine nüchtern-maßvollen „realistischen" Analysen zu Ethik und Staat. Bis zum Ende des Mittelalters war er der Philosoph, der die gesamte christliche Theologie bestimmte und daher auch den Ehrentitel „praecursor Christi" erhielt. Für die Theologie, die „Aristokratie des Denkens", im gleichen Bestreben ein universalistisches Denkgebäude zu entwerfen, war Aristoteles unverzichtbar. Was ihn eben auszeichnete, war der Gesamtentwurf, der nichts Wichtiges außer sich ließ, sich auch für Alltägliches nicht zu schade war; genau in dieser Aufgabenstellung sah sich auch die Scholastik, wobei sie die Ordnung des Universums als Schöpfung Gottes verstand.

An diesem Universalismus wurde viel Kritik geübt, und es war nicht erst die Überfülle spezialistischer Wissensproduktion, die am „System", den „großen Erzählungen", Zweifel aufkommen ließ; sich mit der nicht unberechtigten Meinung breit machte, dass es unmöglich sei, alles Wissen der Zeit in einen stimmigen Zusammenhang zu bringen, noch dazu von Einzelpersonen. Insofern hat man Leibniz als den „letzten" universalistischen Denker bezeichnet, und bereits Hegel ob seinem Mangel an naturwissenschaftlicher Einzelerkenntnis lächerlich zu machen versucht. Vermutlich ist die Debatte aber noch nicht ausgestanden. Aristoteles und der Scholastik verdanken wir jedenfalls mit ihrem Universalismus den Hinweis, dass man nichts einfach nach außen stellen darf; dass zum Selbstbegriff des Menschen Orientierung in allem ihm Wesentlichen dazugehört; oder auf unser Hauptthema hin übersetzt, dass es nicht ausreicht, spezialistisch den Menschen begreifen zu wollen.

Die Einzelwissenschaften vom Menschen, seiner Natur und deren Gesetze

Genau aber das versuchen die Wissenschaften vom Menschen in ihrer neuzeitlichen Entwicklung. Es ist die Geschichte ihrer „Emanzipation" aus der Philosophie; zugleich eine, die meint, durch Spezialisierung analog den Naturwissenschaften, hier besonders der Physik, über ein ausgebreitetes Detailwissen mehr Wirkung in ihrem Forschungsfeld zu erzielen. Man kann sich nun auf diesem Weg gleich als Naturwissenschaft begreifen, wie z.B. die Medizin bis heute, ebenso bestimmte Zweige der experimentellen Psychologie, wie aber auch eine „materialistisch", physiologische Philosophie, die von der Mechanik beeinflusst den Menschen als Maschine verstehen will. Nun ist der Mensch zweifellos Natur und unterliegt ihren Gesetzen, von der Schwerkraft über chemische Stoffwechselprozesse bis hin zur Ausgeliefertheit an Bakterien, Viren etc. Doch bereits hier ist Vorsicht geboten, wenn von Gesetzen die Rede ist. Dies in dreierlei Hinsicht:

- *Erstens* kann hier unter dem Gesetzesbegriff der vorgegebene Zusammenhang eines Naturgeschehens verstanden werden, der jeder Erkenntnis vorausliegt, komplexe Prozesse und Wirkzusammenhänge sowie Rückkoppelung meint; der auch vor und unabhängig von einer direkten willentlichen Beeinflussung existiert. Hier wird allerdings ein Naturbegriff intendiert, der sich als solcher spezialistischer Erkenntnis entzieht (Ähnliches liegt vor, wenn vom Leben gesprochen wird). Es lässt sich hier schwer ausmachen, was zur Natur des Menschen gehört, was nicht. Endet sie an den Grenzen seines Körpers, der Haut oder spielt auch der Vollmond eine Rolle. Den Menschen als Naturgeschöpf dieser Art unter Gesetze zu bringen, müsste aussagen können, wie Natur, Leben überhaupt als ständiger prozessualer Zusammenhang existieren. Dies würde wiederum einen „kosmologischen" Ausgriff bedeuten („die Monade ist Spiegel des Universums", wie es Leibniz schon gewusst hat).
- *Zweitens* kann daraus gefolgert werden, dass, wenn es um Naturgesetze im Menschen geht, dieser Gesetzesbegriff untauglich ist. Analog der angewandten Naturwissenschaft geht es um das Erfassen abgegrenzter Teilbereiche. Diese können größer oder kleiner sein, sie kommen aber nicht um Selektion, Ein- und Ausschluss, Orientierung etc. herum. Das heißt, das Forschungsfeld muss „idealtypisch" hergerichtet werden. Die neuzeitliche, naturwissenschaftliche Medizin beginnt nicht zufällig mit dem Sezieren von Leichnamen; in ihnen lässt sich die Anatomie (Temnein heißt zerteilen, zerstückeln) des Menschen am besten erkennen, weil der innerer Zusammenhang des Lebens verloren gegangen ist. Nun ist die Medizin natürlich nicht bei diesem unzufälligen Anfang stehen geblieben, ihre spezialistische Entwicklung hat dieses Muster aber übernommen und weitergeführt.

Wichtig ist es, Teilfunktionen zu isolieren, um z.B. bei Störungen auf sie Einfluss nehmen zu können. Damit diesbezügliche Diagnosen möglich sind, müssen „Normwerte" geschaffen werden, nach denen gemessen wird. Diese können, wie wir wissen, in einer bestimmten Bandbreite herauf- oder herabgesetzt werden. Nach ihrer Messzahl richtet sich die Eingriffsnotwendigkeit, zumindest deren Empfehlung (was für den „Erfolg" der Pharmaindustrie nicht unwesentlich ist). Gesundheit und Krankheit werden nach diesen Normwerten bestimmt und daher in diesem Bereich der Mensch auf seine „Natur" festgelegt; diese ist aber nicht nur seine „vorhandene", sondern eine „festgestellte". Ihr muss er sich „fügen", wenn die Wissenschaft wirksam werden will. Es wird ihm sozusagen seine „Natur" oder wie man das nennen soll, was von ihr übrig bleibt, vorgeschrieben. So kann es geschehen, dass jemand „seiner Natur nach" krank, seinem Empfinden nach sich aber gesund fühlt und umgekehrt. Die Verobjektivierung der Wissenschaft setzt sich im Betroffenen fort. Er sieht sozusagen seinen Körper von außen an, als etwas Anderes als er selbst ist.

Krankheit fördert allerdings dieses „Außer-sich-Sein" und kommt so der Wissenschaft entgegen. Es ist auch wohltuend und Sicherheit gebend, in diesem Zustand jemanden zu finden, der einerseits ihn aus subjektiver Verunsicherung ins „Bekannte" zurückführt (man hat seine Diagnose, seine Therapie und teilt diese mit vielen anderen, die gesund geworden ein Beweis für Stimmigkeit und Wirksamkeit sind), der andererseits jene Ersatzautorität über meinen Körper darstellt, die meine eigene verloren gegangene ersetzt.

„Teilnaturen" durch Verobjektivierung festzustellen, ist für eine naturwissenschaftlich orientierte Medizin notwendig, Bedingung für Eingriffsmöglichkeiten und wer möchte an ihrer Erfolgsgeschichte zweifeln? Ihr Erfolg ist aber bedingt und entspricht einem Reduktionsmodell innerhalb der Wissenschaften vom Menschen. Er braucht „Materie", Kausalitäten im Seienden; darin haben die von uns früher erwähnten Begriffe keinen Anbindungsort. Zwar wird z.B. in der psychosomatischen Medizin, wo vom Einfluss der „Seele" gesprochen wird, versucht, so etwas wie „Kausalität aus Freiheit" miteinzubeziehen, sie denkt sie aber meist analog der linearen Kausalitäten, was wiederum verobjektivierend die Seele zum „Seelending" macht.

Nun wissen aber, so weit mir bekannt, alle Mediziner, dass es in Heilungsprozessen, in Krankheitsverläufen, in Abwehrreaktionen etc. Ereignisse gibt, die nicht naturwissenschaftlich erklärbar sind (das beginnt schon bei der Wirksamkeit von Placebos). Auch wenn sie also lege artis handeln, konspirieren sie doch auch mit dem, was bei ihren Patienten „nicht" zu ihrer Natur gehört, mit mehr oder weniger Begabung, mehr oder weniger Überzeugung. Wie „dicht" diese Kommunikation ist, worauf unbedingt in ihr Rücksicht genommen werden sollte, all das ist nicht Gegenstand naturwissenschaftlicher Gesetzgebung; von Individuen zu Individuen verschieden, von Situation zu Situation. In seiner Wissenschaft fühlt man sich sicher, kann Auskunft geben, sich Kontrollen stellen, in der darüber hinausgehenden Kommunikation nicht.

Und dennoch ist eine Medizin, die sich darauf einlässt, eine Wissenschaft vom Menschen, die ihn nicht auf seine „äußere" Natur reduziert. Die Anerkennung des Patienten als nicht wissenschaftlich erfassbare „Größe" kommt dem Menschen näher, als seine Reduktion auf Datenmaterial. Dabei muss sie sich aber auf (von außen) Unbestimmbares einlassen, die Bedeutung des Nicht-Wissens respektieren. In dieser Gestalt kommt die Medizin als Wissenschaft vom (ganzen) Menschen, die auch seine Individualität miteinbezieht, der Interventionsforschung nahe. Auch das Verhältnis von Wissen und Entscheidung spielt eine große Rolle, gegenseitige Vertrauensverhältnisse und ein ganzes „Paket" unwissenschaftlicher, „irrationaler" Emotionen. Schon die juristisch geregelte Tatsache, dass sich ein Patient, sofern er kann, für oder gegen eine Behandlung entscheiden kann, verwehrt es der naturwissenschaftlichen Logik, sich technisch, wirklichkeitsverändernd umzusetzen. Somit ist für unsere Medizin etwas bindend, was ein Menschenbild voraussetzt, das naturwissenschaftlich nicht erfassbar ist.

Die Interventionsforschung geht insofern einen Schritt weiter, als sie dem unbestimmbar Wirkenden Prozesse und Organisationsformen zur Verfügung stellt. Aber auch die Medizin erforscht in ihrer Praxis nicht bloß wissenschaftliches Wissen, sondern erwirbt Kenntnisse über die Zusammenarbeit von Subjekt und Objekt, Experten und Laien. Nicht immer war die Medizin in diesem Sinne Menschenwissenschaft. Ihre Reduktion auf „reine" Naturwissenschaft fand immer wieder statt und ließ sich politisch-ideologisch missbrauchen. Wenn Menschen auf ihr Naturkonstrukt eingeschränkt werden, kann man mit ihnen auch beliebige Experimente durchführen. Sie müssen nicht mehr nach ihrem Willen, ihrer Zustimmung gefragt werden, weil diese sind in dieser Natur kein Gegenstand. Es ist aber auch kein Zufall, dass diese Selbstverirrungen der Medizin meist Hand in Hand gegangen sind mit menschenverachtenden Ideologien, in denen bestimmten Menschen ihr Menschsein abgesprochen wurde. Man könnte hier selbstverständlich auch die naturwissenschaftlich orientierte Psychologie als Beispiel heranziehen, die ebenso missbraucht wurde, bzw. sich missbrauchen ließ.

- *Drittens* gibt es Kausalzusammenhänge, die gesetzliche Muster zeigen, nicht aber den Naturgesetzen in strengem Sinn zuordenbar sind. Auf der einen Seite stehen die erwähnten „Emergenzen": Der unerklärliche Zusammenhang zwischen Geist, Freiheit etc. und Körper; wir wissen zwar, dass ohne Körpergeschehen es kein Denken, keinen Geist gibt, wir können in ihm sogar Prozesse identifizieren, Denken und Geist sind immer aber auch etwas Anderes. Auf der anderen Seite wissen wir, dass der umgekehrte Einfluss ebenso besteht. Wir treffen hier auf Verhaltensmuster, Prägungen, unmittelbare Reaktionsformen usw.; die weder dem bloßen Körpergeschehen angehören, noch Akte bewusster Freiheit sind. Oft sind sie emotionell stark besetzt, meist nicht unmittelbar einem distanzierenden Denken verfügbar. Situationsbedingt erfassen sie den ganzen Menschen, sind also schwer, in Einzelexperimenten isoliert, erfassbar.

    Von einem Gesetzescharakter lässt sich deshalb sprechen, weil sie sich bei gegebenem Anlass meist wiederholen. Persönliche Prägungen sind Ergebnis lebensgeschichtlicher Erfahrung, meist schon recht früh auf Schiene gebracht.[182] Sowohl gute, wie schlechte, erfolgreiche und misslungene formen ein Muster, das meist auch öfter erprobt, gar nicht mehr hinterfragt oder näher überprüft wird; sie sind auch der Ort von Vorurteilen – Urteilen, die man schon vor eintretenden Situationen als Ordnungsschemata zur Verfügung hat. Diese Prägungen machen Individuen gemäß ihrer besonderen Lebensgeschichte voneinander unterschieden, aber auch ähnlicher. Die Ähnlichkeit wird meist in Typisierungen, Charakteren zum Ausdruck gebracht.

Neben den persönlichen Prägungen gibt es auch kollektive Muster, geschichtlich und kulturell geformt. Zu ihnen gehören beispielsweise unsere unmittelbaren Reaktionen auf Konflikte, auf extremere Gefahren, auf Gefährdungen einer kollektiven Identität. Diese Reaktionsmuster sind insofern sehr hartnäckig und stabil, als sie über Jahrhunderte oder gar Jahrtausende eingeübt wurden; sie sind also Produkt menschheitsgeschichtlicher Entwicklungen. Als solche haben sie sich, weil eben auch Entwicklung stattfand, differenziert und ebenso weiterentwickelt. Beobachtbar ist allerdings, dass sie meist nachhinken, in diesem Sinne „konservativ" sind. Bevor man neue Muster zulässt, versucht man mit den alten das Auslangen zu finden. Die Wendung von der „Antiquiertheit des Menschen"[183] hat hier durchaus ihre Berechtigung. Wir können das heute gut be-

---

182 Vgl. Riemann, 1995.
183 Vgl. Anders, 1956.

obachten, wo z.B. moderner Konfliktumgang vom alten Sieger-Verlierer-Schema immer wieder durchkreuzt wird. Alte Muster, kollektiv geteilt, ermöglichen zwar „kommunikative Orientierung" – man trifft auf Gewohntes – und vermitteln damit Sicherheit, gerade Letzteres verhindert aber ihre Überwindung. Wie schon erwähnt, treten sie meistens mit starker emotioneller Besetzung auf, was die rationale Wissenschaft veranlasst hat, sie dem Irrationalen zuzuweisen. Demgegenüber muss festgehalten werden, dass die kollektive Musterformung weder willkürlich noch zufällig erfolgte. Sie hatte zu ihrer Zeit ihren historischen und sozialen Sinn; und jeder Sinn hat seinen emotionellen Ausschlag. Die emotionelle Besetzung verstärkt sich aber dann eher, wenn der Sinn verloren gegangen ist, die Muster aber noch praktiziert werden.

Psychologische, soziologische, politologische Forschungen haben sich z. Teil ausführlich mit diesen sich wiederholenden Erscheinungen beschäftigt. Isolierbare Wiederholungen sind auch experimentell feststellbar. Damit endet aber meist schon das wissenschaftliche Programm, man gibt sich anscheinend zufrieden, dass es ist, so wie es ist. Oder man hofft, dass seine Ergebnisse, den Menschen gleichsam als Spiegel vorgehalten, zur Einsicht und Veränderungsenergie führen. Was bleibt einer an Daten und Fakten (dem „Materiellen") orientierten Wissenschaft auch anderes übrig? Erziehungs- und Bildungsprogramme zu entwickeln ist nicht ihre primäre Aufgabe. Was nun die persönlichen Prägungen betrifft, haben Psychotherapien andere Wege beschritten, indem sie soziale Settings entwickelt haben, in denen Individuen nicht nur mit Ergebnissen (Diagnosen) konfrontiert wurden, sondern einen Zugang zu den prägenden Erfahrungen und den damit verbundenen Emotionen vermittelt bekamen. Ebenso haben sich systemische Familientherapieformen an Grunderfahrungen von Kollektiven herangewagt.

Was aber weitgehend noch aussteht, ist die Erfahrungsbewältigung in Organisationen, Systemen größerer Form. Die Gruppendynamik kann hier Ergebnisse vorweisen und auf Lernmodelle zurückgreifen; ebenso weiterführend sind Versuche in der Organisationsdynamik. Sie alle „arbeiten" mit den Selbsterfahrungen, Emotionen, Verhaltensformen der jeweils Betroffenen. Die Interventionsforschung steht in der gleichen Tradition. Sie beobachtet nicht bloß von außen (Fremdsicht), sie regt zur Selbstbeobachtung an. „Gesetzorientierte" Wissenschaften sind eher an der Feststellung des Gleichbleibenden, Unverrückbaren interessiert. Sie gewinnen ihre Ergebnisse in Distanznahme zu ihrem „Objekt"; sehen sich auch nicht befugt, diese in den „Lieferanten" erfahrungsmäßig und emotionell zu verankern. Damit sorgen sie indirekt, meist ohne es zu wollen, für die Perpetuierung der bestehenden „alten" Muster.

Die Interventionsforschung als eingreifende Wissenschaft geht nun davon aus, dass selbst „einzementierte" kollektive Muster veränderbar sind, wie es auch die Geschichte, ohne sie speziell zum Thema zu machen, vorgeführt hat. Diese Lerngeschichte ereignete sich aber weitgehend „emergent", d.h. hinter dem Rücken der Betroffenen. Wir scheinen, so eine Grundannahme der Interventionsforschung, allerdings in ein historisches Stadium gelangt, wo wir die Geschichte allein nicht mehr für uns arbeiten lassen dürfen; es wird immer gefährlicher, mit alten Mustern Gegenwartsprobleme bewältigen zu wollen. Die europäische Aufklärung war der Meinung, bei der gleichen Vernunft, die allen Menschen zukommt, genüge Wissen und Einsicht in seine Vernünftigkeit, dass Veränderung stattfindet. Dieses Programm hat sich als zu kurz gegriffen erwiesen. Eine zweite Aufklärung muss sich dem „ganzen" Menschen zuwenden, für die Selbstaufklärung seiner Verhaltensdeterminanten sorgen. Jene Distanz, die die üblichen Wissenschaften per Methode, Institution, Instrumente erreicht, ist eine ganz andere als jene, die es in praktischer Selbsterfahrung den jeweils Betroffenen ermöglicht, ihre Freiheitsdeterminanten zum Thema ihrer eigenen Freiheit zu machen.

Letztlich ist unsere Unterworfenheit unter bestehende Naturgesetze zwiespältig; insofern als diese Gesetze vom Menschen zu seinen Gunsten verwendet werden können. Die Natur mit ihr selbst zu „überlisten", war die Parole der mechanischen Künste: Ihre diversen Wirkkräfte in Werkzeugen, Gerätschaften, Maschinen so zu bündeln, dass sie für uns arbeiten. Diese „Indienstnahme" offenbart die Dialektik dieser Art Unterwerfung; es ist eine, die zugleich Macht über Naturkräfte gewinnen lässt. Ihre eindeutige, einlinige Wirksamkeit, wie sie an und für sich in der Natur besteht, wird durchbrochen. Sie wird sozusagen in Instrumenten neu zusammengesetzt, was uns z.B. trotz Schwerkraft erlaubt zu fliegen; oder die Schwerkraft für die Erzeugung elektrischer Energie zu nützen, die eine natürliche Abfolge von Tag und Nacht verändert. Das heißt allerdings, dass wir die verschiedenen Naturgesetze auch hier nicht so sein lassen, wie sie unmittelbar vorhanden sind. Wir beobachten, isolieren sie und verbinden sie in anderen Zusammenhängen. Rückwirkend schaffen diese wiederum wirksame Eingriffe in vorhandene Abläufe. (Ein Stausee verändert lokale Wetterbedingungen, der Flugverkehr ebenso, ist darüber hinaus Eingriff in globalere klimatische Verhältnisse, usw.).

Ebenso gibt es Rückwirkungen auf die Menschen, ihre Arbeitsformen, ihre Wirtschaft, ihr Zusammenleben. Die Natur „überlisten" heißt hier also, ihre Gesetze zu den unseren zu machen, was nicht ohne Folgen für uns selbst bleibt. Sie kommen nämlich in dieser Übersetzung in aller „Unerbittlichkeit" zurück, ohne dass wir es zunächst bemerken. Im Triumph unserer List übersehen wir unsere neuen Abhängigkeiten. Sie besteht einerseits in der notwendigen Störung aller früher vorhandenen Wirksamkeitszusammenhänge, andererseits in der Schwierigkeit einer Rücknahme. Die Gesetze der Natur einmal verwendet, verwehrt jedes „Zurück zur Natur"; die Dialektik der Unterwerfung muss auf neuer Ebene ausgetragen werden.

Die „Intervention" der „Menschenwissenschaften"

Wenn wir uns bisher hauptsächlich den angewandten Naturwissenschaften gewidmet haben, so deshalb, weil hier das Muster erfolgreicher Intervention und deren Vorgangsweise darstellbar war. Wir haben mit der Erwähnung einiger anderer Wissenschaften (Medizin, Psychotherapie, Gruppendynamik, Organisationsdynamik, Philosophie), jenen, die spezifisch mit Menschen und ihren Veranstaltungen zu tun haben, bereits auf eine andere Art von Intervention hingewiesen. Abschließend und umfangsbedingt recht holzschnittartig soll noch ein letztes Mal auf die Geistes-, Sozial-, Kulturwissenschaften der Blick gerichtet werden. Die vorweg formulierte These lautet: Weil diese Wissenschaften ihre besondere Art der Intervention, verbunden mit ihrem ebenso besonderen Gegenstand, den Menschen nicht ausgearbeitet und daher auch nicht wahrgenommen haben, haben sie sich entweder dem Vorbild der Naturwissenschaften angeschlossen, in der Hoffnung, auf diese Art „eingreifende Wirksamkeit" zu bekommen, oder sie mussten sich immer mehr in sich zurückziehen und konnten dadurch auch nur mehr für sich selbst wirksam sein. Die Begründung dieser These würde einer eigenen Abhandlung bedürfen. Hier muss ich mich mit einigen Hinweisen begnügen.

Was mag dazu geführt haben, dass alle diese Wissenschaften den beschriebenen Weg genommen haben? Ihrem „Wesen" nach geht es ihnen doch um die Selbsterkenntnis der Menschen, nicht um eine Wissenschaft über diese, gewonnen von einem objektivierenden Blick von außen, in dem man „das Selbst" zugunsten von Daten, Fakten, Ereignissen verliert. Allein diese Ausrichtung auf vorhandenes Material (Quellen, Ereignisse, Werke etc.) rückt sie in die Nähe der Naturwissenschaften. Zwar haben diese Daten irgendeinen Zusammenhang mit den Menschen, die sie geschaffen haben, auch jenen, für die sie geschaffen wurden, wie dieser aber aussieht, wie der Zusammenhang mit uns herzustellen ist, bleibt ein großes Rätsel. Man müsste ein Äußeres in ein Inneres übersetzen; dies ist einerseits schon deshalb schwierig, weil das „Material" meist bereits der Vergangenheit angehört, die Akteure uns auf unsere Fragen nach Motiven, Beweggründen, Absichten und Zufälligkeiten keine Antworten mehr geben können. Wir sind also auf Mutmaßungen angewiesen. Selbst wenn Selbstzeugnisse vorliegen, können wir ihnen glauben oder auch nicht.

In jedem Fall sind lineare Kausalitäten problematisch, eben weil nicht, wie in den „materialistischen" Naturwissenschaften, Seiendes mit Seiendem verbunden werden soll, sondern handelnde Menschen Mitursache sind. Eine weitere Schwierigkeit besteht in der „Historizität" des Materials, das sich als laufender und unabgeschlossener Prozess darstellt – unabgeschlossen solange es Menschen gibt, die anschließen. Dieser Prozess als ständig in jede Richtung bezugsreiche Bewegung, macht Elementarisierung, die Isolierung von Teilen schwer und man muss bemerken, dass sich die Geschichte selbst umschreibt. Die „Selbsterkenntnis" von Akteuren wird durch jene der Nachfolgenden relativiert, die mit dem nicht unplausiblen Anspruch auftreten, die Früheren besser zu verstehen als diese sich selbst. Wie soll es gelingen, in diesem Konglomerat von Fakten, fortlaufender Bewegung, Umschreibung, subjektiver Bezüglichkeit etc. Fest-Stellung zu versuchen, „Objektivität" herzustellen und damit dem Wissenschaftsvorbild zu entsprechen?

Kaum wissen wir etwas Genaueres über das Verhältnis dieses Gesamtprozesses zum Bewusstsein der handelnden Menschen. Wie werden sie durch ihn bestimmt, was bestimmen sie selbst? Wie werden sie getrieben, was setzen sie bewusst aus sich selbst? Letztlich müssen wir zugeben, dass die wissenschaftlichen Erklärungen und Interpretationen selbst nicht unabhängig von ihrem Gegenstand, jedenfalls nicht von ihrer geschichtlichen Situation und Interessenlage sind; aus diesem Grund verändern sie sich auch notwendigerweise und zeigen damit indirekt den Sinn dieser Wissenschaften vom Menschen auf: Es geht ihr nicht um die Erkenntnis vergangener Ereignisse, wie sie damals wirklich waren, es geht uns um unser gegenwärtiges Selbstverständnis, zu wissen, was aus uns geworden ist, wo wir in diesem Prozess gerade stehen. Schließlich ist dieser Standort auch Produkt und Resultat dieser gesamten Vergangenheit und ihrer Weichenstellungen, auch dessen was man dabei „vergessen" hat.

Dieses berechtigte Erkenntnisinteresse hat aber kein richtungsgebendes Maß in sich. Die Selbsterkenntnis soll ja jeweils erst zustande gebracht werden, es gilt kein objektives Fundament, auf das alles Material bezogen werden könnte. Dieses gäbe es nur dann, wenn wir bereits wüssten, was der Mensch ist und an ihm beurteilen könnten, was ihm entspricht, was nicht. Da er aber außerdem nicht nur ist, sondern sich auch immer aufgegeben ist (in prinzipielle Offenheit hineingehalten), kommt zur Selbsterkenntnis noch ein weiteres Moment hinzu. In ihr manifestiert sich nämlich eine grundsätzliche Differenz zu allem Sein, zu allem, was bestimmt aussagbar ist, und diese Differenz lässt die Willensseite zur Geltung kommen. Die Selbsterkenntnis wird zum Ort, wo sich Gedanken über dasjenige einstellen, was man sein will. Die angewandte Naturwissenschaft schließt diese Differenz kurz. Was sie will, manifestiert sich eben in Anwendung und Umsetzung. Das Wollen kommt im Werk zu seiner realen Erscheinung und in den Fest-Stellungen zur Ruhe. So wie die Naturwissenschaft, wie erwähnt, „geistvergessen" ist, verfolgt sie auch nicht die Wege von den Werken zurück zur Selbsterkenntnis. Diese überlässt sie denen, die sie gebrauchen oder anderen Wissenschaftsdisziplinen; das Wiederaufrichten der Differenz bei Letzteren firmiert unter dem Namen „Kritik". Sie aber bleibt bei sich selbst, wenn sie hauptsächlich der Selbsterkenntnis der Wissenschaft dient.

Für die Wissenschaften vom Menschen ist es schwierig zuzugeben, dass sie im „normalen" Wissenschaftsverständnis, das im Wesentlichen vom naturwissenschaftlichen Paradigma geprägt ist, eigentlich keinen adäquaten Platz haben, zumal dann, wenn Selbsterkenntnis, Freiheit (der Mensch als handelndes, entscheidendes Wesen) Themen dieser Wissenschaften sind; wenn es zusätzlich notwendig ist, Wissenschaft als Prozess zu verstehen, in dem es keine feststehenden „Wahrheiten" (Objektivitäten) gibt, da jede neue Wissenschaftlergeneration, ihre Interpretationen und Sichtweisen, für diese Wahrheiten konstitutiv ist.

Nun muss gesagt werden, dass auch die Naturwissenschaften in Bewegung sind, es immer auch einen „letzten Stand der Forschung" gibt, den ein nächster überwinden, ergänzen, neu formulieren kann. Sie kann aber ein paradigmatisches Fundament voraussetzen, auf das man sich beziehen kann, das außer Streit gestellt ist. Zu ihm gehört z.B. der Gebrauch von Mathematik (bis hin zu Statistik und Wahrscheinlichkeitsrechnung); noch I. Kant (1956) wollte als Wissenschaft nur gelten lassen, was sich mathematisch zum Ausdruck bringen lässt. Die „hinter" ihr stehende „Logik" sorgt für den Ausschluss von Widersprüchen. Außerdem ist sie jene Wissenschaft, die in ihrer verallgemeinernden Abstraktionsleistung alles „Subjektive" am Weg dorthin ausschaltet, zumindest diszipliniert. Hinzu gehört weiters das bereits in aller Ausführlichkeit diskutierte Experiment, die Herstellung idealtypischer Konstellationen und seine Isolierung, Abtrennung aus umgebender Gesamtwirklichkeit. Damit verbunden das „Elementarisierungspostulat", das analytische Verfahren, schließlich ein Forschungsresultat als Neuzusammensetzung (künstliche Synthesis). Ihr „Gegenstand" ist Seiendes (Materielles, Vorhandenes, Auffindbares, Messbares) und deren (kausaler) Zusammenhang. Insofern ist sie „nach außen" gerichtet.

Auch der Mensch selbst wird zu einem äußeren Gegenstand gemacht, den man wie anderes Seiendes beobachten, elementarisieren, mit dem man Experimente veranstalten kann, dessen „Wesensmerkmale" statistisch vermessen werden können. Auch wenn sich Geistes-, Gesellschafts- und Kulturwissenschaften oft genug nach diesem paradigmatischen Fundament gerichtet haben und es auch immer noch tun, in ähnlicher „Geistvergessenheit" auch Selbsterkenntnis von objektiver Erkenntnis getrennt haben (damit Ausschaltung von Subjektivität, Emotionalität, die Selbstdifferenz betrieben haben), gab es immer auch andere Strömungen, die es „aushielten", nicht in gleicher Weise Wissenschaft sein zu können. Die Vorwürfe, mit denen sie aber ständig konfrontiert waren und werden, nicht „exakt" zu sein, generell der „Unwissenschaftlichkeitsvorwurf", hat sie nur allzu oft in eine Defensive gedrängt, wo eine Offensive angebrachter gewesen wäre. So hört man auch heute oft noch, dass in ihren wissenschaftlichen Auseinandersetzungen zu viel diskutiert, herumgeredet wird, vieles offen bleibt, man sich auf ein objektivierbares Ergebnis nicht einigen kann. Wo es aber um das Erschließen eines Weges vom Äußeren nach dem Inneren geht, das Selbst einer Erkenntnis ins Spiel kommt, das nicht im Seienden, Äußeren, Vergegenständlichtem aufzufinden ist, auch nicht durch „Merkmale", Triebe, Verhaltensformen, Prägungen etc. „zusammengesetzt" werden kann, verliert diese „Wissenschaft" jenen sicheren Boden, auf dem die andere in fragloser Voraussetzung steht.

Wenn man in allem vorhandenen Material nach dem „Wesen des Menschen" sucht, kommt man nicht darum herum, jene Menschen damit zu befassen, die sich mit ihm identifizieren sollen. Diese sind immer auch etwas anderes, als das „Material", das sie ausmachen, definieren soll. Damit sind aber alle Schleusen geöffnet. Aus Forschungsergebnissen werden „Motive", sie allein geben kein Fundament mehr ab. Allerdings haben sie die Chance, für konkrete Handlungszusammenhänge relevant zu werden, damit aber müssen sie den engen Bezirk der Wissenschaften verlassen.

Die „unendliche Diskussion" in den Geistes- und Sozialwissenschaften hat also zwei Seiten: Eine prinzipielle, entsprechend dem offenen, unabgeschlossenen Wesen des Menschen (dem Ort seiner Freiheit) und eine, die sie ihrer derzeitigen institutionellen Verfassung verdankt. Wo Forschung sich nicht dem Risiko der Entscheidung, der Endlichkeit des Denkens im Sinne seiner Konkretisierung aussetzt, bei sich selbst in gehütetem Gehege bleibt, besteht Selbsterkenntnis in einer abstrakten Suche nach jenem Selbst, das in der Wissenschaft allein nicht zu gewinnen ist. Verfolgt man die Entwicklung dieser Wissenschaften, waren sie oft genug gegen diese Selbsteinkerkerung, begriffen ihre Tätigkeit als verallgemeinerbare Bildungsaufgabe. Die „Wiederentdeckung" der Antike war getragen von dem Wunsch, die Menschen in neuer „universeller" Individualität zu etablieren, das Aufblinken der philologischen Wissenschaften, z.B. die Autorität der kirchlichen Auslegung von Bibeltexten zu relativieren und die „Humanisten" als Vorbereiter der Aufklärung waren in viele Religionsstreitigkeiten eingemischt. Auch den diversen Aufklärungswissenschaften ging es nicht um eine naturwissenschaftliche Erkenntnis des Menschen, selbst jenen nicht, die ihn maschinenanalog zu denken versuchten, sondern um die Konstitution neuer Menschenbilder. Diese Wissenschaften vom Menschen hatten eine weltgeschichtliche Trägerschaft im Bürgertum gefunden; insofern sind sie darum bemüht, dessen Selbstverständnis zu fundieren; sie dienten der Herstellung einer „Standesidentität". Allerdings nicht in linearer-eingeschränkter Form ausschließlich aus bürgerlichem Blick, zur Begründung und Zementierung seiner Macht. Auch wenn es diese Engführung gibt, zeigen diese „bürgerlichen" Wissenschaften vom Anfang an Zwiespältigkeit:

Auf der einen Seite wird in der Wissenschaft (übrigens auch in der Kunst, siehe das Genre der Bildungsromane) jenes Wissen eingebracht, das zur Bildung eines bürgerlichen Menschen dazugehört; in dem er sich verständigen kann, seinesgleichen erkennt, sich eben als „gebildet" ausweist. Auf der anderen Seite findet sich in ihnen immer auch die Differenz zwischen Sein und Sollen; das Differenzwesen Mensch wird angesprochen. Die Wissenschaft dient nicht nur der Sicherung und Ausmalung eines Status quo, sie soll auch vermitteln, was sein könnte, man wollen soll. Dieser „idealistische" Zug entspricht durchaus einer Wissenschaft, die nicht bloß Erkenntnis, sondern aus ihr Selbsterkenntnis vermitteln will; sie entfernt sich damit immer auch aus dem Bereich des Faktischen, Vorhandenen, Seienden.

Damit lässt sich erkennen, was, zumindest für diese Zeit, das „Wesen" einer Wissenschaft vom Menschen ausmacht, einer, die die Freiheit des Menschen zur Grundlage hat. Die damit angesprochene Selbstdifferenz weist ihm immer Aufgaben zu, die ihm vielleicht ein „besseres Leben" ermöglichen. K. Marx, der wohl wirksamste Kritiker der bürgerlichen Wissenschaften, zugleich der Aufdecker ihrer verheimlichten Machtbasis in der politischen Ökonomie, hat diese innere Widersprüchlichkeit der Menschenwissenschaft gegen das Bürgertum gewandt und damit ihren neu entdeckten Sinn abgewertet, wenn er sinngemäß sagte: „Das Bürgertum sei für die gesamte Menschheit aufgetreten, hat aber dabei sich selbst gemeint." Freiheit und Vernunft waren aber bereits der Aufklärung unteilbar, insofern mussten sie gleichsam für alle Menschen auftreten. Marx hat ja mit seiner „Mission" nichts anderes getan. Die realgeschichtlichen Grenzen, die Unterschätzung ökonomisch-technologischer Dominanz als eigentliche Macht des Bürgertums sind der „idealistischen" Seite der Wissenschaft zum Verhängnis geworden. Sie ist ins „Ideologische" abgedriftet oder hat sich in die dafür eingerichteten Institutionen zurückgezogen.

Diese Behauptung bedarf noch einiger Erläuterungen. Ideologisch meint hier, dass sich die Wissenschaften vom Menschen direkt und indirekt in den Dienst gesellschaftlicher oder politischer Macht gestellt hat, diese affirmierend, begründend. Die eklatantesten Beispiele für direkte Unterstützung finden sich im Nationalsozialismus und im Stalinismus. Das Verhältnis ist aber nicht einseitig. Die politisch vertretenen Menschenbilder erlauben der Wissenschaft z.b., dieselben auf ihre Verfahren und Methoden zu übertragen. Menschenverachtende Diktaturen erlauben und fördern Experimente an Menschen, in denen diesen ihr Mensch-Sein abgesprochen wird; sie werden zu „reinen" Objekten, der Willkür wissenschaftlicher „Subjekte" vollständig ausgeliefert. Dass viele Experimente mit dem Tod der Betroffenen enden, ist nur die Konsequenz des ihnen vorweg abgesprochenen eigenständigen Lebens. Im direkten ideologischen Selbstverständnis verschafft sich die Wissenschaft vom Menschen analog der politischen Macht Macht über Menschen. Wie in den Naturwissenschaften dient Wissen dem Beherrschen-Wollen und der Kontrolle. Es ist gar nicht notwendig, dass ihre Objekte über sich Bescheid wissen. Dies kann sogar „gefährlich" sein, weil es „Versuchsanordnungen" stören könnte. Es ist nämlich davon auszugehen, dass das Wissen und Bedenken idealtypischer Experimentanordnungen deren Unmittelbarkeit und „Reinheit" durchkreuzen, zumindest um zusätzliche Parameter „ergänzen".

Die letzten Bemerkungen weisen bereits darauf hin, dass ideologischer Wissenschaftsgebrauch nicht notwendigerweise mit politischer Macht in Verbindung sein muss, sich davon entkoppeln kann. Man ist aber immer gut beraten, zu beobachten, ob nicht doch hinter bestimmten Wissenschaften vom Menschen eine gesellschaftliche Macht wirksam ist oder sich die Wissenschaft selbst zu einer Macht aufspielt. So kann es wohl kein Zufall sein, dass neoliberale Politik – eine Übernahme eines reduktiven, ökonomisch-volkswirtschaftlichen Modells mit einem völlig abstrakten Menschenbild – eine Fülle an „wissenschaftlicher" Literatur im Anschluss an Darwins evolutionäre Selektionstheorie hervorgebracht hat; wirtschaftsabhängige Forschung die Harmlosigkeit von Produkten, Eingriffen ins Leben usw. beteuert, sie wissenschaftlich begründet, obwohl bei näherer Betrachtung dieser Begründungsteil ihre Spezialdisziplin weit übersteigt.

Der naturwissenschaftliche Ansatz – übernommen in die Wissenschaften vom Menschen, verführt ebenso schnell zur Machtausübung. Nicht deshalb, weil der Mensch nicht auch Natur ist, und als solche erforscht werden soll – insofern sind die ausgeführten kritischen Bemerkungen keine Ablehnung der Naturwissenschaften vom Menschen überhaupt – sondern weil die gesamte „ausgeborgte" Forschungsanordnung, Methodik etc. bei den „VP's" Teile ihres Mensch-Seins auszuschalten gezwungen sind; hier vor allem Freiheit und Selbstbewusstsein und gerade diese Reduktion verführt eben dazu, den Menschen ebenso auf isolierte Teile seiner selbst zu reduzieren, über die man Macht ausüben kann.

Die indirekte ideologische Seite der Wissenschaft vom Menschen affirmiert ebenso gesellschaftliche Macht, aber nicht durch Reduktion, wie eben geschildert, sondern durch eine spezifische Art von Universalisierung. Sie arbeitet in einem meist historisch heraufgeführten Menschen- und Weltbild, das die bestehenden gesellschaftlichen Verhältnisse in einem Gesamtzusammenhang beheimatet, der sie als sinnvoll, wertvoll und gut nachweist. Nun hat diese Art einer Wissenschaft ebenso ihre Berechtigung. Sie kann davon ausgehen, dass die Menschen ihre Einrichtungen, Institutionen etc. nicht willkürlich oder bösartig vorgenommen haben; dass auch das Negative nicht zufällig ist, sich in ihm Sinn, Funktion verbirgt. Ihr Problem ist aber, dass sie oft Möglichkeit mit Wirklichkeit zusammenmischt; d.h. jene Selbstdifferenz verschwinden lässt, die Bestehendes vom Aufgegebenen unterscheiden kann. Mit anderen Worten, es wird so getan, als seien die Ideen, unter denen man „angetreten" ist, bereits Wirklichkeit geworden. Damit leisten auch sie wiederum jenen gegenüber Hilfestellung, die von sich aus immer wieder vorgeben, die geschichtlichen Ziele bereits erreicht zu haben; sich dann als „Missionare" für Freiheit und Demokratie gegen jene richten, die „noch nicht" so weit sind. Die geschichtlich-gesellschaftliche Wirklichkeit hat aber immer eine „imperfekte", unvollendete Seite an sich, schon aus dem geschilderten Grund der notwendigen Verendlichung von Freiheit, in der sie sich von sich selbst „entfremdet"; positiv formuliert, um der Aufrechterhaltung der Selbstdifferenz willen.

Zum Unterschied von diesen ideologischen Wissenschaften sind die „kritischen" genau mit dieser Imperfektheit zugange. Während die Ersteren durch ihre Dienstbarkeit Anschlussfähigkeit und Wirksamkeit erreichen, haben es Letztere viel schwerer. Dies liegt nicht bloß daran, dass sich politische und gesellschaftliche Macht nicht gerne kritisieren lässt; daher immer wieder auch dafür sorgt, dass sie nicht zu laut und öffentlich werden. Wir befinden uns aber in der glücklichen Lage, jedenfalls an den Universitäten, die Freiheit der Wissenschaften gesetzlich garantiert zu haben; Kritik ist daher sozusagen geschützt. Ihre Wirksamkeit ist dennoch eingeschränkt und findet sich in der Gesellschaft nicht eine ihr entsprechende politische Macht, die sich durch sie begründet und unterstützt sieht (Gefahr des ideologischen Umschlagens!), bleibt sie meist „akademisch".

Man kann hier von einer Ambivalenz des zugestandenen Schutzraumes mit seiner Freiheit sprechen: Einerseits lässt er kritisches Denken zu seinem Recht kommen, andererseits isoliert er es „abseits" der Gesellschaft, schafft eine unüberwindbare Distanz. Die beste Möglichkeit, Kritik unwirksam zu machen, ist sie vom Ort des von ihr analysierten Geschehens nachhaltig und institutionell zu trennen. Den Grund dafür kennen wir bereits; es ist der, der im Unterschied zwischen (wissenschaftlichem) Denken, Forschen, Handeln und Entscheiden liegt. Kritik, die aus „unbetroffener" Beobachtungsdistanz kommt, aus entlastetem Denken, das sich den konkreten Entscheidungen entziehen kann, hat schon aus psychologischen Gründen wenig Erfolgsaussichten; es wird entweder als Besserwisserei abgetan (Versuch einer Machtausübung und Entmündigung), oder wiederum als reine Theorie, die mit der Praxis nicht Schritt halten kann. Bereits Sprache, Terminologie, facettenreiche Detailkritik lassen das Vorurteil bestätigen, mit einem unverständlichen Fachchinesisch konfrontiert zu sein. Es bedarf schon einer großzügigen Selbstdistanz, wissenschaftliche Kritik als wünschenswerte Fremdsicht annehmen zu können.

Dabei muss aber zugegeben werden, dass sich Wissenschaftssprache – vor allem jene der Kritik – nicht so leicht in Alltagssprache übersetzen lässt, die mit der Bewältigung des täglichen Lebens, verbunden in einer unkritischen, pragmatischen „Semantik" lebt. Wirksam kritisch zu sein, hieße daher „gegenseitige" Sprachbildung und diese würde nur über eine strukturierte Auflösung der Institutionsgrenzen funktionieren. Oft werden „Kritiker" um „konstruktive" Kritik gebeten, meist um ihnen nachzuweisen, dass sie entweder nicht über sie verfügen, oder ihre Lösungsvorschläge undurchführbar sind. Problematisch ist es aber ebenso, wenn zur Verfügung gestellte Lösungsvorschläge einfach unreflektiert übernommen werden (Machtausübung durch Expertenglauben) und sich bei der Umsetzung zeigt, dass sie doch nicht zur Realität des Systems passen.

Unwirksamkeit und die Hilflosigkeit sich zu „übersetzen", lässt Kritik oft in die Normativitätsfalle hineintappen. Forderungen werden aufgestellt, denen die „anderen" nachkommen sollen; überhaupt bekommt der Konjunktiv weitverbreitete Bedeutung. Wiederum, gegen Normen, einleuchtende Forderungen ist an sich nichts einzuwenden, selbst wenn sie eine moralisch-pädagogisierte Schlagseite bekommen; es geht vielmehr um die Art der Vermittlung. Sie bleiben nämlich abstrakt, oft so einsichtig wie die Menschenrechte oder der kategorische Imperativ, es fehlt ihnen aber die konkrete Anbindung an jene, die ihnen nachkommen sollen, sie als eigene ihrer Handlungs- und Lebenswelt eingliedern können. Kritik, die umsetzbare Folgen nach sich ziehen soll, muss aus einer Selbstkritik kommen, die wissenschaftliche Kritik befasst sich mit den Anderen, wenn sie sich nicht zufällig mit dem eigenen System beschäftigt.

Im Bewusstsein der ideologischen Gefahren und der Erfahrung der Unwirksamkeit, haben sich viele Wissenschaften vom Menschen in ihre eigene Institution zurückgezogen. Sie betreiben Wissenschaft für sich selbst mit der Hoffnung auf Vortragseinladungen, die ihnen eine größere Öffentlichkeit anbieten oder auf geniale Wissenschaftsjournalisten, die ihre Ergebnisse für die „Laien" übersetzen. Dieser Rückzug hat viele Facetten, auf die hier nicht näher eingegangen werden kann. Der Verzicht auf Wirksamkeit hat durchaus etwas ehrenvoll Aristokratisches in seinem unprätentiösen Auftreten, seiner Zurückhaltung in Belehrung, Kritik und Besserwisserei, in normativem Auftreten. Allerdings lässt er sozusagen die Gesellschaft „im Stich", die – und nicht nur aus ökonomischen Gründen – immer dringender nach ihrem „Nutzen" fragt. Letzterer scheint in den angewandten Naturwissenschaften, ihren Technologien „auf der Hand" zu liegen, wo ist aber jener der Wissenschaften vom Menschen? Eine ideologische Indienstnahme, die alte Hilfe bei der Herstellung gesellschaftlicher (Standes-) Identitäten ließen diesen Nutzen noch definieren, der Rückzug macht ihn vage. Mit dem alten Bildungsgedanken und -auftrag kann ebenso schwer mehr operiert werden, wenn in unserer pluralistischen, sich global ausrichtenden Gesellschaft eigentlich niemand mehr so recht weiß, worin denn Bildung besteht; welche wir brauchen. Oder die Kulturwissenschaften nicht mehr wissen, aus welcher Kultur sie kommen und ob sie irgendeiner entsprechen sollen. Der Rückzug der Wissenschaftler in ihre eigene Welt sammelt vieles an; was aber für die jeweiligen Disziplinen bedeutsam ist, wird außerhalb zum „Stoff". Man muss nur sehen, in welcher Weise sogenanntes Bildungsgut in unseren Schulen weitergegeben wird.

Dieser Kurzausflug durch das Land der Wissenschaften sollte eine Positionierung der Interventionsforschung in Sicht bringen. Er ist daher einseitig ausgerichtet und in jede Richtung kritisierbar, weil er die gesamte Landschaft nicht abgeht. Vielleicht markiert er auch Zuspitzungen, die den Menschen, die Wissenschaft betreiben, und ihren ehrlichen Absichten nicht gerecht werden. Positionierungen bedürfen aber der klaren Unterscheidung. Und hier bietet die in diesem Buch vorgenomme Darstellung der Interventionsforschung ausreichendes Material. Die Frage, ob man sie im „normalen" Sinn überhaupt als Wissenschaft bezeichnen kann, soll offen bleiben, insofern sie einerseits eines institutionell gesicherten Wissenschaftssystems bedarf, dieses andererseits verlassen muss. Einerseits der veränderten gesellschaftlichen Situation zu entsprechen, die als eine „verwissenschaftlichte" anzusprechen ist, andererseits in ihrer Forschung und Praxis einem Menschenbild zu entsprechen, in dem Menschen und Systeme nicht mehr bloß Objekt der Wissenschaft sind, die Wissenschaft vielmehr dazu dient, ihre Freiheit und Selbstreflexion in ihr verbrieftes Recht einzusetzen. Sie ist damit eine Wissenschaft vom „ganzen" Menschen, von „ganzen" Systemen, indem sie die Grenze des Bestimmbaren (des Seienden) ins prinzipiell Unbestimmbare überschreitet. In ihm hat sie „dienenden" Charakter.

Conclusio

Interventionsforschung ist eine Antwort auf eine sich verändernde Gesamtsituation im Verhältnis von Gesellschaft und Wissenschaft. Sie problematisiert die arbeitsteilige Trennung der Systeme und versucht, Brücken zu schlagen. Sie akzeptiert den impliziten und expliziten Wissensvorrat von Menschen, die in einer „verwissenschaftlichen" Gesellschaft und Welt lebend mit Wissenschaften, ihren Produkten, Ergebnissen usw. ständig entscheidend und handelnd umgehen müssen. Im Unterschied zu den disziplinorientierten Fachwissenschaften, die auf ihre spezialistischen Aufgaben, Themen und Zielsetzungen konzentriert bleiben müssen, dementsprechend auch Einzelergebnisse vorweisen, müssen sich Menschen „außerhalb" des Wissenschaftssystems mit deren Zusammenhang, Verbindung, ihren beabsichtigten und unbeabsichtigten Wirkungen befassen und auseinandersetzen. Was ihnen an Spezialwissen und „Expertentum" fehlt (immer häufiger kommt es allerdings vor, dass sie im Gebrauch der Produkte ebenso spezialistisch orientierte Wissenserweiterung vorweisen können), wird jedenfalls durch ein „synthetisches" Zusammenhangswissen wettgemacht. Auch wenn die Ausdifferenzierung unserer Gesellschaft unterschiedliche, spezifischen Aufgaben zugeteilte Subsysteme geschaffen hat (z.B. Recht, Bildung, Gesundheit, Wirtschaft etc.), sind diese nicht analog wissenschaftlicher Spezialisierung zu begreifen; auch nicht auf ihre Funktionalität zu reduzieren. Auch wenn Letztere im Vordergrund stehen mag, bedarf ihre Wahrnehmung „lebensweltlicher" Unterstützung (die Organisation eines Wirtschaftsunternehmens ist mehr als seine Ausrichtung auf Gewinn und eine Produktion, die diesen sichert. Abgesehen davon, dass von der Forschung über Produktion, Verkauf, Finanzen und Controlling höchst unterschiedliche Eigenlogiken in einem System aufeinandertreffen und miteinander auskommen müssen – an den Schnittstellen trifft man nicht selten auf Konflikte – muss ein Gesamtprozess gemanagt werden, der sich aus den einzelnen Funktionslogiken nicht ableiten lässt. Dieser

Prozess schließt auch vieles ein, das in der speziellen Sachlogik gar nicht vorkommt: Emotionen, Konflikte, Motivation und Demotivation, gruppen- und organisationsdynamische Phänomene etc. Deshalb scheint mir der Titel „Lebenswelt" angebracht).

In diesem Prozess werden Erfahrungen gesammelt, ein „Zusammenhangswissen" generiert, das dem spezialisierten Expertenwissen notwendigerweise fehlen muss. Will Letzteres aber anschlussfähig sein, wird es gut daran tun, es zu berücksichtigen, bzw. mithelfen, seinen oft nur impliziten Charakter explizit zu machen. Dies auch aus dem Grund, damit eine „blinde" Übernahme von Expertenwissen an der eigenen Realität überprüft wird. (In unserer expertengläubigen Zeit passiert es immer wieder, dass irgendein Spezialwissen übernommen und eingeführt wird und dann den Gesamtprozess stört; so hat z.B. die Zahlengläubigkeit, der Einfluss des Controlling die selbständige Entscheidungsfähigkeit unternehmerischen Handelns zweifellos nicht immer zum Vorteil des jeweiligen Unternehmens zurückgedrängt).

Im Zusammenhangswissen, in der Lebenswelt von Handeln, Entscheiden, treffen wir ebenso wie in den hier auftretenden Problemen auf Interdisziplinarität. Es ist schon längst bekannt, dass Themen und Probleme gesellschaftlicher Wirklichkeit – vor allem die „großen" – innersystemische Interdependenzen aufweisen, die es schwer bis unmöglich machen, Einzelelemente für Problemlösungen zu isolieren. Damit verlieren die wissenschaftlichen Fachdisziplinen ihre sonst gewohnte Eingriffsfähigkeit. Systemzusammenhänge gehen in ihrer methodischen Abstraktion verloren. Auch der vorerst einmal eingeschlagene Weg, die verschiedensten Einzeldisziplinen heranzuziehen, um ihre Ergebnisse später zu akkumulieren und zu synthetisieren, kann nur dort erfolgreich beschritten werden, wo Teileelemente den Systemen entnommen werden können, ohne es als Ganzes zu stören; wo also „technische" Eingriffe möglich und sinnvoll sind.

Auch im Wissenschaftssystem hat man versucht, interdisziplinär zu antworten. In den meisten Fällen ist man aber hier in äußerer Akkumulation und einem unverbundenen Nebeneinander gelandet. Dabei hat sich nicht nur gezeigt, wie fremd sich untereinander Disziplinen geworden sind, wie schwierig und mühselig es ist, sich eine gemeinsame Verständigungsbasis zu schaffen, den Begriffs- und Terminologiezaun zu überwinden, etablierte Wissenschaftskulturen zu akzeptieren, es zeigte sich noch eine weit prinzipiellere Schwierigkeit, die schließlich auch mit ein Anlass war, das Konzept der Interventionsforschung zu entwickeln. Diese Schwierigkeit ergibt sich aus dem Problem der Grenzsetzung. Klingt es zunächst durchaus plausibel, wenn problemadäquat aus der Gesellschaft aufgegriffene Probleme Einzeldisziplinen zur Lösungssuche zugewiesen werden; hat man danach erkannt, dass Akkumulation bestenfalls lose Verbindungen schafft (d.h. letztlich Lösungen ohne eigenen Beitrag wiederum aus dem Wissenschaftssystem hinausdelegieren muss), will man demgegenüber also eine innere Verbindung schaffen, wird man mit zwei ungewohnten Aufgaben konfrontiert.

Einmal bedarf es einer projektartigen disziplinübergreifenden Organisation. Organisationen brauchen Strukturen, setzen Verbindlichkeiten und wenn es sich um Problemlösungsvorhaben handelt, auch Vorstellungen über Zeit- und Geldressourcen. Das heißt, dass sowohl das zu lösende Problem eingegrenzt werden muss, als auch die Wissenschaften zur Kenntnis nehmen müssen, dass sie nicht „ewig" weiterforschen können.

Anwendungsbezogene (bzw. verpflichtete) technische Wissenschaften haben es hier leichter. Jedes „Produkt" ist gleichsam Lösung und Zielerreichung, eine „materiell" entlastende Etappe im prinzipiell unendlichen Forschungsprozess. Sieht man allerdings ein Produkt nicht nur in seiner eigenen Funktion, sondern in weiteren Wirksamkeiten, die lebensweltliche Folgen haben (z.B. die gesamte IT-Technologie heute), kommt man um interdisziplinäre Fragestellungen nicht herum und damit in die eben genannten Schwierigkeiten (Akzeptanz-Motivforschung, Disseminationsforschung, Technikfolgenabschätzung sind Beispiele dafür).

Es sind gerade die gelungenen interdisziplinären Dialoge, die gleichsam ein „Universum" an Aspekten und Bezügen dem staunenden Auge öffnen (meint man zu Beginn einer Forschung noch mit einigen Wissenschaftszweigen auszukommen, stellt sich bald heraus, dass man weitere hinzuholen sollte). Der Name und Begriff „Universität" spiegelt diese Tatsache wider, sozusagen als letzte Erinnerung daran, dass es um Einheitsbildungen in einem prinzipiell Unendlichen geht, ein Paradoxon, vor dem man weitgehend resigniert hat. Denken und Forschen kann zwar nur in dieser Idee des Unendlichen gedacht werden, problemlösendes „Synthetisieren" bedarf der Grenzsetzung. Wissenschaften entwickeln sich in eine subtile Selbstdifferenzierung hinein und das in einem Horizont ohne Grenze; jedes Resultat öffnet neue Türen; das Material wächst ins Unüberschaubare, Unübersichtliche, muss selbst wiederum immer wieder spezialistisch neu geordnet werden, damit es noch Fachleute gibt, die in Teilbereichen die Übersicht bewahren können. In den Wissenschaftsinstitutionen wird diese Idee der Unendlichkeit unter dem Begriff der Autonomie geschützt und dieses hohe Aufklärungsgut darf nicht äußerem Zugriff und linearen Verwertungsansprüchen aufgeopfert werden.

Problemlösungen allerdings verlangen Endlichkeit, Entscheidungen, Eingrenzungen. Auf Grund ihres oben beschriebenen Charakters haben sie für diese

Tätigkeiten keine innerwissenschaftlichen Kriterien zur Verfügung. Weder kann ein Historiker aus seinem Fach heraus entscheiden, wo ein Soziologe zu denken aufhören soll, noch ein Informatiker einem Theologen vorschreiben wollen, alles auszuschließen, was nicht binär verarbeitbar ist. Wie also kommt man zu selbstauferlegten Grenzsetzungen, auf welche Entscheidungsgrundlage kann zurückgegriffen werden? Zunächst konnte man davon ausgehen, dass das gewählte Problem oder Thema von sich aus diese zur Verfügung stellt. Dieser empiristische Erkenntnisrealismus stellt sich aber, wie schon gesagt, bald als Illusion heraus. Anscheinend klar vorliegende Probleme verändern sich, wenn ihnen verschiedene Wissenschaften „zu Leibe rücken". Sie werden „bunt" facettenreich, widersprüchlich; verlangen förmlich von sich aus gründliche analytische Aufarbeitung. Damit wird dem Tür und Tor geöffnet, was Wissenschaft ohnehin will, nämlich weiterforschen; sie eröffnet sich damit ein Differenzierungspotential, das sie mit fortschreitender Materialfülle nützt. Für eine zeitlich eingegrenzte Lösungsstrategie, vor allem außerhalb ihres eigenen Systems, verbaut diese Materialanreicherung und Differenzierung sich selbst ihren Weg. Entscheidungsenthaltsamkeit (Epoché) fördert gleichsam eine Weiterdifferenzierung, die manchmal durch den Begriff der „Wertfreiheit" gerechtfertigt, manchmal mit arbeitsteiliger Unzuständigkeit begründet wird. Nun ist die ausgeklügelte Ausdifferenzierung nichts Verwerfliches, entspricht sie doch dem Charakter des Denkens überhaupt, kann und soll daher nicht verhindert werden. Es bleibt aber die Frage offen, wie und in welcher Form sie außerhalb ihres Systems wirksam werden kann.

Die Beantwortung dieser Frage hat von der Interdisziplinarität in Transdisziplinarität und uns in die Interventionsforschung geführt. Problemlösungsorientierung bedarf einer Grenzsetzung und diese braucht Entscheidungen; solche, die nicht im Wissenschaftssystem getroffen werden können. Nicht nur weil ihm das reale Zusammenhangswissen fehlt, das die jeweilige Praxis ständig neu reproduzieren muss, welches aber erst jene Bedingungen vorschreibt, in denen analytisch aufgearbeitetes Wissen umgesetzt werden kann.

Es geht darüber hinaus auch noch um einen forschungsethischen Aspekt: Explizites und implizites Wissen sollen durch „Expertenentscheidungen" nicht entmündigt werden; sie sollen vielmehr im Forschungsprozess entfaltet zu gemeinsamem Selbstbewusstsein führen. Zweck der Forschung ist nicht bloß Wissensgenerierung für das Wissenschaftssystem, diese kann ohnehin nicht ausbleiben – sondern „Selbstaufklärung" des jeweils betroffenen Forschungsfeldes. Damit wird der Versuch unternommen, die Eigenständigkeit, Individualität, die Freiheit und Selbstzweckhaftigkeit des Forschungs-„Gegenstandes" zu berücksichtigen. Die Wissenschaften werden nicht dadurch wirksam, dass sie Forschungsergebnisse außerhalb ihres Systems umzusetzen versuchen, es mag die Umsetzungsrichtung auch noch so plausibel sein, ihr Wissen bekommt dann praktische Relevanz, wenn einzelne seiner Bestandteile im Forschungsprozess, in dem „Betroffene" in unterschiedlicher Form teilnehmen, entscheidungsorientierte Funktion erhalten, im Zusammenhangswissen ihren Platz bekommen. Forschungsprozesse, ihre Architekturen und Organisationsformen haben damit einen entscheidungsrelevanten Charakter; Form und Inhalt können nicht mehr voneinander getrennt werden. Die Entscheidungen selbst fallen notwendigerweise dann im betroffenen Forschungsfeld und seiner Realität. Sie an die Wissenschaft zu delegieren heißt, sie an einen Ort zu verfrachten, der nur suboptimal geeignet ist, hier Stellvertretungsfunktion auszuüben. Ihre Entscheidungsbedingungen und -voraussetzungen sind anders geartet und selbst wenn es gelänge, sich in die Realität der Anderen und ihr Zusammenhangswissen bestmöglich „einzufühlen" und hineinzudenken, man lebt nicht in ihr und steht auch nicht unter Entscheidungszwang.

Deshalb werden Forschung und Wissenschaft noch lange nicht überflüssig; sie verändern nur ihre traditionelle Rolle. Sie werden einerseits zuständig für neue Forschungsorganisationsprozesse, die „Selbstaufklärung" zum Ziel haben (dafür brauchen Forscher neue sozialpraktische und organisationsdynamische Kompetenzen), sie stellen Wissensangebote, Hintergrundtheorien, Hypothesen, gewonnen aus einer Außensicht und Distanz zur Verfügung, keineswegs aber mit dem Anspruch, dass sie allesamt als wissenschaftliche „Wahrheit" übernommen werden müssen.

Wissenschaftliche Wahrheit ist das eine (wobei zu ihrer Selbstbegründung keineswegs bloß das Instrumentarium der Logik ausreicht), sozial-praktisch relevante Wahrheit das andere. In Letzterer lassen sich zwei Formen antreffen. Die eine, die ihre Wirksamkeit fremdbestimmender Macht (Handelnde werden zu „Exekutoren"), die andere, die sich gemeinschaftlicher Akzeptanz verdankt. Auch wenn Fremdbestimmung und die hinter ihr stehende Macht immer wieder notwendig ist (z.B. im Rechtssystem und seiner Sanktionsmacht), werden in unserer Gesellschaft schon aus demokratiepolitischen Gründen jene Bereiche immer zahlreicher und größer, die Konsens und Akzeptanz verlangen. Was nun System- und Organisationssteuerung anlangt, setzt sich auch immer mehr die Ansicht durch, dass sie nicht mehr allein von einzelnen „Führungskräften" für die anderen zu leisten sind, die dann zu bloßen Befehlsempfängern werden. Die Interventionsforschung versteht sich auch aus ihrem forschungsethischen Konzept heraus als Hilfe im Zustandebringen von Akzeptanz. Was aber schließlich aus ihrem wissenschaftlichen Wissen, ihrer Wahrheit letztlich akzeptiert wird, kann sie nicht vorhersagen. Umsetzungskonsequenzen, diesbezügliche Entscheidungen konfrontieren Mögliches mit Wirklichem; sie schließen ein und aus, sind daher auch, wenn man so will, eine „Kränkung" wissenschaftlicher Differenzierung.

Keineswegs ist es aber so, dass unsere Forschungspartner diesen Rollenwechsel der Wissenschaft so ohne Weiteres annehmen. Zu verbreitet ist immer noch Expertengläubigkeit, sowie der Wunsch, verantwortliche Entscheidungen delegieren zu können. Diese Tatsache resultiert nicht bloß aus dem allgemein diagnostizierten Komplexitätszuwachs, der Optionenerweiterung in all unseren Entscheidungsmaterien, man kann zusätzlich noch weitere drei Ursachen für sie anführen:

Erstens, die weit verbreitete historisch erklärbare „technische" Auffassung von Wissenschaft. Wissenschaft sei deshalb von der Gesellschaft an privilegierten Orten versammelt worden, um jene Forschungsleistung zu erbringen, die die „Laien" nur mehr zu empfangen und umzusetzen hätten; die Wissenschaften wissen über all das, was sie nicht sind, besser Bescheid, als dieses, sagen den Menschen, wer sie sind (dem Entstehen und den Konsequenzen dieser Haltung akzeptierter arbeitsteiliger Fremdbestimmung kann hier nicht mehr nachgegangen werden).

Zweitens, das fehlende Selbstbewusstsein von seiner eigenen Freiheit, seinem impliziten und expliziten Wissen Gebrauch zu machen; hier ist die Aufklärung in unseren Systemen noch nicht angekommen.

Drittens, und das ist der zentrale Ansatzpunkt für Interventionsforschung, ist der Mangel an Selbstbeobachtung und Selbstreflexion anzuführen, der einer gemeinsamen Selbstaufklärung entgegensteht. Viele Organisationen und Systeme wissen gar nicht, was an implizitem Wissen in ihnen „schlummert", weil es individuell zerstreut, nicht gebündelt, vergemeinschaftet ist. Es gibt zwar das Zusammenhangswissen, – ohne das wäre ein System nicht überlebensfähig – es hat sich aber noch nicht zum „Selbst"-Bewusstsein erhoben. Selbstaufklärung bleibt in partikularen Maßnahmen stecken. Da die meisten uns bekannten Organisationen und Forschungsfelder diese Selbstbeobachtung nicht institutionalisiert haben, wird dieser Zustand noch eine Weile andauern. Eine fehlende gemeinsame Sichtweise der Situation und ihrer Probleme macht Entscheidungsvorhaben prekär, egal, wo sie getroffen werden. Vieles geschieht ohne Akzeptanz, produziert Widerstände. Kollektives Selbstbewusstsein kann hier schwer entstehen; also werden Experten wieder wichtiger.

Die Interventionsforschung ist in ihren Prozessen mit all den drei Momenten befasst; zeitlich haben sie unterschiedliches Gewicht. Die gemeinsame Analyse ihrer Bedeutung gehört mit zu einer Forschung, in der diese Art von Wissenschaft wirksam werden kann.

Literaturverzeichnis

Anders, G. (1956): Die Antiquiertheit des Menschen. München: Beck.
Fichte, J. G. (1971): Über die Würde des Menschen. Werke Bd. 1, 1794; Berlin: de Gruyter.
Galileo Galilei (1953): Opere. Bd. 5. Milano: Ricciardi.
Gehlen, A. (1940): Der Mensch, seine Natur und seine Stellung in der Welt. Berlin: Junker und Dünnhaupt.
Hegel, G. W. F. (1970): Vergleich des Schellingschen Prinzips der Philosophie mit dem Fichteschen. Werkausgabe Bd. 2. Frankfurt/Main: Suhrkamp.
Hegel, G. W. F. (1970): Enzyklopädie der Wissenschaften. Werkausgabe Bd. 8, Bd. 9. Frankfurt/Main: Suhrkamp.
Heintel, P. (1992): Skizzen zur „Technologischen Formation". In: Blumenberger, W. /Nemeth, D. (Hrg.): Der Technologische Imperativ. Philosophische und gesellschaftliche Orte der Technologischen Formation. Heinz Hülsmann zum 75. Geburtstag. München, Wien: Profil, S. 267-308.
Heintel, P. (2003): Thesen zum Thema: „Das Modell Neuzeit". Manuskript, 24 Seiten.
Heintel, P. (2005): Zur Grundaxiomatik der Interventionsforschung. In: Heintel, P./Krainer, L./Paul-Horn, I./Ukowitz, M. (Hrg.): WBI Klagenfurter Beiträge zur Interventionsforschung, Band 1. Klagenfurt: Alpen-Adria-Universität Klagenfurt.
Herder, J. G. (1841): Ideen zur Philosophie der Geschichte der Menschheit. 4 Bände. Leipzig: Hartknoch.
Hindrichs, G. (2008): Das Absolute und das Subjekt. Frankfurt/Main: Klostermann.
Kant, I. (1956): Kritik der reinen Vernunft. Hamburg: Meiner.
Kant, I. (1963): Kritik der praktischen Vernunft. Hamburg: Meiner.
Kant, I. (1968): Metaphysik der Sitten. Werkausgabe, Bd. 8. Frankfurt/Main: Suhrkamp.
Krainer, L./Heintel, P. (2010): Prozessethik. Zur Organisation ethischer Entscheidungsprozesse (Schriften zur Gruppen- und Organisationsdynamik, Bd. 8). Wiesbaden: V. S. Verlag.
Luther, M. (1959): Von der Freiheit eines Christenmenschen. Tübingen: Niemeyer.

Nietzsche, F. (1990): Also sprach Zarathustra. Das Hauptwerk, Bd. 3. München: Nymphenburger Verlagsbuchhandlung.
Platon (1988): Menon. In: Sämtliche Werke, Bd. 2. Hamburg: Rowohlt.
Platon (1989): Theaitetos. In: Sämtliche Werke, Bd. 4. Hamburg: Rowohlt.
Riemann, F. (1995): Grundformen der Angst. München: Reinhardt.

Interventionsbegriffe im Vergleich

Renate Hübner

Einleitung

Wenn man zum ersten Mal den Begriff Interventionsforschung hört oder liest, kann dies rasch entweder ein großes Fragezeichen oder Assoziationen auslösen, je nachdem welches Interventionsverständnis man eben hat. Der Begriff Intervention ist in unterschiedlichsten gesellschaftlichen und auch wissenschaftlichen Feldern beheimatet[184], ist daher unterschiedlich besetzt und meint doch Ähnliches, wenn man zunächst die Wortherkunft betrachtet. Intervention (lat. *intervenire* = dazwischenkommen) meint einen beabsichtigten Eingriff in ein System, um etwas zu verändern oder zu verhindern. „Erst die Absicht (...) schafft das Problem der Intervention"[185]. Hinsichtlich der Absichten, der betroffenen Systeme und der Methoden bestehen allerdings große Unterschiede, je nachdem in welchem Feld und aus welchem Zugang heraus die Intervention stattfindet. Allgemein lässt sich sagen, dass es Zweck dieses Dazwischentretens ist, eine ohne diese Intervention zu erwartende Entwicklung bzw. Situation zu verhindern oder in Hinblick auf ein angestrebtes Ziel zu verändern. „Objekt" einer Intervention im Verständnis der Interventionsforschung ist immer ein sozialer Zusammenhang[186], das System, in welches interveniert wird, also ein Kollektiv, dessen Verhalten bzw. das Verhalten der beteiligten Individuen oder dessen Verhältnisse sich ändern sollen.

Es gibt noch andere Möglichkeiten, wie es zu Änderungen kommen kann: Ein Wandel kann sozusagen „von selbst" geschehen (z.B. Viren, Genmutationen können einzelne Lebewesen verändern, Ideologien, Technologien können eine Gesellschaft verändern). Änderungen können auch durch Not, Katastrophen oder durch Ausüben von Macht erzwungen werden. Herausforderungen ande-

---

184 Krainz/Paul-Horn 2009, S. 24 f.
185 Willke 2007, S. 12.
186 Krainz/Paul-Horn 2009, S. 26.

rer Art sind Veränderungen, die von innen heraus geschehen sollen, wie es z.B. das Gesundwerden und auch eine gesunde Lebensweise erfordern oder wie es in Hinblick auf eine nachhaltige Entwicklung für erforderlich erachtet wird, um einen drohenden Klimakollaps bzw. dadurch zu erwartende große, Gesellschaften gefährdende Migrationsbewegungen zu verhindern.

In diesem Beitrag werden zunächst jene in der gesellschaftlichen Praxis eher dominierenden Interventionskonzepte vorgestellt und deren Gemeinsamkeiten herausgearbeitet. In der Folge werden die Unterschiede zum Ansatz der Klagenfurter Interventionsforschung analysiert. Schließlich werden Überlegungen angestellt, welche Interventionsformen geeignet wären, einen kulturellen, also gesellschaftlichen Wandel zu initiieren und in Hinblick auf dieses Potenzial näher analysiert.

Kontexte von Interventionen und zugrundeliegende Annahmen: Eingriffe, Einmischung und erwünschte Reaktion

Der Interventionsbegriff löst zunächst verschiedene Assoziationen aus, wie eine Analyse der Synonyme zu *intervenieren* zeigt. Da finden sich Verben oder Phrasen wie z.B. *eingreifen, sich einmischen, sich einschalten, dazwischenfahren, dazwischenfunken, dazwischentreten, protestieren, sich verwenden für, vermitteln, hineinreden, sich eindrängen, ein Wort einlegen für, Einspruch erheben oder sich ins Mittel legen*. Gemäß etymologischem Wörterbuch meint das im 17. Jahrhundert aus dem Französischen entlehnte Wort „einschreiten, vermitteln". Der Ausdruck wird erst im 19. Jahrhundert geläufig und nimmt vornehmlich die Bedeutung „sich in die Angelegenheiten eines anderen Staates einmischen" an. Intervention meint somit Vermittlung, Einmischung, *Intervenient* ist der Vermittler bzw. wer sich einmischt[187]. Intervention bezeichnet somit das Eingreifen einer bisher unbeteiligten Partei in eine meist konfliktgeladene Situation. Die Synonyme deuten auf die im Alltag häufige Verwendung des Begriffs in politischen bzw. öffentlich sichtbaren Kontexten. Meist wird damit ein Eingreifen in laufende Prozesse gemeint, um unerwünschte Entwicklungen oder Nachteile für bestimmte Personen zu verhindern, also eine Intervention bei einer einflussreichen Person um einer anderen Einzelperson zu helfen oder zu schaden[188].

---

187 Pfeifer 1997, S. 589.
188 Eine Art der Intervention, welche auch in Demokratien keine Seltenheit darstellt und die mitunter auch in Verbindung mit korruptionsähnlichen Aktivitäten gebracht wird.

Der Interventionsbegriff kommt in sehr unterschiedlichen Praxis-Kontexten (z.B. Beratung, Medizin, Diplomatie, Erziehung, Management etc.) und (daher) auch in verschiedenen Wissenschaften vor. Willke verwendet diesen Begriff, um Möglichkeiten der Veränderung von nicht-trivialen, komplexen Systemen zu erläutern und verdeutlicht dies anhand vielfältiger Beispiele gesellschaftlicher Teilsysteme, insbesondere an den Beispielen Psychotherapie, Organisationsberatung und Politik[189]. Meiner weiteren Begriffsarbeit voranstellen möchte ich jedoch kurz die Ergebnisse einer ersten Sichtung verschiedenster Interventions-Kontexte mittels der für erste disziplinenübergreifende bzw. nicht-sektorale Recherchen sehr hilfreichen Webseite Wikipedia, da sich dort möglicherweise die „üblichen" bzw. gängigen Begriffsverständnisse widerspiegeln. In folgenden Kontexten wird der Begriff Intervention häufig gebraucht:

1. *Bildende Kunst:* Intervention in einen bzw. in einem öffentlichen Raum wird als Eingriff in bestehende (gesellschaftliche) Zusammenhänge in (öffentlich zugänglichen) Innen- oder Außenräumen verstanden. Auch der Sonderfall der *Theatralen Intervention*[190] lässt sich hier zuordnen.
2. *Erziehung:* In der Pädagogik (Gestalttherapie) meint Intervention einen Eingriff direkt in Erziehungsprozesse um ein unerwünschtes Phänomen zu beseitigen oder gar nicht entstehen zu lassen. Derartige Interventionen werden kritisch und nur dann als angebracht gesehen, wenn ein wahrscheinlicher Schaden/eine Schädigung des Kindes/Jugendlichen abzuwenden ist.
3. *Medizin:* Im weiteren Sinn meint Intervention in der Medizin jede Form von Behandlung, therapeutische und präventive Maßnahmen zur Erhaltung oder Wiederherstellung der Gesundheit. Im engeren Sinn handelt es sich um akutes, dringliches Einschreiten gegen einen (sonst fortschreitenden) Krankheitsprozess.
4. *Psychologie:* Ähnlich wie in der Medizin geht es auch in der Psychologie um geplante und gezielt eingesetzte Maßnahmen zur Erhaltung oder Wiederherstellung seelischer bzw. psychischer Gesundheit. In der Psychologie gibt es weiters den Sonderfall der paradoxen Intervention, eine Einflussnahme über eine Verschreibung der Störungsursache (paradoxe Intention) oder eine Verfremdung von bekannten Situationen.
5. *Außenpolitik*: Intervention meint hier das Eingreifen eines unbeteiligten Landes in einen fremden Konflikt, mit dem Ziel, diesen zu lösen oder in eine be-

---

189 Vgl. Willke 2005.
190 Vgl. Heindl 2007.

stimmte Richtung zu lenken. Im Fall humanitärer Notlagen spricht man auch von *Humanitärer Intervention*, hierbei handelt es sich um einen Eingriff mit bewaffneten Truppen in das Hoheitsgebiet eines anderen Staates, der den Schutz von Menschen in einer humanitären Notlage zum Ziel hat

6. *Innenpolitik:* Der Interventionsbegriff umfasst alle Maßnahmen eines Staates im Inland oder in einem Staatenbund, um gesellschaftliche und wirtschaftliche Prozesse und Entwicklungen (Ordnungen und Abläufe) zu beeinflussen (*Staatsintervention*).

Die identifizierten Interventions-Kontexte lassen sich nach verschiedenen Kriterien strukturieren und beschreiben, so z.B.

- nach dem zugrundeliegenden Anliegen,
- nach dem von der Intervention betroffenen Thema oder System,
- danach, wie sich die jeweilige Intervention von anderen möglichen Methoden mit dem selben Zweck unterscheidet,
- oder aber auch in Hinblick auf die/den Intervenierende/n
- und anderes mehr.

Sehr häufig wird Intervention als *Eingriff* umschrieben. Jemand, der nach einer bestimmten Regel dazu befugt ist, greift in eine Situation, eine Entwicklung oder in ein System ein um ein bestimmtes Ziel zu erreichen. Dabei geht es nur selten darum, grundlegende Änderungen dieses Systems zu erwirken (z.B. Asylverfahren, Steuersystem, Stellenbesetzungen, Ernährungsgewohnheiten), sondern meist darum, die nach einer bekannten Regellogik zu erwartenden Reaktionen eines Systems in Einzelfällen zu verhindern, außer Kraft zu setzen, ev. Ausnahmen zu erwirken. Oft soll eine bestimmte Entwicklung (z.B. Krieg, Wirtschaftskrise, Verhungern) vermieden oder ein bestimmter, relativ klarer Zustand (z.B. Gesundheit, Wirtschaftswachstum, Frieden) hergestellt werden. Mit Ausnahme der künstlerischen Intervention weisen Interventionen in den bisher angeführten Kontexten meist folgende Merkmale auf:

1. Intervention wird als „Eingriff" in ein System verstanden. Eine Intervention findet daher von außen, also von außerhalb des von der Intervention betroffenen Systems, statt.
2. Es gibt eine Regel bzw. einen Vertrag, wonach geregelt ist, wer unter welchen Umständen intervenieren darf bzw. muss.

3. Meist wird – von intervenierendem und/oder interveniertem System – Anspruch erhoben, dass mit der Intervention ein bestimmtes Ergebnis erreicht werden soll.
4. Es gibt ein bestimmtes Repertoire an Instrumenten bzw. Methoden, die für den Eingriff vorgesehen sind.
5. Der Eingriff beruht auf dem Kausalitätsprinzip trivialer Systeme, d.h. es wird davon ausgegangen, dass eine bestimmte Methode oder Maßnahme, zumindest mit hoher Wahrscheinlichkeit, zum Ziel führt. Es wird daher erwartet, dass das System, in welches interveniert wird, „richtig" re-agiert, sein Verhalten also in die gewünschte Richtung verändert – zumindest kurzfristig.

In Hinblick auf die Komplexität sozialer bzw. gesellschaftlicher Systeme weisen einige dieser Merkmale Schwächen auf. In komplexen Systemen gibt es keine einfachen bzw. trivialen Kausalbeziehungen, daher reagieren diese, vor allem Menschen und menschliche Systeme, auf Interventionen oft gar nicht oder „falsch", also überraschend, unerwartet. Auch gibt es nicht immer klare Zielangaben bzw. können nicht berücksichtigbare Zufälligkeiten, andere Ereignisse das Ergebnis einer Intervention beeinflussen. Oft ist das System, in welches interveniert wird, auch nicht bereit für die gewünschte Änderung oder hat am angestrebten Ziel kein Interesse. Dies führt dazu, dass die nicht gelingende Intervention der Normalfall ist[191]. Willke meint damit, dass die Mehrheit der Interventionen „fehlgeleitet, ungenau, kostspielig (sind) und sie wirken sich häufig destruktiv, demotivierend und manchmal auch katastrophal aus"[192]. Im Kontext nichttrivialer Systeme „genügt es nicht mehr, auf ein Knöpfchen zu drücken, ein Gesetz zu machen, eine Anordnung zu geben, ein Medikament zu verschreiben oder eine neue Vorschrift zu erlassen." (ebd.) Interventionen in menschliche, also komplexe Systeme brauchen einen anderen Zugang als diese trivialisierenden Strategien der Veränderung, die eher zu einer Verschärfung der Probleme durch die übliche Reaktion des „Mehr-von-demselben" führen[193].

Soll, ja, kann man angesichts dieser ernüchternden Erkenntnis überhaupt intervenieren? Und unter welchen Bedingungen bewirken Interventionen in komplexe Systeme Erfolge bzw. Misserfolge[194]? In seinem Glossar zum Begriff Intervention schreibt Helmut Willke: „Interventionen sind bewusste und zielgerichtete Einwirkungen auf ein System. Sie können vom System selbst als Eigen-

---

191 Vgl. Willke 2005, S. 4.
192 Willke 2007, S. 18.
193 Ebd., S. 4.
194 Vgl. z.B. Wimmer 2011.

Intervention durchgeführt werden; sie können aber auch von außen, von einem externen Intervenierenden mit Blick auf ein anderes System vorgenommen werden. Interventionen sind möglich, aber ihre Erfolge sind ungewiss. Denn die Eigendynamik des Systems kann Richtung und Wirkungen einer Intervention abschwächen, leer laufen lassen oder gar ins Gegenteil verkehren."[195] Also Hände weg von Interventionen und alles dem Zufall überlassen? Das widerspräche dem menschlichen Wesen als eines das planen, prognostizieren und immer wieder neu entscheiden und immer wieder anders handeln kann. Es ist also ein Weg zu wählen, der es ermöglicht, die Besonderheiten komplexer Systeme, wie – in Anlehnung an Luhmann – z.B. negative und positive Rückkoppelungen, enge und lose Verknüpfungen, Reaktivitäten, Kontextbrüche durch unterschiedliche Systemebenen, Nonlinearitäten, (…) reversible und irreversible Prozessverläufe, Ordnung, Fluktuationen und emergente Gesamteigenschaften[196] nicht nur zu berücksichtigen, sondern auch zu nutzen. Reaktionen komplexer Systeme sind – trotz dieser Imponderabilien – nicht willkürlich, sondern folgen ihrer Eigengesetzlichkeit und Eigendynamik. Diese wiederum ergeben sich aus der Zielsetzung des Systems, welche Sinn stiftend wirkt wodurch Identität entsteht, die immer wieder reproduziert werden will. Was bedeutet dies für Interventionen in ein System, das zur Reproduktion tendiert?

Interventionen in Hinblick auf deren Ziel zu unterscheiden ermöglicht es, das entsprechende Erwartungs-, Ziel- und Methodenrepertoire zu bündeln, zu verknüpfen und zuzuordnen. Interventionen mit Steuerungs- bzw. Gestaltungszielen bedürfen anderer Methoden und Instrumente als Interventionen, die kein Ziel verfolgen im Sinn eines bestimmten Ergebnisses, sondern eher die Initiierung eines Prozesses anstreben, dessen Ergebnis aber offen ist. Barbara Lesjak schreibt in einem Beitrag zur Gruppendynamik als Interventionswissenschaft auch von Intervention als einem „prozessualen Ereignis" und setzt sich in dem Beitrag auch mit einer neuen Wissenschaftskategorie auseinander, nämlich jener der Interventionswissenschaften[197]. Zu dieser Kategorie gehört auch ein weiterer Aspekt in Hinblick auf die Analyse des Interventionsbegriffs, der sich angesichts der Definition im Wörterbuch der deutschen Sprache erschließt: Intervention ist dort definiert als „ein (vermittelndes) Eingreifen in eine Angelegenheit"[198]. Das Vermittelnde als ein weiterer Aspekt von Intervention steht ebenfalls im Gegensatz zum steuernden Eingriff mit klarem Ziel; das Ergebnis ist offen und von den

---

195 Willke 2007, S. 5.
196 Ebd., S. 15.
197 Lesjak 2009.
198 Vgl. Wörterbuch der deutschen Sprache 2003.

Beiträgen aller Beteiligten abhängig, allerdings wird ein Konflikt bzw. werden vermittlungsbereite Konfliktpartner vorausgesetzt und somit steht doch ein ergebnisspezifisches Ziel fest, nämlich das der Konfliktbewältigung. Dieser Art Intervention lassen sich somit auch Ansätze wie der der Mediation oder der theatralen Intervention[199] zuordnen. Der Inhalt ist in beiden Ansätzen offen. Im Zusammenhang mit künstlerischen Interventionen kommt noch ein anderer Vermittlungsbegriff zum Vorschein: Künstler wollen mit einer darstellerischen Intervention (z.B. Skulptur, Installation, Theater) Unterschiede bezogen auf Zustände oder Wünsche vermitteln – diese also sichtbar oder begreifbar machen, Aufmerksamkeit, Neugier wecken, ev. irritieren und dadurch einen Prozess, einen Diskurs, eine Reflexion anregen, ev. auch Wege zur Vermittlung zwischen diesen Unterschieden aufzeigen.

Wenn es Ziel einer Intervention ist, nachhaltig Wirkung im beforschten bzw. betroffenen System zu erzeugen[200], dann sind Maßnahmen zu ergreifen, die nicht nur zu einem einmalig anderen Verhalten, sondern zu langfristigen Änderungen von Verhaltensweisen und Verhaltensregeln führen. Neben dem Wissen um die Nicht-Kausalität von (Wechsel-)Wirkungen in komplexen Systemen ist im Zuge von Interventionen in menschliche Systeme – zumindest in Gesellschaften freier Individuen – die Freiheit und Zukunftsoffenheit der menschlichen Entwicklung zu berücksichtigen und zu erhalten. Eine Vernachlässigung dieser Wesensmerkmale des Menschen reduziert die Erfolgswahrscheinlichkeit von Interventionen mit von außen, oben bzw. autoritär vorgegebenen Zielen, insbesondere quantitative Zielsetzungen über den neuen Zustand nach der Intervention (z.B. Einrichtung eines Qualitätsmanagementsystems, Umsatzziele, Gewinnziele, Zahl der Hochschulabsolventen erhöhen etc.).

Andere Sichtweisen erzeugen andere Handlungsmöglichkeiten

Eine Intervention, die diese Freiheit und Zukunftsoffenheit respektiert, kann eigentlich nur eine solche sein, die dazu beiträgt, Handlungsspielräume zu erweitern bzw. neue Handlungsmöglichkeiten zu erschließen. Der von Peter Heintel begründete Ansatz der *Klagenfurter Interventionsforschung* beruht auf

---

199 Vgl. Heindl 2007.
200 Vgl. Heintel 2005.

folgenden Grundannahmen über das Wesen des Menschen und menschlicher Kollektive[201]:

- Freiheit lebendiger individueller oder kollektiver Systeme (daher deren Nicht-Steuerbarkeit)
- Macht des Neuanfangs als höchste Macht des Menschen
- Selbstaufklärung als wichtiges Instrument für Entwicklung und Wandel.

Dieser Ansatz ist Grundlage der weiteren Ausführungen.

Differenzerzeugung durch reflexive Selbstdistanz

Intervention kann auf einen ganz grundsätzlichen Effekt reduziert werden: Das Einführen bzw. Erschließen einer anderen Sichtweise, einer Differenz (Grossmann in Druck, Willke 2005). Dies erschließt einen grundsätzlich anderen Zugang zu Interventionen sowie zu intervenierenden Methoden und Instrumenten. „Eine Intervention ist in diesem Sinn kein direkter Handlungsauftrag, sondern ein Vorgang zur Erzeugung von Bewusstsein, das sich aus der Gewinnung einer reflexiven Distanz zu jenen Verhältnissen ergibt, an denen man selbst teilhat."[202]

Wie lässt sich diese Art der Differenz nun einführen? Es empfiehlt sich, Mitglieder des Systems auf verschiedenen Ebenen und von verschiedenen Perspektiven aus zu kontaktieren (siehe Forschungskreislauf). Allein das Kontaktieren führt bereits Differenzen ein, stellt also eine Intervention in das System dar, verändert die Sichtweise. Die weiteren Kontakte des Intervenierenden mit dem betroffenen System können in verschiedenen Phasen unterschiedlich sein, so z.B.:

- Interventionen durch fragen, beobachten
- Interventionen durch mündliche oder schriftliche Rückkoppelung der Erhebungsergebnisse
- Interventionen durch Diskussion von Hintergrundtheorien zu den Systemlogiken.

Ähnlich wie in der systemischen Therapie haben diese auf Sprache beruhenden Interventionen primär „weder erklärende noch diagnostische Absichten, son-

---

201 Siehe dazu ausführlich: Heintel 2005.
202 Krainz/Paul-Horn 2009, S. 24.

dern unterschiedserzeugende Intention" (Grossmann in Druck). Ziel ist es, eine reflexive Distanz des Systems sich selbst gegenüber zu etablieren[203]. Diese Distanz ist vorerst noch leer, schafft sozusagen erst den Denkraum, in welchem die Differenz(en) begreifbar bzw. sichtbar werden kann (können). Insofern ist eine Intervention bereits als gelungen zu bewerten, wenn sie zumindest irritiert. Gefüllt wird der – zunächst leere – Denkraum durch den wichtigen Schritt der Vergemeinschaftung der aggregierten individuellen Sichtweisen. Dieser Schritt wiederum ermöglicht das wichtige Momentum der kollektiven Selbstreflexion und kollektiven Selbsterkenntnis. Wenn dies gelingt, dann war die Intervention eigentlich bereits erfolgreich im Sinn der Interventionsforschung. Gleichzeitig ist damit auch die Basis geschaffen für den Beginn eines kollektiven Prozesses, der zu gemeinsam getragenen Entscheidungen und in der Folge zu Veränderungen bisheriger Verhaltensmuster des Systems führen kann. Das Sicht- und Begreifbarmachen von Differenz(en) ermöglicht es, die Logik(en) des Systems bzw. seiner Teilsysteme, die Zielsetzungen bzw. Wünsche festzustellen, entstehende Widerspruchsfelder herauszuarbeiten und dann den Mitgliedern des Systems zur Diskussion zu stellen. Das Erkennen von (Teil-)Systemlogiken hat für die Betroffenen zusätzlich auch eine entlastende Funktion (gerade auch in konfliktgeladenen Situationen), womit auch die Bereitschaft gefördert wird, Differenzen und vor allem Grundwidersprüche zu akzeptieren.

Dieser Interventions-Ansatz ist geeignet, ein System anzuregen, von selbst in einen Prozess zu treten, der zu Änderungen des Verhaltens und/oder der Verhältnisse führen kann. Voraussetzung für die Bereitschaft der Mitglieder sich auf einen solchen Prozess einzulassen, ist die Sicherheit, dass der Prozess ergebnisoffen ist. Die große Herausforderung für alle Beteiligten liegt darin, wie die, die Autonomie des Einzelnen begrenzende Eigenlogik komplexer Systeme, respektiert und in die Intervention einbezogen wird. Die Bewältigung dieser Herausforderung hängt einerseits davon ab, welches Systemverständnis hinter der Interventionsabsicht steht und mit welcher Einstellung und Haltung der Intervenient dem System gegenübertritt, in welches interveniert wird.

Von der Differenz zum Handeln

Das Erzeugen einer reflexiven Selbstdistanz kann, muss aber nicht das einzige Ziel einer Intervention sein. Das Eröffnen von Handlungsmöglichkeiten, genauer eines Möglichkeitsraumes, kann ein weiteres zentrales Ziel von Interventionen

---

[203] Krainz/Paul-Horn 2009, S. 22.

sein. Die durch das Einführen einer Differenz entstehende Wirkung soll für das System nutzbar gemacht werden. Konrad P. Grossmann zitiert in seinem Beitrag zur *Utilisation von Unterschieden* den Psychotherapieforscher Klaus Grawe: „(...) Intervention kann nicht noch ‚Unbewegtes', kann nur etwas, was in Bewegung ist (...) das latente Bewegungsenergie hat, in eine neue Bahn lenken."[204]. Grossmann sieht in Interventionen „(...) Verpackungen (‚wrappings') für Unterschiede, die von der Absicht getragen sind, Übergänge von dominanten zu alternativen Potenzialen anzuregen"[205]. Interventionen sind also Versuche zur „Herstellung" veränderter Sichtmöglichkeiten[206] und erschließen dadurch neue Handlungsmöglichkeiten. Handeln „hat seinem Wesen nach mit diesem Zwischen zu tun, in das der Handelnde eintritt und das er sich eröffnet, das in der Bedeutung intervenieren als unterbrechen aufscheint"[207]. In der Folge stellt sich nun die Frage nach dem Verhältnis zwischen Wissen und Handeln. Wie kommt man zu einem Handeln, das als richtig, als gut eingestuft werden kann? Krainz und Paul-Horn beschreiben das Verhältnis zwischen Wissen und Handeln folgenderweise[208]:

1. Axiomatisch-deduktive Sichtweise: Den Handlungen voraus geht das Wissen darüber, wie Dinge zu verstehen sind und was man demzufolge wann und wie anwendet usw.
2. Experimentell-induktive Sichtweise: Das Wissen über die Dinge entsteht erst aus der Erfahrung – also nachdem man gehandelt hat.
3. Verhältnis der beiden Sichtweisen: In jedem fester gefügten sozialen Verband ist dies geregelt und nicht ohne Not zu hinterfragen. Wie dieses Verhältnis geregelt ist, ist eine Grundsatzentscheidung, die immer auch an der Autoritätsproblematik hängt.

Jedes Intervenieren ist der Versuch einer Einflussnahme, entwickelt auf der Basis einer (mehr oder weniger stimmigen) Situationseinschätzung (Wissen über Probleme, Bedrohungen, Krankheiten, Klimawandel, Regenerationsfähigkeit der Erde, Hunger, usf.). Ob man richtig oder falsch lag, zeigt sich erst an den Folgen[209]. Die Richtig-falsch-Frage wiederum hängt von einem darunterliegenden

---

[204] Grawe 1986 in: Grossmann in Druck.
[205] Grossmann in Druck.
[206] Krainz/Paul-Horn 2009, S. 26.
[207] Ebd., S. 25.
[208] Ebd., S. 27.
[209] Krainz/Paul-Horn 2009, S. 30.

Ziel- oder Wertsystem ab, das eine entsprechende Beurteilung erlaubt. Und wie kommt dieses zustande?

Interventionen in komplexe Systeme stehen im Zentrum buchstäblich jedes Berufsfeldes, das durch Professionalisierung von Veränderungsprozessen geprägt ist: Management, Beratung, Coaching, Therapie, ärztliches Heilen, Politik, Erziehung, Lehre, Forschung und Entwicklung etc.[210] In den genannten Berufsfeldern geht es meist um relativ klar definier- und abgrenzbare Systeme – ein Unternehmen, eine Familie, ein Patient, eine Schule. Wie diese Aufzählung zeigt, müssen Interventionen nicht unbedingt von außerhalb des Systems kommen (Management, Politik), allerdings lässt sich aufgrund verschiedener Erfahrungen von Studierenden oder auch eigener Projekterfahrungen[211] annehmen, dass es einfacher ist, wenn der Intervenient nicht Teil des Systems ist, in welches interveniert wird. Dieser Umstand kann allerdings nur berücksichtigt werden, wenn es gelingt, sich als Intervenient vom betroffenen System klar abzugrenzen.

Dies gelingt m.E. im Bereich der Politik, wo es um Veränderung einer gesamten Gesellschaft geht, die viele (Teil)Systeme berücksichtigen und einbeziehen muss, nur schwer. Die Frage, die sich angesichts der Dringlichkeit eines Wandels hin zu einer nachhaltigen Entwicklung stellt, ist nun, ob der Ansatz der Interventionsforschung einen Beitrag – und wenn ja, welchen – auf dieser gesamtgesellschaftlichen, also politischen Ebene leisten kann. Deshalb möchte ich an einem Beispiel, wie Politik durch Intervention wirksam werden kann, noch ein weiteres Interventionskonzept, das zu kollektivem Handeln führen soll, vorstellen.

Intervention durch Recht

Am Beispiel der Bemühungen um die Implementierung einer nachhaltigen Entwicklung möchte ich noch ein Interventionskonzept vorstellen, das weit über Individuen bzw. Gruppen hinaus Wirkung erzielen will: Recht bzw. Gesetzgebung stellt eine Intervention in die gesamte Gesellschaft dar, ist also eine Intervention in eine großzahlige Gruppe. Dem Juristen Guy Beaucamp folgend, darf davon ausgegangen werden, dass nachhaltige bzw. zukunftsfähige Entwicklung als neues politisches Leitbild ein zentraler Bestandteil der geistigen Verfassung und damit des Zeitgeistes unserer Epoche ist. Angesichts der weiterhin meist auf

---

210 Willke 2007, S. 11.
211 Siehe z.B. Hübner et al. 2010.

kurzfristige Vorteile ausgerichteten Handlungen und Verhaltensmuster in der Praxis verschiedener Alltagsbereiche (KonsumentInnen, Wirtschaft, Politik) scheint die Etablierung als Leitbild jedoch bei Weitem nicht zu genügen um einen gesellschaftlichen Wandel zu initiieren. Dazu braucht es über ein politisches Leitbild hinausgehende Konkretisierungen. „Der Versuch, eine zukunftsfähige Entwicklung einzuleiten (...) bleibt wirkungslos, wenn nicht in der Anfangsphase konkrete Ziele formuliert werden"[212]. Zielsetzung als Intervention wäre ein neu zu diskutierendes Thema im Rahmen der Interventionsforschung.

Beaucamp – der mit seiner Analyse der zukunftsfähigen Entwicklung im Recht eine sehr umfassende und wichtige Arbeit zur Verfügung stellt – geht somit davon aus, dass das Setzen von Zielen eine wirksame Intervention sei. Ziele sollen sich „an der technischen Realisierbarkeit und an der angestrebten Umweltqualität orientieren"[213]. Die Schwierigkeit liegt darin, dass sich diese Festlegungen (Ziele) nicht widersprechen sollen. Er lässt offen, wie Ziele zustande kommen, wie Zielkonflikte zu verhandeln sind und bleibt als Jurist in einer Art Äquidistanz zu den verschiedenen Konzepten der Nachhaltigkeit (z.B. 3-Säulenmodell, starke vs. schwache Nachhaltigkeit, kulturelle Nachhaltigkeit), die jeweils Prioritäten enthalten. Dort sieht er auch die Schwäche des Konzepts – es lässt sich ohne Formulierung von Prioritäten nicht umsetzen. Prioritäten zu setzen, wie zum Beispiel die grundlegende Entscheidung, die Regenerationsfähigkeit der natürlichen Umwelt allen weiteren Schritten zugrundezulegen, ist das nun die Aufgabe des Rechts (also einiger weniger) oder des Kollektivs (wer ist das?)? Genügen unsere demokratischen Institutionen um eine derart grundlegende gesellschaftliche Entscheidung zu treffen? Welche Intervention braucht es, um eine in diesem Zusammenhang schon längst fällige Entscheidung herbeizuführen? Wie wirksam derartige Zielsetzungen letztlich sind bzw. waren, lässt sich am Beispiel der Veränderungen der Verpackungszielverordnungen verdeutlichen[214]. Es sind vermutlich mehrere Ursachen, die schließlich zur Abschaffung der Zielverordnung führten, aber das Beispiel zeigt zumindest, dass das Setzen von Zielen möglicherweise nicht die richtige Intervention in Hinblick auf eine Änderung unserer Verhaltensweisen darstellt. In der Folge diskutiert Beaucamp das Problem der Instrumentenwahl, wobei er deren Wirksamkeit von folgenden Faktoren abhängig sieht[215]:

---

212 Beaucamp 2002, S. 51.
213 Ebd. S. 52.
214 Vgl. Hübner 2011, in Druck.
215 Beaucamp, S. 59.

- *Der Grad der Steuerungsfähigkeit der Gesellschaft in Richtung einer zukunftsfähigen Entwicklung* (dabei bezieht er sich auf Kopfmüller et al.). Dazu ist anzumerken, dass eine Gesellschaft, eine Kultur den Phänomenen der Emergenz und Nicht-Kausalität folgt und diese schließen eine Steuerbarkeit im Sinn eines trivialen Systems letztlich aus.
- *Interventionen auf Ebene des persönlichen Bewusstseins für erkenntnisgeleitete Einstellungs- und Verhaltensänderungen.* Wie die Schere zwischen Umweltbewusstsein und Umweltverhalten zeigt, sind bewusstseinsbildende Maßnahmen als Intervention nicht ausreichend.
- *Wechselseitige Abhängigkeit der Maßnahmen* (z.B. Kompensation der Ressourceneffizienzverbesserungen durch Rebound-Effekte – wenn heizen billiger wird, kann man sich höhere Raumtemperaturen oder mehr Reisen leisten).
- *Hinreichende Akzeptanz beim Adressaten:* Interventionen durch ordnungsrechtliche Mittel brauchen jedenfalls genügend Wissen und Verständnis in der Bevölkerung bzw. in der betroffenen Gesellschaftsgruppe um überhaupt angenommen zu werden.

Konklusion und Ausblick

Diskussion der Erkenntnisse

In diesem Beitrag werden anhand verschiedener Kontexte, in welchen der Begriff *Intervention* verwendet wird, Unterschiede und Besonderheiten verschiedener Interventions-Konzepte herausgearbeitet. Im Wesentlichen lassen sich ergebnisorientierte Interventionen mit klaren Zielzuständen (z.B. Gesundheit, Konfliktbeilegung) und prozessorientierte Interventionen (z.B. Kunst, Aktionsforschung, Klagenfurter Interventionsforschung), deren Ziel es ist, einen Prozess zu initiieren, unterscheiden. In diesem abschließenden Kapitel werden Aspekte herausgearbeitet, die sich aus der vorangegangenen Analyse für die Rolle von Forschung im Allgemeinen und für die Interventionsforschung im Besonderen ableiten lassen. Voraussetzung für eine Intervention – egal welcher Art – ist immer eine klare Vorstellung über die jeweilige gegenwärtige Situation eines Systems[216]. Dies leitet zur Frage nach dem Beginn eines Interventionsprojektes,

---

216 Heindl 2007, S. 187.

nach Förder- bzw. Auftraggeber, Abgrenzung des Praxisfeldes und die Zusammensetzung des Forschungsteams usf.

Forschungsfrage in diesem Zusammenhang ist, wer diese klare Vorstellung der Ausgangssituation haben muss bzw. haben sollte und wie diese/r dazu kommt und welche Erwartungen sich daraus für die Intervention ergeben. Auch im weiteren Prozess eines Projektes mit intervenierendem Charakter geht es immer wieder darum, welches Wissen zu welchem Zeitpunkt welche Rolle spielt.

a) Intervenierende Wissenschaft(en)

Grundsätzlich ist Forschung immer Intervention – zumindest in das Forschungssystem aber oft auch in ein Wissenschafts- und in ein weiteres Praxissystem. Die Gesellschaft verlangt aber nicht mehr bloß eine Bereitstellung von Wissen und Erkenntnissen über sich, sie verlangt auch Unterstützung bei der (u.a. auf den wissenschaftlichen Erkenntnissen beruhenden) gesellschaftlichen Weiterentwicklung und den dazu erforderlichen Selbsterfassungs- bzw. Selbstaufklärungsprozessen[217]. Gerade in der Nachhaltigkeitsforschung gibt es verschiedene Ansätze, die intervenierenden Charakter haben. So stellt sich gerade in diesem Zusammenhang immer wieder die Frage, wer Interventionen setzt und welchen Zweck diese haben bzw. welche „hidden agenda" dabei verfolgt wird.

b) Rolle von Wissen bzw. vom Forschungssystem

Für ergebnisorientierte Interventionen braucht es inhaltliches Expertenwissen (Verfügungswissen) für Diagnosen (z.B. Krankheitsbild, Marktentwicklung, Klimawandel), für mögliche bzw. „richtige" Zielzustände (z.B. Gesundheit, Unternehmensergebnis, Ressourcenverbrauch pro Kopf o.Ä.) und über Kausalbeziehungen für Therapien bzw. Strategien (z.B. Medikament, Managementstrategien, Emissionsgrenzwerte, Ressourcensteuern etc.). Prozessorientierte Interventionen hingegen benötigen Expertise in Bezug auf soziale Prozesse um solche zu initiieren (z.B. durch Irritation, Interviews u.Ä.), solche zu begleiten (z.B. Rückkoppelungen, Mediation o.Ä.) und den Selbstaufklärungsprozess eines Kollektivs zu unterstützen. Fach- bzw. Verfügungswissen (abgesehen von Pro-

---

217 Vgl. Heintel 2009.

zess- bzw. Gestaltungswissen) wird zur Verfügung gestellt, wenn es hilft, die Eigenlogik eines Kollektivs transparent bzw. nachvollziehbar zu machen (z.B. mittels Hintergrundtheorien über Treiber der Eigenlogiken von Teilsystemen) und damit zur Selbstaufklärung eines Kollektivs beizutragen. Die Entscheidung allerdings, ob Hintergrundtheorien, Treiber, Teillogiken etc. zutreffen um die Funktionslogik bzw. Dynamik eines Systems zu erklären, wird jedoch nicht vom Forschungssystem, sondern vom jeweiligen (Praxis)System in welches interveniert wird, getroffen.

Interventionsforschung

Die Interventionsforschung unterscheidet sich von einigen anderen intervenierenden Wissenschaften dadurch, dass die Forschungsfelder immer soziale Systeme – ein Kollektiv, kein Individuum – sind. Der Begriff des Kollektivs geht über den Organisationsbegriff hinaus, umfasst diesen zwar, erstreckt sich aber auch auf gesamtgesellschaftliche Fragen, wie etwa die Frage, wie Nachhaltige Entwicklung umgesetzt werden kann (z.B. Kulturelle Nachhaltigkeit im Sinn von Entscheidungskultur, Nachhaltigkeit konkret im Sinn von Selbstanwendung), oder wie eine Region sich entwickeln soll bzw. will (z.B. im Rahmen des Projektes „Lavanttal Quo vadis?"), oder wie Gesundheitsversorgung für verschiedene Altersgruppen angeboten werden kann (z.B. das Projekt „Geh ma - Gesundheit macht alt").

a) Interventionsverständnis

Das Verständnis der Klagenfurter Interventionsforschung basiert auf ähnlichen Grundannahmen wie Willkes Bedingungen gelingender Intervention[218]. Demnach lässt sich Intervention als Irritation eines komplexen, nicht-trivialen, selbstreferentiellen Systems verstehen, die einen Prozess auslöst, der über Selbstdistanz und Selbstreflexion zur Selbstaufklärung führt und in einer weiteren Phase über die dadurch entstehenden neuen Sichtweisen zu neuen Handlungsoptionen eines sozialen Systems führen kann. Interventionen im engeren Sinn sind demnach im Rahmen eines Interventionsforschungsprojektes bestimmte Elemente, mit Interventionscharakter, also mit Irritationspotenzial, die sich erst im Prozess

---

218 Willke 2005, S. 88 f.

ergeben. Dazu gehören Interviews und Teilnehmende Beobachtung ebenso wie der Rückkoppelungsworkshop, das zur Verfügungstellen von Hintergrundtheorien etc., siehe dazu auch unten, Meilensteine.

b) Wirksamkeit von Wissen bzw. von Interventionen

Eine zentrale Fragestellung der Klagenfurter Interventionsforschung ist, wie Interventionen in sozialen Systemen nachhaltig wirksam werden (können). Bisherige Forschungserfahrungen zeigen, dass neben Zeitpunkt und Art der Intervention auch die Haltung der ForscherInnen, Transparenz über deren Vorannahmen sowie auch Art der Auswahl und Zusammensetzung der VertreterInnen des beforschten Systems dabei eine wichtige Rolle spielen. Wenn das Ziel einer Intervention ist, einen Selbstreflexionsprozess mit dem Ziel (kollektiver) Selbstaufklärung anzuregen, dann braucht es ein Methodenbündel, das Intervention als „prozessuales Ereignis" (Lesjak) konzipiert und begleitet, um Ergebnisoffenheit und Vermittlungscharakter zu gewährleisten. Nachhaltig wirksam ist eine solche Intervention dann, wenn durch die – durch erfolgreiche Intervention – gelungene Distanz eines Systems zu sich selbst eine andere Sichtweise über sich (Differenz) entsteht und wenn dadurch eine gemeinsame Sichtweise und gemeinsame Handlungsenergie erzeugt wird. Wenn das Ziel einer Intervention jedoch ist, neue Wege, neue Strukturen, neue Verhaltensmuster zu entwickeln, dann braucht es weitere Interventionen, die dazu führen, dass sich – dank neuer Sichtweisen – neue Handlungsoptionen erschließen und Entscheidungsprozesse etabliert werden.

c) Meilensteine bzw. Schlüsselelemente eines
    Interventionsforschungsprozesses

Ein weiterer Forschungsbereich ergibt sich aus der Beforschung von Interventionen: Welches sind die zentralen Elemente? In welchen Settings, Formaten oder „Gefäßen" lassen sich diese umsetzen bzw. beforschen? Dazu gehören z.B. Vorannahmen-Workshop, Rückkoppelungen als zentraler Ort.[219]

Viele der in den letzten Jahren durchgeführten Interventionsforschungsprojekte zeigen die Wirkmächtigkeit dieser Art der Forschung, die nicht nur als

---

[219] Siehe dazu auch den Beitrag Krainer/Lerchster/Goldmann in diesem Buch.

Methodenbündel weit über eine „Methode" hinausgeht. Interventionsforschung beruht auf einem Wissenschaftsverständnis, das die gesellschaftliche Praxis in einer Form in die Forschung bzw. Wissenschaft hereinholt, die Freiheit und Transzendenzpotenzial des Menschen und auch sozialer Systeme besonders berücksichtigt und gleichzeitig diese an Prozess und Ergebnissen der Forschung beteiligt.

Literaturverzeichnis

Beaucamp, G. (2002): Das Konzept der zukunftsfähigen Entwicklung im Recht.Tübingen: Mohr Siebeck.
DWDS (ehem. WDG [2003]): Das Digitale Wörterbuch der deutschen Sprache des 20. Jahrhunderts (ehem. Wörterbuch der deutschen Gegenwartssprache). Berlin.
Grossmann, K. P. (in Druck): Die Utilisation von Unterschieden – Intervention in der systemischen Therapie. In: IKN Klagenfurter Beiträge zur Interventionsforschung. Band 7. Klagenfurt: Alpen-Adria-Universität.
Heindl, A. (2007): Theatrale Interventionen. Von der mittelalterlichen Konfliktregelung zur zeitgenössischen Aufstellungs- und Theaterarbeit in Organisationen. Heidelberg: Carl Auer Verlag.
Heintel, P. (2005): Zur Grundaxiomatik der Interventionsforschung. In: Heintel, P./Krainer, L./Paul-Horn, I./Ukowitz, M. (Hrg.): WBI Klagenfurter Beiträge zur Interventionsforschung, Band 1. Klagenfurt: Alpen-Adria-Universität, S. 152.
Heintel, P. (2009): Intervention – Forschung und Praxis (Editorial). In: Gruppendynamik und Organisationsberatung. 1/2009, S. 3-6.
Hübner, R. (2011): Sustainable Culture – a Contradiction to Efficiency Society?! The Dilemma of Efficiency. In: Banse, G. et al. (Hrg.): Florida: in Druck.
Hübner, R./Hadatsch, S./Rauch, F. (2010): Nachhaltige Entwicklung an der Universität Klagenfurt: Ist-Stand und Profilierungsmöglichkeiten. Klagenfurt: Alpen-Adria-Universität.
Kopfmüller, J./Brandl, V./Jörissen, J./Paetau, M./Banse, G./Coenen, R./Grunwald, A. (2001): Nachhaltige Entwicklung integrativ betrachtet - Konstitutive Elemente, Regeln, Indikatoren. Berlin: edition sigma
Krainz, E. E./Paul-Horn, I. (2009): Metapher als Intervention. Die bewegende Kraft sprachlicher Bilder. In: Gruppendynamik und Organisationsberatung. 1/2009, S. 22-46.
Lesjak, B. (2009): Gruppendynamik als Interventionswissenschaft – eine neue Herausforderung? In: Gruppendynamik und Organisationsberatung. 1/2009, S. 7-21.
Pfeifer, W. (1997): Etymologisches Wörterbuch des Deutschen: 1665. München, Berlin: dtv.
Willke, H. (2005): Interventionstheorie. Systemtheorie. Grundzüge einer Theorie der Intervention in komplexe Systeme. Stuttgart: Lucius & Lucius.
Willke, H. (2007): Zur Unwahrscheinlichkeit gelingender Intervention. Unveröff. Manuskript. Klagenfurt, S. 109.
Wimmer, R. (2011): Die Steuerung des Unsteuerbaren. In: Porksen, B. (Hrg.): Schlüsselwerke des Konstruktivismus. Wiesbaden: VS Verlag für Sozialwissenschaften/Springer Fachmedien Wiesbaden GmbH., S. 520-547.

TEIL II

Methodologische Reflexionen

Interventionsforschung in der Praxis

Larissa Krainer, Ruth Lerchster, Harald Goldmann

Im folgenden Teil werden einzelne methodische Schritte von Interventionsforschung[220] vorgestellt und zudem praktische Hinweise für die Durchführung von Interventionsforschungsprojekten angeboten, die sich für uns (die genannten AutorInnen) als hilfreich erwiesen haben. Diesem Vorhaben sind allerdings einige Bemerkungen voranzustellen:

- Ein wesentliches Kennzeichen qualitativer Forschung ist es, die „Methoden so offen zu gestalten, dass sie der Komplexität im untersuchten Gegenstand gerecht werden können (...)."[221] Untersucht werden dabei das Wissen, Handeln und die Interaktion im Alltag, subjektive und soziale Bedeutungen und Umgangsweisen sowie Zusammenhänge im konkreten Kontext der Beteiligten.[222] Bei der Darstellung von methodischen Herangehensweisen in einem Bereich, wo Akteure aus der Praxis aktiv eingebunden werden, soziale Zusammenhänge wirken und das Moment der Selbstaufklärung von Systemen im Zentrum der Forschung steht, manövriert man sich unweigerlich in den Widerspruch von Ergebnisoffenheit (Interventionsforschungsprozesse sind mit ihrem partizipativen Anspruch kaum planbar) und methodischer Präzision bzw. dem Forschungsmanagement. Jede Forschung hat einen (Eigen)Auftrag, verfolgt einen Zweck und ein Ziel. Der Weg zu diesem Ziel kann zwar vorgezeichnet werden, darauf, wie sich der tatsächliche Ablauf letztlich gestaltet, haben die ForscherInnen hingegen wenig Einfluss. Man befindet sich in einer Situation, die aporetisch durchdrungen und von Unsicherheit geprägt ist. Dieser Unsicherheit kann man auf unterschiedliche Weise begegnen: Je nachdem, wie „selbstbewusst" ForscherInnen ins Feld

---

220 Zur Grundaxiomatik der Interventionsforschung vgl. Lerchster in diesem Buch und Heintel 2005b.
221 Flick 2007, S. 27.
222 Vgl. ebd., S. 26 f.

gehen und Kontakt mit den AkteurInnen aufnehmen, je nachdem, wie viel Erfahrung im Umgang mit Unerwartetem man mitbringt, je nachdem, wie gut man mit Offenheit, einem gewissen Chaos oder Komplexität umgehen kann, wird man sich stärker auf das Einlassen konzentrieren oder aber die Strategie einer möglichst exakten Planung verfolgen. Die Exaktheit der Planung und methodischen Absicherung ist zumeist eine Beruhigung – sowohl für den Kreis der Auftraggeber (die in der Regel sowohl Prozessablauf als auch eine Zielformulierung verlangen, schließlich will man wissen, wofür man bezahlt) als auch für das Forschungsteam selbst. Insofern braucht es einerseits ein Konzept, andererseits gilt es für Anpassungserfordernisse offen zu bleiben. Interventionsforschungsprozesse erfordern Flexibilität von allen Beteiligten, der Begriff der „rollierenden Planung" umschreibt dies treffend. Entlang des Prinzips der qualitativen Sozialforschung, demzufolge man der Differenziertheit des Alltags nur adäquat gerecht werden kann, wenn die Methoden durch eine Offenheit gegenüber ihrem Gegenstand gekennzeichnet sind, gilt es „Neues zu entdecken und empirisch begründete Theorien zu entwickeln"[223].

- Die nachstehenden Ausführungen sind aus diesem Grund in erster Linie als Hilfestellung für diese Entdeckungsreise gedacht, es ist nicht Sinn und Zweck, formale Vorgaben zu verfassen, die alle im individuellen Forschungsprozess zu berücksichtigen wären. Die Abläufe sind idealtypisch abgebildet und sie lassen sich insofern nicht auf jedes einzelne Forschungsprojekt eins zu eins übertragen, sondern sind jeweils für den aktuellen Forschungskontext zu adaptieren bzw. auch zu modellieren, kreativ neu- oder auch weiterzuentwickeln.
- In die Darstellung sind persönliche Erfahrungen der AutorInnen eingeflossen, weshalb auch ein persönlicher Stil verwendet wird. Bezug genommen wird dabei ferner auf sehr verschiedene Forschungsprojekte (in erster Linie auf Auftragsforschung), die am Institut für Interventionsforschung und Kulturelle Nachhaltigkeit durchgeführt wurden. Natürlich ist damit nicht gemeint, dass Interventionsforschung nur am gleichnamigen Institut durchgeführt würde (so haben an vielen Forschungsprojekten etwa auch KollegInnen aus anderen Organisationseinheiten der Universität Klagenfurt sowie externe ForscherInnen mitgewirkt), wohl aber beziehen sich Termini wie „wir" oder „uns" vor allem auf die Perspektive der AutorInnen und des Institutes.

---

223 Flick 2007, S. 27.

Der Forschungskreislauf

Im Rückblick auf die vielen Interventionsforschungsprojekte, die am Institut für Interventionsforschung und Kulturelle Nachhaltigkeit durchgeführt wurden, zeigt sich, dass der Verlauf von Forschungsprojekten – trotz aller Unterschiede im Einzelnen – in der Regel in einem groben Ablauf folgt, der sich in einem Forschungskreislauf skizzieren lässt:

Kreislaufdiagramm mit den Stationen:
1. Auftragsklärung
2. Projektvorbereitung
3. Projektstart im Forschungsteam
4. Projektstart im Praxisfeld: Kick-off
5. Datenerhebung
6. Aufbereitung und Dokumentation von Forschungsdaten
7. Auswertung und Interpretation von Forschungsdaten
8. Rückkoppelung
9. Forschungsbericht / Publikation
10. Projektende

Abb.: Forschungskreislauf

In Bezug auf den Forschungskreislauf sind zwei Ebenen parallel zu denken: Auf der ersten Ebene geht es um das methodische Vorgehen in Forschungsprojekten, auf einer zweiten geht es um die Verwaltung von Projekten, das Forschungsmanagement. Dazu findet sich im Buch ein eigener Artikel[224], weshalb in diesem Beitrag darauf nicht näher eingegangen wird. Betont sei an dieser Stelle aller-

---

224 Vgl. dazu die Ausführungen von Ingrid Ringhofer in diesem Band.

dings, dass der engen Kooperation von Wissenschaft und Administration in unseren Forschungsprojekten ein sehr hoher Stellenwert zukommt.

Auftragsklärung

Nach Anfängen zu fragen kann zu einem unendlichen Unterfangen werden, kaum scheint einer gefunden, lassen sich doch Momente und Begebenheiten anführen, die ihm vorausgegangen sind. Auch wenn es *den einen* Anfang nicht gibt, erscheint es durchaus sinnvoll, sich zu überlegen, wie sich der Beginn von Forschungsprojekten gestaltet bzw. wie er auch bewusst gestaltet werden kann, wie formale Fragen bestmöglich auf raschem Wege geklärt werden können, aber auch, wie letztlich die Entscheidung fällt, ein Projekt durchzuführen oder eben nicht.

Am Anfang jedes Forschungsprojektes steht in aller Regel ein bestimmtes Interesse. Es kann etwa auf der Seite von SubventionsgeberInnen liegen (z.B. von Ausschreibungen für bestimmte Forschungsbereiche), es kann von potenziellen AuftraggeberInnen ausgehen (die etwa bestimmte Projekte aus ihrer Praxis wissenschaftlich begleiten lassen wollen) oder es kann auf Seite der Forschenden selbst entstehen (etwa im Interesse für Grundlagenforschung oder auch innerhalb von Qualifizierungsarbeiten[225]). Sofern Anträge verfasst bzw. Angebote gelegt werden sollen, sind in der Regel bestimmte inhaltliche wie formale Rahmen vorgegeben, die es zu berücksichtigen gilt. Im Bereich von Qualifizierungsarbeiten bestehen demgegenüber häufig größere Freiräume. Das Identifizieren oder Aufgreifen eines bestimmten Praxisproblems, Forschungsthemas oder einer Fragestellung ist aber immer ein erster Schritt in Richtung Forschung.

In der Praxis verlaufen Auftragsklärungen sehr unterschiedlich. Je nachdem, ob bereits Kontakte bestehen, es bereits gemeinsame Forschungsprojekte gab oder neue Kontakte geknüpft werden, gestalten sich Gespräche verschieden. In den meisten Fällen wird das Institut von Personen kontaktiert, die ein mehr oder minder vages bzw. konkretes Interesse an Forschung haben, uns zur Mitwirkung in Ausschreibungen einladen oder mit uns einen möglichen Forschungsbedarf beraten wollen.[226] In der Regel erfolgt die Kontaktaufnahme per E-Mail oder

---

225 Diese beiden Fälle werden im Weiteren nicht gesondert verfolgt, zumal Interventionsforschung in den meisten Fällen in Kooperation mit PraxispartnerInnen und finanziert durch unterschiedliche Auftraggeber stattfindet.
226 Erhard Juritsch und Wolfgang Hesina erläutern in ihren Texten in diesem Band einige Motive aus Sicht von Auftraggebern.

auch telefonisch und direkt zu einzelnen WissenschaftlerInnen, allgemeine Anfragen erreichen das Institut hingegen selten. Wir suchen unsererseits für eine erste Auftragsklärung immer das persönliche Gespräch, ob am Telefon oder, noch besser, im Rahmen eines persönlichen Treffens – E-Mail-Kontakte können den Prozess unterstützen, die direkte Kommunikation aber nicht ersetzen. Gelegentlich werden solche Klärungsgespräche auch aufgezeichnet und für die Mitglieder eines zukünftigen Forschungsteams transkribiert, jedenfalls aber werden sie (zumindest) für den internen Gebrauch protokolliert (mitunter fragen wir auch bei den potenziellen AuftraggeberInnen nach, ob wir alles richtig verstanden haben).

Im nächsten Schritt erfolgt eine interne Beratung bzw. Konsultation am Institut, ob es zum einen ein hinreichendes Interesse an dem Projekt gibt (sich also auch andere Institutsmitglieder daran beteiligen wollen) und grundsätzlicher, ob es inhaltlich wie methodisch geeignet erscheint, als Interventionsforschungsprojekt durchgeführt zu werden. Sofern beides der Fall ist, schließt sich die Phase der Projektvorbereitung an.

Projektvorbereitung

In der Vorbereitungsphase werden sehr unterschiedliche Aktivitäten gesetzt, die alle miteinander verwoben sind und sich gegenseitig beeinflussen: Dazu gehören die *Teamauswahl*, die *Antrags-* bzw. *Angebotsentwicklung*, die *Projektplanung* sowie die *Designerstellung*.

Teamauswahl

Wie bereits angedeutet, werden zunächst am Institut Interessenbekundungen für eine etwaige Mitarbeit in neuen Forschungsprojekten eingeholt. Neben der *internen Teamauswahl* wird ferner überlegt, ob das Institut über hinreichend disziplinäre Kompetenzen verfügt, oder ob es wichtig und sinnvoll erscheint, darüber hinaus KollegInnen aus anderen Fachrichtungen einzubinden, also eine interdisziplinäre Erweiterung des Forschungsteams vorzunehmen. Dazu hat es sich bewährt, ein *Forschungsnetzwerk* zu etablieren, das in solchen Fällen abrufbar ist.

Interventionsforschung ist, sofern möglich, als *interdisziplinäre Teamforschung* angelegt. Dem Forschungsteam kommt in mehrfacher Hinsicht eine besondere Bedeutung zu: Es ermöglicht fächerübergreifende Perspektiven auf eine praktische Problemstellung (Interdisziplinarität), es sammelt darüber hinaus spezifische Perspektiven, die einzelne ForscherInnen (auch unabhängig ihrer fachlichen Herkunft) mitbringen (Multiperspektivität), es kann arbeitsteilig verfahren (Zeitökonomie), es übernimmt eine wichtige Kontrollfunktion (kommunikative bzw. kollektive Validierung). Forschungsteams sind Projektgruppen, die sich auf Zeit rund um ein Thema und im Rahmen eines konkreten Projektes organisieren. Aus der Perspektive des Projektmanagements werden von Peter Heintel und Ewald Krainz die folgenden Vorteile der Arbeit in Projektgruppen genannt:

„• Weil man gegenseitig Fehler besser kontrollieren kann (Fehlerausgleich),
- weil mehr Informationen vorliegen,
- weil dadurch das Problem besser erkannt wird,
- weil mehr Problemsichtweisen auftreten,
- weil mehr Lösungsmöglichkeiten und Alternativen angeboten werden,
- weil die individuellen Ressourcen besser genützt werden,
- weil meist mehr Kreativität entwickelt wird (durch das positiv empfundene Arbeitsklima),
- weil auf die Bedürfnisse der Gruppenmitglieder mehr Rücksicht genommen wird,
- weil in Gruppen die Belastbarkeit der Individuen größer ist,
- weil eine bessere Verbindung der rationalen und emotionalen Ebenen erreichbar ist,
- weil man sich mit dem Ergebnis und seiner Durchführung besser identifiziert."[227]

Ergänzt werden kann hier ferner, dass Gruppen als Forschungsteams immer auch einen Resonanzboden darstellen bzw. sich Resonanzphänomene bewusst machen und aus ihnen eventuell Rückschlüsse über die erforschte Praxis ziehen können. Neben Resonanz- und Spiegelungsphänomenen können verschiedenste Formen der Übertragung vorkommen. Wenn Forschungsteams in der Lage sind, solche Phänomene zu erfassen und sie auf einer Metaebene zu reflektieren, so birgt das eine zusätzliche Ressource für die Analyse von Praxisprozessen.[228] Damit die Arbeit in Gruppen auch alle diese Vorteile erbringen kann, müssen Projektgruppen allerdings erst arbeitsfähig werden und sich als möglichst ko-

---

227 Heintel/Krainz 2011, S. 120.
228 Psychoanalytisch orientierte Forschungsansätze erheben diese Ebene der Reflexion sogar zu ihrem Kernelement.

operationsfähige Gruppen konstituieren. Dafür bedarf es jeweils eines Prozesses und ferner einer gewissen Disziplin innerhalb von Gruppen. Diesem wird bei Projektstart im Rahmen der ersten Teamsitzung ausführlich Zeit gewidmet.

Während Projektmanagement in seinen Anfängen noch als eine „Antwort auf die Hierarchiekrise"[229] von Organisationen begriffen wurde, geht die jüngere Organisationsforschung davon aus, dass der „Stellenwert von Teams" unverändert hoch und Projektmanagement längst zum Status Quo geworden sei. So hält etwa Wimmer fest, dass „Projektarbeit aus der heutigen Organisationsrealität überhaupt nicht mehr wegzudenken" und „als spezifische Form organisierter Aufgabenerledigung selbst zur Routine geworden"[230] sei und plädiert an anderer Stelle insgesamt dafür, die Bedeutung von Gruppen in Hinblick auf ihre „spezifische Leistungsfähigkeit", beispielsweise im Sinne ihrer „kollektiven Intelligenz", besser herauszuarbeiten und dabei auch systemtheoretische Einwände genauer zu behandeln[231]. Auch im Bereich der Forschung zeigt sich ein zunehmender Trend zu Projektmanagement im Rahmen des Forschungsmanagements, Teamforschung ist allerdings noch immer nicht in allen Bereichen als Standard zu begreifen, insbesondere im Bereich kultur-, sozial- und geisteswissenschaftlicher Forschung werden etwa Qualifizierungsarbeiten nach wie vor mehrheitlich als individuelle Forschungsleistungen angelegt.

Zu den genannten Vorteilen, die ein Forschungsteam zu bieten hat, gesellt sich ein weiterer, der die Frage von Validität und Objektivität betrifft. Auch wenn die Annahme einer realen Objektivität illusionär anmutet und in den vergangenen drei Jahrzehnten daher alternative Gütekriterien wie Vertrauenswürdigkeit, Glaubwürdigkeit oder prozedurale Verlässlichkeit entwickelt wurden[232], hat die Diskussion nicht an Aktualität verloren. Eine der Diskussion zu Grunde liegende Frage lautet etwa, ob „der Forscher sieht, was er (…) zu sehen meint."[233] Kirk/Miller beschreiben drei Fehlertypen, die dabei auftreten können:

a) Die ForscherInnen sehen Zusammenhänge und Prinzipien, wo diese nicht zutreffen,
b) sie weisen demgegenüber Zutreffendes zurück oder
c) stellen falsche Fragen.[234]

---

229 Heintel/Krainz 2011, S. 92 ff.
230 Wimmer 2006, S. 171.
231 Vgl. Wimmer 2007, S. 286.
232 Vgl. Flick 2007, S. 500.
233 Kirk/Miller 1986, S. 21.
234 Ebd., S. 29 ff.

Die Interventionsforschung begegnet den angesprochenen Fehlerquellen mit einem zweistufigen methodischen Prozedere. Im ersten Schritt lesen die am Projekt beteiligten ForscherInnen alle Interviews und Protokolle und werten diese zunächst individuell aus. Diese Auswertungen werden in einem zweiten Schritt im Team zusammengeführt und diskutiert. Sofern mehrere ForscherInnen gleiche bzw. ähnliche Kategorien vorschlagen, gelten die Ergebnisse auf einer ersten Ebene als kollektiv validiert. Dieser Prozess der kommunikativen Validierung – der in Form von ganztägigen Forschungsklausuren stattfindet – ermöglicht den Mitgliedern des Forschungsteams die Diskussion der Ergebnisse und die Vergemeinschaftung der gewählten Kategorien.

Insofern es ein Ziel von Interventionsforschung ist, dass die Ergebnisse den jeweiligen PraktikerInnen einen möglichst großen Nutzen bringen sollen, teilt sie darüber hinaus die Perspektive, dass die Konstruktionen der ForscherInnen „in den Konstruktionen derjenigen, die [untersucht werden] begründet sind"[235]. Daher wird im Zuge von Ergebnisrückkoppelungen mit den am Prozess Beteiligten und den interviewten Personen (PraxispartnerInnen) überprüft, ob die Konstruktionen der Wissenschaft mit jenen der Praxis übereinstimmen. Diese Praxis – bei Flick auch „member check" genannt – stellt die zweite Ebene der kommunikativen bzw. kollektiven Validierung dar und ermöglicht den betroffenen PraktikerInnen die Zustimmung oder Ablehnung bzw. Modifizierung der Ergebnisse und Interpretationen.

Antrags- bzw. Angebotsentwicklung und Projektplanung

In dieser Phase laufen mehrere Prozesse parallel und neben inhaltlichen (theoretischen wie methodischen) Überlegungen beginnt das Forschungsmanagement[236], zunächst primär auf der Ebene der Kalkulation und Projektplanung.

Auf der Ebene der Inhalte geht es zunächst um das Finden, Formulieren bzw. Präzisieren forschungsleitender Fragestellungen, die sich in aller Regel aus der inhaltlichen Problemstellung ergeben. Die folgenden Motive sprechen aus unserer Sicht dafür, diesem Aspekt einige Sorgfalt zu widmen:

- *Identifikation eines gemeinsamen Forschungsinteresses im Team*: Zunächst „zwingt" der Austausch darüber Forscherinnen und Forscher dazu, sich im Rahmen ih-

---

235 Flick 2007, S. 493.
236 Details dazu finden sich im Text von Ingrid Ringhofer in diesem Band.

res gemeinsamen Themas darüber zu verständigen, was genau erforscht werden soll. Der Prozess eröffnet eine Anzahl von Möglichkeiten und macht zugleich die Vielzahl möglicher Variationen von Fragestellungen sichtbar. Dabei werden nicht selten – trotz des gemeinsamen Interesses am Forschungsthema sowie der Vorgabe einer allgemeinen Forschungsfrage durch AuftraggeberInnen – Divergenzen in Hinblick auf Forschungsoptionen und -interessen sichtbar. Insofern ist das Formulieren forschungsleitender Fragestellungen zunächst ein Entscheidungsprozess darüber, was konkret erforscht werden soll. In Auftragsforschungsprojekten werden die gewonnenen oder festgelegten Konkretisierungen von Fragestellungen auch mit AuftraggeberInnen besprochen, um mit ihnen ein Einverständnis (eine gemeinsame Sichtweise) herzustellen. Mitunter ergeben sich daraus auch noch neue, weitere Pointierungen von Fragen.

- *Sich selbst Orientierung geben, einen Fokus finden*: Das Formulieren einer Fragestellung dient ferner dazu, sich selbst auf einen bestimmten Forschungsfokus festzulegen, um potenziell ausufernd breite Themen einzugrenzen. In diesem Sinne kann die forschungsleitende Fragestellung auch auf dem weiteren Weg immer wieder als sinnvoller Orientierungsrahmen herangezogen werden, wenn es darum geht, bestimmte Daten zu erheben und andere einigermaßen beruhigt unberücksichtigt zu lassen. Sie ermöglicht es, dem eigenen Interesse eine bestimmte Ausrichtung zu geben und damit auch eine bestimmte selbst gewählte Beschränkung aufzuerlegen, die der Bewältigung eines Forschungsvorhabens dienen soll. Solche Einschränkungen können auch von außen „erzwungen" sein, etwa dann, wenn AuftraggeberInnen viele Wünsche an Forschung artikulieren, aber nur wenig Budget zur Verfügung haben oder Qualifizierungsarbeiten in absehbarer Zeit durchgeführt werden sollen etc.

Das Forschungsdesign

Im Forschungsdesign werden methodische Forschungselemente festgehalten und zugleich der Gruppenprozess innerhalb des Forschungsteams (Projektgruppentreffen, Aufgabenverteilung etc.) dokumentiert. Diese Daten sind letztlich auch für die Budgetierung von Forschungsprojekten erforderlich. Zwar zeigt sich auf dem Weg mitunter, dass Adaptierungen notwendig oder sinnvoll erscheinen, die dann jeweils mit AuftraggeberInnen bzw. ForschungspartnerInnen beraten werden. Dennoch bemühen wir uns, am Beginn von Forschungsprozessen ein möglichst klares Bild über die folgenden Aspekte zu gewinnen und diese auch schriftlich festzuhalten:

- Eine möglichst prägnante Formulierung des Forschungsthemas, der Problemstellung bzw. der zentralen forschungsleitenden Fragestellung(en), um die es gehen soll;
- Darstellung der methodischen Vorgehensweise;
- Angaben zum Umfang der zum Einsatz kommenden Methoden (Anzahl der geplanten Interviews, Beobachtungen, Material- und Literaturrecherche, Rückkoppelungen etc.) und, sofern bereits möglich, auch begründete Vorschläge zur Auswahl von InterviewpartnerInnen bzw. bestimmten zu beobachtenden Ereignissen im Praxisfeld, Identifikation relevanter Systemumwelten;
- detaillierte Darstellung der Teamklausuren (Auswertungsklausuren) und deren Funktion für das Generieren von Hypothesen und Hintergrundtheorien;
- Projektplan: Zeit- und Ressourcenplanung (inkl. Finanzplan).

Sofern es bereits klare finanzielle Vorgaben seitens der zukünftigen GeldgeberInnen gibt, orientieren sich diese Schritte an diesen, es kann aber auch durchaus der Fall sein, dass schnell klar wird, dass mit den vorhandenen Mitteln keine hinreichenden Forschungsergebnisse erzielt werden können (was durch erhöhte Investitionen seitens der AuftraggeberInnen oder durch erhöhte Eigenleistungen seitens des Institutes oder der mitwirkenden ForscherInnen ausgeglichen werden kann).

Mit Blick auf die verschiedenen Auftragsverhandlungen, die wir über die Jahre erlebt haben, lässt sich sagen, dass diese jeweils ein äußerst individuelles Unterfangen sind und sich von Projekt zu Projekt stark unterscheiden. Mitunter geht es mehr um Inhalte, manchmal eher um finanzielle Fragen. Manche AuftraggeberInnen überlassen sämtliche Designüberlegungen getrost den WissenschaftlerInnen, andere wollen in nahezu allen Fragen mitreden und -gestalten. Gelegentlich dauern sie monatelang, manchmal lassen sie sich sehr rasch und unbürokratisch erledigen. Hier ist es zielführend, möglichst flexibel zu sein und sich auf die Bedürfnisse des Gegenübers einzustellen (sei dies in Hinblick auf persönliche Wünsche oder auch die äußerst unterschiedlichen formalen Anforderungen, die etwa unterschiedliche FördergeberInnen für Projekte entwickelt haben, vom Formularwesen bis hin zur Finanzkontrolle), ohne dabei wissenschaftliche Interessen aus dem Auge zu verlieren.

Als besondere Herausforderungen in diesem Prozess erweisen sich immer wieder zwei Elemente: Wie kann ein möglichst umfassendes Verständnis für das, was Interventionsforschung ist und leisten kann, hergestellt werden und wie kann darüber hinaus ein gegenseitiges Vertrauensklima zwischen ForscherInnen, AuftraggeberInnen, aber auch zukünftigen ForschungspartnerInnen aufgebaut werden? Im ersten Fall ist das schwierig, weil PraktikerInnen, die mit Forschung noch wenig oder keine Erfahrungen gemacht haben, sich nur schwer vorstellen können, wie es ist, interviewt oder gar beobachtet zu werden, wie eine Rückkoppelung abläuft und was in ihr entstehen kann – all das sind sehr abstrakte und damit schwer vermittelbare Begriffe und Inhalte. Die zweite Ebene berührt auch noch eine tiefer greifende emotionale Dimension: Forschung (vor allem wenn es sich um Evaluationsforschung handelt) kann leicht in Verdacht geraten, Kontrolle auszuüben, Missstände aufdecken zu wollen, irgendwo „herumzuschnüffeln" etc. Verschärft werden solche Ängste mitunter noch dadurch, dass manche PraxispartnerInnen selbst (z.B. durch Förderbestimmungen) zur begleitenden Evaluation ihrer geförderten Projekte verpflichtet werden und völlig unklar ist, welche Konsequenzen Evaluationsergebnisse für sie zeitigen können. Insofern ist der Beginn von Forschung nicht selten von Misstrauen begleitet, das thematisiert und besprochen werden will.

In Projekten, die durch externe Hand finanziert werden, gilt es jedenfalls die eigenen Vorhaben als Vorschläge einer Geldgeberin, einem Auftraggeber vorzustellen und gegebenenfalls mit ihr oder ihm abzustimmen. Nicht immer wissen AuftraggeberInnen allerdings, was eigentlich der Kern der Sache ist, worum es konkret gehen soll. Es ist auch nicht immer leicht, das zu wissen, zumal häufig erst Forschung zu einer Konkretisierung dessen führen kann (sonst wäre sie ja keine offene Forschung). In solchen Fällen hat es sich bewährt, in Forschungsprojekten Vorphasen einzuführen, gleichsam dem eigentlichen Forschungsprojekt ein Vorprojekt voranzustellen, das der Klärung und Präzisierung von Forschungsinhalten dient und hilft, einen sinnvollen Fokus, eine klarere gemeinsame Orientierung zu finden. In ihm geht es dann weniger darum, Antworten auf bereits formulierte Fragen zu gewinnen als darum, zu identifizieren, was ein System, eine Organisation eigentlich über sich selbst wissen und erfahren will (oder soll).

Sofern Aufträge erteilt bzw. zumindest verbindlich avisiert werden, werden zwei unterschiedliche Projektauftakte gesetzt: ein erster im Forschungsteam und einen zweiter im Praxisfeld (Kick off).

Projektstart im Forschungsteam

Der interne Projektstart umfasst die folgenden Elemente: Teambildung und Rollenklärung im Team, Formulieren von Vorvermutungen, Erstellen einer Systemlandschaft, Entwickeln zentraler Interviewdimensionen und die Planung einer Kick-off-Veranstaltung im Praxisfeld.

Teambildung und Rollenklärung im Team

Wie bereits erwähnt, gilt es, ein arbeitsfähiges Forschungsteam zu konstituieren. Dies erfolgt im Rahmen der ersten Teamsitzung im Forschungsprojekt, die unterschiedliche Funktionen erfüllt.

Es gilt Verbindlichkeiten herzustellen, Vereinbarungen zu treffen, die Gruppe zu organisieren, zu moderieren, Ergebnisse von Gruppentreffen in geeigneter Form festzuhalten (zu protokollieren) und für diverse Konflikte, die in Gruppen entstehen können, geeignete Bearbeitungsformen zu finden. Das erzeugt einen Zeitbedarf, der nicht nur im Rahmen der ersten Teamsitzung vorgesehen wird, sondern auch in allen weiteren Teamsitzungen in den Forschungsprojekten, sodass neben der inhaltlichen Arbeit immer auch soziale und emotionale Aspekte Platz haben (können).

Über ideale Gruppengrößen wird viel diskutiert. Zu große Gruppen sind schwer zu organisieren, erreichen die Grenzen direkter Kommunikationsfähigkeit und drohen in Untergruppen zu zerfallen. Zu kleine Gruppen laufen Gefahr, die Vielzahl der Anforderungen im Forschungsprojekt nicht zu bewältigen. Wie überall, erscheint es auch in Forschungsprojekten sinnvoll, zum einen die Zahl der Teammitglieder den gestellten Aufgaben anzupassen und es lässt sich beobachten, dass sich die Arbeit umso aufwändiger gestaltet, je größer die Teams werden (was sich natürlich auch im Finanzierungsbedarf niederschlägt), wie umgekehrt gut eingespielte Teams natürlich ungleich rascher miteinander arbeitsfähig sind.

Mitunter bieten sich auch andere Organisationsformen an, in denen es zum einen Mitglieder einer Kerngruppe gibt und zum anderen Personen, die eher eine Satellitenrolle einnehmen (und z.B. fallweise als ExpertInnen zu spezifischen Themen eingebunden werden).

Neben der bereits erwähnten interdisziplinären Zusammensetzung von Forschungsteams haben sich in größeren Projekten zudem klare Aufgabenteilungen bewährt[237]:

- *Wissenschaftliche Projektleitung*: Auswahl von Teammitgliedern, Personalmanagement, Teamsteuerung; Erstellen von Forschungsdesigns in Kooperation mit den wissenschaftlichen MitarbeiterInnen; Auftragsverhandlungen; Projektüberwachung; institutionelle Vertretung des Projektes nach außen und nach innen (gegenüber der Universität wie auch dem Geldgeber); Finanzkontrolle; Endredaktion von Forschungsberichten; Mitwirkung in der Forschung.
- *Wissenschaftliche Teammitglieder*: Durchführung der methodischen Schritte (Beobachtungen, Interviews, Auswertungen etc.); Teilnahme an Teamsitzungen; Mitwirkung in der Auswertung, Hypothesenbildung etc.; Mitwirkung in der Planung und Durchführung von Rückkoppelungen; Verfassen einzelner Berichtsteile.
- *Projektsupervision*: Reflexion von Forschungsdesign, Forschungsverlauf, Steuerungsfragen; Teamsupervision, fallweise auch Einzelsupervision von Teammitgliedern; Unterstützung in der methodologischen und theoretischen Reflexion des Forschungsprozesses; diese Rolle hat sich als sehr wünschenswert, wenn auch nicht immer finanzierbar erwiesen.
- *Projektkoordination und -verwaltung* (arbeiten in enger Kooperation): Organisation bzw. Durchführung von Transkriptionsleistungen; laufende Finanzkontrolle; Verwaltung der Forschungsprojekte im SAP und der Forschungsdatenbank der Universität Klagenfurt; Überwachung bzw. Durchführung der Projektarchivierung; Terminmanagement; Teambetreuung (Unterstützung der Kommunikation, Organisation von Teamsitzungen, Verpflegung etc.); Kooperation mit anderen Verwaltungseinheiten (bei AuftraggeberInnen oder auch im eigenen Haus).

Wie bereits angesprochen, brauchen Teams, um arbeitsfähig zu werden, eine bestimmte Zeit, die sie ihrer eigenen Teamwerdung widmen. Gerade dann, wenn sich verschiedene Disziplinen versammeln, versammeln sich in aller Regel auch unterschiedliche methodische Herangehensformen, Forschungsblickwinkel, Zitiertraditionen etc., die erst in gemeinsame Vorgehensweisen integriert werden müssen. Insofern dient die erste Teamsitzung neben der Konstituierung

---

237 Zur nachfolgenden Darstellung vgl. auch Falk/Krainer 2006, S. 268 f.

des Forschungsteams auch der Verteilung von Arbeitsaufgaben und der Vereinbarung von Arbeitsweisen. Die weiteren Teamsitzungen dienen insbesondere der Diskussion der Einzelauswertungen, dem Festlegen gemeinsamer Auswertungskategorien, der Vorbereitung von Rückkoppelungen (Termin, Design, Festlegen von zentralen Inhalten), Überlegungen zur weiteren Vorgehensweise (revolvierende Planung).

Formulieren von Vorvermutungen

Innerhalb des Forschungsteams besteht ein erster inhaltlicher Schritt darin, individuelle Vorvermutungen zu formulieren, diese untereinander auszutauschen und gemeinsam zu sammeln. Im Sinne hypothesengenerierender Verfahren[238], geht es in der Interventionsforschung nicht darum, Hypothesen zu formulieren, die bewiesen oder widerlegt (verifiziert oder falsifiziert) werden sollen, sondern zunächst schlicht darum, das eigene Vor-Verständnis, Alltagsvermutungen oder auch eigene Vorurteile festzuhalten bzw. sich selbst bewusst zu machen. Unbewusste bzw. unreflektierte Einstellungen können negativen Einfluss auf die Forschung nehmen (wenn beispielsweise danach getrachtet wird, die eigenen Vorvermutungen bestätigt zu bekommen anstatt sich offen auf die Beforschten zuzubewegen, wenn mit einer bestimmten „Brille" analysiert wird, wenn Interviewfragen in eine bestimmte Richtung gelenkt werden, wenn Interviewte in bestimmte Bahnen gezwungen werden etc.). Der subjektive Anteil ist freilich nie auszuschalten, das eigene Bewusstsein nicht so einfach zu unterdrücken. Gerade deshalb ist es aber sinnvoll, sich die eigenen Alltagshypothesen und Vorurteile bewusst zu machen, um in weiterer Folge auf sie achten zu können. Hier erhält übrigens wiederum die Gruppenarbeit einen wichtigen Stellenwert, weil Gruppenmitglieder sich gegenseitig auf allfällige Schwächen und individuelle Leidenschaften aufmerksam machen können.

Entwickeln zentraler Interviewdimensionen

Interventionsforschung arbeitet mit teilstrukturierten Tiefeninterviews, die so offen wie möglich gestaltet werden, in denen aber dennoch relevante Themenfelder vorkommen sollen. Dafür werden allerdings keine Interview-Leitfäden

---

238 Vgl. dazu etwa Glaser/Strauss 1998.

entwickelt, um sich nicht selbst zu sehr auf Fragestellungen festzulegen. Wohl aber werden Interview-Dimensionen im Forschungsteam vereinbart, die in weiterer Folge jeweils ergänzt oder adaptiert werden, sich aber immer in einem überschaubaren Rahmen halten sollen (rund fünf Dimensionen sind für ein Interview hinreichend genug). Die Dimensionen sind natürlich an die zentralen Forschungsfragen gekoppelt und greifen insofern auch die Interessen von AuftraggeberInnen auf. (Wenn es um interne Kommunikations- und Kooperationsprozesse geht, so sind Kommunikation und Kooperation zentrale Interviewdimensionen).

Unabhängig davon, ob das zu erforschende Praxisfeld eine klar umrissene Organisationsform darstellt (ein zu evaluierendes Projekt, eine Organisation etc.) oder ein organisationsübergreifendes Feld umfasst (mehrere Unternehmen, verschiedene AkteurInnen in einer bestimmten Region etc.) versuchen wir uns durch Visualisierung des zu untersuchenden Systems einen Überblick über relevante (Sub-)Strukturen und RepräsentantInnen im Praxisfeld zu verschaffen. Dazu hat sich das Instrument der Systemlandschaft besonders bewährt, mit dem möglichst alle Akteurinnen und Akteure innerhalb des jeweiligen Praxisfeldes, aber auch in Umwelten, die von außen auf das zu erforschende Praxissystem einwirken, erfasst und möglichst auch bestehende Beziehungen untereinander (Hierarchie, Netzwerke etc.) sichtbar gemacht werden.

Projektstart im Praxisfeld: Kick-off

Im Rahmen von *Kick-off-Veranstaltungen,* zu denen möglichst alle zukünftigen PraxispartnerInnen (soweit bereits bekannt) eingeladen werden, werden in der Regel das Forschungsteam, das Forschungsvorhaben und die methodische Vorgehensweise vorgestellt. Ferner bieten sich Kick-off-Veranstaltungen an, um allgemeine oder auch sehr konkrete Erwartungen von PraxispartnerInnen zu erheben, die sie an das Forschungsprojekt oder das Forschungsteam haben und um gegebenenfalls bereits eine gemeinsame Detailplanung vorzunehmen (z.B. Terminvereinbarungen zu treffen). Daraus lassen sich wichtige Hinweise für die weitere Projektplanung (revolvierende oder rollierende Planung) gewinnen).

Nachdem sich die zeitlichen Ressourcen und Möglichkeiten in verschiedenen Praxisfeldern sehr unterschiedlich gestalten, können hier keine einheitlichen Beschreibungen erfolgen. Die Vorbereitung der Kick-off-Veranstaltung erfolgt zumeist im Rahmen der ersten Teamsitzung. Dafür können die folgenden Fragen überlegt werden:

- Wer soll daran teilnehmen (vom Forschungsteam, aus dem Forschungsfeld)?
- Zu welchem Termin soll die Veranstaltung stattfinden/an welchem Termin können die meisten der PraxispartnerInnen teilnehmen?
- Welche Inhalte sollen vorkommen?
- Wie kann die Einladung zum Kick-off so gestaltet werden, dass möglichst viele sich auch dazu eingeladen fühlen und ein Interesse daran entwickeln (Einladung ev. in einem gemeinsamen Schreiben mit AuftraggeberInnen verfassen)?
- etc.

Ziel ist es, möglichst viele Personen aus dem Forschungsfeld zum Kick-off einzuladen. In manchen Fällen, in denen die Durchführung einer eigenen Startveranstaltung nicht möglich war, hat es sich bewährt, bestehende Informationsstrukturen in Organisationen (z.b. regelmäßiger Jour fixe etc.) zu nutzen oder auch Teile von anderen geplanten Veranstaltungen (z.b. Auftaktveranstaltungen für zu evaluierende Projekte). In Forschungsprojekten, in denen die ForschungspartnerInnen in keinem unmittelbaren Zusammenhang miteinander stehen oder arbeiten (z.b. unternehmensübergreifende Forschungen) ist sowohl die Organisation von Kick-off-Veranstaltungen als auch von Rückkoppelungen schwierig bzw. von deutlich geringerem Interesse für die ForschungspartnerInnen.

Die Durchführung von Kick-off-Veranstaltungen lässt sich wiederum nicht als Standardformat vorstellen, ihre innere Ausgestaltung variiert von Projekt zu Projekt. Mitunter ist es schwierig, einen gemeinsamen Termin zu finden, mitunter haben AuftraggeberInnen Bedenken, zukünftigen PraxispartnerInnen die Zeitinvestition abzuverlangen oder wollen auch das Geld dafür sparen, mitunter steht ausreichend, manchmal auch nur sehr kurze Zeit zur Verfügung.

Mit Blick auf die verschiedenen Forschungsprojekte, die wir in den vergangenen Jahren durchgeführt haben, lässt sich jedoch sagen, dass sich die Durchführung solcher Kick-off-Veranstaltungen immer bewährt hat und eine wichtige vertrauensbildende Maßnahme darstellen kann. Besonders erfolgreich sind Kick-off-Veranstaltungen verlaufen, wenn zum einen AuftraggeberInnen Forschung einen hohen Stellenwert eingeräumt haben und diese von sich aus bestmöglich unterstützen wollten und wenn zum anderen am Beginn der Forschung bereits möglichst viele zukünftige PraxispartnerInnen eingebunden werden konnten. Das ist nicht immer der Fall, in vielen Projekten stellt sich erst im Verlauf von Forschung heraus, wer (noch) interviewt werden könnte oder sollte.

Datenerhebung

Die Datenerhebung stellt eine entscheidende Phase in jedem Forschungsprojekt dar und betrifft verschiedenen Ebenen.

Material- und Literaturrecherchen

Wie in den meisten qualitativen Forschungsmethoden werden in Interventionsforschungsprojekten Material- und Literaturrecherchen durchgeführt. Dazu bietet sich eine Vielzahl von Recherchemöglichkeiten an, die von klassischer Literaturrecherche über diverse Internet-Erhebungen bis hin zur Sichtung und Analyse von Materialien und Dokumenten aus dem Forschungsfeld (z.B. Organigramme, Wirtschaftsdaten, interne Protokolle etc.) reichen können.

Zur näheren Analyse der Materialien (z.B. von der öffentlichen Wahrnehmung einer Organisation in Medien) bieten sich – neben einer reinen Lektüre zu Informationszwecken – verschiedene Varianten von (qualitativen) Inhaltsanalysen oder Diskursanalysen an.

Qualitative Interviews in der Interventionsforschung

Qualitative (offene, aber teilstrukturierte) Interviews sind ein wesentliches Element von Interventionsforschung. Sie dienen dazu, Sichtweisen und Motive von InterviewpartnerInnen zu erheben und Reflexionsprozesse in Gang zu setzen. Interviews eignen sich besonders gut zur Identifikation von Problemlagen und kontroversen Sichtweisen.

Praktische Hinweise zur Vorbereitung, Durchführung und Nachbereitung von qualitativen Interviews

In Hinblick auf die Durchführung von Interviews finden sich in der wissenschaftlichen Literatur inzwischen viele Hinweise, die je nach Kontextualisierung der Methode in unterschiedlichen Fachrichtungen (z.B. Psychologie, Sprachwissenschaft, Kommunikationswissenschaft, Organisationsforschung) verschiedene Nuancierungen erfahren haben. Manche bieten grundlegende Hinweise zur

Funktion des Fragens[239] oder zu speziellen Frageformen, wie etwa der zirkulären Frage[240] an, andere konkrete Anleitungen für die praktische Durchführung von qualitativen, narrativen oder auch leitfadengestützen Interviews, zumeist verbunden mit mehr oder minder umfassenden methodologischen Reflexionen[241]. Im Folgenden wird einzelnen Aspekten Aufmerksamkeit geschenkt, die uns in der Praxis häufig beschäftigen.

In Bezug auf die Durchführung von Interviews lassen sich unterschiedliche Phasen und Ebenen unterscheiden, wenn auch nicht trennscharf voneinander abgrenzen: Zum einen die Phasen der *Vorbereitung*, *Durchführung* und *Nachbereitung* von Interviews, zum anderen jeweils die Ebenen von *Grundhaltungen*, *Inhalten* und *Techniken* im Interviewprozess.

Von einer Vorbereitung auf Interviews wurde bereits berichtet: Im Rahmen der ersten Teamsitzung des Forschungsteams werden zentrale Interviewdimensionen vereinbart, die alle ForscherInnen mit auf ihren Weg in die Praxis nehmen. In der Vorbereitungsphase gilt es nun, (häufig erstmals) Kontakt zu ForschungspartnerInnen aufzunehmen, sie über das Forschungsprojekt und das konkrete Interesse (Interviewdurchführung) zu informieren und sich selbst auf das Interview vorzubereiten bzw. einzustimmen. Diesem Schritt vorangestellt sind allerdings zwei wichtige Fragen, nämlich welche Personen überhaupt interviewt und von welchem Mitglied aus dem Forschungsteam die jeweiligen Interviews durchgeführt werden sollen. Das kann sehr pragmatische Aspekte haben (Wer macht wie viele Interviews? Wer hat wann Zeit? etc.), relevanter ist es zu überlegen, wer wofür am besten geeignet ist, welche Erwartungen z.B. von Seiten der PraxispartnerInnen bestehen oder welche Vorkontakte und Vorerfahrungen mit Praxissystemen bzw. Personen bereits vorhanden sind.

Kontaktaufnahme. In der konkreten Vorbereitung auf Interviews und für die Kontaktaufnahme mit InterviewpartnerInnen kann es sinnvoll sein, sich zu nachfolgenden Fragen einige Gedanken zu machen:

- Wie gelingt es Zugang zu relevanten Personen („Keyplayer", potenzielle „Türöffner") zu bekommen?
- Mit wem muss die Interviewanfrage verhandelt werden?
- Wie soll die erste Kontaktaufnahme erfolgen (telefonisch, schriftlich etc.)?

---

239 Vgl. etwa Nowak/Macht 1996.
240 Vgl. etwa Simon 1999; Pfeffer 2001.
241 Vgl. etwa Froschauer/Lueger 1992; Nohl 2006, S. 19 ff.; Küsters 2009.

- An welchen Orten soll das Interview stattfinden, an welchen eher nicht (was sind geeignete Orte um die Forschung durchzuführen)?

Hinweisgebende Informationen. Sofern InterviewpartnerInnen noch wenige oder auch gar keine Vorinformationen über das Forschungsprojekt erhalten haben, interessieren sie sich in aller Regel für konkrete Fragen das Interview betreffend, wie etwa Informationen über:

- das Forschungsthema/das Forschungsteam,
- zum Forschungsauftrag bzw. zu AuftraggeberInnen,
- Gründe, als Interviewpartner oder Interviewpartnerin ausgewählt worden zu sein,
- die methodische Vorgehensweise (Interview), den Kontext sowie die Ziele des Interviews,
- den Ablauf des Interviews (Setting, Aufnahme, Ort),
- den weiteren Umgang mit den Daten.

In pragmatischer Hinsicht ist es sinnvoll, die folgenden Aspekte zu klären bzw. anzusprechen:

- Vereinbarung zu Termin und Dauer des Interviews,
- Die technische Aufnahme des Interviews,
- Zusicherung der Anonymisierung von Daten,
- Frühzeitige Ankündigung der Rückkoppelung.

Für die *inhaltliche Vorbereitung* werden die allgemeinen Interview- und Themendimensionen auf die jeweilige InterviewpartnerIn abgestimmt, eine konkrete inhaltliche Einstiegsfrage vorbereitet und die eigenen Vorurteile und Vorannahmen (zu Themen und zur Person) nochmals in Erinnerung gerufen. Zugleich wird recherchiert bzw. überlegt, welches System/Institution die jeweiligen InterviewpartnerInnen repräsentieren (könnten), welche Rolle und Funktion sie dort einnehmen und welche Erwartungen die Betroffenen in das Interview mitbringen könnten. Zur *organisatorischen Vorbereitung* gehören etwa ein Funktions- und Vollständigkeitscheck der Aufzeichnungstechnik sowie ein frühzeitiges Klären der Anreise. Schließlich lohnt es sich, auch einer *emotionalen Vorbereitung* auf das Interview Platz einzuräumen.[242]

---

[242] Hinweise dazu bietet Harald Goldmann in diesem Buch.

Durchführungsphase

Der Einstieg in ein Interview stellt eine zentrale Sequenz dar. Ziel ist es, einen möglichst angenehmen Kontakt herzustellen, Vertrauen und Motivation aufzubauen. Trotz ausführlicher Informationen im Rahmen der ersten Kontaktaufnahme kann es sinnvoll sein, diese vor Beginn des Interviews noch einmal zu wiederholen, sich zu überlegen, wie die Begrüßung erfolgen soll (welche formalen Erwartungen es dazu geben kann) und noch einmal die vereinbarten Rahmenbedingungen zu klären (Sinn und Ziel des Interviews, zeitlicher Rahmen, Verschwiegenheit und Anonymisierung der Daten, elektronische Aufzeichnung, weitere Verwendung des Interviewmaterials, Rückkoppelung etc.). InterviewpartnerInnen reagieren sehr unterschiedlich – manche wollen von all dem gar nichts wissen und sagen bestenfalls: „Fangen wir einfach an", andere hingegen stellen am Beginn so viele Fragen, dass es partiell zu einer Umkehr der Interviewsituation kommt, was geraume Zeit in Anspruch nehmen kann. Die Herausforderung lautet hier, auf die Bedürfnisse der anderen einzugehen, ohne die eigenen Interessen dabei aus dem Auge zu verlieren. Immer handelt es sich aber um einen „doppelten Einstieg" in das Interviewen, der auf zwei Ebenen erfolgt, nämlich auf der inhaltlichen (durch eine thematische Einstiegsfrage) und auf der Beziehungsebene (InterviewerInnen zeigen Interesse an der Person etc.).

Für den thematischen Einstieg in das Interview haben sich Fragen bewährt, die sich mit der interviewten Person befassen, ihrer Rolle/Funktion in einer Organisation etc. Solche Fragen bieten mehrere Vorteile: Sie machen es den InterviewpartnerInnen leicht, etwas zu sagen (über sich selbst kann jeder Auskunft geben), eröffnen einen Gesprächsfluss und bieten ForscherInnen zudem Gelegenheit, das Gegenüber näher kennenzulernen (auch wenn manche Informationen bereits im Vorfeld recherchiert wurden). In weiterer Folge gilt es, sich an den Gesprächsverlauf „anzuschmiegen" (Emotionen und Ziele vertiefend nachzufragen), zugleich aber auch die geplanten Themendimensionen für das Interview im Auge zu behalten. Insofern „driften" InterviewerInnen immer zwischen dem „Leitfaden des Angebotenen" (Peter Heintel) und ihrer thematischen Vorbereitung hin und her.

Der Abschluss von Interviews ist ebenfalls ein doppelter: Auf der inhaltlichen Ebene gilt es, eine geeignete Abschlussfrage zu stellen (einen Ausstieg aus dem Inhalt zu finden, z.B. durch die Frage: „Haben wir etwas Wichtiges nicht besprochen bzw. möchten Sie noch etwas ergänzen?") und auf der Beziehungsebene gilt es ebenfalls ein Ende zu setzen (ein klares Beenden des Interviews suchen, z.B. durch Dank und Verabschiedung).

Herausforderungen im Interviewprozess

Die meisten praktischen Herausforderungen ergeben sich auf der Ebene der Interviewtechnik. Gute Interviews zu führen braucht in aller Regel Übung und Training. Zur praktischen Durchführung finden sich in der Literatur viele Hinweise über spezielle Fragetypen, wie etwa das Fragen nach Rangfolgen, Differenzierungen, Skalierungen, Veränderungen etc.)[243]. Sie alle können in Interviews Platz finden, ihre Kenntnis soll aber nicht dazu verführen, während der Interviews lange darüber nachzudenken, welche Frageform am besten zum Einsatz kommen soll. Für unsere Zwecke erscheint eine Differenzierung in die folgenden Frageformen als hinreichend:

- Öffnende Fragen bieten sich besonders gut für den Einstieg in eine (neue) Themendimension an („Können Sie beschreiben, wie Sie die Situation erleben?"),
- Informationsfragen dienen dazu, Fakten und Meinungen festzustellen („Wie viele MitarbeiterInnen beschäftigen Sie?"),
- Klärungsfragen helfen den InterviewerInnen Unklarheiten zu beseitigen („Was meinen Sie konkret mit...?"),
- Beurteilungsfragen fördern Gründe für bestimmte Positionen zu Tage („Warum ist Ihnen das wichtig?"),
- teilnehmende Fragen werden gestellt, um Eindrücke von Einstellungen, Bedürfnissen und Wünschen zu erhalten („Wenn Sie sich diese Situation jetzt noch einmal vorstellen, was empfinden Sie dann?"),
- zirkuläre Fragen sind besonders gut dafür geeignet, mögliche Perspektiven von außenstehenden Personen, die nicht am Interview teilnehmen, zu phantasieren und InterviewpartnerInnen zu ermuntern, sich in die Position von anderen zu versetzen („Wenn ich Ihrem Kollegen die gleiche Frage stellen würde, was vermuten Sie, wie er darauf antworten würde?").

Neben den verschiedenen Fragetechniken finden sich in verschiedenen Leitfäden Hinweise in Bezug auf „Gebote" und „Sünden" bzw. „Fehler" in Interviews.[244] Neben konkreten Techniken werden jeweils Haltungen empfohlen, wie etwa eine empathische und offene Grundhaltung den Menschen gegenüber oder auch die Anerkennung des Leitspruchs von Froschauer/Lueger: „Die interviewte

---

243 Vgl. etwa Simon 1999.
244 Vgl. etwa Krainz 2000, S. 189 f.

Person hat immer recht!"[245]. Abschließend einige Hinweise für das mögliche Gelingen und Scheitern von Interviews nach Heintel[246]:

Interviewgebote

- Herstellung eines gegenseitigen Vertrauens als Basis der Beziehung – auch bei zuvor völlig Fremden.
- Vermeiden von Urteilen und Beurteilungen.
- Systematisches Erfragen von differenzierten Fakten, jedoch ohne Verhörcharakter.
- Zusammenarbeit in der systematischen Abgrenzung des Problems: Beachten der Gefühle und der Widerstände des anderen, sowie Kontrolle über eigene Gefühlsreaktionen.
- Zuhören – Zwischenfragen – wieder Zuhören. Schließlich Hinhören und zu verstehen suchen.
- Finden lassen durch Hilfestellung statt Imponieren durch schnelle Reaktion; aber konstantes Vertiefen des Problems durch Wiederholung der bereits geklärten Punkte.
- Weniger über eine einbezogene dritte Person reden, sondern mehr auf die Gefühle zentrieren, die InterviewpartnerInnen gegenüber dieser Person erleben.
- Der/die Interviewende muss die Zeitdauer des eigenen Sprechens kontrollieren. Der Raum gehört den InterviewpartnerInnen, nicht den Interviewenden. Wo kein Raum gegeben wird, kann sich niemand entfalten. Wenn Interviewende mehr als zehn Prozent der Gesamtzeit reden, nimmt das Interview einen schlechten Verlauf.
- Das reale Verhalten der InterviewerInnen (Ausdruck, Bewegungen, Zuwendung, unbewusste Reaktionen) sowie äußere Störfaktoren beeinflussen das Gefühl der InterviewpartnerInnen im Sinne der Verstärkung oder Verringerung von Angst und Freiheit.
- InterviewerInnen müssen versuchen, auch das anzunehmen, was die InterviewpartnerInnen in unreflektierter Weise direkt oder indirekt über ihn/sie äußern.

---

245 Froschauer/Lueger 1992, S. 36.
246 Heintel, ohne Datum (gekürzte Wiedergabe).

Interview-Sünden

- Reden statt Zuhören.
- Suggestive Fragen stellen.
- Aussagen zurückweisen (widersprechen, Äußerungen bezweifeln, Befremdung zeigen etc.).
- Unterbrechen.
- Druck ausüben.
- Pausen nicht durchstehen. Oft kommt gerade nach einer Pause eine wertvolle Aussage oder die interviewte Person ist eben langsamer als der/die Interviewende und braucht ihre Zeit, um nachzudenken.
- Emotional reagieren (meist können InterviewpartnerInnen durch Mimik erahnen, was den InterviewerInnen gefällt und was nicht. Äußerungen von Ungeduld, Ärger, Langeweile oder Gleichgültigkeit hemmen die Aussagefreudigkeit, während Begeisterung, Identifikation, Lob usw. auf Gebiete verführen, die den Interviewenden genehm sind oder nicht irritieren).
- Nachstoßend fragen.
- Kompliziert fragen („Wer kann nicht sagen, dass der Herr Mayer diese Frage nicht verneint hat?").
- Getarnte Angriffe („Ich will Ihnen nicht widersprechen, aber...").
- Verzicht auf Klärung, wenn man etwas nicht gleich mitbekommen hat.
- Flucht in die Theorie. Von erlebten Problemen der InterviewpartnerInnen lenkt der/die Interviewende auf allgemeine Probleme über und verführt zu Rationalisierung auf abstrakter Ebene.

Interviewnachbereitung – Dokumentation

Neben technischen Aspekten der Nachbereitung (Sicherung der Interviewaufnahme, Transkription und Archivierung) für die die jeweiligen InterviewerInnen sorgen, können relevante Zusatzinformationen festgehalten und dem Forschungsteam gemeinsam mit der Transkription übermittelt werden. Dazu zählen etwa Hinweise zu:

- dem Zustandekommen des Interviews,
- Auffälligkeiten im Umfeld des Interviews (Gebäude, Räume, Empfang, beobachtete Interaktionen, Atmosphäre etc.),

- Rahmenbedingungen des Interviews (Zeit, Dauer, weitere im Raum anwesende Personen etc.),
- dem Verlauf des Interviews (Dynamik, Auffälligkeiten, Emotionen etc.)
- Ereignissen, die vor und nach der Aufzeichnung passiert sind (Informationen, die ‚off records' gegeben wurden),
- Vermutungen über die Bedeutung des Interviews für den/die InterviewpartnerIn,
- spontanen Annahmen und Assoziationen zum Interview,
- Schlüssen und Hypothesen aus dem Interviewkontext.

Pannen meistern

Selbst bei gewissenhaftester Vorbereitung kann es in der Phase der empirischen Erhebung zu verschiedensten Schwierigkeiten kommen. Ihnen mit einiger Gelassenheit zu begegnen erleichtert zumindest das Leben des Projektteams sehr. Manche InterviewpartnerInnen sind erst gar nicht telefonisch zu erreichen, manche sagen zu, haben dann aber doch keine Zeit, andere sind zwar erreichbar, aber nicht auskunftsbereit. Mitunter stellen sich ungeahnte Hürden in den Weg – wer zum Beispiel in einer Schule ein Forschungsprojekt durchführen will, braucht das Einverständnis verschiedener Organe (Landesschulrat, LehrerInnen, Erziehungsberechtigte, SchülerInnen). Tonbandgeräte können versagen, die Batterien der Videokamera leer sein etc. Teammitglieder können ausfallen und müssen spontan ersetzt werden. Vieles macht sich erst im konkreten Prozess bemerkbar und führt zu erheblichen Verzögerungen.

Nicht immer verlaufen darüber hinaus Interviews zur Zufriedenheit der Forschenden. Nicht immer hat das aber mit Fehlern zu tun, die sie begehen. Mitunter lässt sich ein geringer Informationsfluss auch mit spezifischen Interessen und Bedürfnisse in Praxissystemen erklären. Systeme/Gruppen/FunktionsträgerInnen trachten danach, bestimme Wissensbestände vor Außenstehenden zu schützen. Das kann etwa Geheimnisse und verdeckte Strategien betreffen, die den Betroffenen nützen und daher nicht „aufgedeckt" (identifiziert) werden sollen, was sprichwörtlich in der Formulierung „man lässt sich nicht gerne in die Karten schauen" aufgehoben ist. Um „aus dem Nähkästchen zu plaudern" bedarf es zunächst eines Vertrauensaufbaus und einer Atmosphäre der Aufgeschlossenheit – Sympathie, aber auch Vorstellungen über die Nützlichkeit, das Wissen zu teilen, können dabei sehr hilfreich sein. In der Regel haben InterviewerInnen keinerlei Interesse, Personen oder auch Praxisfeldern zu schaden, aus

Sicht der Betroffenen ist es aber auch wichtig, InterviewerInnen für „vertrauenswürdige Menschen" zu halten, auf die sich verlassen können (dazu dient insbesondere die Klärung der Verschwiegenheit). Dabei werden durchaus ambivalente Interessen von ForschungspartnerInnen (und AuftraggeberInnen) sichtbar: Sie wollen häufig sowohl kritisches Feedback als auch in einem „guten Licht" erscheinen.

Teilnehmende Beobachtung in der Interventionsforschung

Neben qualitativen Interviews hat sich die Teilnehmende Beobachtung als zentrale Methode der Interventionsforschung etabliert und bewährt. Teilnehmende Beobachtung ist „eine Feldstrategie, die (...) Dokumentenanalyse, Interviews mit Interviewpartner/innen und Informanten, direkte Teilnahme und Beobachtung sowie Introspektion verbindet"[247]. Sofern in Forschungsprojekten die Möglichkeit besteht, am Geschehen im Forschungsfeld beobachtend teilzunehmen, wird dieses „Werkzeug" im Forschungsdesign berücksichtigt und mit den AuftraggeberInnen verhandelt. So überzeugt InterventionsforscherInnen davon sind, dass diese Form der Teilnahme wichtiger Bestandteil einer sich als prozessual verstehenden Wissenschaft ist, so schwierig kann es gleichzeitig sein, den AuftraggeberInnen plausibel zu machen, worum es sich handelt, welchen Nutzen sie von dieser Intervention haben könnten und sie für die Vorgehensweise zu erwärmen.[248]

Zur Genese der Forschungsmethode

Die Methode der Teilnehmenden Beobachtung gewinnt an Bedeutung, als Ethnologen wie Bronislaw Malinowski oder vor ihm Franz Boas mit der systematischen und stationären Feldforschung im späten 19. Jahrhundert bereits beginnen. Die Idee ist, die eigene kulturelle „Brille", die bedingt durch die persönliche Sozialisation, Beobachtungen bestimmt und kulturell eingefärbt interpretieren lässt, zu überprüfen und zu reflektieren. Dies, so lautet die Empfehlung, gelinge dann, wenn man sich für längere Zeit in das zu beforschende Feld begibt, am

---

247 Denzin 1989, S. 157-158.
248 Teile der folgenden Kapitel zu Teilnehmender Beobachtung wurden in verkürzter Form bereits veröffentlicht – vgl. Lerchster 2011, S. 156-166.

sozialen Leben teilhabend, den All-Tag beobachtend, Riten verstehend und trotz der Partizipation den Blick aus der Distanz nicht verlierend, Hypothesen über das jeweilige System generiert und sich gleichzeitig einer zweiten Sozialisation unterzieht, um in gewisser Weise in die fremde Kultur eintreten zu dürfen. Dafür empfiehlt Malinowski[249] die Kamera, das Notizbuch und den Bleistift beiseite zu legen und einfach nur am Geschehen teilzuhaben. Für Mulder geht es um eine Eingliederung in ein Netzwerk von Transaktionen, in dem man „die Regeln von Geben und Nehmen" befolgen müsse. Seit dem Ende des 19. Jahrhunderts wird diese Forschungsmethode in groß angelegten ethnologischen Feldstudien immer weiter ausgefeilt und wird in weiterer Folge auch in anderen Forschungsfeldern, wie beispielsweise in der Sozialanthropologie oder der ethnologischen Organisationsforschung, angewandt.

Mit der Etablierung der Methode gehen in weiterer Folge (im Sinne der Entwicklung von Kriterien für Validität), eine gewisse Formalisierung und der Versuch einer Standardisierung einher. So wurden etwa unterschiedliche Phasen der Beobachtung (deskriptiv, fokussiert, selektiv) definiert[250] oder Hilfsmittel wie vorstrukturierte und teilweise akribisch detaillierte Beobachtungsbögen und -schemata entwickelt (und empfohlen), um aus ihnen sogenannte „dichte Beschreibungen"[251] zu generieren. Zudem wurden Dimensionen zur Klassifizierung von Beobachtungen festgelegt. Angelehnt an Friedrichs unterteilt beispielsweise Flick Beobachtungsverfahren in die folgenden fünf Dimensionen: „verdeckte (...) versus offene Beobachtung" („Inwieweit wird den Beobachteten der Vorgang der Beobachtung offenbart?"), „teilnehmende" versus „nicht-teilnehmende Beobachtung" („Inwieweit wird der Beobachter zum aktiven Teil des beobachteten Feldes?"), „systematische versus unsystematische Beobachtung" („Wird ein mehr oder minder standardisiertes Beobachtungsschema verwendet oder eher offen für die Verläufe selbst beobachtet?"), „Beobachtung in natürlichen versus (...) in künstlichen Situationen" („Wird im interessierenden Feld beobachtet oder werden Interaktionen in einen speziellen Raum zum Zweck der besseren Beobachtbarkeit ‚verlegt'?") und „Selbst- versus Fremdbeobachtung" („Meist werden andere Menschen beobachtet. Welcher Stellenwert wird dabei

---

249 Vgl. Malinowski 1961; orig. 1922.
250 Vgl. Spradley 1980, S. 34.
251 Vgl. Geertz 1983.

der reflektierenden Selbstbeobachtung des Forschers zur stärkeren Fundierung der Interpretation des Beobachteten beigemessen?")[252].

Zieht man diese Klassifikation heran, so werden in der Interventionsforschung offene, teilnehmende, größtenteils unsystematische Beobachtungen in natürlichen Situationen durchgeführt, die sowohl die Selbst- als auch die Fremdbeobachtung in ihren Ergebnissen berücksichtigt. Im Unterschied zur nicht teilnehmenden Beobachtung – die innerhalb der Interventionsforschung keine Bedeutung hat und deshalb in weiterer Folge auch nicht näher ausgeführt wird[253] – charakterisiert sich die hier diskutierte Methode durch folgende sieben Kennzeichen:

- „Ein spezielles Interesse an menschlichen Bedeutungen und Interaktionen aus der Perspektive von Personen, die ‚Insider' oder Teilnehmer in besonderen Situationen und Settings sind";
- „die Lokalisierung im Hier und Jetzt von Alltagssituationen und -settings als Grundlage von Untersuchung und Methode";
- „eine Form von Theorie und Theoriebildung, die Interpretation und Verstehen menschlicher Existenz hervorhebt";
- „Forschungslogik und -prozess sind offen, flexibel, opportunistisch und verlangen eine dauernde Neudefinition des Problems auf der Basis von Fakten, die in konkreten Settings menschlicher Existenz erhoben wurden";
- „ein in die Tiefe gehender, qualitativer, fallorientierter Zugang und ein ebensolches Design";
- „die Ausfüllung einer oder verschiedener Teilnehmerrollen, die die Herstellung und Aufrechterhaltung von Beziehungen mit den Mitgliedern im Feld beinhalten";
- „die Verwendung von direkter Beobachtung zusammen mit anderen Methoden der Informationsgewinnung".[254]

Abgesehen von gewissen Basisqualifikationen gilt als eine zentrale Voraussetzung für die Beobachtung von fremden Kulturen, von sozialen Gefügen, Gruppen oder Organisationen, denen ForscherInnen nicht selbst angehören, ein ausreichendes Maß an Zeit. Letzteres mag im Sinne der zu organisierenden Rahmenbedin-

---

252 Vgl. Flick 2007, S. 282 (Zitate ebenda). Flick unterscheidet sich hier von Häder, der die Selbstbeobachtung dahingehend beschreibt, dass nicht Forscher sondern die zu Erforschenden sich selbst beobachten (vgl. Häder 2010, S. 304).
253 Interessierte finden dazu Weiterführendes bei Flick 2007, S. 279-286.
254 Jorgensen 1989, S. 13-14, In: Flick 2007, S. 287.

gungen innerhalb des Forschungsmanagements noch erreichbar sein, was hingegen die Qualifikation betrifft so scheiden sich die Geister.

Welche Qualifikationen brauchen BeobachterInnen?

In der Ethnologie hält sich die Argumentationslinie, es käme primär auf Intelligenz, Sensibilität und „Common Sense" an.[255] Diesen Zugang kann man nun kritisieren, gleichzeitig fällt aber auf, dass es so etwas wie eine „Rollen- oder Funktionsbeschreibung" für das Beobachten nicht gibt. Viel eher wird es als Alltagskompetenz beschrieben, welche das Hören, Fühlen oder Riechen umfasst, vor allem aber die Fähigkeit, visuell wahrnehmen zu können, betont.[256] Die Forderung nach einem Qualifikationsprofil an dem sich ForscherInnen orientieren könnten mag zwar etwas „technisch" bzw. modellhaft anmuten, dennoch scheint es sinnvoll, der Frage nachzugehen, zumal diesbezüglich immer wieder große Unsicherheiten (vor allem bei Studierenden) zu beobachten sind. Eine Unsicherheit, die unter anderem daher rührt, dass sie beinahe gefangen scheinen in der Anforderung, keine Objektivitätsverletzung zu begehen. Der Anspruch objektiv zu sein, scheint wie eine Formel internalisiert zu sein, eine Sozialisation der jungen Wissenschaftler, die den Verdacht nahelegt, dass man es hier mit einem unhinterfragten Fetisch der empirischen Sozialforschung zu tun haben könnte?

Ganz prinzipiell und als erste Ent*las*tung für die Betroffenen kann man mit Devereux formulieren, dass die Herausforderung darin besteht, den Begriff der Objektivität ad acta zu legen und „die Subjektivität des Beobachters und die Tatsache, dass seine Gegenwart den Verlauf des beobachteten Ereignisses so radikal beeinflusst wie die Messung das Verhalten eines Elektrons beeinflusst (,stört'), zu akzeptieren und auszuwerten. Der Verhaltensforscher muss lernen zuzugeben, dass er *niemals* ein Verhaltensereignis beobachtet, wie es in seiner Abwesenheit ,stattgefunden haben könnte', und dass ein Bericht, den er zu hören bekommt, niemals mit dem identisch sein kann, den derselbe Berichterstatter einer anderen Person gibt"[257]. Umso wichtiger erscheint es, individuelle selbstreflexive Überlegungen (Warum tauchen welche Gefühle auf? Woran erinnert mich die Situation? Wie lässt sich die Aversion im Feld oder gegen einzelne Personen begründen? Warum fühle ich mich hier wie „zu Hause"? Welche Reak-

---

255 Vgl. Mulder van de Graaf, Rottenburg 1989, S. 21.
256 Vgl. Flick 2007, S. 282.
257 Devereux 1998, S. 29.

tionen meinerseits lösen welche Gegenreaktionen aus etc.) in der Interpretation der Daten zu berücksichtigen (ob im Text expliziert oder auch nur mitgedacht). „Man kann [und muss] den Verlauf der Feldforschung auch zum Anlass nehmen, einen analytischen Blick auf die eigenen Vorlieben und Erwartungen zu richten, die man von vornherein in die Feldforschung mitgebracht hat. Der Blick auf die eigenen Gefühlslagen, theoretischen Höhenflüge, Fokussierungen und blinden Flecken kann Informationen für die Analyse des eigenen Denkschemas liefern, das wiederum eng mit dem fachspezifischen Denkstil und der Struktur des wissenschaftlichen Feldes verbunden ist."[258]

Praktische Hinweise für die Durchführung von
Teilnehmenden Beobachtungen

Im Bereich der Interventionsforschung geht es meist darum, komplexe, nicht triviale soziale Systeme besser zu verstehen und dadurch nützliche, relevante und aufklärende Impulse/Interventionen für Beobachtete und Beobachtende zu ermöglichen. Dafür sind Teilnehmende Beobachtungen besonders nützlich. Auftraggeberinteressen und eigene Forschungsfragen konstruieren dabei den Forschungsfokus.

Vorbereitende Reflexionen. Aus der konkreten Praxis schildern KollegInnen, Studierende und DoktorandInnen immer wieder, mit welchen unterschiedlichen Rollenzuschreibungen sie als BeobachterInnen in den Organisationen bedacht wurden („Spionin", „Protokollführer", „Geheimnisträgerin") und welche Assoziationen sie selbst zur Beobachtungsrolle hatten („Heimtücke", „Hinterlist", „ins Schussfeld geraten", „sich am Leid anderer ergötzen", „Zuschauen als Obszönität", „Kiebitz", „Jäger am Hochstand")[259]. Viele dieser „Negativ-Assoziationen" sind nachvollziehbar, da im Grunde ein „Beobachtet werden" wenig positive Konnotation hervorruft. Auch wenn wir uns bewusst sind, dass wir permanent den Beobachtungen anderer ausgesetzt sind (und uns dennoch fragen, was denn „die Leute sagen werden", wenn man diese oder jene Handlung setzt), denken wir nicht unentwegt darüber nach, was denn Ergebnis dieser Beobachtungen sein könnte. Würden wir uns diesen Phantasien permanent hingeben, wären wir über kurz oder lang vermutlich von einem gewissen Verfol-

---

258 Bourdieu 1993, S. 365 ff.
259 Die Begriffssammlung entspringt Aufzeichnungen aus eigenen Lehrveranstaltungen.

gungswahn begleitet und eine eingeschränkte Handlungsfähigkeit wäre wahrscheinlich oder zumindest nicht auszuschließen.

Nachdem Beobachtungen innerhalb eines Forschungsdesigns als solche deklariert sind, lösen sie auch im Feld möglicherweise dementsprechende Assoziationen aus. Insofern erscheint es sinnvoll, PraxispartnerInnen so gut wie möglich über die Vorgehensweise und den Sinn der Methode zu informieren und darauf hinzuweisen, dass die gewonnenen Ergebnisse an sie zurückfließen werden und insofern eine Teilhabe an den Ergebnissen zu gegebenem Zeitpunkt vorgesehen und garantiert ist. Zuschreibungen, die ausgesprochen werden, können im Zuge des Prozesses aufgegriffen und diskutiert werden, um ein angenehmeres Klima für alle Beteiligten zu schaffen. Dies kann die Beziehung zu den ForschungspartnerInnen festigen und rascher zu einer Akzeptanz oder gar Ignoranz (die durchaus hilfreich sein kann) führen. Wird einem misstrauisch, neugierig und interessiert über die Schultern geschaut, um einen Blick auf das Notierte zu erhaschen, kann ein Scherz die Situation auflockern oder auch die Veröffentlichung einzelner Notizen hilfreich sein. Am wichtigsten erweist es sich aus unserer Sicht aber immer wieder, zu gewährleisten, dass das „beforschte" System die Möglichkeit hat, von den Beobachtungen und Hypothesen zu profitieren. Aus eigener Beobachtungspraxis wissen wir um die Verunsicherung seitens der Beobachteten und dem damit einhergehenden Wunsch, zu erfahren, was die ForscherInnen „gesehen" haben. Es ist meist ein emotionaler Mix von Angst im Umgang mit der ungewohnten Situation, gepaart mit gleichzeitiger Neugierde, etwas über sich zu erfahren. Das Spiel „Ich sehe was, was Du nicht siehst" kommt erst zu einem (positiven) Ende, wenn der andere auch „sehend" wird.

Die häufigere praktische Durchführung, eine gewisse Identifikation mit der Methode, vor allem aber das Erkennen, wie sinnvoll und brauchbar die gewonnenen Daten sein können, erleichtern erfahrungsgemäß das Zugehen auf Organisationen und das Beobachten in Praxisfeldern.

Wiederum können nachstehend keine Rezepte geboten werden, die sich eins zu eins auf jede Praxissituation übertragen ließen, wohl aber können einige allgemeine Reflexionsfragen zur Rolle der Forschenden und konkretisierende Hinweise zu möglichen Ebenen der Beobachtung angeboten werden. Für einen ersten Einstieg bzw. für eine Vorbereitung kann es etwa hilfreich sein, sich folgenden Fragen zu widmen:

- Welche Rolle nimmt man ein und wie authentisch bewegt man sich in einem Umfeld, das fremd ist?
- Welches Ausmaß von Authentizität ist notwendig?

- Wie viel Empathie benötigen ForscherInnen?
- Wie kann auf unvorhergesehene Geschehnisse reagiert werden?
- Welche soziale Kompetenz und welches Gefühl für Vorgänge in sozialen Gefügen sind erforderlich?
- Was geschieht mit der eigenen Emotionalität, die bekanntlich nicht kontrollierbar ist?
- Wie viel an Verantwortungsgefühl dem System gegenüber muss gegeben sein?
- Auf welche Abwehrreaktionen ist zu achten?
- Wie weit will man sich in das System hineinbegeben, wie viel Distanz ist zu wahren?
- Wie viel Interaktion kann zugelassen werden, wo bleibt man lieber im Hintergrund?
- Welcher Sprache will man sich bedienen?

Mit den PraxispartnerInnen in Kontakt treten. Wie schon bei den Ausführungen zu den Interviews angesprochen, stellt sich auch hier der Erstkontakt als sensibler Moment dar, in dem ein unsicher oder unpräzise formuliertes Anliegen dazu führen kann, dass der Zugang zur Organisation oder zum ausgewählten Forschungsfeld verwehrt wird. Selbst dort, wo man keine Erlaubnis einholen muss, sondern etwa von Auftraggebenden als BegleitforscherIn angekündigt wird und wo die PraxispartnerInnen wissen, in welchem Auftrag und mit welchem Anliegen Forscherinnen oder Forscher beobachtend teilnehmen, werden diese häufig kritisch beäugt oder humorvoll hinterfragt („Jetzt schreibt sie auf, was wir heute so von uns geben." „Nur einen Satz würde ich gerne mal lesen, zeigen sie doch mal her, was sie da so schreiben." „Bekommen wir dann auch so ein Protokoll von ihnen?" „Der Spion ist unter uns." etc.).

In der ersten Kontaktaufnahme reicht die Palette an Erfahrungen von komplizierten Annäherungen mit vielen Telefonkontakten und Aufklärungsschleifen über sofortige Einladungen ohne weitere Nachfragen, gepaart mit einer hohen Bereitschaft, der Wissenschaft einen Dienst zu erweisen, bis hin zu misstrauischen Absagen oder Erlaubnis zur Teilnahme am Geschehen unter der Bedingung, eine bestimmte Rolle im System anzunehmen. Mulder van de Graaf beschreibt den Erstkontakt mit vier unterschiedlichen Unternehmen und zeigt auf, welche Bedeutung dabei einflussreichen Funktionsträgern zukommt. Diese Erfahrungen zieht er heran, um den Konnex zwischen Organisationsbeobachtungen und ethnologischer Feldforschung deutlich zu machen: „In der Praxis der Teilnehmenden Beobachtung der Unternehmenskultur in unserer eigenen Gesellschaft zeigen sich zunächst keine allzu großen Unterschiede zur postkolonialen, ethnologischen Feldforschung. (...) So wie man in Stammesgesellschaften die lokalen Autoritäten, etwa König, Häuptling und Priester nicht umgehen kann, braucht man auch in Unternehmen die Billigung der Geschäftsleitung. In beiden Fällen befindet man sich in einer misslichen Situation, weil man als ungeladener Gast zunächst nur Misstrauen und bestenfalls Unverständnis ernten kann, zumal man weder etwas verkaufen noch verkünden will, und auch etwas genau Benenn- und Bewertbares, für das man ja auch zahlen müsste, will man nicht haben. In fremden Stammesgesellschaften fällt es dem Ethnologen meist schwer, einflussreiche Personen von seiner ‚Harmlosigkeit' zu überzeugen; hingegen sind einfache Menschen eher dazu geneigt, ihn als komischen Kauz ohne weitere Verdächtigungen zu akzeptieren. In Unternehmen verhält sich dies genau umgekehrt: Während man Manager mit Hinweisen auf die wissenschaftlichen Ziele beruhigen kann, fällt dies auf den unteren Ebenen der Firmenhierarchie (...) schwer."[260] Er weist in weiterer Folge auf die Wichtigkeit eines „Torwächters" hin, eine Person, die mit der Beobachtung ein Eigeninteresse verbinden kann und die Wege ebnet.

Einerseits kann ein derartiges Entree in das Unternehmen, eine Abteilung oder in ein Forschungsfeld hilfreich sein, andererseits kann damit auch das weitere Geschehen vordefiniert werden. Der weite Bogen von Willkommen geheißen werden (weil ein Nutzen erkannt wird) bis hin zur Duldung (weil man einer Verordnung Folge zu leisten hat) ist mit vielen Nuancen versehen und jede einzelne dieser Facetten kann einen Einfluss auf das Feld sowie das Verhalten der Beteiligten (sowohl Forscher/innen als auch Forschungspartner/innen) und deren Beziehung haben. Wunderbar aufgearbeitet wird diese Thematik im Film „Kitchen Stories" von Bent Hamer. Eindrucksvoll produziert der Regisseur eine Satire auf die Objektivität und bringt auf den Punkt, welche absurden Auswirkungen strenge methodische Vorgaben und der Zwang, ein Subjekt zum Objekt zu „degradieren" (wie etwa, dass „der Forscher" mit „dem Objekt" keinen Kontakt haben und nicht sprechen darf, trotzdem er den ganzen Tag auf einem Hochsitz in dessen Küche ausharrt), auf den Forschungsprozess haben. Die Beschreibung eines Forschers, der ohne es zu wissen, vom „Objekt" beforscht und ausgetrickst wird und der letztlich an den Vorgaben scheitert, spiegelt, ja parodiert ein System, das lange Zeit versuchte, qualitative Forschung entlang naturwissenschaftlicher Paradigmen zu deformieren.

---

260 Mulder van de Graaf, Rottenburg 1989, S. 25.

Wie auch immer das Entree und der Erstkontakt mit dem Forschungsfeld aussehen, ist es uns wichtig, derartige Begleitumstände zu beachten und festzuhalten und ein Bewusstsein darüber herzustellen, dass alle auftretenden Phänomene bereits Gegenstand der Beobachtung sind und der Analyse dienen können. Was dem Systemfremden auffällt und besonders erscheint, kann im System banal sein oder aber auch ein blinder Fleck, dessen Sichtbarwerdung mögliche Entwicklungsunterstützung leisten kann. Für die konkrete Kontaktaufnahme gelten im Übrigen die gleichen Hinweise, wie schon für Interviews ausgeführt.

Durchführungsphase. Ist der Forscher, die Forscherin im zu beobachtenden Praxisfeld angekommen, gilt es wiederum, die eigene Rolle[261] ebenso im Blick zu haben wie das Forschungsfeld selbst. Teilnehmende Beobachtung kann in Hinblick auf das Beobachten als ein dreifacher Prozess beschrieben werden:

- BeobachterInnen muss es gelingen, sowohl Zugang zum Feld zu erhalten und insofern auch zu TeilnehmerInnen am dortigen Geschehen zu werden (auch wenn sie nicht mitagieren und am Rande sitzend beobachten, sind sie Teil einer sozialen Situation), die Zugang zum Feld und zu den dort handelnden Personen finden müssen. Zumindest implizit werden sehr unterschiedliche Aspekte, Erwartungen und Motive verhandelt (Vertrauen vs. Misstrauen, Drinnen vs. Draußen, Zugehörigkeit vs. Nichtzugehörigkeit etc.)
- BeobachterInnen beobachten letztlich immer, wie andere beobachten und sich angetrieben von ihrer Logik, Motivationen etc. selbst organisieren. Beobachtung ist insofern immer auch ein Prozess der Fremdreferenz. Am Beginn ist dieser Prozess eher offen und fokussiert unterschiedliche Beobachtungsebenen, welche mit der Forschungsfrage korrespondieren. Im späteren Forschungsprozess kann es sinnvoll sein, sich zunehmend auf wesentliche Aspekte zu konzentrieren (sich einen möglichst guten Überblick zu verschaffen vs. fokussierte Betrachtung zugunsten vertiefender Sichtweisen).
- Letztlich beobachten BeobachterInnen auch immer, wie sie selbst beobachten, nehmen eigene Emotionen, Assoziationen und Reflexionen wahr. Hier handelt es sich um einen inneren Prozess der Selbstreferenz, in dem innere Prozesse in die Aufmerksamkeit rücken und für eine Perspektivenerweiterung und eine vertiefende Suche von Erklärungs- und Begründungsangeboten genutzt werden.[262]

---

261 Vgl. dazu auch Bachmann 2009, S. 253 ff.
262 S.a. Harald Goldmann in diesem Buch.

Beobachtungsebenen. Jeder Beobachtungsprozess wird von der Differenzierungsfähigkeit der Beobachtenden getragen. Welchen Fokus sie bevorzugt einnehmen oder aber auch vernachlässigen steuert die Beobachtungsrichtung. Aus konstruktionistischer Perspektive bleibt das, was beobachtet wird, immer die Konstruktion der Beobachtenden, die in diesem Sinne nicht „Wahrheiten" finden, sondern nützliche Perspektiven/Sichtweisen entwickeln und generieren. Ungeachtet dieser allgemeinen Betrachtungen des Beobachtens kann es hilfreich sein, sich pragmatische Ebenen, die in sozialen Gefügen beobachtbar sind, ins Gedächtnis zu rufen, bevor man das Feld betritt. Eine mögliche Strukturierung dafür bietet Spradley an, der die folgenden Dimensionen für Beobachtungszwecke als relevant beschreibt:

- „Raum: der physikalische Ort, die physikalischen Orte
- Akteur: die beteiligten Menschen
- Aktivitäten: ein Set von zusammenhängenden Handlungen, die Menschen ausführen
- Gegenstand: die physikalischen Dinge, die vorhanden sind
- Handlung: einzelne Handlungen, die Menschen ausführen
- Ereignis: ein Set von zusammenhängenden Aktivitäten, die Menschen ausführen
- Zeit: der Ablauf, der über die Zeit stattfindet
- Ziel: die Dinge, die Menschen zu erreichen versuchen
- Gefühle: Emotionen, die empfunden und ausgedrückt werden".[263]

Im Rahmen der Interventionsforschung erweisen sich die folgenden Beobachtungsdimensionen zur Fokussierungen der Beobachtung als hilfreich:

- *Inhaltsebene.* Zur Erfassung der Inhaltsebene können die folgenden Fragen dienlich sein: Worum geht es? Was wird gesagt? Welche Themen werden eingebracht? Welche Themen werden vordergründig, welche hintergründig behandelt (Vorderbühne vs. Hinterbühne). Was wird verhandelt? Wer verfolgt welche Ziele, Erwartungen? Welche Probleme, welche Lösungsvorschläge werden sichtbar?
- *Prozessebene.* Auf der Prozessebene stehen Verläufe im Zentrum der Beobachtung: Wie wird kommuniziert? Wie wird interagiert? Wie verläuft der Entscheidungsprozess? Wie wird er gesteuert? Wie sehen die konkreten In-

---

[263] Spradley 1980, S. 78.

teraktionen zwischen den Systemmitgliedern aus? Welche verbindenden Muster entstehen? (Dynamik, Dramaturgie, Aktions- und Reaktionsmuster)? Was treibt den Prozess an? Welche Motive werden sichtbar? Welche Interessen sind im Raum? Wie handeln die Systemmitglieder? Welche „Antreiber" sind wahrnehmbar? Auf Grund welcher Motive, Interessen, Wertvorstellungen, Eigenlogiken, Emotionen wird gehandelt? Fallen Irritationen auf (z.B. plötzliche, unerwartete kollektive Emotionen wie Lachen, Schweigen, Aggression), werden überraschende „Brüche" im Prozess sichtbar (z.B. ein Unterschied zwischen dem, was gesagt und dem, was getan wird)?

- *Ebene des Kontexts.* Auf dieser Ebene geht es um Rahmenbedingungen der Beobachtung (Setting): Wo und in welchem Rahmen (Raum/Zeit) findet die Beobachtung statt? Wie ist die Kommunikation organisiert? Wie sieht die soziale Situation aus? Wer sind die bedeutenden und handelnden Umwelten/Menschen? Welche Zugehörigkeiten/Rollen/Funktionen haben sie inne? Welche (formellen bzw. informellen) Hierarchien werden sichtbar und wie sind diese ausgestaltet?

Darüber hinaus seien noch einige allgemeine Überlegungen und Herausforderungen benannt, die der konkreten Entscheidung bzw. einer Reflexion bedürfen:

- *Beobachtungsstandort.* Die Wahl des Sitzplatzes kann für den Beobachtungserfolg entscheidend sein. Sofern möglich, suchen wir einen Platz, der abseits des Geschehens ist und dennoch einen guten (akustischen wie optischen) Einblick ermöglicht. Ein zentraler Sitzplatz kann BeobachterInnen zu sehr in den Mittelpunkt rücken, ein Platz mitten unter den Anwesenden kann zur ungewollten Interaktionseinbindung führen (Absorption von Forschenden).
- *Going Native.* Eine weitere Schwierigkeit wird in der Literatur als „going native"[264] beschrieben und bezeichnet die Gefahr einer zu starken Identifikation mit dem Feld bzw. die Gefahr, die Außenperspektive zu verlieren. Eine solche Aufhebung der Distanz schafft zwar unter Umständen mehr Bewegungsfreiheit im Praxisfeld, erschwert aber die Bewertung der gewonnenen Daten. Ebenso kann zu viel mitgebrachtes Wissen über das Forschungssystem ein Hindernis darstellen, gefragt ist hier gewissermaßen auch eine „Expertise des Nichtwissens"[265] bei Eintritt in das Feld. In transdisziplinären

---

264 Vgl. Girtler 1988.
265 Vgl. Buchinger 1998, S. 147-162.

Forschungsprozessen, die auf eine gelingende Kooperation mit PraxispartnerInnen angewiesen sind, ist das Wahren dieser Balance ein zentraler Punkt.
- *Dialektik von Innen und Außen, von Fremde und Bekanntschaft.* Teilnehmende Beobachtungen erfordern von Forschenden ein dialektisches Dasein: Der Forscher, die Forscherin muss „als soziale Figur genau die Eigenschaften besitzen, die Simmel für den Fremden herausgearbeitet hat: Er muss in sich selbst beide Funktionen, die des Engagiertseins und der Distanz dialektisch verschmelzen können", er versucht umzusetzen „was mit dem Begriff der Teilnahme bei der Beobachtung umrissen wird, deren Aufgabe ja im Verstehen mit den Augen des anderen besteht. Durch die Teilnahme authentisiert der Forscher methodisch seine theoretische Prämisse, er macht außerdem das Forschungssubjekt, den anderen, nicht zum Gegenstand, sondern zum dialogischen Partner".[266] Zu balancieren ist damit ferner die Grenzdialektik: Forschende sind für die Dauer der Beobachtung Teil eines Systems, dem sie eigentlich nicht angehören, sie stehen drinnen und zugleich draußen.

Haltungsfragen. Wie schon mehrfach angedeutet, spielen im Umgang mit ForschungspartnerInnen immer wieder Grundhaltungen eine zentrale Rolle, insofern sie dabei unterstützen können, eine bestimmte Forschungsrolle einzunehmen und beizubehalten.[267]

Zur Verwertbarkeit der Daten und zur Frage der Validität von Teilnehmenden Beobachtungen

Immer wieder beschäftigt in wissenschaftlichen Debatten die Frage, wie mit generierten Daten zu verfahren ist und wie valide diese sind. Dabei spielen Fragen der Generalisierbarkeit, der Objektivität, der Repräsentativität und letztlich der Reliabilität eine besondere Rolle. Wie bereits ausgeführt, ist es schwierig, den Nachweis zu erbringen, dass das, was man gesehen hat, auch tatsächlich so war bzw. stattgefunden hat. Hinzu kommt, dass die Forschenden einerseits vor ihren Aufzeichnungen sitzen und andererseits angehalten sind, diesen Aufzeichnungen Interpretationen hinterher zu schicken, bzw. zu prüfen ob nicht bereits die

---

266 Koepping 1987, S. 28.
267 Vertiefende Ausführungen bietet Harald Goldmann in diesem Buch.

Aufzeichnungen mit subjektiven Interpretationen gespickt sind. Neben den grundlegenden Fragen nach „objektiver" oder wenigstens „intersubjektiv nachvollziehbarer" Beobachtungsfähigkeit von Menschen, ergibt sich in der Interventionsforschung eine weitere Herausforderung, die zum einen mit der einzugehenden Kooperation mit PraxispartnerInnen zu tun hat, zum anderen aber mit dem Ansinnen, Forschungsergebnisse jeweils im Rahmen von Rückkoppelungen mit ihnen zu teilen. Je nachdem, wie nahe ForscherInnen dem System oder einzelnen ForschungspartnerInnen innerhalb des Forschungsfeldes stehen bzw. während der Datenerhebung standen, können sich im Prozess des Auswertens Herausforderungen ergeben, die mit den persönlichen Kontakten (und Teilnehmende Beobachtung kann diese nie zur Gänze ausschalten) zu tun haben. Bereits das Bewusstsein, dass InterventionsforscherInnen ihre Ergebnisse an die Forschungspartnerlnnen rückkoppeln und damit der Auswertungsprozess eine zusätzliche dialogische und diskursive Ebene bekommt, kann den klaren Blick im Prozess der Auswertung hemmen. Bachmann meint dazu, dass es in Hinblick auf diese Auseinandersetzung im Zuge der Ergebnisdiskussion gelte, „auszuhalten, dass einzelne Personen aus dem Feld die Meinung des Wissenschaftlers über dieses Feld nicht teilen, (...). Wenn diese Menschen während der Feldforschung dem Forscher nahestanden, vielleicht sogar wichtige Gewährsleute waren, kann dies den Feldforscher vor nicht unerhebliche innere Konflikte stellen. Dieser innere Konflikt beginnt bereits während der Auswertungsphase, in der der Feldforscher oft in einer Art innerem Dialog mit den erinnerten Erforschten steht."[268]

Eine Möglichkeit, solche individuellen Loyalitätskonflikte zu entlasten, liegt wiederum in der Ressource Forschungsteam, das hier insofern hilfreich ist, als es aus einer erneuten Distanz das Geschehen betrachtet, Assoziationen und in weiterer Folge gemeinsam Hypothesen dazu bildet, Widerspruchsfelder identifiziert, und schließlich auf der Metaebene versucht, eine analytische Gesamtsicht auf das beobachtete System zu kreieren. Der Fremdblick auf Beobachtungen anderer ist unbelastet von den individuellen Kenntnissen des Systems und der betroffenen Personen im Feld. Die Distanzierung erfüllt aber auch einen zweiten Zweck: Indem unterschiedliche Beobachtungen zusammengeführt und gemeinsam diskutiert werden, ergeben sich zumeist abstrahierte Beobachtungen, die nicht mehr unmittelbar an einzelne beobachtete Situationen gekoppelt sind, sondern sich zu Beobachtungen verdichten lassen, die Gesamtsysteme und deren innere Funktionsweise betreffen. Diese Ergebnisse werden in der Regel wie-

---

[268] Bachmann 2009, S. 260.

der in das System bzw. in die jeweilige Organisation eingespeist, im Dialog mit den ForschungspartnerInnen bestätigt bzw. korrigiert, gegebenenfalls auch erweitert oder weiterentwickelt. Allerdings ist diese Form der Rückkoppelung, der kommunikativen und kollektiven Validierung nicht immer möglich, was bedeutet, dass das Forschungsteam den einzigen Ort der Validierung darstellt. Das Problem der geringen intersubjektiven Überprüfbarkeit der Daten ist damit aber bei Weitem noch nicht gelöst, hier kann bestenfalls eine „doppelte Besetzung" von Beobachtungen eine gewisse Abhilfe schaffen (Einsatz von zwei BeobachterInnen für die gleiche Situation, z.b. Sitzung in einer Organisation). Das erhöht aber nicht nur die Kosten, hier ist auch mit Sorgfalt zu prüfen, ob zwei BeobachterInnen das System nicht überfordern, noch mehr Irritationen auslösen etc. Vor allem bei sehr komplexen Beobachtungsfällen, in denen auch sehr viele Leute vor Ort sind (z.B. Großveranstaltungen) kann ein mehrfaches Beobachten aber durchaus sinnvoll sein, um auch unterschiedliche Ebenen hinreichend betrachten zu können. Die Methode der Teilnehmenden Beobachtung ist aufwändig und sofern die Auswertung der Forschungsdaten nicht im Team erfolgen kann (was zum Beispiel im Rahmen von Qualifizierungsarbeiten der Fall sein kann), bleibt letztlich nur die Anregung, dass „allzu große Ängste vor den Auswirkungen der eigenen Aussagen"[269] lediglich als Hemmschuh dienen, das umfangreiche Forschungsmaterial in Aussagen zu gießen bzw. den Mut zu haben, etwas zu behaupten.

In Bezug auf die Validität und Generalisierbarkeit von Beobachtungsergebnissen bleiben dennoch zahlreiche Fragen offen. Girtler, der die Teilnehmende Beobachtung als Königsmethode[270] der Sozial- und Kulturwissenschaft bezeichnet, bemerkt zudem, dass sie trotz ihrer besonderen Qualität kein besonderes Ansehen genieße. In Hinblick auf die „richtige" Interpretation der Handlungen und sozialen Ereignisse hält er den direkten Kontakt und die Kenntnis der sozialen Zusammenhänge, in die das Handeln einzuordnen ist, für unabdingbar. Dies sei eine Voraussetzung für das Verständnis sozialer Situationen, in denen das jeweilige Handeln in spezifischen Momenten zu verstehen und zu interpretieren sei. ForscherInnen leben demnach in einem permanenten Spannungsverhältnis mit dem sozialen Feld, können sich „so der Wirklichkeit nähern", allerdings, wie Girtler findet, werde „eine absolute Erkenntnis (…) nie möglich sein, denn gerade die Interpretation ist etwas sehr Subjektives."[271] Girtler schließt insofern mit

---

269 Bachmann 2009, S. 261.
270 Vgl. Girtler 1989, S. 104.
271 Ebd., S. 106.

der Vermutung, dass es keine objektiv richtige Interpretation gebe und dass die „Beobachtung eines Ereignisses verschieden sein kann". Durchdrungen vom Paradigma der Naturwissenschaften, die das Wissenschaftssystem dominieren, sei es „wohl der Drang nach Objektivität, die man Fachfremden zelebrieren will, der dazu verführt, durch prachtvolle Instrumentarien sich zu präsentieren."[272] Letztlich erwartet er von ForscherInnen, sich den oben angeführten Fragen zuzuwenden, vor allem aber, im wissenschaftlichen Sinne zu begründen, warum sie zu welchen Ergebnissen gelangt sind. Sicher ist jedenfalls, dass man Teilnehmende Beobachtung „nicht schematisch in Schritte zerlegen" kann, „sie nicht wie Statistik lehren und vor allem" nicht „unter gleichen Bedingungen (...) wiederholen [kann], um Resultate zu verifizieren"[273]. Letztlich bleibt „immer etwas schleierhaft, was der Forscher/die Forscherin eigentlich tut, wenn er/sie ,teilnehmend beobachtet'"[274]. Aus all dem folgern wir, dass es im Rahmen einer neuen Wissenschaft, wie die der Interventionsforschung, in Bezug auf diese Methode gilt sie anzuwenden, Transparenz in Beschreibung und Nachvollziehbarkeit der Ergebnisgenerierung anzustreben, Rückmeldungen zu organisieren und zu erhalten, Fragen zu stellen, zu lernen und mutig weiterzuentwickeln.

Ungeachtet des Aufwandes und mancher Schwierigkeiten, bietet die Methode der Teilnehmenden Beobachtung speziell für die Organisationsforschung aus der Perspektive der Interventionsforschung vieles: Mit ihr kann beobachtet werden, worüber in Organisationen nicht gesprochen wird (was daher ev. auch in Interviews nicht vorkommt), kann solcherart entdeckt werden, was bislang eventuell noch nicht im Bewusstsein der Organisation war und können schließlich Fragestellungen entwickelt werden, die letztlich der Weiterentwicklung von Organisationen dienen sollen. Letztlich nähert sich damit die „'freie Feldforschung' mit der ,teilnehmenden unstrukturierten Beobachtung'" „dem sozialen Handeln (...) bzw. den Handelnden" an, wenn auch „ohne diverse ,Rituale', wie standardisierte Beobachtungsmethoden [oder] das Ausfüllen von Fragebögen"[275], die sich im Kontext der Interventionsforschung nicht bewährt haben.

Damit zu einem letzten Punkt, auf den wir an dieser Stelle nur kurz eingehen, weil er im Kontext des Grundverständnisses von Interventionsforschung steht, das prinzipiell davon ausgeht, dass jede Forschung das Forschungsfeld beeinflusst. Auch im Kontext von Beobachtungen ist zu beobachten, dass Beobachtende und Beobachtete sich gegenseitig beeinflussen. Die Beobachtung

---

272 Girtler 1989, S. 107.
273 Mulder van de Graaf/Rottenburg 1989, S. 20 f.
274 Ebd., S. 21.
275 Ebd., S. 103.

beeinflusst den unter Beobachtung stehenden Kontext und wird selbst von diesem beeinflusst, es kann zu wechselseitigen Störungen kommen, sowie zu einer Veränderung der sozialen Situation. Im Idealfall kann dies zur produktiven Störung für beide Seiten werden, wenn nämlich beide im Zuge des Forschungsprozesses zu lernen beginnen. Dazu der Hinweis von George Devereux, der zum Gebot erhoben werden muss: „Glücklicherweise werden die sogenannten ‚Störungen', die durch die Existenz und das Agieren des Beobachters entstehen, wenn sie entsprechend ausgewertet werden, zu Ecksteinen einer wissenschaftlichen Erforschung des Verhaltens und bleiben nicht – wie man gemeinhin glaubt – bedauerliche Malheurs, die man am besten eilends unter den Teppich kehrt"[276].

Aufbereitung und Dokumentation von Forschungsdaten

An die Erhebungsphase im Feld schließt ein Schritt an, in dem die beiden vorher beschriebenen Methoden sehr unterschiedlich gehandhabt werden. Während es im Fall von Interview-Transkriptionen relativ einfach ist, diese auszulagern, können Beobachtungsprotokolle nur von den BeobachterInnen selbst verfasst werden, weshalb ihnen im Folgenden eine größere Aufmerksamkeit gewidmet wird als den Interview-Transkriptionen.

Transkription von Interviews

Sofern möglich und von InterviewpartnerInnen akzeptiert, werden alle Interviews elektronisch (Audio, nicht Video, vorzugsweise digital und nicht analog) aufgezeichnet. Dieses Vorgehen erfüllt zwei zentrale Zwecke: Es ermöglicht die Erfassung und Rekonstruktion des gesamten Wortlautes und es entlastet InterviewerInnen während der Durchführung vom Mitschreiben, das sich dann auf wenige zentrale Stichworte reduzieren lässt und erhöht damit die Aufmerksamkeit den InterviewpartnerInnen gegenüber.

Das Verfahren der Transkription wird in verschiedenen Disziplinen wiederum sehr unterschiedlich gehandhabt, je nachdem, worin das zentrale Erkenntnisinteresse liegt. In der wissenschaftlichen Literatur finden sich entsprechende Hinweise zu Grundlagen der Transkription, die nachgelesen werden können[277].

---

276 Devereux 1998, S. 29.
277 Vgl. etwa Dittmar 2009.

Vor allem im sprachwissenschaftlichen Kontext wurden die Verfahren über die Jahre stark ausdifferenziert. Im Rahmen der Interventionsforschung werden die Interviews zur Gänze in der Schriftsprache transkribiert, was bedeutet, dass die dialektale Aussprache nicht erfasst wird, wohl aber allfällige Wechsel von Hoch- zu Umgangssprache bzw. Dialekt von den TranskribentInnen notiert werden. Wort- und Satzstellung werden unverändert transkribiert, längere Pausen und hörbare Emotionen von den TranskribentInnen festgehalten (Lachen, Lauterwerden etc.) und unverständliche Stellen entsprechend markiert.

Parallel zur laufenden Transkription wird im Rahmen des Forschungsmanagements eine Interviewübersicht in Tabellenform mitgeführt.[278]

Verfassen von Beobachtungsprotokollen

Das Beobachtungsprotokoll wird von den jeweiligen BeobachterInnen selbst verfasst. Die weiter oben beschriebenen allgemeinen und konkreten Beobachtungsebenen unterscheiden sich zwar, sie können sich aber auch gegenseitig beeinflussen. Insofern können sie sowohl getrennt voneinander, als auch im Zusammenspiel wahrgenommen, beobachtet und beschrieben werden. Ebenso kann die Wiedergabe von Inhalten, Fakten, Daten bzw. Beschreibungen von konkreten Interaktionen und Settings getrennt voneinander protokolliert werden oder in einzelnen Bildern oder Szenen (etwa im Sinne eines szenischen Beobachtens und Verstehens) gemeinsam zum Ausdruck kommen. Auf der Ebene der Selbstwahrnehmung werden Gefühle der BeobachterInnen (z.B. Gegenübertragungen) sowie Assoziationen ergänzend, allerdings speziell als subjektive Wahrnehmungen oder Betrachtungen gekennzeichnet, beschrieben.

Letztlich stellt das Beobachtungsprotokoll eine schriftliche Zusammenfassung von verschiedenen Wahrnehmungsebenen dar. Ein wesentliches Ziel dabei ist es, die Komplexität von Prozessen, die erforscht bzw. beobachtet werden, auf relevante Szenen (Emotionen, Ereignisse, Aspekte, Themen) zu reduzieren. Eine mögliche Struktur besteht aus den folgenden Elementen:

- *Kontext der Beobachtung.* Hier geht es darum, das Beobachtungsfeld zu beschreiben: Wer (Zugehörigkeit, Rollen, Funktionen)? Mit Wem? Wann? Wie lange? Wo? Etc. Ferner können hier das Setting (Sitzordnung, Skizzen des

---

278 Detaillierte Hinweise dazu finden sich im Beitrag von Ingrid Ringhofer in diesem Band.

Ortes etc.) sowie der eigene Beobachtungsstandpunkt (Ort, von dem aus die Beobachtung erfolgt ist) beschrieben werden.
- *Einzelne relevante Szenen herausgreifen.* In weiterer Folge gilt es, eine bewusste, aktive Auswahl einzelner relevanter Szenen zu treffen und diese in einer beschreibenden Form kurz wiederzugeben: Was hat sich ereignet? Welche Interaktionen haben stattgefunden? Etc. Der Stil entspricht hier einer Nacherzählung, einer Beschreibung und versucht eine neutrale, sachliche Sprache zu verwenden.
- *Darstellung von Emotionen.* Sowohl in Zusammenhang mit den einzelnen Szenen, als auch im Sinne einer Schilderung der Gesamtbeobachtung ist uns die (subjektive) Wahrnehmung von Emotionen besonders wichtig. Diese können auf zwei Ebenen angesiedelt sein, als Emotionen, die ForscherInnen bei sich selbst und/oder bei anderen wahrgenommen haben. Mögliche Fragen dazu: Welche Emotionen habe ich wahrgenommen (bei den anderen, bei mir)? Welche Interessen und Bedürfnisse habe ich wahrgenommen? Welche Wirkungen/Auswirkungen haben die Interaktionen meiner Wahrnehmung nach? Neben der „Vorderbühne" der Emotionen kann es auch sinnvoll sein, auf eine „Hinterbühne" zu wechseln und sich die folgenden Fragen zu stellen: Welche Erwartungen, Bedeutungen, Absichten und Ziele schwingen da mit? Welche Wertvorstellungen liegen dem Handeln der Beobachteten möglicherweise zugrunde? Nach welcher Logik agieren sie? Welche „inneren Antreiber" sind denkbar? Stilistisch werden hier subjektive Wahrnehmungen in der „Ich-Form" formuliert und bietet sich eine eher assoziative Sprache an, in der auch Metaphern und Bilder willkommen sind.
- *Hypothesen festhalten.* Obwohl das Generieren von Hypothesen und Hintergrundtheorien einen eigenen Schritt im Interventionsforschungsprozess darstellt, werden gerade in Beobachtungsprotokollen immer wieder erste Hypothesen von ForscherInnen formuliert. Dafür lässt sich etwa fragen: Was lässt sich verallgemeinern, von den einzelnen Szenen abstrahieren? Welche Widersprüche und Spannungsfelder lassen sich benennen? Stilistisch bedienen sich diese Formulierungen zumeist einer Sprache der Metaebene, der Abstraktion.

Der Dokumentationsprozess beginnt mit kurzen, stichwortartigen Aufzeichnungen während der Teilnehmenden Beobachtung. In Beobachtungspausen bzw. wenn es der Beobachtungsprozess erlaubt, können bereits erste Reflexionen (Gefühle und Gedanken, die BeobachterInnen gerade „durch den Kopf schießen") bewusst wahrgenommen und ebenfalls notiert werden. Im Anschluss an die Beobachtung, wenn das Feld verlassen, und am Heimweg langsam wieder Distanz gewonnen wurde, die Eindrücke aber noch frisch sind, wird anhand der Stichwortaufzeichnungen und wachen Erinnerung ein erstes Rohprotokoll verfasst, welches bereits mit eigenen Gedanken und Assoziationen angereichert ist. Anschließend können zu den Beobachtungen und ersten Assoziationen noch Hypothesen entwickeln werden. Für das Verfassen der Protokolle erweist sich eine gewisse zeitliche Nähe von Vorteil. Kurz gefasst: Nichts ist unwichtig genug, um in einem Protokoll verschwiegen zu werden.

Führen eines Forschungstagebuchs

Parallel zu den bisher beschriebenen Instrumenten werden (in sehr unterschiedlicher Form, je nach individuellen Vorlieben und Schreibgewohnheiten) Forschungstagebücher geführt, in denen wir notieren, was uns in Bezug auf die Forschung wichtig erscheint, gerade einfällt, bewegt etc. Wenn das Forschungstagebuch im Rahmen der Interventionsforschung auch nicht den Stellenwert wie in der ethnographischen Forschung innehat, so dient es uns doch als eine weitere Quelle von Informationen, in der häufig zu Beginn eher unscharf und ungenau, assoziativ und spontan Dinge festgehalten sind, die erst im weiteren Prozess des individuellen wie gemeinsamen Reflektierens allgemeine Handlungsabläufe und Regeln sichtbar werden lassen.

Auswertung und Interpretation von Forschungsdaten

Auswertung und Interpretation von Daten sind unterschiedliche, aber eng miteinander verknüpfte methodische Schritte. Die Auswertung betrifft zum einen quantitative Daten (z.B. Angaben über die Verteilung der Geschlechter, zu Funktionen, Altersgruppen, Wirtschaftsdaten etc.), zum anderen erfolgt die qualitative Auswertung von Daten anhand von Kategorien, die bereits vorab festgelegt wurden (wie etwa durch die Themendimensionen der Interviews) oder erst im Prozess der Auswertung identifizierbar sind, was nicht nur für die Interventionsforschung, sondern für die meisten Hypothesen generierenden Verfahren gilt.[279] Während sich die Auswertung primär einer strukturierten Darstellung der gewonnenen Informationen aus der Datenerhebung widmet und stark an

---

279 Vgl. Breuer 2010; Mey/Mruck 2011.

den Daten selbst orientiert bleibt (belegbar durch wörtliche Zitate etc.) geht die Interpretation der Daten darüber hinaus, um auf Basis der gewonnenen Informationen, der Interpretationen des Gehörten, des Gelesenen oder Beobachteten zu formulieren und Hypothesen zu bilden, also gleichsam sich ein Stück weit von den Daten selbst zu entfernen und etwa die Frage zu stellen, was sich aus den vorliegenden Daten für die soziale Situation der ForschungspartnerInnen ergibt.

Für die jeweiligen Schritte finden sich in der wissenschaftlichen Literatur sehr unterschiedliche Vorschläge und Hinweise zur konkreten Vorgehensweise. Manche orientieren sich dabei stärker an quantitativen Methoden und deren Maßstäben, arbeiten mit standardisierten oder auch die Forschungsdaten standardisierenden Kodierungsverfahren und behandeln Interviews sehr ähnlich wie es etwa in der qualitativen Inhaltsanalyse für Texte der Fall ist[280]. Andere verwenden sprachwissenschaftliche Methoden, orientieren sich an entsprechenden Transkriptionsvorschriften und arbeiten sehr detailliert an Textauszügen.[281] Dritte orientieren sich an einem Verständnis von Hermeneutik, das bereits in der griechischen Philosophie geprägt wurde, wo sie als wissenschaftliche Disziplin die „Lehre vom Verstehen" mit dem Zweck der sinngemäßen Auslegung von Texten[282] umfasst, verbunden mit dem Ziel, tiefer liegende Bedeutungen zu erfassen. Jede der Auswertungsmethoden birgt spezifische Vorteile in sich. Für die Ziele, die Interventionsforschung verfolgt, erweist sich diese hermeneutische Orientierung als besonders sinnvoll.

In der Praxis ist das Resultat der eifrigen Datenerhebung zunächst, dass sich alle von der Masse an Information erdrückt fühlen und Sorge besteht, die Fülle nicht überblicken, bewältigen zu können. Es gilt sowohl Prioritäten zu finden als auch Kategorisierungen vorzunehmen, relevante Themenblöcke zu identifizieren und zu bündeln. Dabei folgt einer individuellen Auswertung des Materials ein Prozess der Teamauswertung.

---

280 Vgl. etwa Mayring 2003.
281 Vgl. etwa Froschauer/Lueger 1992.
282 Vgl. Schischkoff 1991, S. 293.

Einzelauswertung

Der erste Auswertungsschritt wird von jedem Forschungsteammitglied individuell durchgeführt. Pro Interview werden dafür in etwa vier Stunden Auswertungszeit veranschlagt, die sich allerdings im Laufe der Projekte meist auf zwei bis drei Stunden reduziert.[283]

Auswertungsperspektiven. In der Phase der Auswertung ist zunächst ein neuerliches Bewusstmachen der eigenen Vorvermutungen und Vorannahmen sinnvoll, um die Falle des Verifizierens und Falsifizierens eigener Vorurteile möglichst zu umgehen, zugleich aber auch ein Bewusstsein dafür zu entwickeln, dass die Auswertung und Interpretation von Forschungsdaten sowohl von den Methoden als auch von den Individuen abhängig ist, die diese anwenden. Insofern ist es das Ziel, Fakten und Sachinhalte möglichst neutral zu identifizieren. Zugleich gilt es, die Perspektive der PraxispartnerInnen nachzuvollziehen, ihrer Eigenlogik so gut wie möglich zu folgen und diese beschreibbar zu machen.

Materialstudium. Alle Mitglieder des Forschungsteams erhalten alle Recherchematerialien, Interviewtranskriptionen und Protokolle von Teilnehmenden Beobachtungen in ausgedruckter Form, lesen sie, markieren zentrale Inhalte sowie besonders zitationswürdige Stellen, bilden Kategorien, notieren erste Hypothesen. Dies erfolgt in der Regel in einem Prozess des mehrfachen Lesens, um von der inhaltlichen Auswertungsebene zur Hypothesenbildung voranzuschreiten. Die folgenden Fragestellungen können dafür anleitend sein:

- Welche relevanten Themen werden vom Interviewpartner/der Interviewpartnerin angesprochen? Welche relevanten Themen kommen im Beobachtungsprotokoll vor?
- Was ist gut nachvollziehbar?
- Wo bestehen Irritationen (für das jeweilige Forschungsteammitglied)?
- Wo wird Emotionalität bemerkbar (bei InterviewpartnerInnen, bei den auswertenden ForscherInnen, in Beobachtungsprotokollen)?

---

283 Der Prozess des Auswertens erfolgt bislang ohne Unterstützung technischer Instrumente (wie etwa Auswertungsprogramme). Für eine elektronische Kodierung bieten sich inzwischen aber verschiedene Auswertungsprogramme an.

- Welche Bilder, Assoziationen und Hypothesen entstehen (zu einzelnen Stellen im Interview oder auch insgesamt)?
- Formulieren erster individueller Hypothesen.

Zusammenfassende Auswertung. In größeren Forschungsprojekten, in denen viele Interviews durchgeführt werden, hat es sich bewährt, dass jeweils ein Teammitglied, das das Interview nicht durchgeführt hat, eine schriftliche Kurzauswertung des Interviews verfasst, in der die wichtigsten Themen, die im Interview vorkommen, benannt werden, die jeweiligen Sichtweisen der InterviewpartnerInnen dazu zusammengefasst werden, die bereits mit zentralen Zitaten aus dem Interview belegt werden. Gegebenenfalls werden bereits erste Hypothesen formuliert. Für diese individuellen Auswertungen bestehen wenige formale Richtlinien, außer ein sehr sorgfältiges Belegen der jeweiligen Interviewstellen oder -sequenzen, auf die in der Auswertung Bezug genommen wird. Die anderen Teammitglieder können diese Einzelauswertungen ergänzen, so sie wichtige Inhalte oder Zitate vermissen.

Auswertung im Team

Der Prozess der Teamauswertung stellt ein Kernstück interventionswissenschaftlicher Forschung dar. Er erfolgt in mehreren ganztägigen Teamklausuren, deren Ziel es ist, die Auswertungen und Hypothesen auszutauschen, zusammenzuführen, miteinander zu vergleichen und zu verdichten. Sie umfassen verschiedene Phasen, die allerdings sehr unterschiedlich lang sein können, je nachdem, was gerade als zentral erscheint. Am Beginn der Teamklausuren erfolgt jeweils ein Austausch über allgemeine Befindlichkeiten im Forschungsteam, Anliegen, die in der Sitzung besprochen werden sollen etc. Die letzte Phase der Teamsitzung ist jeweils der weiteren Projektsteuerung gewidmet (Auswahl weiterer InterviewpartnerInnen, Festhalten neuer Fragen bzw. Beobachtungsdimensionen, die in die weiteren Interviews und Beobachtungen mitgenommen werden sollen, Terminvereinbarungen, Arbeitsaufteilung etc.). Im Verlauf der Sitzungen werden zudem die Vorbereitung der Rückkoppelung und des Forschungsberichtes bzw. von Publikationen zum Thema besprochen. Jeweils ein Teammitglied (zumeist jenes, das die wissenschaftliche Leitung innehat) übernimmt die Moderation und damit die Zeitaufsicht. In der abschließenden Planungsphase übernimmt zumeist jenes Teammitglied, das für die Projektkoordination bzw. das Forschungsmanagement verantwortlich zeichnet die Leitung der Sitzung.[284]

In Hinblick auf die konkrete Auswertungsarbeit lassen sich drei Teilschritte identifizieren: die *Vergemeinschaftung der individuellen Auswertungsergebnisse*, die *Hypothesenbildung im Team* sowie das *Formulieren von Hintergrundtheorien*.

Vergemeinschaftung der individuellen Auswertungsergebnisse

Die Vergemeinschaftung der individuellen Auswertungsergebnisse dient der bereits angesprochenen Verdichtung von Auswertungsergebnissen, zugleich stellt sie einen Schritt der kollektiven Validierung im Forschungsteam dar, zumal hier die Diskussion von Unterschieden, verschiedenen Sichtweisen etc. erfolgt, in der Einzelmeinungen einer diskursiven Überprüfung im Kollektiv des Forschungsteams unterzogen werden. Dabei werden die folgenden Schritte durchlaufen:

- *Offenes Brainstorming*. Sammeln allgemeiner Eindrücke aus der Phase der Datenerhebung sowie den individuellen Auswertungen und Festhalten zentraler Kategorien.
- *Austausch und Sammlung der individuellen Auswertungen* zu allen Interviews sowie Teilnehmenden Beobachtungen. Gegebenenfalls werden Ergänzungen der vorliegenden schriftlichen Einzelauswertungen (die von je einem Teammitglied erstellt wurden) vorgenommen.
- *Identifikation von Gemeinsamkeiten und Unterschieden* in den Auswertungen innerhalb des Forschungsteams und ausführliche Diskussion derselben.[285]

---

284 Hier ist allerdings auf ein gewisses Paradoxon zu verweisen, das in Bezug auf das Verfassen von Diplomarbeiten oder Dissertationen, die im Rahmen der Interventionsforschung bislang nur selten in Teams verfasst werden (obwohl dies vom Gesetzgeber explizit ermöglicht wird), zu beobachten ist: In individuellen Forschungsprojekten fehlt zumeist die Möglichkeit, auf ein Team zurückzugreifen. Viele der DissertantInnen des DoktorandInnenkollegs haben dafür kreative Auswege gesucht, sich in Forschungsgruppen zusammengefunden und gegenseitig in der Phase der Auswertung unterstützt, externe Perspektiven für die Auswertung eingebunden etc. Zudem bietet das Kolleg in einzelnen Lehrveranstaltungen explizit die Möglichkeit für solche Teamarbeit an. Dies wurde gerade für das Auswerten von Forschungsdaten als sehr hilfreich und konstruktiv beschrieben.

285 Unterschiedliche Sichtweisen oder Hypothesen verweisen zumeist darauf, dass es verschiedene Möglichkeiten der Interpretation gibt. Insofern geht es weniger darum, Wi-

- *Ausarbeitung zentraler Themen und grundsätzlicher Logiken.* Während die ersten Schritte die Themenvielfalt öffnen und erweitern, geht es in weiterer Folge darum, zu einer Verdichtung von Ergebnissen und Hypothesen zu gelangen, indem der Frage nachgegangen wird, was das Team nun eigentlich für die zentralen Themen der ForschungspartnerInnen hält und welche Grundlogiken der erforschten Praxissysteme dabei sichtbar werden. Dieser Schritt erfolgt quer über die Interviews hinweg, wobei sowohl die bereits vorliegenden Vorschläge aus den Einzelauswertungen aufgegriffen als auch neue gebildet werden können.
- *Benennung zentraler Widersprüche und Spannungsfelder,* die aus den Interviews erkennbar werden. In Vorbereitung auf die Formulierung von Hintergrundtheorien werden Widersprüche und Spannungsfelder (z.B. resultierend aus unterschiedlichen Systemlogiken) festgehalten.

Hypothesenbildung im Team

Hypothesenbildung erfolgt im Verständnis der Interventionsforschung immer erst auf Basis gewonnener (vorläufiger) Ergebnisse. Anders als Wissenschaften, die davon ausgehen, dass Hypothesen am Beginn von Forschung stehen, wo sie als (wissenschaftliche) Vorannahmen des Beweises harren, liegt hypothesengenerierenden Forschungsmethoden die Annahme zugrunde, dass erst Forschung es ermöglicht, Hypothesen über soziale Konstellationen und ihre Wirklichkeiten zu formulieren. Insofern sind sie immer Zwischenresultate der Forschung und bleiben im Charakter von Annahmen, von möglichen Interpretationen sozialer Situationen. Hypothesen stellen interpretative Angebote dar, die den ForschungspartnerInnen mögliche Begründungen (für vorhandene Sichtweisen, Verhaltensformen, Konflikte etc.) offerieren. Während das empirische Material, die Aussagen von PraktikerInnen, zumeist Aufschluss über das „Wie" geben (Wie arbeiten wir? Welche Schwierigkeiten haben wir? Welche Konflikte und Spannungsfelder bestehen in unserer Organisation? etc.), begeben sich Hypothe-

---

dersprüche aufzulösen, als sie wahrzunehmen. Die meisten ForscherInnen sehen bestimmte Aspekte besonders gut und andere weniger. Umgekehrt kann es aber auch durchaus passieren, dass Teammitglieder sich in eine bestimmte Sicht der Dinge „verbeißen", sich über einen bestimmten Interviewpartner besonders ärgern, die Sichtweise einer anderen Forschungspartnerin besonders favorisieren etc. Hier ist wiederum eine wichtige Rolle des Teams angezeigt, die solche Deutungen reflektierbar macht.

sen auf die Suche nach dem „Warum". Sie bedürfen aus Sicht der Interventionsforschung allerdings immer einer Überprüfung durch das jeweilige Forschungssystem, was im Rahmen der Rückkoppelungen erfolgt.

Formulieren von Hintergrundtheorien[286]

In deduktiv verfahrenden Forschungskonzeptionen müssen Theorien bereits formuliert sein, um aus ihnen Hypothesen ableiten und diese anschließend einer empirischen Überprüfung unterziehen zu können. Je nach Ergebnis werden dann Theorien erhärtet oder auch einer Erweiterung, Umformulierung bzw. Revidierung unterzogen. Das bedeutet aber, dass bestehende Theorien in der Regel zwar modifiziert werden können, es bedeutet aber auch, dass nur wenig neue Theorien hinzukommen können. Im Unterschied dazu geht es in der Interventionsforschung wie schon bei der Hypothesenbildung auch hier primär um das Generieren von spezifischen Hintergrundtheorien für das jeweilige Praxisfeld. Das bedeutet freilich nicht, dass sie nicht auch für andere Praxisfelder von Relevanz oder Interesse sein können, ihre Übertragbarkeit bzw. Verallgemeinerbarkeit ist allerdings nicht das primäre Ziel. Gemeint ist damit aber auch nicht, dass bestehende wissenschaftliche Theorien und Modelle aus gleichen oder ähnlichen Forschungsfeldern konsultiert, auf das jeweilige Praxisfeld übertragen und den PraxispartnerInnen angeboten werden. Natürlich ist das auch Teil interventionswissenschaftlicher Forschung, zumal ja die Forschungsteammitglieder verschiedene wissenschaftliche Perspektiven und Fächer vertreten und auch aus diesen Perspektiven Praxissysteme betrachten (Philosophie, Gruppendynamik, Kommunikationswissenschaft, Psychologie, Wirtschaftswissenschaft etc.). In der Interventionsforschung werden aber darüber hinausgehend – zumeist unter Rückgriff auf „philosophische Methoden" – Theorien entwickelt, die Themen oder Hintergrunddimensionen, die im Praxisfeld implizit vorhanden sind, in aller Regel aber nicht explizit thematisiert werden, veranschaulichen sollen. Diese Vorgehensweise rückt sie in eine gewisse Nähe zum Konzept der Grounded Theory, wie sie bereits in den 60er Jahren von Glaser und Strauss vorgestellt und inzwischen vielfach weiterentwickelt wurde[287], die methodische Vorgehensweise unterscheidet sie davon aber gravierend.

---

286 Das folgende Kapitel stellt eine gekürzte Fassung eines Textes von Larissa Krainer dar. Vgl. Krainer 2010.
287 Vgl. Glaser/Strauss 2005.

Die „philosophischen Methoden", die dafür angewandt werden, sind insbesondere die Phänomenologie, die Dialektik und das prozessethische Verfahren. Philosophische Theorien, die ebenfalls einen breiten Erklärungsfundus anbieten, sind darüber hinaus die Anthropologie oder die Religionsphilosophie. Sie eignen sich allerdings weniger als Methoden, denn als Wissens- und Ideenspeicher unserer historisch-kulturellen Prägungen.

Phänomenologie. In der Geschichte der Philosophie wurden der Phänomenologie unterschiedliche Bedeutungen und Funktionen zugeschrieben auf die hier nicht näher eingegangen werden soll, verwiesen sei aber etwa auf Husserl, der sie mit dem Ansinnen verknüpft, durch sie zum „reinen Bewusstsein" vorzudringen.[288] Die Wahrnehmung der Phänomenologie als methodische Vorgehensweise zeichnet sie als Prozessbegriff aus, der vor allem bei Hegel[289] und Husserl als Denk- bzw. Bewusstseinsprozess nachvollziehbar wird. Aus relevanten Definitionen lassen sich für die Interventionsforschung zwei wesentliche Ebenen phänomenologischen Vorgehens unterscheiden: zum einen die Beschreibung von sichtbaren (ans Licht getretenen) Phänomenen, zum anderen aber ein spezifischer Erkenntnisprozess. Für die Interventionsforschung geht es im phänomenologischen Vorgehen zudem darum, Bewusstseins- oder Bewusstwerdungsprozesse zu initiieren.

Phänomenologisch zu arbeiten bedeutet, die unterschiedlichen Erscheinungsformen in oder mit denen ein Phänomen sichtbar, bemerkbar wird, zu erforschen, wahrzunehmen und schließlich zu benennen. Durch den Einsatz verschiedener Forschungsmethoden (Interviews, Teilnehmende Beobachtungen, Materialanalysen) wird versucht, solchen Aspekten auf die Spur zu kommen. Dabei ist es wichtig, einzelne Phänomene, die in der Praxis auftreten und wahrgenommen werden, aus möglichst vielen Blickwinkeln zu beleuchten, was in aller Regel bedeutet, verschiedene Positionen und Meinungen, die in der Praxis vertreten sind, wahrzunehmen und verstehen zu wollen. Erst die Vielfalt lässt darauf hoffen, unterschiedliche relevante Dimensionen eines Phänomens erfasst zu haben. Dies betrifft vornehmlich die Ebene der Tatsachenbeschreibung. In einem zweiten Schritt geht es darum, auf die Ebene der Erkenntnis- und Bewusstwerdung vorzudringen. Dies zum einen, indem die verschiedenen erhobenen Erscheinungsformen den Betroffenen geschildert und dargestellt werden,

---

288 Vgl. Husserl 1992.
289 Vgl. Hegel 1970; Husserl 1992.

zum anderen, indem ein Prozess der kollektiven Bewusstwerdung initiiert und begleitet werden soll (Rückkoppelung).

Die sorgfältige phänomenologische Betrachtung eines Praxisfeldes lässt sich ferner damit begründen, dass menschliche Handlungen kaum je nur banal sind, sondern es vielmehr darum geht, Bedeutungszusammenhänge zu verstehen. Dies erscheint vor allem dann hilfreich, wenn bestimmte Handlungen, Aussagen etc. mit Bedeutungskategorien wie beispielsweise Schuld oder Scham belegt werden, die das menschliche Gewissen bewegen. Falls dem nämlich so ist, ist es zumeist für alle Beteiligten hilfreich, wenn das (schlechte) Gewissen entlastet werden kann (was wiederum durch gemeinsame Reflexionsprozesse gelingen soll).

Eine zweite Möglichkeit der phänomenologischen Aufarbeitung besteht darin, rund um zentrale Begriffe Hintergrundtheorien zu entwickeln (z.B. um solche, die im Rahmen von Interviews mehrfach verwendet wurden) und damit die Begriffe gleichsam „ins Tanzen" zu bringen. Exemplarisch haben dies etwa Krainer und Reitinger im Rahmen eines Forschungsprojektes für das Phänomen des Waschens im Kontext der Altenbetreuung gemacht, das von Seiten der PflegerInnen als ein besonders konfliktträchtiges und ethisch hoch sensibles Geschehen beschrieben wurde. Die phänomenologische Aufarbeitung hat gezeigt, dass es, je nach Blickwinkel und Perspektive der Systemangehörigen (PatientInnen, Angehörige, PflegerInnen, Heimleitung etc.) sehr verschiedene Bedeutungen haben und darüber hinaus einander völlig widersprechende Bedürfnisse auslösen kann. Während das Pflegepersonal beispielsweise hygienische Standards erfüllen will und muss, können PatientInnen Waschen als ungewollten Eingriff in ihre Intimsphäre begreifen. Für Familienmitglieder ist die Sache ambivalent: Sie wollen zwar gepflegte Angehörige antreffen, wollen zugleich aber nicht, dass diese unangenehmen Situationen ausgesetzt werden. [290]

Einen dritten Weg der phänomenologischen Beschreibung stellt der Versuch dar, bestimmte Systemlogiken zu erfassen, wie dies auch im Rahmen systemisch orientierter Ansätze passiert. Systemische Betrachtungen ermöglichen es, von der Ebene des Individuums auf eine höhere, größere Betrachtungsebene zu gelangen, was insofern sinnvoll ist, als viele Handlungs-, Kommunikations- und Entscheidungsmuster innerhalb von Systemen nach bestimmten Systemlogiken erfolgen (Rechtssystem, Gesundheitssystem, Unternehmen, Non-Profit-Organisationen etc.). Der Sinn der gemeinsamen Vergegenwärtigung solch unterschiedlicher Systemlogiken liegt primär im Erkennen, Begreifen und Nachvollziehen

---

[290] Vgl. Krainer/Reitinger 2008.

ihrer inneren Handlungszwänge, die das Tun und Lassen von Menschen nicht mehr als primär subjektiv gesteuertes Wollen begreifen lassen, sondern als erforderliche (und damit *ent*individualisierte) Systemzwänge.

Die vierte Möglichkeit der phänomenologischen Beschreibung ist im Rahmen einer historischen Spurensuche zu sehen, die häufig auch psychologische Zusammenhänge sichtbar werden lässt. Nicht selten bleibt Geschichte nämlich viel länger im kollektiven Gedächtnis verankert, häufig allerdings gleichsam als kollektiv Unbewusstes, als anzunehmen wäre.

Insgesamt ist es immer wieder ein lohnendes Unterfangen, Phänomene auch im jeweiligen Kontext ihrer Zeitlichkeit zu betrachten, ihre institutionelle und gesellschaftliche Umgebung zu beleuchten, nach historisch relevanten Strömungen zu fragen und deren Auswirkungen auf gegenwärtige Handlungsfelder zu beleuchten (z.B. Ökonomie, Technologie). Ähnlich bedeutsame Spuren lassen sich jeweils identifizieren, wenn man rituelle Praktiken beobachtet und sich auf die Suche nach religiösen Mustern und Phänomenen begibt. Sie prägen kollektiv Unbewusstes unter Umständen auch dann noch, wenn reale Praktiken gar nicht mehr vollzogen werden.

Dialektik: Das Denken in Widersprüchen. Auch die Dialektik lässt sich aus der Geschichte der Philosophie als Prozessbegriff entfalten, dessen ursprüngliche Bedeutung mit „der Kunst der Unterredung" übersetzt wird. Hegel führt sie allerdings eindeutig als methodisches Vorgehen vor. Für ihn macht das Dialektische die „bewegende Seele des wissenschaftlichen Fortgehens"[291] aus, wie er in seiner Enzyklopädie der philosophischen Wissenschaften festhält und in der Vorrede zur Phänomenologie des Geistes spricht Hegel explizit von der Philosophie als einer „Methode der Bewegung"[292]. Zum einen trägt der Philosoph konsequent an alles Seiende das Nichts heran und führt mehrfach vor, dass der Grundwiderspruch ein nicht aufzuhebender ist und ihm nicht mit dem Versuch des logischen Ausschlussverfahrens nach den Kategorien von Richtig und Falsch beizukommen ist. Zum anderen kann Dialektik auch als die Darstellung der Vereinigung von Gegensätzen verstanden werden, was zum Begriff der Synthesis führt. In ihr sind Widersprüche „aufgehoben", wobei dem Begriff des Aufgehoben-Seins (nicht nur bei Hegel) drei Dimensionen zukommen: negare (verneinen), conservare (bewahren) und elevare (emporheben).

---

291 Vgl. Hegel 1970, S. 173.
292 Vgl. Hegel 1983, S. 37.

In methodischer Hinsicht gilt es, gewissermaßen in einer Fortsetzung der bereits begonnenen phänomenologischen Spurensuche die erkannten Phänomene auf Widersprüche zu untersuchen. Dies kann geschehen, indem man danach fragt, welche Grundwidersprüche bestimmten Konflikten zugrunde liegen, wozu sich beispielsweise ein von Heintel u.a. mehrfach weiterentwickeltes Widerspruchsmodell[293] eignet. Das kann dabei helfen, verschiedenste Widersprüche (existenzielle, systemische, solche zwischen unterschiedlichen sozialen Konstellationen oder aufgrund historischer Ungleichzeitigkeiten) zu identifizieren, vor allem aber auch widersprüchliche Interessen, die Menschen vertreten.

Eine andere Form des Widerspruchsdenkens besteht in der Möglichkeit, nach dem „Nichts" zu fragen, z.B. nach dem Ausgeschlossenen in Organisationen und Institutionen (nach dem, was in ihnen nicht vorkommt), sie gleichsam mit ihrer eigenen Negation zu konfrontieren. Das ist zum Beispiel interessant, wenn auffällt, dass mehrere Personen aus einer Organisation über bestimmte zentrale Themen, mit denen sie täglich konfrontiert sind, nicht sprechen, wenn bestimmte Themen als tabuisiert erscheinen etc. Dies geschieht zumeist nicht grundlos und ein Wissen darüber kann wiederum einen Erkenntnisgewinn ermöglichen. Hier können als unterstützendes Analyseinstrument systemische Betrachtungsweisen hilfreich sein, die Systeme als weitgehend operativ geschlossene Einheiten begreifen und danach fragen, nach welcher inneren Logik sie funktionieren bzw. damit auch einen Fokus darauf legen, was aus diesen Systemen ausgeschlossen bleibt.

Insbesondere dort, wo Konflikte unter ForschungspartnerInnen sichtbar werden, bietet es sich an, mit der dialektischen Methode bzw. mit einer Theorie von Widersprüchen zu operieren, die es ermöglicht, bestehende Widersprüche als notwendig und sinnvoll auszuweisen und Betroffene darin zu unterstützen, Widersprüche auch als solche wahrzunehmen. Das bedeutet ferner, sie nicht nach den Prinzipien der Logik lösen zu wollen (und dabei eine Seite auszuschließen), sondern sie dialektisch zu begreifen und entsprechend zu bearbeiten (gemeinsame Entscheidungen zu treffen, die auf eine Balance des Widerspruchs aus sind). Gerhard Schwarz hat dies in seinem Buch über Konfliktmanagement umfassend ausgeführt[294], Pietschmann bietet ebenfalle eine konkrete „Anleitung zum Umgang mit Widersprüchen und Konflikten" an.[295] Zurückverfolgen lässt sich dieser Gedanke allerdings bis zu Aristoteles, der mit seiner Mesoteslehre

---

293 Vgl. Heintel 2005a; Krainer/Heintel 2010.
294 Vgl. Schwarz 2005.
295 Vgl. Pietschmann 2002.

(dem Streben nach einer Mitte, einer sinnvollen Maßsetzung) eine erste philosophische Methode dafür angeboten hat.[296]

Wenn es gelingt, solche Widersprüche zu identifizieren und im Anschluss daran auch darzustellen, warum die einzelnen KonfliktpartnerInnen diesem Verständnis zufolge wichtige und sinnvolle Positionen einnehmen, so kann dies PraktikerInnen nicht nur entlasten, sondern es ihnen ermöglichen, die Konflikte als notwendigen Teil ihrer Praxis anzuerkennen und sie in weiterer Folge dementsprechend zu behandeln. Beispiele für solche Hintergrundtheorien haben Falk und Krainer im Rahmen einer wissenschaftlichen Begleitforschung zum Mediationsverfahren am Flughafen Wien gesammelt und dargestellt.[297]

Prozessethik: Die Organisation ethischer Entscheidungsprozesse. In vielen unserer Forschungs- und Beratungskontexte begegnen ForscherInnen Norm- und Wertkonflikten, die rasch identifizierbar sind, deren Herkunft auch nachvollziehbar ist, die einander in der Praxis aber dennoch eher unversöhnlich gegenüberstehen, mitunter auch tabuisiert werden, unbesprochen bleiben. Während das Recht Prozesse kennt und diese auch institutionell abgesichert hat, wurden ethische Konflikte historisch kaum mit Verfahren versehen, die es ermöglicht hätten, ihnen einen demokratischen Ort des Aushandelns zu eröffnen (weshalb sie historisch nicht selten in blutigen Kämpfen mit dem Ziel der Vernichtung oder Unterwerfung bestimmter Wertkulturen ausgetragen wurden).

Habermas hat in seiner Diskursethik bereits auf das Problem aufmerksam gemacht und die Einrichtung von Diskursen vorgeschlagen, in denen alle, die von ethischen Fragen (Wertkonflikten) betroffen sind, auch Gelegenheit erhalten sollten, an ihnen teilzunehmen. Über deren praktische Umsetzung ist dem Werk Habermas' bislang wenig zu entnehmen.[298] Berger und Heintel haben dafür in ihrer „Organisation der Philosophen" eine erste Spur gelegt[299], Heintel hat dies insbesondere in einem Aufsatz über „Abendländische Rationalität" noch vertieft[300], Krainer in ihrer Arbeit über Medienethik erstmals einen Verfahrensvorschlag entwickelt.[301] In ihrer Prozessethik haben Heintel und Krainer schließlich sowohl das Prozessethische Modell als auch ein Prozessethisches Verfahren weiter entwickelt, um ethische Entscheidungsprozesse in Gang zu setzen und

---

296 Vgl. Aristoteles 2001.
297 Vgl. Falk/Krainer 2006.
298 Vgl. Habermas 2001.
299 Vgl. Berger/Heintel 1998.
300 Vgl. Heintel 1998.
301 Vgl. etwa Krainer 2001.

durchzuführen, das bereits in verschiedenen Praxisfeldern erprobt wurde.³⁰² Prozessethik bietet sich in zweierlei Hinsicht an: Das Prozessethische Modell und das Prozessethische Verfahren lassen sich auch als Analyseraster zur Identifikation von Widersprüchen verwenden (siehe Dialektik als Methode) und um den Blick für vorhandene oder fehlende Verfahren (Entscheidungsprozesse) zur Austragung ethischer Wertkonflikte zu schärfen. Es eignet sich aber auch, um ein zentrales Ansinnen der Interventionsforschung zu unterstützen, nämlich das Zur-Verfügung-Stellen von Reflexions- und Entscheidungsprozessen innerhalb von Forschungsprojekten – die Rückkoppelungen.

Funktionen von Hintergrundtheorien. Abschließend lassen sich die folgenden Funktionen von Hintergrundtheorien zusammenfassen: Diese sollen „Handlungsmöglichkeiten" eröffnen (durch neue Perspektiven neue Spielräume eröffnen), „rationalisieren und entlasten" (vor allem die Erkenntnis, dass in vielen Fällen nicht Personen an Konflikten Schuld sind, sondern grundlegende Widersprüche, die durch Personen agiert werden, kann Entlastung bieten), ferner sollen sie zu einer „Betrachtung des größeren Ganzen" beitragen (von der konkreten Situation, der Vorderbühne, zu dahinter liegenden Phänomenen voranschreiten. Und schließlich sollen sie eine „Verknüpfung von Theorie und Praxis" leisten (es ist nicht hinreichend, abstrakte wissenschaftliche Theorien zur Verfügung zu stellen, diese müssen jeweils an die konkrete Praxis gekoppelt werden, wenn sie für diese fruchtbar gemacht werden sollen.³⁰³

Rückkoppelung

Rückkoppelung bedeutet in der Interventionsforschung zunächst nichts anderes, als das gewonnene Wissen mit jenen zu teilen, es an sie „zurückzuspielen", in deren Auftrag oder von denen es gewonnen wurde. Dies erfolgt in vielen Forschungsansätzen entweder in Form schriftlicher oder mündlicher Rückmeldungen, häufig aber erst nach Beenden der Forschung und mitunter auch nur an Geldgeber adressiert, nicht aber notwendig an jene, die als InterviewpartnerInnen etc. in die Forschung eingebunden waren. Im Bereich der Interventionsforschung werden möglichst bereits im laufenden Forschungsprozess Rückkoppelungen organisiert, um erste Forschungsergebnisse an die Betroffenen weiter-

---

302 Vgl. Krainer/Heintel 2010.
303 Vgl. Lerchster 2011, S. 234 ff.

geben zu können, die ihnen in ihrer praktischen Arbeit dienlich sein könnten, zugleich aber auch, um erste Hypothesen einer Überprüfung durch die PraxispartnerInnen anheim zu stellen (Rückkoppelung als zweiter Ort der kommunikativen bzw. kollektiven Validierung neben der Validierung durch das Forschungsteam).

Das zentrale Ziel von Rückkoppelungen ist es allerdings, die Herstellung einer gemeinsamen Sichtweise unter den Betroffenen zu ermöglichen, was nicht bedeutet, dass im Anschluss daran alle die gleiche Meinung vertreten müssen oder sollen, es soll aber zumindest ein gemeinsames Wissen über die verschiedenen vertretenen Positionen und deren allgemeine Zur-Kenntnis-Nahme erfolgen oder eine gemeinsame Einschätzung der eigenen Situation erreicht werden.

Rückkoppelungen werden jeweils an den gegebenen Kontext angepasst. Als realistischer Zeitrahmen hat sich ein Halbtag herauskristallisiert (ein ganzer Tag wäre noch vorteilhafter, es hat sich aber gezeigt, dass das für die meisten PraktikerInnen zu lange ist). Wiewohl Rückkoppelungen sehr verschieden verlaufen können, lassen sich doch zentrale Elemente identifizieren, die in ihnen vorkommen:

- die Präsentation von Ergebnissen,
- die Ausführung zentraler Hypothesen und Hintergrundtheorien sowie
- eine Diskussion der Ergebnisse und
- eine Beratung von Konsequenzen für das Praxisfeld.

Die Vorbereitung der Rückkoppelungsveranstaltungen erfolgt im Rahmen der Teamklausuren, geklärt werden zentrale Inhalte, der konkrete Verlauf der Rückkoppelung sowie die Rollen (Moderation, Präsentation, Beobachtung), die einzelne Mitglieder des Forschungsteams darin übernehmen. In größeren Forschungsprojekten und bei Rückkoppelungen, an denen (nahezu) alle PraxispartnerInnen teilnehmen, ist in der Regel das gesamte Forschungsteam anwesend, was auch den Vorteil hat, dass die jeweiligen InterviewpartnerInnen ihre GesprächspartnerInnen wieder treffen, sich an den gemeinsamen Forschungsprozess erinnern können etc. Die Teilnahme kann aber aus unterschiedlichen Gründen auch anders entschieden werden (z.B. aufgrund zu geringer budgetärer Mittel). Diese Form des „member check" (Flick) hat sich bewährt, auch wenn sie nicht unaufwändig ist und Auswirkungen auf die Kostenkalkulation hat.

Ergebnisrückbindung sowie Präsentation der Hypothesen und Hintergrundtheorien

Im Rahmen der Rückkoppelung werden in möglichst prägnanter Form zentrale Forschungsergebnisse sowie erste Hypothesen (und gegebenenfalls Hintergrundtheorien) mündlich präsentiert und mit möglichst vielen wörtlichen Zitaten aus den Interviews und den Beobachtungen illustriert. Ergebnisse werden, so gut wie möglich, in den Worten der ForschungspartnerInnen dargestellt. Dies mit dem Gedanken, dass ein Ankoppeln an die jeweilige Sprache, die vor Ort gesprochen wird, der Verständigung dienlich ist. Zugleich ist hier mit großer Sorgfalt auf die Wahrung der Anonymität zu achten. Die Präsentation von Hypothesen lässt sich in der Regel gut mit der Darstellung der Ergebnisse verbinden, die Darstellung von Hintergrundtheorien kann aus zweierlei Grund nicht immer erfolgen: Zum einen aufgrund der zeitlichen Begrenzung im Rahmen der Rückkoppelung, zum anderen, weil sie vielfach erst gegen Ende der Forschungsprojekte ausgearbeitet werden können.

Diskussion der Ergebnisse und Beratung von Konsequenzen für das Praxisfeld

In einem nächsten Schritt erfolgt eine strukturierte Diskussion der Ergebnisse durch die PraxispartnerInnen in Kleingruppen und ohne Beteiligung der ForscherInnen (auch ohne Beobachtung durch dieselben). Für die Strukturierung der Diskussion kann allerdings ein Fragenkatalog behilflich sein, entlang dessen die Vorbereitung einer Präsentation der Antworten aus der Gruppe erfolgen kann. Mögliche Fragen für die Gruppenarbeiten lauten etwa:

- Was von dem Gehörten ist für uns nachvollziehbar?
- Was war nicht nachvollziehbar? Wo besteht vertiefender Informations- oder Diskussionsbedarf?
- Was war überraschend, irritierend?
- Welche Konsequenzen ziehen wir aus dem Gehörten, welche Konsequenzen sollten gezogen werden?

Im Anschluss daran werden die Präsentationen der Kleingruppen plenar eingeholt und allfällige Ergänzungen durch das Forschungsteam zu erwünschten Vertiefungen vorgenommen. Sofern ungleiche Einschätzungen zu den Fragen bestehen, werden diese thematisiert und mit den anwesenden PraxispartnerInnen besprochen. Der letzte Schritt ist einer Beratung der im Praxisfeld zu ziehenden Konsequenzen gewidmet, wobei das Forschungsteam hier in die Rolle der Moderation wechselt und sich inhaltlich nicht an den Beratungen beteiligt.

Die ersten drei Fragen für die Gruppenarbeiten dienen zum einen der Möglichkeit, Unklarheiten aus den meist sehr knappen Präsentationen der Forschungsergebnisse zu identifizieren, zum anderen der bereits mehrfach erwähnten Form der Validierung (Überprüfung) von Forschungsergebnissen, die im Fall der Interventionsforschung jenen übertragen wird, die als ExpertInnen ihrer Praxis anerkannt werden und die in einem Feedbackprozess zur Validierung der Daten beitragen.

Die letzten beiden Fragen dienen hingegen primär der Vorbereitung der weiterführenden Beratungen der PraktikerInnen. Ein wesentliches Ziel von Rückkoppelungen ist es, ForschungspartnerInnen darin zu unterstützen, möglichst umsetzungsorientierte Entscheidungen für ihre eigene Praxis zu treffen. Ferner geht es um das Treffen von Vereinbarungen, bzw. darum zu klären, wie getroffene Entscheidungen umgesetzt werden sollen und welche Maßnahmen der Überprüfung (Evaluation) dafür vor Ort eingerichtet werden können. In dieser Phase hält sich das Forschungsteam inhaltlich weitgehend zurück, unterstützt aber den Prozess der Entscheidungsfindung z.B. durch Moderation. Konsequenzen können allerdings in Bezug auf thematische Schwerpunktsetzungen für den weiteren Forschungsverlauf gezogen werden. In diesem Fall werden diese natürlich gemeinsam mit dem Forschungsteam vereinbart.

Das Thema der Entscheidung, insbesondere aber die Frage nach einer kollektiven Entscheidungsfähigkeit, ist für die Interventionsforschung von besonderer Relevanz. Den Ausführungen zur Diskursethik von Habermas lässt sich entnehmen, dass die Frage der Entscheidung und die Möglichkeit an ihr mitzuwirken, von zentraler Bedeutung ist, zumal Habermas das Recht auf Beteiligung als Schlüssel zur Vermeidung von Fremdbestimmung sieht.[304] Heintel und Krainz haben sich in verschiedenen Arbeiten dem Thema gewidmet[305], Fischer fragt danach, welche „Bildung für die Entscheidungsgesellschaft" erforderlich sei[306] und Krainer ist der Frage nachgegangen, was „nachhaltige Entscheidungen" bzw. „nachhaltige Entscheidungsprozesse"[307] sein könnten. Den genannten Arbeiten ist zu entnehmen, dass das „Entscheiden" zu einem zentralen Kerngeschäft moderner Gesellschaften geworden ist, wie auch zeitgleich immer stärker der Eindruck entsteht, dass aufgrund voranschreitender Komplexität kaum noch

---

304 Vgl. Habermas 2001.
305 Vgl. Heintel 1986, Heintel/Krainz 1986.
306 Vgl. Fischer 2009.
307 Vgl. Krainer 2007.

entschieden werden kann, jedenfalls nicht von Einzelnen, und bereits getroffene Vorentscheidungen (für bestimmte Denkmodelle) so dominant geworden sind, dass Menschen kaum noch Gestaltungsraum bleibt. Selbst wenn man solchen Befunden glaubt (wofür genügend Anlass gegeben ist), so bleibt doch die Frage aufrecht, wie Menschen, anstelle in schicksalhafte Resignation zu verfallen, Entscheidungsprozesse gestalten können, in denen es möglich wird, Komplexität zu denken bzw. Reflexions- und Entscheidungsfähigkeit wieder zu erlangen. Dass das individuell nur selten möglich ist (weil überfordernd), ist unmittelbar evident, also gilt die Suche organisierten Prozessen der Bewusstwerdung von komplexen Themen und Fragestellungen, ihres Erwägens und Denkens in Kooperation.

Im Kontext der Interventionsforschung werden dafür die beschriebenen Rückkoppelungsveranstaltungen genutzt. In ihnen soll es gelingen, zunächst jene Komplexität reflektieren zu lernen, in der Menschen unmittelbar leben und arbeiten, sie in weiterer Folge als nicht ausschließlich gegebenes Norm- und Wertgefüge zu erkennen, sie insofern (zumindest partiell) als entscheidbare Materie zu begreifen und schließlich sich im Treffen von kollektiven Entscheidungen und Vereinbarungen zu üben. Übergeordnetes Ziel dabei ist es, durch Anregungen eines kollektiven Reflexionsprozesses einen Beitrag zur „kollektiven Aufklärung" (Heintel) von gesellschaftlichen Subsystemen zu leisten. Dem ist implizit eine Lerntheorie zugrunde gelegt, die davon ausgeht, dass Individuen (und Kollektive) prinzipiell lernfähig sind und dass die Fähigkeit zur Differenzsetzung im Sinne der Reflexion des eigenen Handelns sowie der gegebenen Rahmenbedingungen in denen dieses Handeln stattfindet und letztlich der Grundwidersprüche, die dabei agiert, verhandelt, balanciert werden, einen zentralen Schlüssel für die selbstbewusste Steuerung von Systemen darstellt. Eine solche Lerntheorie ist freilich nicht neu, im Gegenteil: Sie schließt an Sokrates an, der prinzipiell auf die Kritikfähigkeit von Menschen vertraute und ihr Potenzial, zu einem selbstreflexiven Wissen vorzudringen, wofür Platons Dialog Theaitetos[308] sinnbildlich steht. Auch in seiner methodischen Vorgehensweise, die als „dialogische Pädagogik"[309] bezeichnet wird, zeigen sich Parallelen zur Interventionsforschung: Für Sokrates war die Frage das zentrale Mittel seiner Interventionen, die es ihm erst ermöglichte, Menschen durch Prozesse des Nachdenkens und Reflektierens zu begleiten[310]. Bis heute gilt die Frage als „didaktisches Steuerungsinstrument."[311] Die wichtigste Differenz ist im Ansinnen der Interventions-

---

308 Vgl. Platon 1974.
309 Vgl. Gutmann 2003.
310 Vertiefende Hinweise dazu finden sich im Beitrag von Ruth Lerchster in diesem Band.
311 Vgl. Novak/Macht 1996.

forschung zu sehen, nicht mehr ausschließlich mit Individuen zu arbeiten, sondern Kollektive in den Blick zu nehmen.

Die Intervention durch Rückkoppelung beeinflusst schließlich immer auch den Forschungsprozess selbst, indem die Teilnehmerinnen und Teilnehmer der Veranstaltung die Teil- oder Zwischenergebnisse zur Verfügung gestellt bekommen und sie einem Realitätscheck in Hinblick auf ihre Anwendbarkeit und Nachhaltigkeit unterziehen. Andererseits sind die Ergebnisse aus der Rückkoppelungsveranstaltung ein theorie- und praxisgeleitetes Material, das sich auf die Erfahrungen von Personen in laufenden Prozessen und Verfahren stützt. Die Ergebnisse aus den Rückkoppelungsprozessen fließen in den weiteren Forschungsprozess ein und werden häufig auch in den abschließenden Forschungsberichten und Publikationen dokumentiert.

Hinweise für die praktische Durchführung und Auswertung von Rückkoppelungen

Zusammenfassend noch einmal einige Hinweise kurz gefasst:

- *Vorbereitung im Team.* Das Forschungsteam muss sorgfältig entscheiden, welche inhaltlichen Schwerpunkte präsentiert werden sollen und mit welchen Methoden es dabei verfährt, wie es Aufgaben und Rollen verteilt etc. Zentrale Inhalte werden sorgfältig im Team entschieden, nur einige wenige können in aller Regel angeboten werden. Insofern empfiehlt sich eine Orientierung an der Frage, welches die dringendsten Probleme der ForschungspartnerInnen zu sein scheinen bzw. die Thematisierung jener Inhalte, welche sie am meisten in ihrer Praxis unterstützen könnten.
- *Dauer der Präsentation.* Für Rückmeldungen, die in einem nichtwissenschaftlichen Bereich stattfinden (also z.B. in der Praxis der ForschungspartnerInnen), hat sich gezeigt, dass es sinnvoll ist, die Dauer der Präsentation durch das Forschungsteam auf 30 bis maximal 45 Minuten zu beschränken.
- *Mündliche Rückmeldungen.* Rückmeldungen werden zunächst mündlich und nicht schriftlich gegeben, es werden vorläufig keine Berichte verteilt (maximal ein Handout zur Orientierung). Dies aus dreierlei Grund: Erstens, um ein konzentriertes Zuhören zu ermöglichen; zweitens deshalb, weil die angebotenen Inhalte ja erst durch die Zustimmung der ForschungspartnerInnen eine weitere Validierung erfahren und erst niedergeschrieben werden, wenn sie eine Vergemeinschaftung der Sichtweise durch die ForschungspartnerInnen durchlaufen haben; und drittens, weil unserer Erfahrung nach

gerade dort, wo Konflikte und Widersprüche sichtbar werden, Schriftlichkeit diese noch zu verstärken droht und Positionen darin unterstützen kann, sich noch mehr „einzuzementieren". Wie schon das Sprichwort sagt, manchmal „ist ein Schriftl ein Giftl".
- *Originalzitate einflechten.* In den mündlichen Präsentationen ist es ein bewährtes Mittel, die ForschungspartnerInnen selbst zu Wort kommen zu lassen, indem die Einschätzung von Situationen durch besonders pointierte (anonymisierte) Zitate wiedergegeben wird. Dabei gilt es allerdings immer, auf eine gewisse Ausgewogenheit der Sichtweisen in den Zitaten Acht zu geben (Menschen wollen sich gerne wiedererkennen und sind enttäuscht, wenn sie nicht vorkommen).
- *Sprachliche Sorgfalt.* Eine neutrale, beschreibende und nicht wertende Sprache erleichtert es, selbst heikle Aspekte anzusprechen. Ferner bewährt es sich, an konkreten Beispielen allgemeine Themen zu illustrieren, und unterschiedliche Sichtweisen so darzustellen, dass sie möglichst auch für die anderen nachvollziehbar werden. In sprachlicher Hinsicht lassen sich klassische Feedback-Regeln auf die Situation übertragen.
- *Differenz von Ergebnissen, Hypothesen und Hintergrundtheorien.* Die bereits unterschiedenen Ebenen von Ergebnissen und Hypothesen bzw. Hintergrundtheorien gilt es auch in der Rückkoppelung zu unterscheiden. Für Erstere bietet sich ein eher referierender Stil an, Zweitere gilt es, mehr als Angebote einer Außensicht zu formulieren.
- *Gemeinsamkeiten vor Differenzen.* Vor allem dort, wo Konflikte sichtbar werden, hat es sich bewährt, Gemeinsamkeiten im Vortrag zeitlich vor Unterschiede zu stellen und zunächst zu beleuchten, welche Einschätzungen die InterviewpartnerInnen miteinander teilen, und erst danach darzustellen, wo sie einander widersprechen und wo offenkundig Konflikte auftreten.
- *Visualisierungsformen.* Neben der sprachlichen Darstellung ist es natürlich ein lohnendes Unterfangen, weitere Formen der Vermittlung zu suchen, die das Transportierte gut in Erinnerung halten können (Filme, Bilder, Cartoons, humorvolle Darstellungen, Kunstinterventionen etc.). Dass dabei nicht Form vor Inhalt gestellt werden sollte, ist evident.

Auswertung der Rückkoppelung. Die Rückmeldungen werden schriftlich dokumentiert (denkbar sind hier Beobachtungsprotokolle, Fotoprotokolle, z.B. von den erstellten Flipcharts oder sonstige Notizen), protokolliert werden alle Ergebnisse (z.B. aus den Gruppendiskussionen) sowie zentrale Vereinbarungen betreffend die gewählten Konsequenzen.

Forschungsberichte und Publikationen

Sofern möglich, versuchen wir am Institut drei Publikationsstrategien zu verfolgen: Die erste betrifft das konkrete Praxisfeld (Science to Public), die zweite wendet sich an eine wissenschaftliche Fachcommunity (Science to Science), die dritte an Fachgremien, in denen sich PraktikerInnen zusammenfinden (Science to Special Community, z.B. Fachgesellschaften oder Dachverbände). Darüber hinaus prüfen wir auch, welche allgemeinen Medien, mit denen eine breitere Öffentlichkeit erreicht werden kann, für einen Wissenstransfer in Frage kommen.

Science to Public. In der Regel wird zu jedem Forschungsprojekt ein Forschungsbericht verfasst, der allen PraxispartnerInnen zur Verfügung gestellt wird. Forschungsberichte können in Umfang wie Stil sehr unterschiedlich ausfallen und auch auf sehr unterschiedliches Interesse stoßen. Manche PraxispartnerInnen wünschen sich einige „knackige Hinweise", andere erfreuen sich an Narrationen, dritte wünschen sich vor allem Bestätigung für ihr jeweiliges praktisches Handeln, Informationen über Stimmungen und Meinungen von anderen Mitgliedern einer Organisation oder Hinweise für zukünftige Herausforderungen. In der Regel liefern Forschungsberichte Informationen auf drei Ebenen: Sie informieren über den Verlauf des Forschungsprojektes (methodische Vorgehensweise, Zeitraum der Durchführung, Umfang der Datenerhebung etc.), über bereits vorhandene wissenschaftliche Theoriebildung zum Thema (Kontextualisierung des Themas) und stellen die inhaltlichen Ergebnisse der Forschung sowie die generierten Hypothesen und entwickelten Hintergrundtheorien dar.

Der dritte Teil, der die inhaltlichen Ergebnisse der Forschung, die im Wesentlichen die Auswertung der Daten, die Interpretation derselben sowie Hypothesen und Hintergrundtheorien umfasst, stellt das Kern- und Herzstück dar. Er verläuft auf der Ebene der Ergebnisdarstellung entlang der gebildeten Kategorien und bietet wörtliche Zitate der PraxispartnerInnen in anonymisierter Form an, um damit das Zustandekommen der Daten und die Begründetheit der Ergebnisse nachvollziehbar zu machen und die Betroffenen ein weiteres Mal selbst zu Wort kommen zu lassen.

Auf sprachlicher Ebene ergeben sich drei verschiedene Zielsetzungen: Zum Ersten soll der Bericht für jene, die ihn erhalten und lesen möglichst leicht verständlich sein (keine sprachlichen Hürden aufbauen); zum Zweiten soll er in einer möglichst neutralen Sprache verfasst sein (einer solchen, die allen ForschungspartnerInnen möglichst angemessen erscheint); zum Dritten sind all jene sprachlichen Mittel sehr geeignet, die dabei helfen, eine Distanz von Forschenden und PraxispartnerInnen aufrechtzuerhalten, indem einzelne Sichtweisen und Positionen nicht als jene der ForscherInnen, sondern immer als jene der PraxispartnerInnen sichtbar gemacht werden, auch wenn diese nicht beim Namen genannt werden (Verwendung wörtlicher Zitate aus den Interviews und Beobachtungen bzw. des Konjunktivs).

Die beschriebene Textsorte richtet sich in erster Linie an die jeweiligen PraxispartnerInnen im Sinne von transdisziplinären Schriften, die Wissenschaft an Praxis vermitteln wollen. Nur in den seltensten Fällen sind ganze Forschungsberichte zu öffentlichen Publikationen geworden, immerhin ist aber auf drei Monografien[312] zu verweisen sowie auf einige publizierte Dissertationen von AbsolventInnen des interdisziplinären DoktorandInnenkollegs für Interventionsforschung.[313]

Science to Science. Neben diesen Publikationen, deren Auflage häufig mit der Zahl der zu verteilenden Berichte, also der betroffenen PraxispartnerInnen begrenzt ist, stellt sich natürlich aus Sicht der Wissenschaft immer die Frage, welche weiteren Publikationen aus den Forschungen generiert werden können, zumal in Zeiten, in denen Leistungskriterien nahezu ausschließlich an Rankings von Journalpublikationen orientiert sind. Letztere sind in aller Regel aber primär disziplinär orientiert, nur sehr selten für interdisziplinäre Forschungsergebnisse offen und bislang kaum für transdisziplinäre Forschung zugänglich. Insofern gilt es, jene wissenschaftlichen Journale zu nutzen, die sich bereits um Querschnittsmaterien bemühen, die nicht leicht in disziplinärer Form einzufangen sind.[314]

Science to Special Community. Ein drittes Publikationsformat bieten Medien diverser Fachorganisationen an, die sich häufig in Beratungskontexten finden lassen (Gruppendynamik, Organisationsberatung, Supervision, Mediation etc.). In ihnen besteht breites Interesse an Prozess- und Lernerfahrungen über verschiedene Forschungsprojekte hinweg, die dann allerdings von den jeweiligen konkreten Praxisfeldern abstrahieren. Das ist mitunter auch durchaus sinnvoll, zumal es gerade im Bereich der Auftragsforschung nicht immer möglich oder gewünscht ist, Informationen (z.B. über konkrete Organisationen) in eine breitere Öffentlichkeit zu tragen.

---

312 Falk/Heintel/Krainer 2006; Groß/Strohmeier/Ukowitz 2009; Lerchster 2011.
313 Grimm 2009; Juritsch 2011; Lerchster 2011; Lesjak 2009; Schweifer 2011.
314 Zu Publikationen der Institutsmitglieder in Fachzeitschriften die Forschungsdatenbank der Universität Klagenfurt: https://campus.aau.at/fodokng/ctl/uebersicht/org/85.

Das Projektende

Irgendwann endet jedes Forschungsprojekt, die Forschungsgruppe geht auseinander. So wie Gruppen Zeit brauchen, um zueinander zu finden, ist es sinnvoll, das Ende zu gestalten und zwar in Bezug auf das Praxisfeld, als auch projektintern. Und wie bei der Reflexion des Anfangs wird deutlich, dass Projekte sehr verschiedene Enden haben. Das Ende betrifft die folgenden Ebenen:

- das Kooperationssystem mit den PraxispartnerInnen,
- das Kooperationssystem mit AuftraggeberInnen bzw. GeldgeberInnen,
- die Projektverwaltung,
- das Forschungsteam.

Ferner wird das Ende durch unterschiedliche Produkte und Ereignisse gekennzeichnet:

- Die *Rückkoppelung*. Sofern danach kein Treffen mit den PraxispartnerInnen mehr stattfindet, endet hier der Sozialkontakt zu den ForschungspartnerInnen, es kommt gleichsam zu einer „sozialen Schließung" des Projektes;
- die *letzte Teamsitzung*, welche die interne Kooperation beendet;
- den *Forschungsbericht*, der entweder persönlich überbracht oder schriftlich nachgeliefert wird und der für die wissenschaftlichen Teammitglieder einen wichtigen symbolischen Endpunkt darstellt, selbst wenn man nicht so genau weiß, was damit im Praxisfeld eigentlich geschieht;
- die *Finanzabrechnung*, die aufgrund unterschiedlicher Abrechnungsmodalitäten oft erst Monate nach Projektende den finanzierenden Stellen übermittelt werden kann;
- die *Publikation von Ergebnissen* der Forschung in den bereits genannten Formaten, die – vor allem wenn Reviewverfahren durchlaufen werden müssen – viele Monate in Anspruch nehmen kann;
- die *Dokumentation des Forschungsprojektes* in diversen Berichtsorganen, wie z.B. der Wissensbilanz von Universitäten, auf der Website des Instituts etc.

In der Reflexion des Endes lassen sich aber auch verschiedene Perspektiven identifizieren, unter denen das Ende von Forschungsprojekten betrachtet werden kann. Zum Ersten kann man versuchen, sich Hintergründe und Bedeutungen des Endes bewusst zu machen, zum Zweiten konkrete Praxiserfahrungen reflektieren und zum Dritten über Entwicklungsbedarf nachdenken. Das Ende kann auch in Bezug auf soziale und inhaltliche Aspekte betrachtet werden.

Auf der Ebene der Hintergründe und Bedeutungen werden Ambivalenzen sichtbar, ein Ende kann eine Entlastung oder Erleichterung darstellen, im Sinne dessen, dass man froh ist, etwas erledigt, geschafft zu haben, es kann aber auch schwer fallen, im Sinne dessen, dass man sich von Personen zu verabschieden hat, mit denen man gerne und erfolgreich kooperiert hatte, was Wehmut aufkommen lassen kann. Nachdem das In-Beziehung-Kommen mit PraxispartnerInnen und das soziale Gefüge des Forschungsteams einen hohen Stellenwert in der Interventionsforschung genießen, verwundert es auch nicht, dass das gewonnene Interesse aneinander beziehungsstiftend wirkt und eine Auflösung der sozialen Kooperation daher bewegt. Zugleich ist klar, dass es hilfreich ist, die Emotionen, die an ein abgeschlossenes Projekt binden, hinter sich lassen zu können, um Ressourcen für neue Projekte zu gewinnen und um sich neuen Forschungskooperationen widmen zu können.

Auf der Ebene der konkreten Praxiserfahrungen zeigt sich allerdings, dass durchaus nicht jedes Projektende mit der beschriebenen Wehmut versehen ist, dass Schwierigkeiten in der Kooperation mit PraxispartnerInnen oder auch im Forschungsteam durchaus mehr auf die Seite der Entlastung auspendeln können.

Teamintern werden in der Regel Abschlussbesprechungen angesetzt, in denen noch offene pragmatische Fragen geklärt werden können (Projektdokumentation, Abrechnung etc.) und ein kurzes reflektierendes Innehalten, ein sich Rückbesinnen auf den gemeinsamen Weg im Forschungsprojekt ermöglicht wird, um sich einen letzten gemeinsamen Lernprozess zu gönnen, um Stärken, aber auch mögliche Schwächen zu identifizieren, die beim nächsten Mal, im nächsten Projekt, verstärkt oder eben vermieden werden könnten. Diese werden als gemeinsame Projektreflexion dokumentiert. Die identifizierten positiven und negativen Aspekte können natürlich alle Ebenen der Projektarbeit betreffen, also inhaltliche Fragen oder identifizierte Unschärfen, den konkreten Projektverlauf, Probleme bei der methodischen Umsetzung oder auch das jeweilige Gruppenklima. Gewisse Aspekte, die auch für andere Forschungsgruppen von Relevanz sein können, können auch in Publikationen einfließen, im Sinne einer Erfahrungsdokumentation, wobei uns Erfolgreiches ebenso bedeutsam erscheint, wie jene Aspekte, die man beim nächsten Mal gerne verändert, verbessert hätte.

Projektübergreifend finden sogenannte Projektreflexionen am Institut statt, in denen entweder einzelne Projekte einer breiteren Reflexion unterzogen werden oder allgemeine Themen (wie etwa Fragen des Projektendes) bearbeitet werden. Das reflektierende Nachdenken ist nicht nur Kennzeichen wissenschaftlicher Arbeit im Sinne der kritischen Reflexion des eigenen Tuns, sondern zugleich eine gute Möglichkeit für Forschungsgruppen, sich ein Stück weit über sich selbst zu vergewissern. Die Gruppenarbeit selbst zum Thema werden zu lassen, sich auch auf einer Metaebene nicht nur über Inhalte, sondern auch über die verschiedenen Sichtweisen der Gruppenmitglieder sowie das vorhandene Arbeitsklima zu verständigen, hat sich auch als regelmäßiger Zwischenschritt in Forschungsprojekten bewährt.

Mitunter, aber nicht immer, bieten Forschungsprozesse die Möglichkeit, mit den PraxispartnerInnen ein soziales Abschiednehmen zu organisieren (im Rahmen von Abschlussveranstaltungen, bei denen etwa Forschungsberichte verteilt werden oder auch bei einer gemeinsamen Abschlussbesprechung etc. Innerhalb der Teams bemühen wir uns ebenfalls, das soziale Ende in den jeweiligen Projekten sorgfältig zu gestalten, wissend, dass wir vermutlich bald in ähnlichen Konstellationen aber ganz neuen Praxiswelten zu Wege sein werden ...

Literaturverzeichnis

Aristoteles (2001): Die nikomachische Ethik. Düsseldorf: Artemis & Winkler.
Bachmann, G. (2009): Teilnehmende Beobachtung. In: Kühl, S./Strodtholz, P./ Taffertshofer, A.: Handbuch Methoden der Organisationsforschung. Quantitative und Qualitative Methoden. Wiesbaden: VS Verlag, S. 248-271.
Berger, W./Heintel, P. (1998): Die Organisation der Philosophen. Frankfurt am Main: Suhrkamp Verlag.
Bourdieu, P. (1993): Narzißtische Selbstreflexivität und wissenschaftliche Reflexivität, In: Berg, E./Fuchs, M. (Hrg.): Kultur, soziale Praxis, Text. Die Krise der ethnographischen Repräsentation. Frankfurt am Main: Suhrkamp, S. 365-374.
Breuer, Franz (2010): Reflexive Grounded Theory. Wiesbaden: VS Verlag.
Buchinger, K. (1998): Supervision in Organisationen. Den Wandel begleiten. Heidelberg: Carl-Auer-Systeme.
Denzin, N. K. (1989): The Research Act (3. Auflage). Englewood Cliffs, N. J.: Prentice Hall.
Devereux, G. (1998): Angst und Methode in den Verhaltenswissenschaften. 4. Auflage. Frankfurt am Main: Suhrkamp.
Dittmar, N. (2009): Transkription: ein Leitfaden mit Aufgaben für Studenten. Wiesbaden: VS-Verlag.
Falk, G./Heintel, P./Krainer, L. (Hrg.) (2006): Das Mediationsverfahren am Flughafen Wien-Schwechat. DUV.

Falk, G./Krainer, L. (2006): Wissenschaftliche Begleitforschung zum Mediations-verfahren am Flughafen Wien-Schwechat 2001 – 2005. In: Falk, G./Heintel, P./Krainer, L. (Hrg.): Das Mediationsverfahren am Flughafen Wien-Schwechat. DUV, S. 263-290.

Fischer, R.: Bildung für die Entscheidungsgesellschaft. Vortrag, gehalten am Zukunftskongress der Grünen am 22. November 2009. Online: http://medienkulturraum.at/Aktuelles/Entscheidungsgesellschaft.pdf (22. 3. 2012).

Flick, U. (2007): Qualitative Sozialforschung. Eine Einführung. Reinbek bei Hamburg: Rowohlt Verlag.

Froschauer, U./Lueger, M. (1992): Das Qualitative Interview. Zur Analyse sozialer Systeme. Wien: WUV Universitätsverlag.

Geertz, C. (1983): Dichte Beschreibung. Beiträge zum Verstehen kultureller Systeme. Frankfurt: Suhrkamp.

Girtler, R. (1988): Methoden der qualitativen Sozialforschung. Wien, Köln, Graz: Böhlau Verlag.

Girtler, R. (1989): Die „teilnehmende unstrukturierte Beobachtung" – ihr Vorteil bei der Erforschung des sozialen Handelns und des in ihm enthaltenen Sinns. In: Aster, R./Merkens, H./Repp, M. (Hrg.): Teilnehmende Beobachtung. Werkstattberichte und methodologische Reflexionen. Frankfurt/Main, New York: Campus, S. 103-114.

Glaser, B. G./Strauss, A. L. (1967/1998): The Discovery of Grounded Theory. Strategies for qualitative research. Chicago: Aldine (dt.: Grounded Theory. Strategien qualitativer Forschung. Bern: Huber 1998).

Glaser, B./Strauss, L. (2005): Grounded Theory: Strategien qualitativer Forschung. Bern: Huber-Verlag.

Grimm, R. (2009): Einfach Komplex: Neue Herausforderungen im Projektmanagement. Wiesbaden: VS Verlag.

Groß, H. P./Strohmeier, G./Ukowitz, M. (Hrg.) (2009): Zukunftsgestaltung als Prozess. München: oekom verlag.

Gutmann, M. (2003): Die dialogische Pädagogik des Sokrates. Ein Weg zu Wissen, Weisheit und Selbsterkenntnis. Münster/New York/München/Berlin: Waxmann.

Habermas, J. (2001): Erläuterungen zur Diskursethik. Frankfurt am Main: Suhrkamp.

Häder, M. (2010): Empirische Sozialforschung. Eine Einführung. 2., überarbeitete Auflage. Lehrbuch. Wiesbaden: VS Verlag.

Hegel, G. W. F. (1970): Phänomenologie des Geistes. Frankfurt am Main: Ullstein.

Hegel, G. W. F. (1983): Phänomenologie des Geistes. Frankfurt/Berlin: Ullstein.

Heintel, P. (1986): Über Entscheidung. In: Heintel, E./Klein, H. D. (Hrg.): Wiener Jahrbuch für Philosophie. Band XVIII. Wien: Braumüller, S. 149-169.

Heintel, P./Krainz, E. E. (1986): Über Entscheidung. In: Gruppendynamik. Heft 2, 17. Jahrgang, S. 117-133.

Heintel, P. (1998): Abendländische Rationalität – Welche Ethik für die Wissenschaften? Unveröffentlichtes Manuskript, 61 Seiten. Klagenfurt: Alpen-Adria-Universität.

Heintel, P. (1999): Wissenschaftsethik als rationaler Prozess. In: Liessmann, K. P./Weinberger, G. (Hrg.): Perspektiven Europa. Wien: Verlag Sonderzahl, S. 57-81.

Heintel, P. (2005 a): Widerspruchsfelder, Systemlogiken und Grenzdialektiken als Ursprung notwendiger Konflikte. In: Falk, G./Heintel, P./Krainz, E. E. (Hrg.): Handbuch Mediation und Konfliktmanagement. Wiesbaden: VS Verlag, S. 16-33.

Heintel, P. (2005 b): Zur Grundaxiomatik der Interventionsforschung. In: Heintel, P. /Krainer, L./Paul-Horn, I. (Hrg.): Klagenfurter Beiträge zur Interventionsforschung. Bd. 1. Klagenfurt: Alpen-Adria-Universität.

Heintel, P./Krainz, E. E. (2011): Projektmanagement. Hierarchiekrise, Systemabwehr, Komplexitätsbewältigung, 5. Auflage. Wiesbaden: Gabler Verlag.

Heintel, P. (ohne Datum): Interviewvorgang. LV-Skriptum. Klagenfurt.

Husserl, E. (1992): Gesammelte Schriften. Hrg. von Elisabeth Ströker. Hamburg: Meiner. 5. Ideen zu einer reinen Phänomenologie und phänomenologischen Philosophie. 1. Allgemeine Einführung in die reine Phänomenologie. Nachwort (1930).

Jorgensen, D. L. (1989): Participant Observation. A Methodology for Human Studies. London, Thousand Oaks, New Delhi: Sage.

Juritsch, E. (2011): Internationalisierungsentscheidungen von kleinen und mittleren Unternehmen: Bedingungen und Möglichkeiten internationaler Unternehmensentwicklung. New York: Springer.

Kant, I.: Beantwortung der Frage: Was ist Aufklärung. In: Bahr, E. (Hrg.): Was ist Aufklärung. Thesen und Definition. Stuttgart: Reclam 1974, S. 9-17.

Kirk, J. L./Miller, M. (1986): Reliability and Validity in Qualitative Research. Beverly Hills: Sage.

Koepping, K. P. (1987): Authentizität als Selbstfindung durch den anderen. Ethnologie zwischen Engagement und Reflexion, zwischen Leben und Wissenschaft. In: Dürr, H. P. (Hrg.). Authentizität und Betrug in der Ethnologie. Frankfurt: Suhrkamp, S. 7-37.

Krainer, L. (2001): Medien und Ethik: zur Organisation medienethischer Entscheidungsprozesse. München: KoPäd-Verlag.

Krainer, L. (2007): Nachhaltige Entscheidungen. Zur Organisation demokratischpartizipativer Entscheidungsprozesse. In: Krainer, L./Trattnigg, R. (Hrg.): Kulturelle Nachhaltigkeit: Konzepte, Perspektiven, Positionen. München: Oekom-Verlag.

Krainer, L./Reitinger, E. (2008): Wenn Waschen zur Qual wird. Ethische Widersprüche in Organisationen der Altenbetreuung. Zur Bedeutung von Hintergrundtheorien am Beispiel der Körperpflege. In: Reitinger, E. (Hrg.): Transdisziplinäre Praxis. Heidelberg: Carl-Auer, S. 153-165.

Krainer, L./Heintel, P. (2010): Prozessethik: Zur Organisation ethischer Entscheidungsprozesse. Wiesbaden: VS Verlag.

Krainer, L. (2010): Interventionsforschung als Praktische Philosophie. Unveröffentlichtes Manuskript. Klagenfurt.

Krainz, E. E. (2000): Design von Philosophieunterricht. In: Heintel, P./Pickl, D. (Hrg.): Think. Philosophieren. Ein Lehrbuch. 2. Auflage. Wien:. öbv. S. 184-191.

Küsters, I. (2009): Narrative Interviews: Grundlagen und Anwendungen. Wiesbaden: VS Verlag.

Lerchster, R. (2011): Von Lebenswerken und blutenden Herzen. Die Übergabe in Familienunternehmen der Tourismusbranche. Ein Interventionsforschungsprojekt. Heidelberg: Carl Auer Verlag.

Lesjak, B. (2009): Die Kunst der Politik: Zum Potenzial von Gruppendynamik und Organisationsentwicklung für politische Lernprozesse. Wiesbaden: VS Verlag.

Malinowski, B. (1961; orig. 1922): Argonauts of the Western Pacific. New York: Dutton Press.

Mayring, P. (2003): Qualitative Inhaltsanalyse. Grundlagen und Techniken. 8. Auflage. Weinheim und Basel: Beltz Verlag.

Mey, G./Mruck, K. (2011): Grounded Theory Reader. Wiesbaden: VS Verlag.

Mulder van de Graaf, J./Rottenburg, R. (1989): Feldforschung in Unternehmen – Ethnografische Explorationen in der eigenen Gesellschaft. In: Aster, R./Merkens, H./Repp, M. (Hrg.): Teilnehmende Beobachtung. Werkstattberichte und methodologische Reflexionen. Frankfurt/Main, New York: Campus Forschung, S. 19-34.

Nohl, A. (2006): Interview und dokumentarische Methode. Anleitungen für die Forschungspraxis. Wiesbaden: VS Verlag.

Nowak, J./Macht, K. (1996): Die Kunst des Fragens. Theorie und Praxis der Frage als didaktisches Steuerungsinstrument. Augsburg: Universität.

Pfeffer, T. (2001): Das „zirkuläre Fragen" als Forschungsmethode zur Luhman'schen Systemtheorie. Heidelberg: Carl-Auer-Systeme-Verlag.

Pietschmann, Herbert (2002): Eris & Eirene. Eine Anleitung zum Umgang mit Widersprüchen und Konflikten. Wien: Ibera.

Plato (1974): Spätdialoge I/Platon. Zürich: Artemis-Verlag.

Schischkoff, G. (1991): Philosophisches Wörterbuch. Stuttgart: Alfred Kröner Verlag.

Schwarz, G. (2005): Konfliktmanagement: Konflikte erkennen, analysieren, lösen. Wiesbaden: Gabler.

Schweifer, F. J. (2011): Zeit-Macht & Zeit-Ohnmacht von Top-Managerinnen & Top-Managern. Über den Umgang mit Zeit in der Dialektik von Selbstermächtigung und Ohnmächtigkeit. Eine interventionsforscherische Studie. Hamburg: Dr. J. Kovac.

Simon, F. B. (1999): Zirkuläres Fragen. Heidelberg: Carl-Auer-Verlag.

Spradley, J. P. (1980): Participant Observation. New York: Rinehart & Winston.

Wimmer, R. (2006): Der Stellenwert des Teams in der aktuellen Dynamik von Organisationen. In: Edding, C./Kraus, W. (Hrg.): Ist der Gruppe noch zu helfen? Gruppendynamik und Individualisierung. Lverkusen: Budrich Verlag, S. 169-191.

Wimmer, R. (2007): Die Gruppe - ein eigenständiger Grundtypus sozialer Systembildung? Ein Plädoyer für die Wiederaufnahme einer alten Kontroverse. In: Aderhold, J./Kranz, O. (Hrg.): Intention und Funktion. Probleme der Vermittlung psychischer und sozialer Systeme. Wiesbaden: VS Verlag, S. 270 – 289.

Der weite Raum zwischen mir und den anderen

Harald Goldmann

Vorbemerkungen

Erstens: Die Bedeutung der subjektiven Forschungshaltung im Kontext von Interventionsforschungsprozessen hat mich vom ersten Forschungsprojekt an zum Nachdenken angeregt. In diesem Artikel versuche ich einerseits meine Erfahrungen aus den konkreten Interventionsforschungsprojekten der vergangenen zehn Jahre[315] zu reflektieren, andererseits fließen auch Gedanken aus Büchern[316], welche mich nachhaltig angeregt haben, ein. Weiters sind eine Reihe von Seminaren[317], welche mir eine vertiefende Reflexion meiner Forscherrolle ermöglichten und auch die eigene Lehrtätigkeit[318], in der die Haltung des Forschers stets mitbetrachtet wurde, nicht spurlos an mir vorübergegangen. Den AkteurInnen in diesen unterschiedlichen Kontexten möchte ich an dieser Stelle herzlich danken. Sie alle sind meine „Wegweiser" und „Anreger", welche mich in meiner Forscherrolle manchmal sehr bewusst, aber oft auch unwillkürlich begleiten.

Zweitens: Wenn ich im Folgenden über Haltungen und Rollen schreibe kann leicht der Eindruck entstehen, Haltungen und Rollen seien etwas Idealtypisches, Eindeutiges oder gar Festzulegendes. Meiner Erfahrung nach sind beide sowohl

---

315 Insgesamt waren es zehn zum Teil mehrjährige Forschungsprojekte.
316 Vieles hat mich in meinem Nachdenken über die Rollen und Haltungen eines Interventionsforschers beeinflusst und meine Wahrnehmung bewusst und unbewusst geschärft. Bücher waren neben Menschen und konkretem Praxiserleben in letzter Zeit auch verstärkte Begleiter. Die Texte, welche mich in meiner Entwicklung zum Interventionsforscher bewegt und unterstützt bzw. produktiv gestört haben, habe ich in einer „persönlichen Bücherliste" am Ende des Textes zusammengeführt.
317 ReferentInnen: Peter Heintel, Ulrike Froschauer, Manfred Lueger, Martina und Michael Schulte-Derne, Helmut Willke, Guni Leila Baxa und Nurit Sommer.
318 Insbesondere sind dies: Lehrveranstaltungen zu Interviewtechnik, Teilnehmender Beobachtung und Auswertung qualitativer Forschungsdaten.

klare stabile Orientierungspunkte, als auch sehr flüchtige, mir selbst und der Umwelt abgerungene Einstellungen, welche sich permanent weiterentwickeln. Egal wie geklärt die Rolle und wie reflektiert die Haltung auch ist, in der Praxis des Forschungsprozesses falle ich immer wieder aus der Rolle oder verliere meine Forschungshaltung. Den „Wunderwuzi" gibt es meiner Meinung nach auch in der Interventionsforschung nicht.

Überlegungen zur Forscherrolle und Forscherhaltung in der Interventionsforschung

> *„Der Erfolg einer Intervention hängt vom inneren Zustand der intervenierenden Person ab."*[319]

Für mich ist Interventionsforschung u.a. ein sozialer Prozess, welcher zwischen AuftraggeberInnen, PraxispartnerInnen und dem Forschungsteam vereinbart und gestaltet wird, Ziel ist es, einen selbstreflexiven Prozess zu organisieren, um kollektives Wissen zu generieren und so Entscheidungsgrundlagen für aufgeklärte, nachhaltige und selbstorganisierte Entwicklungsoptionen zu erhalten. Insofern geht es um eine Co-Kreation eines Forschungssystems. Ein Prozess in sprachlicher Zusammenarbeit und Bedeutungsabstimmung ist die Ausgangsbasis für den Forschungsprozess selbst, die Produkte, Methoden der Forschung und die zu beforschenden Inhalte.

Im Folgenden will ich mich, den wissenschaftlichen Mitarbeiter als Mitglied eines Forschungsteams ins Zentrum meiner Betrachtung stellen. Dabei interessieren mich besonders die Rollen, welche an den Schnittstellen des Forschungssystems und des zu beforschenden Systems angesiedelt sind. Also die wissenschaftlichen MitarbeiterInnen in den Funktionen des Interviewers, des Teilnehmenden Beobachters, als jene, die Hypothesen auf Basis von Forschungsergebnissen generieren und Rückmeldungen gestalten.

---

[319] Vgl. Scharmer 2009, S. 29.

Überlegungen zur Subjektivität meiner Forscherrolle

Die Subjektivität im Kontext der Interventionsforschung ernst nehmend, habe ich mir überlegt, welche Bedeutungen und Auswirkungen das Voraussetzen eines „Mediums" Mensch im Forschungsprozess haben könnte. Dabei nähere ich mich weniger über die theoretische Seite an, sondern fange ganz pragmatisch bei mir und meinen Erfahrungen an.

Als Mensch bin ich niemals nur Mittel und Zweck für den Forschungsprozess, für „die Anderen", sondern bin auch immer ein Zweck für mich selbst. Oder mit den Worten Immanuel Kants: „Nun sage ich: der Mensch, und überhaupt jedes vernünftige Wesen, existiert als Zweck an sich selbst, nicht bloß als Mittel zum beliebigen Gebrauche für diesen oder jenen Willen, sondern muss in allen seinen, sowohl auf sich selbst, als auch auf andere vernünftige Wesen gerichteten Handlungen jederzeit zugleich als Zweck betrachtet werden."[320] Oder an anderer Stelle: „Der praktische Imperativ wird also folgender sein: Handle so, dass du die Menschheit, sowohl in deiner Person, als in der Person eines jeden andern, jederzeit zugleich als Zweck, niemals bloß als Mittel brauchest."[321]

Mein „Eigensinn" begleitet mich im Forschungsprozess, treibt mich mit an. Wenn ich also versuche, etwas zu erkennen und zu verstehen, erkenne und beschreibe ich mich auch stets selbst („ich bin in dem Bild, das ich mir mache"[322]). Ich und meine Beschreibungen erhellen sich gegenseitig. Dabei ist mir bewusst, dass meine subjektiven Blickwinkel, alles was ich einschließe oder auslasse, die Art meiner Wahrnehmungs- und Differenzierungsfähigkeit, die erforschte Wirklichkeit bzw. das Forschungsfeld mitkonstruieren. Ich erlebe den Forschungsprozess als eine subjektive Objektivierung, in Folge dessen (neue) Perspektiven entstehen können, welche produktive Erklärungen und Entscheidungsoptionen begründen. Mir geht es in erster Linie nicht darum, eine optimale Annäherung an eine Realität, oder gar objektive Wahrheiten zu finden, sondern um eine sorgfältige Vorgangsweise, die es mir erlaubt, potenziell nützliche Beschreibungen und Erklärungen zu (er)finden, welche mir und „den anderen" helfen, sich selbst und ihre Situation besser zu verstehen und dadurch klarere Handlungen und Entscheidungen zu setzen (um zu wissen was besser ist brauche ich übrigens

---

320 Kant 1998, S. 73 ff.
321 Ebd., S. 75 ff.
322 Duss-von Werdt 2008, S. 26.

nicht zwingend zu wissen was gut ist.[323] Mir persönlich reicht es wenn sich Prozesse optimieren).

Bevor ich allerdings an der gemeinsamen Konstruktion des Forschungsprozesses in den Rollen des Interventionsforschers wirksam werden kann, bedarf es unterschiedlicher Voraussetzungen. Ich brauche Kontakt/Zugang und eine Forschungsbeziehung zu mir selbst, zu den KollegInnen im Forschungsteam, zu den AuftraggeberInnen und zu anderen Beteiligten und Kooperierenden im Forschungssystem.

Allgemeine Einstimmung und Vorbereitung auf meine Forschungsrollen

Hier geht es mir um eine „rituelle Einrollung" um auf der Bühne der Interventionsforschung als Medium[324] zu wirken und in meiner Forschungshaltung bewusst zu agieren.

Forscherrolle als Entscheidung

Die Grundentscheidung, von welchem Standpunkt aus ich die Welt betrachten möchte, ist eine Wahl, eine Entscheidung und daher ein Akt der Freiheit: Ich habe mir angewöhnt, vor jedem „Eintritt in die Forscherrolle" bewusst die Frage zu stellen: „Will ich ein Beobachter sein, der etwas über die Welt da draußen sagt und jetzt die Welt mit ihren Ereignissen, Phänomenen, einfach ihrem Leben vor mir vorbeifließen lassen?" Das entspräche einer klassische Forschungshaltung in der ein Forscher sinnbildlich auf einer Säule sitzt, einem „locus observandi", und von dort unbeeinflusst von den eigenen Haltungen, Gefühlen, Gedanken etc. in die Welt hineinschaut und dann anderen berichtet, was „objektiv" zu sehen ist. Förster beschreibt das etwa mit dem Begriff der „Gucklochhaltung": „Ich sitze außerhalb der Welt und schaue durch ein kleines Guckloch, wie sich die Welt vor meinen Augen abspielt. Ich bin völlig unbeeinflusst von dem, was

---

323 „Wir können verstehen, was besser heißt, ohne zu wissen, was gut heißt" (Steve de Shazer).
324 Warum es sinnvoll ist, den Mensch als Medium zu betrachten, lässt sich etwa mit dem folgenden Zitat begründen:„Aus neurobiologischer Sicht besteht aller Grund zu der Annahme, dass kein Apparat und keine biochemische Methode den emotionalen Zustand eines Menschen jemals so erfassen und beeinflussen kann, wie es durch den Menschen selbst möglich ist." (Bauer 2005, S. 51.)

da draußen vorgeht. Ich beeinflusse das, was da draußen vorgeht, überhaupt nicht."[325]

Die alternative Frage lautet: „Oder will ich Teil der Welt sein?" Das entspricht einer anderen Grundannahme, die davon ausgeht, dass ich gar nicht aus dem Fluss des Lebens aussteigen will und kann und dass, was immer ich tue, sich auf die Welt auswirkt und umgekehrt – ich und die Welt sind verbunden, sind eins. Diese Grundhaltung unterstreichen auch Königswieser und Hillebrand, wenn sie formulieren: „Haltung ist die Art und Weise, wie wir uns zu uns selbst und zu unserer Umwelt in Beziehung bringen, wie wir uns mit unserer Außen- und Innenwelt auseinandersetzen, wie wir Beziehungen gestalten, in welchen Schienen wir denken und wahrnehmen. Sie umschreibt, was wir für ‚wahr nehmen' oder für falsch halten."[326] Meine Vorannahme bezüglich Haltungen lautet demzufolge: Haltung ist weniger etwas Kognitives sondern eher Ergebnis von Erfahrungen und Erfahrungen können Haltungen ändern bzw. weiterentwickeln. Ich bin es also, der entscheidet, nach welchen Regeln ich forsche. In den meisten Forschungskontexten entscheide ich mich für das Verbundensein. Ich führe mich damit als interagierendes Subjekt in den Forschungsprozess ein, welches sich innerlich und äußerlich öffnet und in Verbindung geht (innerer und äußerer Dialog). Von nun an gehen die „inneren Wegweiser" mit und beeinflussen meine Blickwinkel und Perspektiven. Daher versuche ich meine subjektiven Spannungsfelder und Wahrnehmungsgrenzen bewusst zu halten und zu akzeptieren.

Subjektabhängige Spannungsfelder in Forschungskontexten meinen z.B., dass Beobachter und Beobachtete sich gegenseitig beeinflussen oder dass der Forscher

- seine kulturellen, historischen Perspektiven und aktuelle Vorurteile und Vorvermutungen mitbringt,
- selbst Träger für kollektiv Unbewusstes ist,
- durch die grundsätzlichen Bedingungen des Sinnverstehens und der Verständigung (Wahrnehmungsfähigkeit, Sprache etc.) eingeschränkt ist und
- durch seine intentional gesteuerte Aufmerksamkeit die sinnlich wahrnehmbaren Beobachtungsperspektiven auswählt.

---

325 von Förster/Broecker 2007, S. 67.
326 Königswieser/Hillebrand 2005, S. 39.

Grenzen der Wahrnehmungsfähigkeit betreffen etwa die subjektive Fähigkeit, teilnehmend zu forschen. Das Beobachten oder Interviewen stößt auf Grenzen im:[327]

- Wahrnehmen (durch Sinnesorgane): Nicht alle zur Verfügung stehenden Informationen können genutzt werden, sondern werden massiv gefiltert, integriert und auf viele andere Weisen verändert, bevor sie ins Bewusstsein gelangen.
- Denken: Das Arbeitsgedächtnis, in dem der kreative Prozess der Informationsverarbeitung stattfindet, hat eine sehr kleine Kapazität.
- Lernen: Die im Langzeitgedächtnis gespeicherten Informationen werden häufig sowohl im Voraus (z.B. durch Erwartungen) als auch im Nachhinein (z.B. durch nachfolgende Informationen) verändert.
- Erinnern: Die im Langzeitgedächtnis „eigentlich" vorhandenen Informationen sind häufig nicht abrufbar.
- Motiviert sein und im Bereich der Konzentration: Müdigkeit, Lustlosigkeit, Ablenkbarkeit usw. können die Beobachtungsfähigkeit beeinträchtigen.

Ich bin also für die Beschreibung der Welt mitverantwortlich, weil ich sie durch meine Sichtweisen und Beschreibungen miterfinde und miterzeuge. Das bedeutet: Meine Aufmerksamkeit gegenüber dem Forschungssystem und meine innere Haltung legen fest, wie ich Akteure und Zusammenhänge im Forschungsprozess wahrnehme und in der Folge, wie ich das Forschungssystem verstehe. Dabei ist mir bewusst, dass ich nicht alleine als Individuum agiere, sondern immer Teil einer kollektiven und konsensuellen Co-Kreation und eines Aushandlungsprozesses (in wechselseitiger Steuerung) bin. Allerdings kann ich mich auch noch sehr gut erinnern, dass ich immer wieder in schwierigen und konfliktreichen Situationen, in denen die Eindrücke und Erlebnisse mich zu überrollen drohten, auf den „locus observandi" geflüchtet bin, um mich zu distanzieren und zu schützen.

Es liegt also in meiner Verantwortung, für welche Forscherrolle ich mich entscheide, mit wie viel Neugier und Respekt ich mich im Forschungssystem bewege, wie ich meine Zugehörigkeit gestalte und gleichzeitig mir ausreichend Distanz ermögliche, um mich und die anderen gut zu beobachten.

---

327 Vgl. Robertson 2001.

Entscheidung, unterschiedliche Aufmerksamkeitsoptionen zu balancieren

Ich (er)finde meine Forscherrollen weiter, indem ich Widersprüche in mir zu balancieren beginne und bewusst eine Position („Hexenposition") an Grenzen einzunehmen versuche. Dabei gefällt mir das Bild der HAGAZUSSA, der Hexe, die auf dem Zaun (zwischen den Welten) sitzt, besonders gut. Zu balancieren sind dabei etwa die folgenden Widersprüche:

- Nähe – Distanz: Meine Aufmerksamkeit und Neugier sind stark genug, um mein Gegenüber zu spüren (die Spiegelneuronen müssen feuern können). Ich bin ganz in der Nähe. Gleichzeitig versuche ich genug Abstand zu halten, um einen Überblick zu wahren.
- Innen – Außenwahrnehmung: In meiner Aufmerksamkeit versuche ich, sowohl „außen vor Ort" mit den ablaufenden Prozessen als auch mit meinen inneren Prozessen und Impulsen (Emotionen, Gedanken, Gegenübertragungen) verbunden zu sein. Ich erlebe diesen Zustand immer wieder als eine Art „zentrierende Pendelbewegung".
- Anschmiegen/driften – zielgerichtetes Steuern: Ich nehme mich mit meinem Wissen, (Vor)Urteilen und Interessen zurück und folge mit einer Art passiver Aktivität dem Geschehen. Dabei erlaube ich mir aber auch an mir wichtigen Stellen kraftvoll und zielgerichtet fragend zu intervenieren oder ein beobachtetes Phänomen kurz genauer (schärfer) in meinen Aufmerksamkeitsfokus zu nehmen, um mich gleich darauf wieder am Angebotenen „anzuschmiegen" und in offener Aufmerksamkeit weiterzudriften (Bild: „Am Wind segeln und an ‚wichtigen' Punkten wenden oder halsen.")
- Informiert sein – Nicht wissen (Informiertes Nichtwissen): Während des ganzen Forschungsprozesses informiere ich mich und recherchiere. Ich reichere mein Wissen an. In der Rolle des Interviewers bzw. Beobachters versuche ich, dieses Wissen allerdings „vor der Türe zu lassen" und mit einer „Ich-weiß-von-nichts-Haltung" („Marsmännchenperspektive") in den Forschungsprozess einzusteigen.

Grenzpositionen zu prozessieren halte ich für eine große Herausforderung. Allerdings habe ich gelernt, dass es keine Katastrophe ist, einmal die „ideal" ausbalancierte Position zu verlassen. Wenn ich es (rechtzeitig) bemerke und darauf reagiere, gelingt es mir in der Regel meine Forscherhaltung wieder einzunehmen.

Entscheidung für Offenheit, Unsicherheit und unscharfe Annäherung

Wenn ich mit komplexen, „nicht trivialen Systemen"[328] forschend in Kontakt komme, bekommen Unsicherheit, Unvorhersagbarkeit die Bedeutung von speziellen Kontexten, unterschiedliche, teils widersprüchliche Perspektiven und Subjektivität eine starke dynamische Bedeutung. Um für diese Dynamik bereit zu sein versuche ich mich darauf einzustellen und vorzubereiten. Ich lasse mich möglichst bewusst auf einen offenen und „riskanten" Prozess ein, entscheide mich für eine partielle Systemmitgliedschaft auf Zeit. Dabei versuche ich meine Rolle so klar wie möglich zu definieren und sie doch offen genug für Adaptionen zu halten. Ich brauche eine Art flexible Konkretheit, um auf spontane oder spezielle Anforderungen reagieren zu können. Intervenierend zu forschen bedeutet für mich daher auch das Verlassen eines sicheren Standpunktes und das Einlassen auf chaotische Ordnungsprozesse (die dahinter fließende Haltung entspricht dem Bild der dynamischen Stabilisierung – so wie z.B. die Balance beim Radfahren durch ständige Ausgleichsbewegungen gelingt oder einander beim Gehen sichere und unsichere Gleichgewichtszustände abwechseln und so eine dynamisches Gleichgewicht entstehen lassen).

In der Unsicherheit von Interventionsforschungsprozessen fallen „Plan und Leben" häufig auseinander. Darum ist es mir wichtig, eine gewisse „Situationskompetenz" zu zeigen und im Hier und Jetzt in Kontakt zu bleiben, Irritationen zuzulassen und mitschwingende Gelassenheit zu entwickeln.

Diese Entscheidung fließt dann auch in die Beobachtungshaltung ein. Etwa indem ich meine Aufmerksamkeit „in der Schwebe" zu halten versuche. Das heißt, mein Zuhören und Sehen so zu organisieren, dass die Räume offen bleiben, fixe Vorstellungen loszulassen, erste spontane Erklärungen wahrzunehmen aber auch gleich wieder ziehen zu lassen, den Beobachtungsprozess nicht gleich zuzumachen, auch Irritationen, chaotische Wahrnehmungen, Unsicherheit und „Nicht-Wissen" mir zuzumuten und zuzutrauen.

In diese Forschungshaltung zu kommen und vor allem in ihr zu bleiben, ist in der Forschungspraxis immer wieder eine große Herausforderung – und auch eine Zumutung – für mich und die ForschungspartnerInnen. Ich versuche mich dabei zu entlasten, indem ich mich einerseits körperlich einstimme (z.B. mittels Atemübungen, Visualisierungen oder auch dem bewussten Einnehmen von Körperhaltungen) und andererseits mir klar mache, dass es unmöglich ist, ein

---

328 Vgl. von Foerster 1993, S. 206 f.

Ereignis in seiner ganzen Komplexität zu verstehen[329]. Ich brauche also erst gar nicht zu versuchen, letzte Antworten/Wahrheiten zu finden, mir reicht es, größtmögliche Klärung für aktuelle Fragestellungen zu bekommen und wertvolle bzw. nützliche Orientierungspunkte zu setzen. Ich erlaube mir sozusagen eine Annäherung in aller Unschärfe und Unsicherheit. So können „Nicht-Wissen" und Unsicherheit zu Ressourcen für weiterführende Forschungsfragen werden.

Entscheidung, in der Forscherrolle als eine „Körper-Emotion-Geist" Einheit zu agieren und dabei das Feld und mich selbst zu erforschen

Um mit meiner Umwelt, den PraxispartnerInnen und mir in Kontakt zu kommen und zu bleiben, versuche ich eine spezielle Form der Achtsamkeit/Sensibilität zu entwickeln, um auf verschiedenen Ebenen wahrnehmen zu können. Dabei basiert meine Aufmerksamkeit auf der Haltung des vollen Respekts gegenüber den handelnden Personen, aber auch gegenüber den mit ihnen verknüpften Systemen. Ich versuche möglichst frei von Wertungen, starren Meinungen und festen Ansichten in die Begegnung zu gehen, offen, Neues zu erkennen. Es geht mir nicht darum neue Landschaften zu entdecken, sondern einen neuen Blick, eine neue Perspektive für Bestehendes zu (er)finden. (Im besten Fall schweigen alle meine Erwartungen, Kommentare, Kritik und Selbst- und Fremdeinschätzung zu diesem Zeitpunkt.)

Mein Wahrnehmungsprozess durchläuft dann immer wieder eine ähnliche Schleife. Zunächst erkenne ich etwas („Was geschieht denn jetzt eigentlich?"), versuche, das von mir Wahrgenommene innerlich zu akzeptieren („Annehmen was ist, ohne zu bewerten") und erforsche dann das Phänomen, indem ich verschiedene Ebenen vertiefend beachte und reflektiere:

- Was geschieht in meinem Körper (Impulse, Spannung, Haltung, Atmung etc.)?
- Welche Gefühle sind damit verbunden (kurz wahrnehmen, ohne sich darin zu verlieren)?
- Welche Gedanken und Bilder sind damit verbunden (bewusst machen, ohne sofort zu analysieren oder nachzuhängen)? Erzählte Geschichten versuche

---

329 Dabei beziehe ich mich auf diverse theoretische Überlegungen zum Thema Wahrnehmen und Beobachten, vgl. etwa Dürr 2008, 2010; Förster 2001, 2007; Maturana 1996, 2002.

ich mir dabei sowohl vom Inhalt her als auch vom Prozess des Denkens bewusst zu machen.
- Welche Prinzipien, Logiken und Gesetze steuern das Wahrgenommene? (Woher könnten die Energie, die Beweggründe kommen? Unter welcher Perspektive macht das Wahrgenommene Sinn?)

Um meine Aufmerksamkeit für den weiteren Forschungsprozess nicht einzuschränken, versuche ich schließlich meine Wahrnehmungen und die entstandenen Reflexionen wieder loszulassen, um wieder frei und gelassen in weitere Wahrnehmungsprozesse eintauchen zu können (dabei hat es sich für mich in der Forschungspraxis bewährt, einige Stichwörter kurz zu notieren, als Wahrnehmungen kurz festzuhalten um besser loslassen zu können). Was immer ich erkannt habe – ich versuche mich nicht daran festzuhalten oder gar mich damit zu identifizieren (weder mit problematischen noch mit lösungsorientierten Aspekten: „Das erkannte Problem oder die gefundene Lösung sind nicht ‚meine'").

Wenn ich forsche, erlaube ich mir, innere Prozesse in die Aufmerksamkeit zu rücken und dies für eine Perspektivenerweiterung und eine vertiefende „(Er)findung" von Erklärungs- und Begründungsangeboten zu nutzen. Die Umwelt erforschend, trete ich mit mir selbst in Kommunikation und reflektiere wahrgenommene Gefühle (emotionale Resonanzen), Assoziationen und körperliche Empfindungen, welche auf Grund einer einfühlenden Grundhaltung, einer teilweisen Perspektivenübernahme und/oder kurzfristigen reflektierten Identifikation – meist spontan – entstehen.[330]

Am Ende meines allgemeinen Einstimmungsprozesses wird für mich der „Anfängergeist" spürbar. Frei von festen Überzeugungen und Meinungen (der innere Raum ist „gereinigt" und offen) bereit für Neues, Aufregendes und für Überraschungen.

Spezifische Einstimmung und Vorbereitung auf den konkreten Einstieg in den Forschungsprozess

Forschungsprojekte haben meist eine längere Vorlaufzeit und Auftragsklärungsphase. Bereits in dieser Phase machen mich Forschungsvorhaben mehr oder

---

[330] Diese subjektiven Wahrnehmungen müssen abgesichert und validiert werden: Kontrollmittel sind hier der Forscher selbst, das Forschungsteam und, wenn vorhanden, ein Supervisor, eine Supervisorin.

weniger neugierig, bewirken unterschiedliche Erwartungen und motivieren mich. Ich weiß, dass meine Motivation dem Forschungsvorhaben gegenüber mein Handeln bestimmen kann. Daher versuche ich, meine Absichten rund um das Forschungsprojekt bewusst zu klären – gleichsam in einer „selbstlosen Absicht" eine Balance zu finden, in der es gelingt, sowohl anderen (Allgemeinwohl) als auch mir (Eigeninteresse) zu nutzen. Dies soll mich emotional freier für den zukünftigen Forschungsprozess machen.

Auf der anderen Seite ist es für mich wichtig, auf einer inhaltlichen Ebene meine eigenen „Antreiber", Vorannahmen und Vorurteile so weit wie möglich zu kennen bzw. sie wahrzunehmen – genauso, wie mich immer interessiert, welche Interessen, Einstellungen und sonstige „Antreiber" der im Forschungsfeld agierenden und kooperierenden Menschen zu finden sind.

Daher nehme ich mir Zeit für eine erste Selbstbefragung: Wieso ist mir der Auftrag wichtig? Was sind meine Motive mich für den Auftrag zu entscheiden (Bin ich dem Auftraggeber gegenüber gelassen und positiv eingestellt oder treiben mich Motive, welche eigentlich nicht direkt mit dem Auftrag zu tun haben? Es ist ein Unterschied, ob die Gedanken kreativ um das Forschungsfeld kreisen oder um Zeit, Hoffnung auf „Gewinn", Wissen, Profilierung etc.)? Wofür brauche ich den Auftrag (Nutzen und Gefahren)? Was gewinne ich, wenn ich mich gegen den Auftrag entscheide? Welche Voraussetzungen bringe ich mit? Was denke ich über den Auftrag und die KooperationspartnerInnen? Was löst die Forschungskooperation bei mir aus? Dabei lasse ich folgende Ebenen und Fragestellungen auf mich wirken:

- Was ist Thema? Welche sachlichen Frage- und Problemstellungen erwarten mich?
- Wer sind die beteiligten Menschen im Sinne von Akteuren?
- Wie sieht das Feld aus? Wie ist es organisiert? In welche Umwelt ist der Auftrag eingebettet? Was sagt mir die Systemlandschaft?
- Welche Prozesse sind bereits sichtbar bzw. sind zu erwarten? Welche Dynamik und Logiken steuern die Interaktionen zwischen Individuen, Gruppen und Organisationen?
- Welche Spannungsfelder und Konflikte assoziiere ich mit dem Forschungsfeld?

An dieser Stelle bilde ich erste Vorannahmen und mache mir meine Vorurteile bewusst. Diese konkrete Vorbereitung hilft mir, meine eigene Unsicherheit zu bewältigen und zudem einen besseren Umgang damit zu finden. So werde ich nicht von meinen Ängsten oder Angstabwehrmechanismen getrieben, was eine offene Fragehaltung besonders fördert. Dadurch kann ich selbstbewusster und klarer mit dem Forschungsfeld in Kontakt treten.

Bei all diesen Vorbereitungen mache ich mir immer wieder klar, dass ein Rest („heimliche Antreiber") bleiben wird, den ich nicht sehen kann. Ich weiß nicht, was ich nicht wissen kann. Ein blinder Fleck bleibt, ich versuche ihn als begleitende Forschungsrealität zu akzeptieren und hoffe auf die kritische und ergänzende Kraft des Forschungsteams. Den Rückgriff auf die folgenden Maßnahmen bzw. Methoden habe ich dabei als wirksam erlebt:

- Individuelles und kollektives Projekt-Kick-off
- Zeit für Selbstreflexion reservieren
- Forschungstagebuch führen
- Assoziationen in Protokolle einfließen lassen
- Teamreflexionen
- Feedback aus dem Forschungsprozess bewusst wahrnehmen bzw. suchen.

Neben meiner individuellen Einstimmung und Vorbereitung versuche ich auf drei weiteren Ebenen in Schwung zu kommen:

- Auf der *Ebene des Forschungsprozesses* (Prozess in sprachlicher Zusammenarbeit, Co-Kreation) komme ich mit wichtigen PraxispartnerInnen vertiefend in Kontakt. Vertrauen kann entstehen, Orientierung und Sicherheit können wachsen. Eine gemeinsame Sprache fängt an, sich zu entwickeln.
- Auf der Ebene der *methodischen Forschungsangebote* (Interviews, Teilnehmende Beobachtungen, Rückmeldungen, Settings von Gesprächen, sonstige Spielregeln der Zusammenarbeit) werden konkrete Formen der Zusammenarbeit konsensuell etabliert. Hier ist es mir wichtig, die Methoden und Rollen für den Interventionsforschungsprozess transparent und verständlich zu kommunizieren. So entstehen Klarheit und Planbarkeit.
- Auf der *Ebene der Forschungsinhalte* („Was soll Fokus der Forschung sein?") werden unterschiedliche Vorstellungen abgeholt, erste Rahmen und Meilensteine gesetzt. Hier finde ich die „Wunderfrage"[331] in den unterschiedlichsten Variationen als sehr hilfreich. Die Beschreibung der gewünschten Ent-

---

331 Die „Wunderfrage" wurde von Steve de Shazer und Insoo Kim Berg in den 80er Jahren entwickelt mit dem Ziel, die Konversation/das Gespräch möglichst rasch auf die Zukunft und potenzielle „Lösungsbilder" zu lenken.

wicklungen sehe ich als eine treibende Kraft für die Entwicklung eines kooperativen Forschungsprozesses.

Alle drei Ebenen verstehe ich als Teile ein und desselben sozialen Konstruktionsprozesses[332]. Sich genügend Zeit für diesen Prozess zu nehmen und auch seitens der PraxispartnerInnen zu bekommen, erlebe ich in der Forschungspraxis immer wieder als große Herausforderung. Allerdings verzögern meiner Erfahrung nach ein „voreiliges Loslegen" oder das Übergehen von Irritationen (eigenen und bei anderen beobachteten) den gemeinsamen Konstruktionsprozess. Ich habe es immer wieder erlebt, dass ein eher langsamer und sehr aufmerksamer Auftragsklärungsprozess das Kooperationstempo und den Forschungsprozess beflügelt hat (Entschleunigen, um in Schwung zu kommen).

Nützliche Haltungen im Forschungsprozess

Teilnehmend zu beobachten und zu interviewen ist die Kunst,
im Forschungsprozess bei sich selber und beim anderen zu sein.

Wie oben beschrieben, sehe ich den Forschungsprozess als eine kooperative Arbeitsbeziehung und als einen gemeinsamen Lernprozess in welchem sich ForscherInnen und ForschungspartnerInnen wechselseitig beeinflussen. Haltungen und individuelle Denkweisen spielen dabei eine wichtige Rolle. Dabei erlebe ich bestimmte Grundhaltungen für die Kooperation als förderlich.

Hilfreiche Haltungen, um den Zugang zum Forschungsfeld zu erleichtern[333]:

- Ich entscheide mich für Offenheit und Unsicherheit und versuche, einen Zugang zu mir und dem Feld zu finden und mich bewusst für einen offenen und „riskanten" Prozess zu entscheiden und auf diesen einzulassen. Den Beobachtungsprozess „in der Schwebe zu halten" meint, es sich zuzutrauen, sich zuzumuten, die beobachteten Prozesse und Objekte nicht gleich „zu-

---

332 Vgl. Deissler ohne Datum.
333 Hier verdichten sich noch einmal all meine Lernerfahrungen aus der Forschungspraxis und aus der Auseinandersetzung mit einschlägigen Seminaren.

zumachen" oder mit vorschnellen Erklärungen zu fixieren („berührtes Nichtwissen", ergebnisoffen statt analysieren).
- Ich versuche, mit den ForschungspartnerInnen und mir bewusst in Kontakt zu kommen und den Kontakt im „Hier und Jetzt" zu halten. Dabei beachte ich besonders Spannungsfelder zwischen Freiwilligkeit und Unfreiwilligkeit, Vertrauen und Misstrauen, Motivation und Demotivation sowie Sympathie und Antipathie.
- Ich konzentriere mich und bringe mich in einen Zustand innerer Ruhe. Dabei versuche ich in offener Aufmerksamkeit (aus den Augenwinkeln sehen) Intuitionsräume entstehen zu lassen. Dazu ein schönes Zitat von Hans Peter Dürr: „Wenn wir uns orientierten, dann müssen wir der Wirklichkeit anders gegenübertreten, mehr überschauend als blickend, mehr fühlend und tastend als greifend, mehr ahnend als rechnend. Wichtig ist, wir können beides."[334]
- Ich lasse mich auf den Anderen – mein Gegenüber – manchmal so weit ein, als wäre ich der Andere (ich steige immer wieder für kurze Zeit in die Fußstapfen des Anderen). Dabei versuche ich mich selbst auf unterschiedlichen Ebenen (Körper, Gefühle, Gedanken, Bilder, Sinne etc.) wahrzunehmen. Ich gehe auf mich zu, um auf Andere zuzugehen. Auf diese Weise versuche ich, den Anderen zu verstehen ohne mich vollständig mit ihm zu identifizieren. In einer gewissen Weise bin ich nah und distanziert zugleich.
- Ich bin den PraxispartnerInnen gegenüber transparent, Forschungsvorhaben und Forschungsrollen sind so klar wie möglich beschrieben.
- Mich interessieren konkretes menschliches Handeln, Interaktionen und die damit zusammenhängenden Spannungsfelder, Konflikte und Widersprüche und nicht nur bloße Daten.
- Ich akzeptiere was ich beobachte, respektvoll und höflich, „in Augenhöhe" agierend. Den ForschungspartnerInnen und deren Problemen stehe ich wohlwollend und akzeptierend gegenüber. Ich achte ihre aktuelle Situation und versuche ihnen nicht zu schaden oder sie „hereinzulegen".
- Ich agiere neutral/zurückhaltend und beschränke mich einzig auf die Rolle des Forschers, strebe eine seriöse Rollenübertragung an und versuche Konkurrenzdynamiken zu vermeiden.

---

334 Dürr 2008, S. 91.

- Vom Habitus her passe ich mich dem Feld an, ohne mich zu verkleiden. Mich offen und angepasst und doch authentisch zu bewegen, ist mein Bestreben.
- Auf mögliche Fragen seitens der ForschungspartnerInnen versuche ich mich vorzubereiten und klar zu antworten (z.B. durch geeignete „wordings" für Rolle, Mitschrift, spontane Rückmeldungswünsche etc.). Herausforderungen und Stressreaktionen kann ich so leichter begegnen.
- Ich versuche so gelassen wie möglich in einem ausgeglichenen Zustand und mit einer Portion Bescheidenheit mit den PraxispartnerInnen in Kontakt zu kommen.
- Letztlich hat ein Schuss Naivität und (kindliche) Neugier noch nie geschadet.

Hilfreiche Haltungen um Verständnis zu generieren:

- Haltung des Nichtwissens (Marsmännchenperspektive): „Ich weiß von gar nichts!" Vorstellungen von Problem und Lösung werden vorübergehend auf „standby" gestellt. Ich versuche, nicht in Erklärungen und Lösungen zu springen (auf meinem imaginären Forscherkapperl trage ich die Aufschrift: „don't jump into solutions"). Mein Ziel ist es, mich ergebnisoffen statt analysierend in den Forschungsprozess zu integrieren (nicht von vornherein schon alles wissen und Lösungen oder Analysen vorschlagen, sondern stattdessen Neugier zulassen: „Ich möchte eine alte Stadt ausgraben. Ich wundere mich, wenn merkwürdige Dinge zu Tage treten". Ich erlebe Exkursion in eine andere Welt, andere Menschen, andere Beziehungen und denke nicht: „Da kann ich nichts finden. Da kommt nichts heraus" oder: „Ah! Des kenn i, bei mir war des damals a so, am besten machst ..."). Eine hilfreiche Einstellung, um sich vor Allmachtsphantasien oder Helfersyndromen zu schützen lautet dabei: „Probleme und Lösungen gehören den ForschungspartnerInnen."
- Akzeptieren, beschreiben und verstehen statt bewerten (zustimmen oder ablehnen): Ich nehme auf, was um mich herum passiert und wie ich innerlich (mit welchem Gefühl) darauf reagiere ohne es gleich zu bewerten. Die Welt ist, wie sie ist. Ich schaue auf das, was ist und nicht auf das, was sein sollte. Ich erlaube mir die Dinge in beschreibender Form auch beim Namen zu nennen. Verstehen und akzeptieren heißt noch lange nicht, dass ich dem Gehörten auch zustimme. Die ForschungspartnerInnen haben auch immer

deshalb „recht"[335], weil jede Psyche ihre eigene Logik hat. Über nichts und niemandem den Stab brechen, stattdessen: „Siehe da! Jedes Ding, jeder Mensch ist anders!"

- Rechtgeben statt rechtfertigen („Wahrheitskämpfe" vermeiden): Es gibt eine Perspektive, unter der jede Aussage, jedes Verhalten sinnvoll erscheint, auch wenn ich es jetzt noch nicht verstehen kann. Diese möchte ich finden und verstehen. Ich versuche in einer Art allparteilichen Haltung so weit wie möglich frei von eigenen Interessen und Wünschen auf Systeme, Personen und Fragen und Probleme zuzugehen. Einige hilfreiche Fragen dazu: Unter welchen Bedingungen würde das beobachtete Verhalten Sinn machen? Was müsste passieren, dass ich auch so reagieren würde? Was müsste ich für Werte haben, damit ich so ein Verhalten richtig fände? In welcher Logik lebt dieser Mensch?

- Den Forschungsprozess offen und flexibel halten: Je offener, flexibler und mit einer Vielfalt von Konzepten ich mich an die Praxis annähere, desto größer ist die Wahrscheinlichkeit, dass ich die Kreativität und Innovationsfähigkeit bewahre, wenn es um ein Verständnis dessen geht, was in komplexen Systemen intersubjektiv geschieht. Die Kunst intervenierend zu forschen besteht für mich darin, nicht zu schnell zu schließen, einen Dialog in Gang zu setzen und zu halten. Etwaiger Widerstand im Forschungsprozess ist für mich die Aufforderung anders zu kooperieren.

- Spannungsfelder und Widersprüche, Ambivalenz und Multivalenz sind Komplizen und nicht Probleme: Ich suche Perspektivenpluralität und unterschiedliche Interessen – innen und außen – lasse sie zu und respektiere sie. Irritationen und Konflikte betrachte ich als Chance für Selbstaufklärung und Entlastung und versuche, selber in Widersprüchen und Paradoxien zu denken.

- Die eigenen persönlichen „Verstehenskiller" ausschalten: Jeder Forscher hat seine spezifischen Muster, welche Verstehensprozesse erschweren. Sich mit diesen bewusst auseinanderzusetzen erlebe ich als sehr hilfreich. Meine sind z.B.: schnell Bescheid wissen zu wollen, mich selbst zu wichtig, manche Dinge zu tragisch/dramatisch zu nehmen.

Hilfreiche Haltungen um Rollenbewusstheit bzw. -klarheit zu erlangen:

- Sich bewusst für die Forscherrolle entscheiden (siehe oben).

---

[335] Vgl. Froschauer/Lueger 1992, S. 36.

- Den Forscher als multiple Persönlichkeit und die PraxispartnerInnen als Experten sehen (geteiltes Expertentum anerkennen).
- Um meine Forschungsperspektiven zu erweitern, habe ich mir innere Verbündete geschaffen, welche es mir ermöglichen, zwischen unterschiedlichen inneren Forscherrollen und Betrachtungsmöglichkeiten relativ schnell hin und her zu „switchen". Mein „Aufklärer" versucht zu verstehen und die Situation zu überblicken. Der „Zwischenmensch" ist verständnisvoll, empathisch und fokussiert den Beziehungstanz. Der „Intervenierer & Gestalter" beobachtet gezielt, bringt Dinge auf den Punkt und fragt gezielt nach. Der „Künstler" darf auch mal verwirrende, humorvolle, verrückte oder sogar poetische Impulse setzen. Die ForschungspartnerInnen sind hingegen „kundige" ExpertInnen für mich. Ich versuche ihnen neugierig und aufmerksam in Augenhöhe zu begegnen.
- Das Entstehen eines gemeinsamen Reflexions- und Lernraumes, in dem sich wechselseitiges Selbstverständnis und manchmal auch eine erweiterte Selbsterfindung entwickeln kann, ist mir wichtig.
- Ich weiß um meine subjektive und selektive Wahrnehmung. Einige der relevanten Antreiber für individuelle Wahrnehmungsprozesse sind:

    - Die eigene Geschichte und die eigenen Erfahrungen: Der Forscher bringt seine kulturellen und historischen Perspektiven mit. Dies ist einer der Hauptgründe, Vorverständnis, Vorurteile und Vorvermutungen zu benennen und zu reflektieren (individuell und im Team).
    - Eigene Beobachtungsmuster und Beobachtungsfilter: Die ForscherInnen bringen ihre subjektiven (jeweils individuell eingeschränkten) Bedingungen des Sinnverstehens und der Wahrnehmungsfähigkeit, Verständigung und Sprache mit. Die selbstkritische Prüfung in Bezug auf mögliche Verzerrungen und regelmäßiges Nachdenken über persönliche Beobachtungsvorlieben oder Abneigungen können hier die Forscherrolle genauso „aufwerten" wie eine Beschäftigung mit möglichen „blinden Flecken". Hier hat auch die Frage „Wie kann ich sehen, was ich nicht sehe, was ich ausschließe?" eine wichtige Bedeutung.
    - Die Identität des Forschers: Die ForscherInnen bringen ihre Selbstkonzepte und ihre (Beobachtungs-)Haltungen mit. Die Antworten auf Fragen wie: Welchem Forscherbild möchte ich entsprechen? In welcher Forscherrolle fühle ich mich zuhause? sind für mich

grundlegende Voraussetzungen, um in einem Forschungsprozess produktiv anzudocken.

All diese Haltungen und Denkweisen verstehe ich als Angebote, weder vollständig noch mit „Erfolgsgarantie", welche den weiten Raum zwischen mir und den anderen mit Verständnis bereichern und wertvolle forscherische Begegnungen ermöglichen können.

Authentisch und selbstverständlich die eigenen Haltungen und Glaubenssätze im „Hier und Jetzt" von Forschungskooperationen zu leben ist die Herausforderung, welche sich mir in jedem Interventionsforschungsprojekt aufs Neue stellt.

Literaturverzeichnis

Bauer, J. (2005): Warum ich fühle, was du fühlst: Intuitive Kommunikation und das Geheimnis der Spiegelneurone. München-Zürich: Heyne.
Deissler, ohne Datum: Kooperative Gesprächsmoderation 1,2. „selbst-reflexive systemische Diskurse" - ein Bouquet von Ideen und Methoden für (Organisations)-Beratung als „sozialer-Konstruktionsprozess".http://www.deissler.org/pdf/koop_moderation.pdf Zugriff am 21.8.2008
Duss-von Werdt, J. (2008): Einführung in die Mediation Heidelberg: Carl-AuerVerlag.
Dürr, H. P. (2008): Auch die Wissenschaft spricht nur in Gleichnissen: Die neue Beziehung zwischen Religion und Naturwissenschaften, Herausgegeben von M. Oesterreicher, 5., Aufl., Freiburg: Herder.
Foerster, H. von (1993): Wissen und Gewissen. Versuch einer Brücke. Frankfurt am Main: Suhrkamp.
Foerster, H. von/Pörksen, B. (2001): Wahrheit ist die Erfindung eines Lügners. Gespräche für Skeptiker. Heidelberg: Carl-Auer-Systeme Verlag.
Foerster, H. von/Broecker, M. (2007): Teil der Welt. Fraktale einer Ethik oder Heinz von Foersters Tanz mit der Welt. 2. korrigierte Auflage. Heidelberg: Carl-Auer-Systeme-Verlag.
Froschauer, U./Lueger, M. (1992): Das Qualitative Interview. Zur Analyse sozialer Systeme. Wien: WUV Universitätsverlag.
Kant, I. (1998): Grundlegung zur Metaphysik der Sitten, S. 73 ff. Digitale Bibliothek Band 2: Philosophie, S. 25000 (vgl. Kant-W Bd. 7, S. 59 ff.).
Kant, I. (1998): Grundlegung zur Metaphysik der Sitten, S. 75 ff. Digitale Bibliothek Band 2: Philosophie, S. 25002 (vgl. Kant-W Bd. 7, S. 61 ff.).

Königswieser, R./Hillebrand, A. (2005): Einführung in die systemische Organisationsberatung. Heidelberg: Carl-Auer-Systeme Verlag.
Maturana, H. R. (1996): Was ist erkennen? München: Piper.
Maturana, H. R./Pörksen, B (2002): Vom Sein zum Tun. Die Ursprünge der Biologie des Erkennens. Heidelberg: Carl-Auer-Systeme.
Robertson, S. I. (2001): Problem Solving. East Sussex: Psychology Press.
Scharmer, C. O (2009): Theorie U. Von der Zukunft her führen. Heidelberg: Carl-Auer Verlag.

Persönliche Bücherliste

Buber, M. (1962): Das Dialogische Prinzip, 8. Aufl. Gerlingen: Schneider GmbH.
Ciompi, L. (2003): Gefühle, Affekte, Affektlogik. Wien: Picus Verlag GmbH.
Duss-von Werth, J. (2005): homo mediator. Geschichte und Menschenbild der Mediation. Stuttgart: Klett-Cotta.
Dürr, H. P. (2010): Geist, Kosmos und Physik. Gedanken über die Einheit des Lebens. Amerang: Crotona Verlag GmbH.
Dürr, H. P./Oesterreicher, M. (2008): Wir erleben mehr als wir begreifen: Quantenphysik und Lebensfragen, 3. Auflage. Freiburg: Herder.
Girtler, R. (2001): Methoden der Feldforschung. Wien, Köln, Weimar: Böhlau UTB.
Goleman, D. (1997): Emotionale Intelligenz. München: Dtv.
Hargens, J. (2003): Systemische Therapie ... und gut. Ein Lehrstück mit Hägar. Dortmund: modernes lernen.
Heintel, P. (2003a): Interventionsforschung. In: Heintel, P./Krainer, L./Paul-Horn, I. (Hrg.): Klagenfurter Beiträge zur Interventionsforschung. Band 2. Klagenfurt: AAU.
Heintel, P. (2003b): Widerspruchsfelder, Systemlogiken und Gruppendialektiken als Ursprung notwendiger Konflikte. Klagenfurt.
Heintel, P. (2005): Zur Grundaxiomatik der Interventionsforschung. In: Heintel, P./Krainer L./Paul-Horn I. (Hrg.): Klagenfurter Beiträge zur Interventionsforschung. Band 1. Klagenfurt: AAU.
Heintel, P. (2006): Thesen zum Thema Gehirnforschung und individuelle Verantwortung. Alpen-Adria-Universität, Klagenfurt.
Hüther, G (2006): Bedienungsanleitung für ein menschliches Gehirn. Göttingen: Vandenhoeck & Ruprecht.
Hüther, G. (2007): Biologie der Angst. Wie aus Streß Gefühle werden. Göttingen: Vandenhoeck & Ruprecht.
Hüther, G./Roth, W./von Brück, M. (Hrg.) (2008): Damit das Denken Sinn bekommt: Spiritualität, Vernunft und Selbsterkenntnis. Mit Texten des Dalai Lama. Freiburg: Herder.
Innauer, T./Seiler, C. (1993): Der kritische Punkt. Mein Weg zum Erfolg. Bad Sauerbrunn: Edition Tau.

Juul, J./Jensen, H. (2005): Vom Gehorsam zur Verantwortung. Weinheim: Beltz.

Kindl-Beilfuß, C. (2008): Fragen können wie Küsse schmecken. Heidelberg: Carl Auer-System-Verlag.

Kornfield, J. (2008): Das weise Herz. Die universellen Prinzipien buddhistischer Psychologie. München: Goldmann.

Maturana, H. R./F. J. Varela (1990): Der Baum der Erkenntnis. Die biologischen Wurzeln des menschlichen Erkennens. München: Scherz.

Piaget, J. (1991): Reinhard Fatke (Herausgeber), Meine Theorien der geistigen Entwicklung. Frankfurt am Main: Fischer Taschenbuch Verlag.

Pietschmann, H. (2002): Eris und Eirene: Anleitung zum Umgang mit Widersprüchen und Konflikten. Wien: Ibera-Verlag.

Radisch, I. (2008): Die Schule der Frauen: Wie wir die Familie neu erfinden. München: Deutsche Verlags-Anstalt.

Roth, G. (2007): Totem. Das Praxisbuch zu den Fünf Rhythmen. Berlin: Ullstein.

Simon, F. B. (1997): Die Kunst, nicht zu lernen. Heidelberg: Carl-Auer-Systeme.

Shazer de, S. (1997): Der Dreh – Überraschende Wendungen und Lösungen in der Kurzzeittherapie. Heidelberg: Carl-Auer-Systeme-Verlag.

Shazer de, S. (1998): Das Spiel mit den Unterschieden – Wie therapeutische Lösungen lösen. Heidelberg: Carl-Auer-Systeme-Verlag.

Schlippe von, A./Schweizer J. (2000): Lehrbuch der systemischen Therapie und Beratung. Göttingen: Vandenhoeck&Ruprecht.

Schmidt, G. (2004): Liebesaffären zwischen Problem und Lösung. Heidelberg: Carl-Auer-Systeme-Verlag.

Watzlawick, P. (2007): Wie wirklich ist die Wirklichkeit? Wahn, Täuschung, Verstehen. München: Piper.

Forschungsmanagement am Institut für Interventionsforschung und Kulturelle Nachhaltigkeit

Ingrid Ringhofer

Wer forscht, der managt zugleich. Jedes Projekt braucht Struktur, Organisation, Steuerung und Verwaltung. Jedes Element des Forschungskreislaufs (s. S. 177) zieht Folgen auf der operativen Ebene nach sich. Mit der zunehmenden Ökonomisierung von Universitäten haben sich, über die projektintern erforderlichen Organisationsaufgaben, zusätzliche ergeben: Zentrale Verwaltungssysteme (SAP), Wissensbilanz etc. Seit dem Jahr 2000 wurden am Institut für Interventionsforschung und Kulturelle Nachhaltigkeit (IKN) 35 Forschungsprojekte durchgeführt und parallel dazu ein fortlaufendes Forschungsmanagement aufgebaut und entsprechendes Know-how erworben.

Wir haben uns entschieden, dieser Seite von Forschung einen eigenen Beitrag zu widmen, weil wir beobachten, dass die Projektverwaltung nicht nur einen großen Zeitaufwand bedeutet, sondern in vielen Dingen auch unverzichtbar ist und einen wichtigen Beitrag zum Erfolg von Forschungsprojekten leistet.

Projektorganisation und Verwaltung sollen nicht zu alles andere dominierenden Fragen und Themen werden, sie sollen die wissenschaftliche Arbeit unterstützen. Um dies gut leisten zu können, ist es sinnvoll, zu Beginn einige Zeit dafür zu investieren, um danach möglichst reibungslose Projektabläufe zu ermöglichen. Dafür ist es wiederum sinnvoll, die für Projektorganisation, -dokumentation und Finanzverwaltung Zuständigen möglichst gut in die Teamarbeit einzubinden und die Kooperation zwischen Wissenschaft und administrativer Verwaltung auf eine gute Basis zu stellen.

Forschungsmanagement ist Projektmanagement

Sehr früh schon haben wir uns mit der Frage befasst, welche Qualifikation für die Durchführung von Projekten erforderlich sei und haben dazu auch einen internationalen Lehrgang für Projektmanagement mit KollegInnen in der

Schweiz durchgeführt. Dort waren wir für das Training Sozialer Kompetenzen verantwortlich, den technischen Part haben hingegen Profis aus der Schweiz übernommen. Um uns selbst auch auf dieser sehr konkreten und umsetzungsorientierten Ebene zu qualifizieren, hat das gesamte Institut eine gemeinsame mehrtägige Weiterbildung durchlaufen und an konkreten Praxisfragen die Welt der PM-Technik ergründet und in weiterer Folge wurde relevante Literatur dazu angeschafft.[336]

Eine zweite Frage, die uns von Anfang an bewegte, war, ob es technische Hilfsmittel gibt, die uns in der Umsetzung unterstützen könnten. Neben der Einzelprojektverwaltung stellte sich die Frage, wie das Institut als Projektorganisation gesteuert werden kann (Projekt-Portfolio-Management), wie etwa Entscheidungen über die Annahme neuer Projekte nicht nur auf Basis inhaltlicher Kriterien erfolgen könnte, sondern auch mit Blick auf Personalressourcen und deren Bindung in Projekten über längere Zeit.

Insofern haben wir uns mit verschiedener Projektmanagement Software beschäftigt, mussten allerdings feststellen, dass diese nicht eins zu eins auf unsere Interventionsforschungsprojekte anwendbar waren, sondern zumeist auf sehr große (technische) Projektvorhaben ausgerichtet waren, in denen Netzwerkpläne ebenso erforderlich sind wie Ablaufplanung von sehr vielen personellen und finanziellen Ressourcen über Jahre hinweg.

Schließlich haben wir (auf Basis einiger Anregungen aus diesen Programmen) eine Projektorganisation und -dokumentation aufgebaut, die von allen ProjektmitarbeiterInnen ohne großen Einschulungsbedarf übernommen werden kann bzw. für jedes Projekt individuell adaptierbar ist.

Von der Projektanfrage zum Interventionsforschungsprojekt: Die Vorlaufzeit

Diese „Vorlaufzeit", die Forschungsprojekte in der Regel beanspruchen, wird häufig unterschätzt. Planung braucht Zeit – und zwar in inhaltlicher, in methodischer und in operativer Hinsicht, abgesehen davon, dass nicht jedes Detail planbar ist und wir das „Unplanbare" in gewisser Weise mitkalkulieren müssen.

Treffen Anfragen für ein Forschungsprojekt am Institut ein, werden diese geprüft und zunächst von einem vorläufigen Forschungsteam bearbeitet. Dieses

---

336 Vgl.: Scheuring 2006; Süß 2004; Heintel/Krainz 2011; Gareis/Stummer 2006; Schelle/Ottmann/Pfeifer 2005; Kuster/Huber/Lippmann/Schmid/Schneider/Witschi/Wüst 2006; Schott/Campana 2005; Jenny 2005.

Team führt die Auftragsverhandlungen, gibt Informationen über Interventionsforschung weiter und schärft den Auftrag, bis ein Angebot gelegt werden kann. Für den Erstkontakt hat es sich bewährt, möglichst viele Unterlagen griffbereit zu haben: Einen Institutsfolder, in dem Arbeitsschwerpunkte und Referenzen nachzulesen sind, Personenbeschreibungen und Hinweise zur Forschungsmethode, die für alle verfügbar auf einem zentralen Server liegen.

Das Fundament jeder Forschung ist das Forschungsinteresse, die forschungsleitende Fragestellung. Das innere Gerüst, das notwendig ist um das Haus zu errichten, die tragenden Wände, sind die adäquaten Forschungsmethoden und das Forschungsdesign. Im Zuge und parallel zur Auftragsklärung wird am Forschungsdesign und der Kalkulation gearbeitet, zumal das Projektvolumen einen Bestandteil der Auftragsklärung darstellt. Zu diesem Zeitpunkt haben wir auch schon eine Vorstellung vom Forschungsteam, welches in der Regel auch immer von externen wissenschaftlichen MitarbeiterInnen unterstützt wird, da wir darauf achten, dass unsere Teams inter- und transdisziplinär zusammengesetzt sind. Die Zusammensetzung der Teams hat Auswirkung auf die Kalkulation, da die verschiedenen Vertragsverhältnisse (z.B. Werkvertrag, Freier Dienstvertrag, Nebentätigkeit, Honorarnote) unterschiedliche Nebenkosten hervorrufen. Häufig kalkulieren wir zwei verschiedene Projektvarianten, die sich hauptsächlich in der Anzahl der Interviews unterscheiden, was allerdings gravierenden Einfluss auf das Gesamtdesign und die Kalkulation zeigt. Mit der Änderung der Interviewzahl ändern sich die zu kalkulierenden Transkriptionen, die Anzahl der erforderlichen Teamsitzungen (Auswertungsklausuren), die Dauer der Auswertungen und eventuell auch die Anzahl der Rückkoppelungen. Während die Durchführung und Transkription einzelner Interviews vergleichsweise geringe Kosten erzeugen, sind die Teamklausuren (d.h. eine größere Anzahl an Interviews bedeutet ein Mehr an individueller Auswertungszeit und gemeinsamen Auswertungssitzungen) und die dafür vorbereitenden Einzelauswertungen mit Abstand der höchste Posten in der Kalkulation, weil diese immer das gesamte Forschungsteam umfassen, wohingegen die Durchführung von Interviews oder Teilnehmenden Beobachtungen in der Regel von einzelnen Teammitgliedern geleistet wird. Neben den Kosten für die Forschung fallen Verwaltungskosten der Universität an, die sich an der Höhe der Projektkosten orientieren.[337]

---

[337] Derzeit sind das 5% Verwaltungskostenbeitrag und 7% Betriebsmittelkostenersatz, wobei Ersterer jedenfalls von der AAU einbehalten wird und Letzterer den Fakultäten zufließt, die damit unterschiedlich verfahren und ihn teilweise wieder den Organisationseinheiten zur Verfügung stellen, bei denen auch die entsprechenden Aufwände

Sobald der Auftrag geklärt ist, verfasst das Forschungsteam ein „Angebot" bzw. einen „Antrag" in dem der Forschungskontext, die forschungsleitende Fragestellung, die Forschungsmethode, das Forschungsdesign und die Kalkulation ausführlich dargestellt werden. Im Falle der Auftragserteilung beginnt parallel zur Konstitutierung des Forschungsteams die formale Projekterfassung an der Alpen-Adria-Universität Klagenfurt (AAU). Neben wissenschaftlichen Fragen stellen sich in der ersten Teamsitzung[338] auch viele operative Fragen, weshalb (zumindest) an diesem ersten Teamtreffen auch die Projektadministration teilnimmt, um die weitere interne Detaillierung des Finanzplans vornehmen zu können. Die Projektverwaltung wird in unseren Forschungsprojekten als eigener Posten kalkuliert.

Einrichtung von Forschungsprojekten der Alpen-Adria-Universität Klagenfurt (AAU)

Alle Forschungsprojektaufträge (Verträge) werden an das „Forschungsservice" (zentrale Verwaltungseinheit der Universität) mit einem Erfassungsformular übermittelt, dem eine Beantragung eines Innenauftrages (für das SAP – Software zur Abwicklung sämtlicher Geschäftsprozesse eines Unternehmens) und die Kalkulation beigefügt sind. Diese Kalkulation stellt die erste Herausforderung dar, denn nun muss das Forschungsdesign in die SAP Logik übersetzt werden. Während wir nach außen Arbeitspakete „verkaufen" (eine bestimmte Anzahl von Interviews, Beobachtungen, sonstigen Leistungen), sind nach innen primär die unterschiedlichen Anstellungsverhältnisse der einzelnen Mitglieder des Forschungsteams relevant (Drittmittelanstellungen, Werkverträge, Freie Dienstverträge, Abrechnung von Nebentätigkeiten etc.), die inkl. Lohnnebenkosten in das Erfassungsformular übertragen werden müssen. Das bedeutet letztlich, in jedem Projekt zwei völlig unterschiedliche Kalkulationslogiken parallel laufen zu lassen. Mit der Zuweisung der Innenauftragsnummer ist das Projekt im zentralen Verwaltungssystem der AAU angelegt.

---

entstehen. In der internen Gebarung wird darüber hinaus ein Personalkostenersatz eingehoben, der zwar den Auftraggeber nicht berührt, die interne Verrechnung aber aufgrund einer zunehmenden Vertragsvielfalt der Bediensteten deutlich verkompliziert.

338 Zur konkreten Vorgehensweis in den Sitzungen siehe dazu den Beitrag von Krainer/Lerchster/Goldmann in diesem Buch.

Das Forschungscockpit

In weiterer Folge wird für jedes Forschungsprojekt ein eigenes „Forschungscockpit"[339] eingerichtet. Dieses Cockpit haben wir über die Jahre entwickelt, um unsere Projekte möglichst umfassend abzubilden, effizient abzuwickeln und allen ProjektmitarbeiterInnen eine gemeinsame Verwaltung zur Verfügung stellen zu können. Daher wird das Cockpit auf einem gemeinsamen Laufwerk des Instituts gespeichert, Änderungen sind allerdings immer mit der Projektadministration zu koordinieren und werden nicht von einzelnen Teammitgliedern durchgeführt.

Die Dokumentation der Forschungsdaten betrifft drei verschiedene Ebenen: Zum Ersten die Verwaltung der erhobenen Forschungsdaten, zum Zweiten die Dokumentation der methodischen Vorgehensweise im Verlauf des Projektes und zum Dritten die individuellen Leistungen der einzelnen Teammitglieder. Was, wie und in welcher Detailliertheit zu protokollieren ist, ist sehr unterschiedlich. Zum einen hängt dies von Vorgaben betreffend die Projektdokumentation und Abrechnung durch GeldgeberInnen ab, zum anderen davon, welche Informationen für die späteren LeserInnen eines Forschungsberichtes zur Verfügung stehen sollen, die selbst nicht oder nur partiell im Forschungsprojekt involviert waren. Jedenfalls empfiehlt es sich, im Forschungsteam darüber Einigkeit zu erzielen, wie innerhalb der Durchführung des konkreten Projektes vorgegangen werden soll bzw. muss und wer für die Sammlung und Zusammenstellung der Daten verantwortlich ist. Das gelingt zumeist nur in Kooperation zwischen Wissenschaft und Verwaltung. Während einige Daten sich von selbst für die Verwaltung ergeben (z.B. die Dokumentation der Interviews aufgrund der direkten Involviertheit in den Prozess der Organisation von Transkriptionen), erreichen Änderungen (z.B. aufgrund von inhaltlich sinnvollen Veränderungen in der methodischen Vorgehensweise) das Forschungsmanagement nur, wenn der Informationsfluss von den Teamsitzungen zur Verwaltung gut funktioniert.

Die folgenden Grunddaten sind im Cockpit, das als Excelsheet verwaltet wird, enthalten:

- *Projektauftrag:* Das erste Mappenblatt beinhaltet alle wichtigen Grunddaten zum Projekt (Auftraggeber, Innenauftragsnummer, Projektleitung, Projektteam, Projektlaufzeit und eine Projektkurzbeschreibung). So können sich al-

---

339 Vgl. Scheuring 2006.

le Institutsmitglieder einen allgemeinen Überblick verschaffen und andererseits stehen die Daten jederzeit für erforderliche Kurzbeschreibungen (z.B. Newsletter, Institutspräsentationen etc.) bereit.

- *Projektrollen:* Das zweite Mappenblatt bildet die Projektrollen ab, d.h. der Auftraggeber, die Projektleitung, das Projektteam, die Administration werden namentlich mit Erreichbarkeit (Telefonnummer, E-Mail-Kontakt) und Zuständigkeiten (Rollen) festgehalten.
- *Projektdokumentation:* In diesem Mappenblatt werden in chronologischer Reihenfolge alle Arbeitsleistungen im Team (Teamsitzungen, Teilnehmende Beobachtungen, Recherchen etc.) laufend eingetragen und gleichzeitig mit den zugehörigen Dokumenten verlinkt (Interviews, Interviewauswertungen, Beobachtungsprotokolle, Dokumente aus der Materialrecherche, Sitzungsprotokolle etc.).
- *Liste mit Kontaktdaten der ForschungspartnerInnen:* Alle (potenziellen) InterviepartnerInnen werden mit Adresse, Telefonnummer und E-Mail Adresse erfasst. Dies stellt ein zentrales Service für die Teammitglieder dar, die die jeweiligen Interview- und Beobachtungstermine individuell mit den PraxispartnerInnen vereinbaren. Diese Liste dient ausschließlich dem internen Gebrauch. Die Recherche zu den einzelnen InterviewpartnerInnen (Firma, Position etc.) wird nach Vereinbarung von der Administration oder einem Teammitglied übernommen.
- *Interviewliste für die Projektdokumentation:* Einen heiklen Schritt stellt die Erfassung und Anonymisierung der bereits durchgeführten Interviews dar. Dazu werden im Mappenblatt die folgenden Positionen erfasst: eine fortlaufende Nummerierung der Interviews (die sich aus den vereinbarten Gesprächsterminen ergibt); eine Kennzeichnung von Einzel- bzw. Gruppeninterviews; die Namen der jeweiligen InterviewpartnerInnen; die Namen der jeweiligen InterviewerInnen aus dem Forschungsteam; die Seitenzahl der Transkription (dient der Verrechnung von Kopierkosten) sowie die Einzelauswertung[340] (die jeweils von einem Teammitglied in schriftlicher Form ausgeführt wird).
- *Anonymisierung der Interviews:* Die Anonymisierung erfolgt in unseren Forschungsberichten in aller Regel durch Verweis auf die Interviewnummer (z.B.: IV 7, S. 3). Daher werden die Interviews auch nach Nummern archiviert.

---

340 Vgl. dazu den Beitrag von Krainer/Lerchster/Goldmann in diesem Buch.

- *Dokumentation und Zeiterfassung:* Diese Tabelle hat einen hohen Stellenwert, insofern sie sowohl der Überprüfung unserer eigenen Kalkulation dient (Kostenwahrheit und internes Projektcontrolling) als auch der Dokumentation von Eigenleistungen, die gegenüber manchen AuftraggeberInnen verpflichtend nachzuweisen sind. Dieser Anteil ist abhängig vom Eigeninteresse des Instituts und von Budgetvorgaben. In der Tabelle wird für alle Forschungsteammitglieder der jeweilige Zeitaufwand in Minuten, geordnet nach Datum protokolliert.
- *Kalkulation:* Last but not least beinhaltet das Cockpit natürlich die vom Auftraggeber akzeptierte Kalkulation. Während die Kalkulation, die mit dem Angebot oder Antrag den GeldgeberInnen übermittelt wird, keine Informationen über die Leistungen der jeweiligen Teammitglieder umfasst, wird für die interne Projektdokumentation die ursprüngliche Kalkulation um Spalten für die jeweiligen ProjektmitarbeiterInnen erweitert und die Budgetposten gleichsam auf die Teammitglieder verteilt, allfällige Budgetumschichtungen werden jeweils mittels einer Plus-Minus-Abgrenzung dargestellt.

Anhand dieser Grunddaten aus dem Cockpit erfolgt in weiterer Folge die Projekterfassung im Forschungsservice bzw. im Rahmen der Forschungsdokumentation (FODOK) der Alpen-Adria-Universität[341] und die Veröffentlichung einer kurzen Projektdarstellung auf der Website des Instituts[342].

Transkription und Dokumentation von Interviews sowie Teilnehmenden Beobachtungen

Für die Übernahmen der vielen Transkriptionen haben wir einen „Transkriptionspool" eingerichtet, dem an Transkriptionsleistungen interessierte Personen (zum Teil langfristig, zum Teil auf Zeit) angehören. In der Regel informieren wir die meist externen KollegInnen über neue Forschungsprojekte und fragen ihre Zeitressourcen für bestimmte Zeiträume ab. Je nach Zumeldungen und vorhandenen Ressourcen erstellen wir dann einen oder mehrere Werkverträge. Neue TranskribentInnen werden am Institut eingeschult und es stehen schriftliche Vorlagen zur Orientierung zur Verfügung. Sofern in sehr kurzer Zeit sehr viele

---

341 Vgl. https://campus.aau.at/fodokng/ctl/uebersicht/org/85.
342 Vgl. http://www.uni-klu.ac.at/iff/ikn/inhalt/1056.htm.

Interviews durchgeführt werden sollen oder müssen, beschäftigen wir in der Regel mehrere TranskribentInnen zur gleichen Zeit innerhalb eines Projektes und über verschiedene Projekte hinweg. Für die Dauer der Transkriptionen haben wir einen Mittelwert von 12 bis 15 Stunden für ein eineinhalbstündiges Interview errechnet.

Die Projektadministration sorgt für die Ausgabe der digitalen Aufnahmegeräte an die Teammitglieder, für den Versand der Interviews an die jeweiligen TranskribentInnen (digital), die anschließende Verteilung der Interviews an die Teammitglieder (je nach Vereinbarung, in ausgedruckter Form oder elektronisch) sowie deren Dokumentation im Cockpit (siehe oben).

Die InterviewerInnen erhalten bei der Ausgabe der Aufnahmegeräte ein Formblatt, welches sie nach Durchführung der Interviews gemeinsam mit dem Aufnahmegerät ausgefüllt retournieren. Dieses Formblatt umfasst die folgenden Daten: Titel des Forschungsprojektes, Datum, Ort und Dauer (des Interviews), Name der InterviewerInnen (IV), Name(n) der InterviewpartnerInnen (IVP), deren Zugehörigkeit (Firma, Organisation), Position, Speicherort am Aufnahmegerät sowie der gewünschte Fertigstellungstermin für die Transkription.

Dieses Formblatt wird gemeinsam mit dem Interview entweder via DownloadServer der Universität oder mittels CD an die TranskribentInnen übermittelt. Dafür werden die folgenden Daten in einer Tabelle erfasst:

- Datum, an dem das Interview in der Administration eingelangt ist (Abgabe durch die InterviewerInnen)
- Datum, an dem das Interview an die TranskribentInnen übermittelt wurde
- der gewünschte Fertigstellungstermin
- der Vertrags- bzw. Abrechnungsmodus, der mit der jeweiligen TranskribentIn vereinbart wurde (Werkvertrag für externe TranskribentInnen, freier Dienstvertrag für Personen, die die Infrastruktur der Universität nutzen. Hier besteht eine Schnittstelle zum Institutssekretariat, das für diese Agenden (Vertragsverwaltung, Anweisung von Honoraren) zuständig ist.

Die Transkription ist unseren Bedürfnissen für die Auswertung und Ergebnisgenerierung angepasst.[343] Sobald die Interviews transkribiert sind, werden diese sowohl in Word, als auch pdf-Datei gespeichert und an alle Teammitglieder elektronisch versendet bzw. kopiert und verteilt. Die Interviews werden entwe-

---

[343] Vgl. dazu den Beitrag von Krainer/Lerchster/Goldmann in diesem Buch.

der von allen Teammitgliedern gelesen und ausgewertet oder bei sehr großen Projekten mit einer großen Interviewanzahl wird das Interview zumindest von einem anderen Teammitglied gelesen und ausgewertet. Die Auswertungen werden aber jedenfalls von allen Teammitgliedern gelesen.

Die Archivierung erfolgt in der Projektadministration inzwischen nur mehr digital, dies spart Platz und Kopierkosten, es werden allerdings regelmäßige Sicherungen und Backups durchgeführt und am Ende eines Forschungsprojektes werden alle Daten digital auf einer externen Festplatte und einer CD archiviert.

Für die Durchführung von Interviews konnten im Rahmen eines Feedbackverfahrens – zu dem wir alle TranskribentInnen eingeladen haben – wertvolle Hinweise zur Qualitätsverbesserung von Interviews gewonnen werden, die sowohl gerätetechnische, als auch fragetechnische Aspekte umfassen und von den Wissenschaftlern gerne angenommen wurden. So sollte z.B. das Aufnahmegerät mittig am Tisch auf einer weichen Unterlage platziert werden, um evtl. Vibrationen der Tischplatte aufzufangen. Das Team sollte laut, deutlich, nicht zu schnell und nicht zu sehr im Dialekt, sprechen. Wichtig ist auch, dass darauf geachtet wird, nacheinander zu sprechen und Nebengeräusche (wie z.B. Wasser einschenken, Kaffee mit dem Löffel umrühren, offenes Fenster, Husten, Sesselrücken) zu vermeiden. Ein weiterer Hinweis kam aus der Feedbackrunde, ein lautlos geschaltetes Handy verursacht Störgeräusche im Aufnahmegerät, die für die TranskribentIn einerseits sehr unangenehm sind und andererseits dadurch Lücken in der Transkription entstehen lassen, da die Aufnahme nicht verständlich ist. Zitat: „Denken sie daran – das Ohr liegt auf der Tischplatte!"

Die Protokolle von den Teilnehmenden Beobachtungen werden in der Regel von dem/der Beobachter/in selbst verfasst und sie enthalten meist auch eine Skizze vom Setting vor Ort. Die Protokolle werden ebenfalls in der Projektdokumentation erfasst.

Koordination, Betreuung und Dokumentation von Teamsitzungen und Rückkoppelungen

Aus administrativer Sicht ergeben sich für die Organisation von Teamsitzungen die folgenden Aufgabenstellungen: Die Organisation bzw. Reservierung eines Sitzungszimmers, die Vorbereitung von Sitzungsunterlagen und gegebenenfalls deren Versand im Vorfeld, Unterstützung in der Koordination von allfälligen Anreisen externer Teammitglieder und Reservierungen von Unterkünften sowie die Organisation von Verpflegung, die bei ganztägigen Teamsitzungen notwendig ist. Im Anschluss an die Sitzungen werden Flipchart- und Beschlussprotokolle erstellt und wiederum versandt.

Rückkoppelungsveranstaltungen finden häufig an externen Orten statt. Jedenfalls ist für sie immer – manchmal in Kooperation mit den ForschungspartnerInnen – ein geeigneter Raum zu organisieren, sind Einladungen an die ForschungspartnerInnen und AuftraggeberInnen zu versenden und in aller Regel (je nachdem, für welches Setting sich das ForscherInnenteam entscheidet), sind technisches Equipment, Namenskarten, Präsentationsunterlagen etc. zu organisieren bzw. vorzubereiten. Rückkoppelungen werden in unterschiedlicher Form dokumentiert und dementsprechend werden in der Projektverwaltung unterschiedliche Protokolle erstellt (Flip-Chartprotokoll, Fotoprotokoll) bzw. versandt.

Erstellung von Forschungsberichten und Publikationen

Eine lückenlose Dokumentation ist eine wichtige Basis für die erfolgreiche Erstellung von Endberichten und letztlich auch für wissenschaftliche Publikationen. In allen Projekten (vor allem aber in längeren, mehrjährigen Forschungsprojekten ist das von Relevanz) lässt sich der Forschungsprozess an Hand der Projektdokumentation gut nachvollziehen (vor allem dann, wenn einiges davon bereits in Vergessenheit geraten ist). An der Erstellung des Forschungsberichtes wirken in der Regel alle Teammitglieder mit, die sich die zu behandelnden Themen untereinander aufteilen. Für die Administration fallen in dieser Phase folgende Aufgaben an: Überwachung des Terminmanagements, Textlektorat, Berichtslayout, Aviso und Bestellung in der Kopierzentrale, Berichtsversand. Für die Durchführung des Lektorats wird am Institut eine Lektorin beschäftigt, die weit mehr leistet als ein reines Korrektorat. Der Forschungsbericht geht in der Regel an AuftraggeberInnen und ForschungspartnerInnen, alle Mitglieder des Forschungsteams und mindestens ein Exemplar liegt im Institutsarchiv auf. Vereinzelt wird der Forschungsbericht, sofern vom Auftraggeber freigegeben, auf der Website des Instituts publiziert.[344]

---

344 Vgl. etwa: http://www.uni-klu.ac.at/iff/ikn/inhalt/1126.htm.

Rollen und Schnittstellen im Forschungsmanagement

Ähnlich wie für den wissenschaftlichen Bereich ausgeführt, lassen sich auch für das Forschungsmanagement die wichtigsten Aufgaben der einzelnen AkteurInnen kurz zusammenfassen:

- *Institutsvorstand bzw. Institutsvorständin:* unterstützt das Forschungsprojekt nach außen, verhandelt Kostensätze nach innen, ist für den Gesamtüberblick über die Projekte hinweg verantwortlich, leistet „Begleitung" und Unterstützung für NachwuchswissenschaftlerInnen.
- *Wissenschaftliche Projektleitung:* übernimmt die inhaltliche Gesamtverantwortung, die Auftragsklärung, Angebotserstellung, Projekteinreichung an der AAU in Zusammenarbeit mit Projektadministration, wird durch den Rektor bzw. die Rektorin der Universität offiziell eingesetzt (Verlautbarung im Mitteilungsblatt, Zeichnungsberechtigung), sorgt für die Teamzusammenstellung, definiert Aufgabendefinition und Verteilung, unterzeichnet Verträge mit ProjektmitarbeiterInnen, steuert den Projektverlauf und arbeitet eng mit Administration in Organisation und Finanzgebarung zusammen.
- *Projektkoordination:* übernimmt gelegentlich in Kooperation mit der wissenschaftlichen Projektleitung oder auch selbständig die folgenden Aufgaben: Auftragsklärung, Angebotserstellung, Projekteinreichung an der AAU in Zusammenarbeit mit Projektadministration, Koordination der Aufgabenverteilung im Forschungsteam, enge Zusammenarbeit mit der Administration in Organisation und Finanzgebarung.
- *Projektadministration:* übernimmt die allgemeine Büroorganisation (von der Projekterfassung, Dokumentation bis zur Projektabrechnung), die Verwaltung des zentralen Institutslaufwerks (Cockpit, Protokolle, interne/externe Kommunikation, Dokumentation aller Forschungsdaten), Verwaltung der Verträge, Kontrolle der Abrechnungen, Projekterfassung in der Forschungsdokumentation (FODOK) der AAU, Darstellung des Forschungsprojektes auf der Instituts-Homepage, Weiterleitung relevanter Projektinformationen an Informationsorgane der Universität (z.B. Fakultäts-Newsletter etc.), Erfassung des Forschungsprojektes in der Institutsprojektübersicht (Projekt-Portfolio-Management), stellt die Schnittstelle zum Institutssekretariat, der Institutsleitung sowie der zentralen Verwaltung der AAU dar, sorgt für die Finanzabwicklung (SAP Kontrolle, Rechnungen erstellen, Eingangsrechnungen vorerfassen, Finanzkontrolle anhand des Forschungsdesigns, SAP

Meldungen für die AAU Bilanz am Jahresende, Endabrechnung und SAP Abschluss).
- *Zentrales Institutssekretariat:* Nachdem dieses Sekretariat für die Gesamtverwaltung des Instituts verantwortlich und damit ausgelastet ist, übernimmt es in Forschungsprojekten nur sehr spezifische Aufgaben wie: Vertragserstellung und Überwachung (Reisetätigkeit, Reiserechnungen, Freistellungen), Schnittstelle zur zentralen Verwaltung der AAU in ihren Zuständigkeitsbereichen.

Abschließend sei das erforderliche Schnittstellenmanagement noch einmal besonders hervorgehoben, das für das Gelingen von Forschungsprojekten von besonderer Bedeutung ist. Es betrifft die Schnittstelle zwischen Wissenschaft und Verwaltung und innerhalb der Verwaltung zwischen Projektverwaltung, Institutssekretariat und der zentralen Verwaltung der Universität. An der Einrichtung und Durchführung von Forschungsprojekten sind an der Universität Klagenfurt die folgenden zentralen Verwaltungseinheiten beteiligt:

Das Forschungsservice der Universität Klagenfurt überprüft die Verträge mit dem Auftraggeber, ist in Kooperation mit der Fachabteilung Controlling zuständig für die Erfassung des Projektes an der Universität. Meldungen über Anstellungen aus Forschungsprojekten (Diensterfindungen) werden im Forschungsservice in Kooperation mit dem Controlling auf ihre Bedeckbarkeit überprüft und danach nehmen die Meldungen ihren Lauf über die Rechtsabteilung, Personalabteilung bis hin zur Auszahlung, damit ist wiederum die Buchhaltung befasst. Die Fachabteilung Controlling richtet den Innenauftrag für die Projekte ein, bucht die Verwaltungs-, Betriebsmittel- und Personalkostensätze sowie die Projektverzinsungen und ist von der Projektadministration über Änderungen in der Projektkalkulation spätestens zum Jahresende für die Schlussbilanz der Universität zu informieren. Ebenfalls werden im Controlling die Projektlaufzeiten verwaltet, d.h. Projektverlängerungen, Projektabschlüsse sind von der Projektadministration zu melden. Die Rechtsabteilung prüft und archiviert alle Verträge. Die Personalabteilung unterstützt die Projektadministration bereits bei der Kalkulation von Forschungsprojekten und berechnet die diversen Anstellungsverhältnisse. Darüber hinaus ist sie für alle Reiseangelegenheiten und Personalabrechnungen zuständig. Wie bereits erwähnt, erfasst die Buchhaltung alle Ein- und Ausgangsrechnungen und Personalabrechnungen via SAP, liest die Kontoauszüge ein und berechnet die Abfuhr von Gebühren und Steuern. Die Bibliothek der Universität ist im Rahmen von Recherchen eingebunden. Last but not least ist auch noch die hauseigene Kopierzentrale eingebunden, die für die Vervielfältigung des Forschungs- bzw. Endberichtes zuständig ist.

Einige der Aufgaben, die in Forschungsprojekten relevant sind, werden am Institut zentral erledigt (z.B. die Erstellung von Verträgen aller Art). Das hat zum einen den Vorteil, dass eine Person am Institut den Überblick über alle Verträge des Instituts bewahrt und diese Person zum anderen die einzige bzw. immer gleich bleibende Ansprechperson für die zuständigen Stellen der zentralen Universitätsverwaltung ist (Rechtsabteilung, Personalabteilung, Quästur) und es dient auch der Professionalisierung und Qualifizierung der entsprechenden Person (Schulungsbedarf bei neuen Richtlinien etc.). Um dem hohen und komplexen Bedarf an Schnittstellenmanagement gerecht zu werden, muss sich das Institut entlang einer Matrixorganisation bewegen.

In Anbetracht obiger Ausführungen lässt sich abschließend formulieren: Forschung braucht Organisation, Organisation braucht breite Kooperation. Forschungsmanagement an Universitäten ist im Wesentlichen Schnittstellenmanagement. Die zunehmende Verkomplizierung im Bereich der universitären Verwaltung erschwert die Durchführung von Forschungsprojekten in zunehmendem Ausmaß und erzeugt – bei gleichzeitigen Budgetkürzungen – zudem permanenten Schulungsbedarf und das, obwohl an der Universität Klagenfurt die Kooperation zwischen den Verwaltungseinheiten hervorragend funktioniert.

Literaturverzeichnis

Gareis, R./Stummer, M. (2006): Prozesse&Projekte. Wien: Manz Verlag.

Heintel, P./Krainz, E. E. (2011): Projektmanagement. Hierarchiekrise, Systemabwehr, Komplexitätsbewältigung. 5. Auflage. Wiesbaden: Gabler Verlag.

Jenny, B. (2005): Das Wissen für eine erfolgreiche Karriere, Projektmanagement. Zürich: Hochschulverlag AG an der ETH.

Kuster, J./Huber E./Lippmann, R./Schmid, A./Schneider, E./Witschi, U./Wüst, R. (2006): Handbuch Projektmanagement. Heidelberg: Springer Verlag.

Projektmanagement Fachmann, Band 1 und 2 (2003), Eschborn: RKW Verlag.

Schelle, H./Ottmann, R./Pfeifer, A. (Hrg.) (2005): ProjektManager. Nürnberg: Deutsche Gesellschaft für Projektmanagement e.V. Verlag.

Scheuring, H. (2006): Der www-Schlüssel zum Projektmanagement. Zürich: Verlag Industrielle Organisation.

Schott, E./Campana, C. (Hrg.) (2005): Strategisches Projektmanagement. Heidelberg: Springer Verlag.

Süß, G. M. (2004): Praxishandbuch Methoden und Techniken im Projektmanagement, Band 1. Innovatives Projektmanagement, Band 2. Praxissoftware Projektmanagement. Kiessing: Weka Verlag.

TEIL III
Außenperspektiven

Interventionsforschung im Kontext der Kärntner Wirtschaftsförderung

Erhard Juritsch

Einleitende Anmerkung

Mit diesem Artikel versuche ich ein Institutionenthema und ein Lebensthema der, von Peter Heintel liebevoll als Universaldilettanten bezeichneten Menschen begreifbar zu machen und zu zeigen, wie Theorie (Elfenbeinturm, hohe Wissenschaft) und Praxis (Geschichten, Unwissenschaftlichkeit) den Beteiligten an Forschungsprojekten konkret bei der Umsetzung ihrer Maßnahmen zugutekommen.

Wirtschafsförderung ist für wirtschaftspolitisch interessierte Menschen ein emotional aufgeladenes Thema. Viele Steuerzahlerinnen und Steuerzahler fühlen sich berufen ihre Meinung darüber kundzutun. Konkurrenten am inter-nationalen Markt gehören zu erbitterten Gegnern von Wirtschaftsförderung, genauso wie Politiker von Kommunen, die sich benachteiligt fühlen, gleichauf mit Globalisierungskritikern, die jene Konzerne kritisieren, welche keine Steuern zahlen jedoch die Fördermittel „abzocken" und all jene, die der Meinung sind, dass mit Förderungen nur die „maroden" Unternehmen über Wasser gehalten werden. Zu den Förderungsgegnern gehören letztlich alle, die über „die da oben", die sich alles richten, schimpfen und auch Wissenschaftler, welche der „unsichtbaren Hand", nämlich dem Markt alles zutrauen sowie (Wirtschafts-)Politiker, welche dieser Theorie Glauben schenken. Man darf diese Positionen nicht einfach vom Tisch wischen, denn in all diesen Kritiken stecken Wahrheiten. Und vieles hat mit dem Förderprodukt zu tun.

Daher befasst sich dieser Artikel auch mit der Dominanz des Förderproduktes „Geld" und den schwierigen Versuchen, auch Wissensvermittlung als Förderung zu sehen.

Des Weiteren werden die überzogenen Erwartungshaltungen verschiedener Interessengruppen bezüglich ihrer Wirksamkeit beschrieben und Vergleiche angestellt, was Förderungen in der Marktwirtschaft leisten können.

Das mit Bürokratie assoziierte Antragsprinzip in Bezug auf Förderungsentscheidungen widerspricht bei vielen Themenstellungen der Wirtschaftsentwicklung einer modernen Förderorganisation und hier konnten mit Forschungsprojekten des Instituts für Interventionsforschung und Kulturelle Nachhaltigkeit (IKN) neue Zugänge geschaffen und Erkenntnisse gewonnen werden.

Eine Wirtschaftsförderungsorganisation muss sowohl für Kritik als auch für Fragen der zukünftigen Wirtschaftsentwicklung Antworten parat haben. Der Kärntner Wirtschaftsförderungs Fonds (KWF) versucht durch Sachlichkeit und Expertise seine, gesetzlich gestellten, Aufgaben im Rahmen der vorhandenen Landes- und EU-Mittel, zu erfüllen.

Wissenschaft und Wirtschaftsförderung

Wissenschaften und Interessengruppen haben oft übertriebene Erwartungshaltungen gegenüber der Wirtschaftsförderung und ihrer nachhaltigen Wirkung. In der Volkswirtschaftslehre werden Aufgaben der Wirtschaftsförderung definiert, wie beispielsweise Schaffung von Arbeitsplätzen oder Stimulierung von Forschung und Entwicklung. Doch gleichzeitig wird die Lehre der sich selbst regulierenden Marktwirtschaft vertreten, was die bestehenden Grenzen verdeutlicht: Eingriff in Konkurrenzverhältnisse, Verletzung der Budgetdisziplin der Gebietskörperschaften und das alles mit einer aufwändigen Bürokratie. Die exekutive und legislative Wirtschaftspolitik sieht Wirtschaftsförderung sowohl als aktives Steuerungsinstrument als auch als Mittel zur Wählerstimmenmaximierung. Unternehmen möchten – betriebswirtschaftlich optimierend – Risiken „sozialisieren", seien es Finanzierungs-, Investitions-, Forschungsrisiken bzw. Risiken bei der Sanierung des *eigenen* Unternehmens.

Doch kaum eine Wissenschaft beschäftigt sich mit den Beteiligten und Betroffenen an Wirtschaftsförderungsaufgaben und -projekten.

1993 wurde die Wirtschaftsförderung in Kärnten aus der Landesverwaltung ausgegliedert und der KWF auf Basis eines Landesgesetzes eingerichtet. „Dieses Gesetz hat die Ziele, die Wirtschaft in Kärnten zu fördern und eine wachstumsfördernde, beschäftigungsschaffende sowie ökologisch verträgliche Wirtschaftsentwicklung zu sichern, die regionale Wertschöpfung anzuheben, die Wettbewerbsfähigkeit der Kärntner Wirtschaft und eine ausgewogene regionale Entwicklung zu verbessern."[345] Aus diesen Zielen und den im Gesetz aufgeliste-

---

345 Kärntner Wirtschaftsförderungsgesetz, § 1: Ziele des Gesetzes.

ten Aufgaben werden die Förderungsrichtlinien und -programme abgeleitet, der Landesregierung zur Beschlussfassung und den Behörden in Brüssel zur Genehmigung vorgelegt. Sie bilden die Rechtsgrundlage für die zu fördernden Zielgruppen.

Förderung durch Geld und Wissenstransfer

„Produzierende Unternehmen, in manchen Gegenden auch Tourismusunternehmen, sind die wichtigsten Akteure ländlich geprägter regionaler Ökonomien. Förderungen für diese Unternehmen werden überwiegend für Investitionen, Innovationen und Arbeitsplätze vergeben."[346]

Darüber hinaus versucht der KWF als unabhängige Einrichtung zur Wirtschaftsförderung in Kärnten [...] mit innovativen Förderprogrammen – *über* die Vergabe von monetären Zuwendungen hinaus die Unternehmen auch mit Wissen zu unterstützen. Dabei geht der KWF von der Hypothese aus, dass die Bedingungen für die Attraktivität Kärntens als Lebens- und Wirtschaftsstandort langfristig nur von den Menschen in unserem Bundesland gestaltet werden können, wofür Organisationen und/oder Prozesse zur Ausarbeitung regionaler Strategien benötigt werden. „Regionalentwicklung und Regionalmanagement [sind dann erfolgreich], wenn sich Prozesse so organisieren lassen, dass sie die Interessen unterschiedlicher Gruppen miteinander verbinden. [Es] stimmen Unternehmensinteressen, Landesinteressen und Regionalpolitik zwar in Bezug auf das Ziel – es soll uns allen besser gehen – überein, die Vorstellungen davon, wie dieses Ziel erreicht werden soll, gehen jedoch weit auseinander. Dies zeigt sich spätestens dann, wenn Prioritäten gesetzt werden sollen oder festgelegt werden soll, wie viel Zeit und Geld die jeweilige Interessens- oder politische Gruppe in die Umsetzung der gemeinsamen Ziele zu investieren sich verpflichtet."[347]

---

http://www.kwf.at/downloads/deutsch/Rechtsgrundlagen/KWFG.pdf (2.8.2011)
346 Juritsch 2011, S. 24.
http://www.kwf.at/downloads/deutsch/Unternehmensbroschueren/KWF_Unternehmensbroschuere_03.pdf (15.5.2011).
347 Ebd., S. 12 (15.5.2011).

Exkurs: Was sollen und können Förderungen in der Marktwirtschaft leisten?

Die Wissenschaft, insbesondere die universitäre Ausbildung in der Wirtschaftstheorie geht davon aus, dass Förderungen (meistens Subventionen genannt) die Marktwirtschaft stören und daher bestenfalls und streng kontrolliert dort einzusetzen wären, wo „Marktversagen" auftritt. Die wichtigsten Felder anerkannten Marktversagens sind Bildung, Forschung und Entwicklung, Infrastruktur und Umwelt sowie wirtschaftlich benachteiligte Regionen und Nachteile von Gründern und KMU (Kleine und Mittlere Unternehmen). Da diese Themenfelder jedoch für eine gesamtwirtschaftlich dynamische Entwicklung von großer Bedeutung sind, wird über ein System von Beihilfen versucht in diese Schwächen der Marktwirtschaft mit Förderungen zu intervenieren. Die theoretische Wirtschaftspolitik hat für diese Interventionen weitere Ratschläge bereit. Es sollen keine Mitnahmeeffekte durch Förderungen ausgelöst werden, das heißt, alles was der Markt gesellschafts- und wirtschaftspolitisch zufriedenstellend regelt soll nicht gefördert werden (Subsidiarität). Soweit die theoretische Wirtschaftspolitik. Wie sieht es nun in der Praxis aus? Alle Regierenden stellen vehement wahlzyklenorientierte Förderungsprogramme und Budgets in Abrede. Auch „Klientelpolitik" kommt in der politischen Praxis, wenn man Politiker danach fragt, so gut wie nie vor – eher ist da heuchelnd von „Wertfreiheit" die Rede. Veränderungen oder gar die Abschaffung von „altgedienten" Förderungen führen zu scharfen Protesten. Man hätte nichts gegen neue Förderungen, aber die alten müssen bleiben. Das gilt im Übrigen überall, sei es in der Landwirtschaft, im Wohnbau, beim Bausparen oder bei Kultur- und Sozialprogrammen.

Wenn es um große Beträge geht, welche die regionalen Budgets sehr belasten, werden starke Worte in den Mund genommen. Von „Standortkrieg" ist die Rede. Wenn Demokratien um die Gunst der Investoren buhlen, um die höhere Anziehungskraft für das Kapital, profitiert davon nicht der Standort, sondern es gewinnt oft nur eine Minderheit."[348] Bezeichnend sind diese Worte eines Bürgermeisters und er führt weiter aus: „Also ich habe da eine sehr zwiespältige Ansicht dazu. Einerseits ist es ganz einfach durch diesen Wert des Arbeitsplatzes generell, weil er ganz einfach die Basis für alles ist. [...] Durch diese Attraktivität, die Firmen ausstrahlen, und auch dann letztlich, weil ja jeder Bürgermeister gewählt wird, jeder glaubt, es erhöht extrem seine Wahlchancen, wenn noch eine weitere Halle dasteht. Leider Gottes hat dadurch ein unglaublicher Wettlauf eingesetzt, der rational gar nicht nachzuvollziehen ist, unter den angrenzenden

---

[348] Juritsch 2011, S. 388.

Gemeinden. Das halte ich für den puren Wahnsinn."[349] Nicht der nach objektiven Kriterien (Arbeitskräftepotential, Markt, Bildungseinrichtungen usw.) beste Platz in Europa ist entscheidend für die Investition, sondern jener mit der höchsten Förderung – Grund für Aussagen wie vorhin.

Diese kurze Gegenüberstellung von Aufgaben der Wirtschaftsförderung, theoretischer Wirtschaftspolitik und (ausgewählten) Abweichungen in der Praxis zeigt eines auf: Eine operativ autonome Wirtschaftsförderungsorganisation muss unter den gegebenen Budgetrestriktionen Antworten auf die oben angeführten Widersprüche finden, will sie nicht abgeschafft werden *bevor* sie ihre Aufgaben erfolgreich erledigen kann.

Das Antragsprinzip

An Förderungen werden in Europa viele Anforderungen geknüpft, trotzdem gelten sie als verstaubt und einer modernen Wirtschaftsentwicklung im Wege stehend. In Kärnten konnten sie viele an sie gestellte Aufgaben bisher nicht erfüllen, wie z.B. den Ausgleich von Disparitäten im Einkommen, die doppelte Abwanderung, nämlich die aus ländlichen Regionen und die aus Kärnten, den Umbau der Tourismusbetriebe auf die Anforderungen des internationalisierten Tourismus. Doch mit dem Schwerpunkt Technologiefonds, welcher sowohl einzelbetriebliche F&E (Forschung und Entwicklung) als auch überbetriebliche Forschung bis hin zu universitären und außeruniversitären Forschungseinrichtungen gefördert hat, haben sie m.A. nach zum allgemeinen Strukturwandel einen hervorragenden Beitrag geleistet. Dieser Strukturwandel wird immer wieder von der Industriellenvereinigung betont. Wenn es aber mit der Hauptstoßrichtung der Wirtschaftsförderungen weitergeht wie bisher, gelten sie bald nur mehr als verlängerter Arm betriebswirtschaftlicher Optimierungsversuche in der Marktwirtschaft. Doch im Zuge von OECD-Feststellungen sind wichtige neue Aufgaben dazugekommen. Beispiele sind interregionale und transnationale Projekte und die erhöhte Unterstützung von Bildung, Forschung und Innovationen.

Das Festhalten an alten Gewohnheiten und die ausufernde Hinwendung zu Neuem „zerreißt" förmlich Organisationen wie den KWF. Durch unser Projektportfolio wissen wir, dass das Wissen und die Umsetzungskompetenz in internationalisierten Unternehmen jenen Unternehmen, die nur den heimischen

---

349 Juritsch 2011, S. 388.

Markt bearbeiten, um Jahre voraus sind. Und die „Schere" zwischen wenigen Unternehmen, die sich wirtschaftlich ausgezeichnet entwickeln und vielen, die nicht einmal in die Steuerpflicht kommen, geht immer weiter auseinander und weist auch auf die sozialen Probleme der Selbständigkeit hin. Doch der Wissenstransfer zwischen den internationalisierten Unternehmen und jenen, die am Inlandmarkt tätig sind, funktioniert nicht von selbst. Und geförderter und organisierter Wissensaustausch findet nur sehr schwer beteiligte Entscheidungsträger. Damit die Qualität der Projekte des Förderportfolios angehoben wird, ist Wissensaustausch zu organisieren.

Ein wirtschaftlich gesundes Unternehmen mit einem rentablen Geschäft hat die notwendigen Voraussetzungen für geförderte Projekte, aber erst wenn es *über* seine Kernkompetenzen hinaus volkswirtschaftliche Aufgaben erfüllt, ist es förderungswürdig. Dazu zählen Innovationen, qualifizierte Arbeitsplätze, Internationalisierung, positive wirtschaftliche Ausstrahlung auf die Region, Vernetzung, Vorreiter in Energienutzung, Einhaltung der Umweltstandards usw.

Diese Themen im Vorfeld von Projekten tiefer gehend zu bearbeiten, wird durch die Antragslogik oft verhindert. Diese bremst Innovationen in den Förderthemen. Budgets und das Erfordernis der (strengen) Beurteilung stehen im Widerspruch zu Wissenstransfer und Beratung, wie ein Projekt strukturiert werden soll. „Beton und Maschinen" dominieren. Sie sind als Investition in traditionellem Sinn leichter beurteilbar. Dem Misstrauen, dass Steuergeld richtig eingesetzt wurde ist leichter zu begegnen, jedoch wird dadurch nicht automatisch Vertrauen aufgebaut. Die Antragslogik provoziert unternehmerische und bankseitige Vorentscheidungen und dadurch kollektive strategische Irrtümer durch Betriebsblindheit der zu diesem Zeitpunkt bereits wirtschaftlich Involvierten. Mit der Schaffung und Erhaltung vieler Arbeitsplätze wird die „volkswirtschaftliche Seele" beruhigt und freudestrahlend der strategische Irrtum überlagert. Die Anzahl der Arbeitsplätze ist emotional so hoch angesiedelt, dass damit die strategischen Fehler verdeckt werden. Die Rolle der Förderorganisation als nicht involvierte Dritte (neben Unternehmen und Bank) wird strategisch nicht genützt. Klischeehaft werden in Fördereinrichtungen Bremser, Bürokraten und Verhinderer vermutet.

Unternehmen in Kärnten

Die Unternehmenslandschaft in Kärnten wird von KMU dominiert. Also ist es Aufgabe der Wirtschaftsförderung die unternehmerische Energie in den KMU zu stimulieren. Viele dynamische KMU sind das Ziel. Die folgende Grafik[350] soll aufzeigen, wie über Prozesse (und Projekte) ein genügend großes Portfolio dynamischer KMU in einer von unterdurchschnittlicher Dynamik geprägten Region entstehen kann.

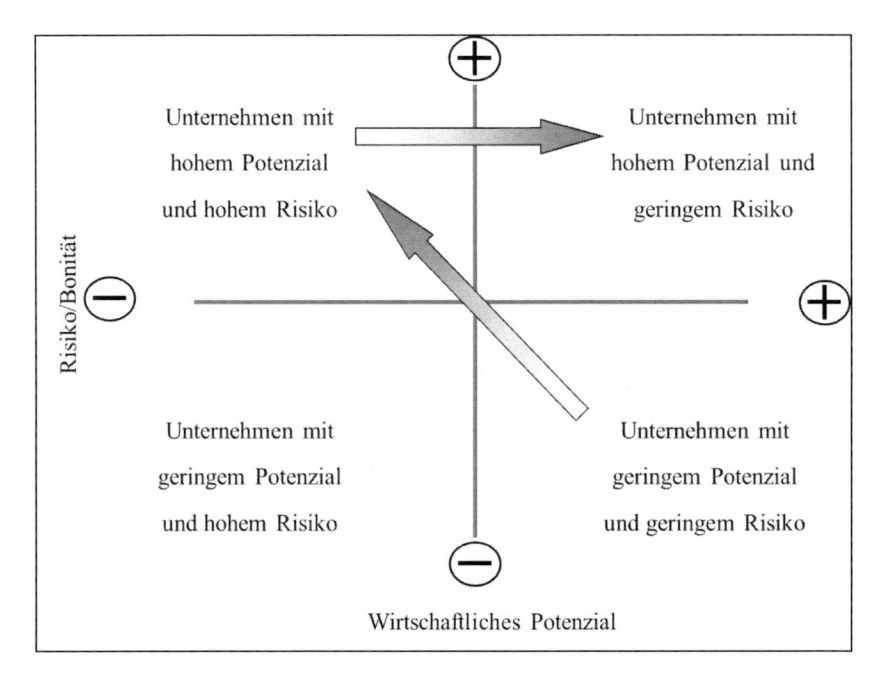

```
                            ⊕
                            |
    Unternehmen mit         |     Unternehmen mit
    hohem Potenzial    ====>|     hohem Potenzial und
    und hohem Risiko        |     geringem Risiko
                            |
 Risiko/Bonität             |
    ⊖───────────────────────┼───────────────────────── ⊕
                            |
                          ↗ |
                        ↗   |
    Unternehmen mit         |     Unternehmen mit
    geringem Potenzial      |     geringem Potenzial
    und hohem Risiko        |     und geringem Risiko
                            ⊖
                    Wirtschaftliches Potenzial
```

Grafik: Unternehmensbroschüre des Kärntner Wirtschaftsförderungs Fonds, Klagenfurt 2011, Band 1, S. 16.

Im KMU entscheidet meistens eine Person über die Strategie des Unternehmens. Doch auch wenn mehrere entscheiden, ein KMU ist ein Ensemble mit sehr individueller Strategie, Struktur und Kultur. Es hat eine eigene Sicht auf Themen wie Produkt, Markt, Innovation und die Einflüsse der Globalisierung auf das eigene Unternehmen.

---

[350] http://www.kwf.at/downloads/deutsch/Unternehmensbroschueren/KWF_Unternehmensbroschuere_01.pdf (28.7.2011).

Die Revolution der Geschäftsmodelle, die überragende Bedeutung der Strategie und gleichzeitig ihre Kurzlebigkeit, die Bedeutung von Innovation und Export für das wirtschaftliche Überleben, all das fordert die Entscheidungsträger. Als Reaktion macht man sich „klein", es wird vermittelt, dass die Rentabilitätskennzahlen im KMU nicht jene Bedeutung haben, wie dies bei börsennotierten Unternehmen der Fall ist. Zu diesem Verhalten ist anzumerken, dass betriebswirtschaftliche Daten noch immer ein Geheimnis darstellen und Unternehmen sehr resistent in Bezug auf deren Herausgabe sind und sich keinem Benchmark stellen wollen. Doch die meisten sind gerne Unternehmerinnen bzw. Unternehmer. Im Hinblick auf Unternehmer sein und bleiben wird oft angeführt, dass es das „Wichtigste sei ein unabhängiges Unternehmen zu haben, welches vom Haupteigentümer gestaltet wird. [Dabei wird] langfristiges, beharrliches und gewinnorientiertes Wachstum in Unabhängigkeit als Hauptziel angeben."[351] Damit ergibt sich aber die Möglichkeit, individuelle Geschichten zu aggregieren und kollektiv bearbeitbar zu machen. Es müssen eigentlich nur zwei Voraussetzungen erfüllt sein: Einigung der Entscheidungsträger auf die gemeinsamen Themenstellungen und ihre persönliche Teilnahme bei deren Bearbeitung.

Interventionsforschung – Wirtschaft – Wirtschaftsförderung

Für die Erarbeitung von Lösungsansätzen in Bezug auf die oben ausgeführte(n) Ausgangslage(n), bot sich dem KWF die Interventionsforschung an.

Unternehmerinnen und Unternehmer, welche sich innerhalb der globalen Ökonomie wirtschaftlich erfolgreich behaupten, vereinen viele Rollen und Skills in sich. Entscheidungsträger, Führungskraft, Finanzmanager, kommunikationsversiert, organisierend und moderierend sollen sie sein, um aus Problemlagen heraus Lösungen zu erörtern und sie im Unternehmen umzusetzen. Dazu finden wir in den wirtschaftlichen und technischen Forschungsdisziplinen Antworten. Konfrontiert mit dieser Situation tappt man leicht in die Falle vorgefertigter Modelle mit der Frage nach einem bestimmten bzw. sogar der Vorgabe eines bestimmten Modells. In diesem Zusammenhang „wird oft nur von Analyse – dem Zergliedern des zu untersuchenden Gegenstandes in seine Teile – gesprochen. Einen Sachverhalt zu verstehen erfordert jedoch primär die Synthese, das Verknüpfen und Zusammenfassen der Teile, etwa der Erkenntnisse, die analy-

---

351 Juritsch 2011, S. 395.

tisch gewonnen wurden, zu einem Ganzen."[352] Diesem Grundsatz trägt die Interventionsforschung Rechnung. Mithilfe der Unternehmergeschichten werden im Rahmen der offenen Interviews Themen aufgeschlossen, womit die Verbindung zur Wissenschaft gegeben ist. Mit der Methode des offenen Interviews entsteht eine authentische Auseinandersetzung mit den Problemen und damit ein direkter Zusammenhang zwischen Mensch und Thema. Für den KWF ist es dadurch möglich, dass er in einem vertretbaren Zeitraum die bestmöglichen Zugänge aus der unternehmerischen Praxis erhält. So können Innovationen in der Wirtschaftsförderung entstehen.

Umfeld der Forschungsprojekte des IKN[353]

Die weltweite Dominanz von Finanzen, Wirtschaft und Technik mit ihren Auswirkungen auf Regionen und Familienbetriebe in Kärnten, welche überwiegend KMU sind, bilden den wirtschafts- und gesellschaftspolitischen Hintergrund. Dieser ist oft Auslöser für vielschichtige Probleme: krampfhaftes Festhalten an Bestehendem, Besitzstandsdenken, Ruf nach Bedarfsorientierung, Schuldzuweisungen verschiedenster Art. Die Interventionsforschungsprojekte fanden in diesem Spannungsfeld statt. Die Themen der einzelnen Forschungsprojekte wurden aus den Aufgabenstellungen der Wirtschaftsförderung abgeleitet. Und es wurden Fragestellungen gewählt, die sowohl betrieblich, meistens aber überbetrieblich/regional interessant sind. Hier stellte sich eine Dialektik heraus, die aus einzelbetrieblichen Problemstellungen resultiert, welche jedoch in Bezug auf das zu erforschende Thema verallgemeinernd für viele Betriebe und damit auch für die Wissenschaft interessant sind. Beispielsweise werfen der Umgang mit dem Strategiebegriff in der Praxis eines KMU oder die wesentlichen Punkte einer Betriebsübergabe – bei aller Individualität der Problemstellung – sehr viele Parallelen auf.[354]

Der Hauptaspekt und der Gewinn aus den Interventionsforschungsprojekten lag im Organisieren des Projekts: Die vermutete zentrale Themenstellung,

---

352 Schwaninger 2004, S. 59.
353 Zu den meisten Forschungsprojekten des IKN mit dem KWF finden Sie Kurzbeschreibungen unter folgendem Link: http://www.uni-klu.ac.at/iff/ikn/inhalt/1056.htm (3.6.2011).
354 Vgl. Lerchster 2011.

die Akquisition von Beteiligten/Betroffenen und der typische Projektablauf mit Interviews, Auswertung und Rückkoppelungsworkshop.
Damit wurde uns eine „Draufsicht" auf zukünftig relevante Themenstellungen ermöglicht. Wir konnten aber auch besser verstehen, warum in bestimmten Bereichen kein oder nur sehr wenig Fortschritt möglich ist. Daraus lässt sich ableiten, dass „Hilfe zur Selbsthilfe" mit der Förderlogik in Einklang zu bringen wäre. Für die Umsetzung braucht man auf beiden Seiten Vertrauen und Offenheit für den Wissensaustausch – das Förderprodukt Geld rückt in den Hintergrund – eine Herausforderung, sowohl für die Förderungsexpertinnen und -experten im KWF als auch für die Anträge stellenden Unternehmen.

Projektauswahl

Die vollständige Beschreibung aller Forschungsprojekte mit dem IKN muss aus Platzgründen unterbleiben. Auf die Projekte wird in Links verwiesen. Die Projektauswahl soll neugierig machen, weil m.A. nach Fortschritt in der Interventionsforschung von Projekten lebt.

Projekt: Unternehmensnachfolge

Sehr viele Unternehmen (in Kärnten 3.000) stehen vor der Notwendigkeit eine Betriebsübergabe zu organisieren. Diese Aufgabe gestaltet sich zäh und schwierig. Statistiken, die auf die Problemlage hinweisen nützen gar nichts.
Im Rahmen eines Förderprojekts zur Bearbeitung der verschiedenen Problemstellungen zum Thema Unternehmensnachfolge im Tourismus wurde ein Begleitforschungsprojekt beauftragt. Die Begleitforscherin hat die Familienmitglieder aus neun Familienbetrieben während der Workshops und der Einzelcoachings beobachtet und ihre Beobachtungen verschriftlicht. Sie hat dabei nicht nur die Probleme der Unternehmensnachfolge im Tourismus analysiert, sondern viele Erkenntnisse über die Rolle des KWF in der Kärntner Tourismusszene herausgefunden. So wird bei dem Nachfolgeprojekt das unbürokratische (sic!) Vorgehen gelobt, das aktiv auf die Unternehmer/innen Zugehen in Bezug auf das Projekt, aber auch dass das Antragstellen sonst „keine Gaude" ist und eher einem „Striptease" gleicht.[355] Diese Sicht gegenüber dem KWF konnte also trotz

---

355 Vgl. Lerchster 2011, S. 128.

hoher Förderungen für die Tourismuswirtschaft in Kärnten noch nicht abgebaut werden.[356] Es bleibt das Muster, nur soviel über das Unternehmen zu berichten, was für die (monetäre) Förderung erforderlich ist. Sich durch Wissenstransfer unterstützen zu lassen wird nicht als Förderung gesehen.

Projekt: Wissens-, Entscheidungsmanagementprozesse und Strategieentwicklung im KMU[357]

Wissens- und Entscheidungsmanagement sowie Strategieprozesse sind im KMU nicht leicht zu identifizieren. Viele Unternehmerinnen und Unternehmer können aus den Beschreibungen von Strategie in wissenschaftlichen Publikationen keine Anleitung finden, wie Strategie in ihrem Unternehmen praktisch umgesetzt werden soll. Das Interventionsforschungs-Projekt (IFO-Projekt) versuchte mit Interviews den Unterschiedlichkeiten von Theorie und Praxis näher zu kommen und es wurden auf Basis der gewonnenen Erkenntnisse zwei Umsetzungsprojekte mit jeweils 7 – 12 Entscheidungsträgern organisiert. Die Akquisitionsarbeit für das Zustandekommen der jeweiligen Gruppe war trotz hoher Förderintensität (über 70% der Kosten wurden öffentlich finanziert) schwierig. Doch die Teilnehmerinnen und Teilnehmer waren nach Abschluss des jeweiligen Projekts sehr begeistert. Das Phänomen, dass es (vorher) schwierig ist, Entscheidungsträger für so ein interessantes Projekt als Teilnehmer zu gewinnen und jene, die daran teilgenommen haben (nachher) sehr begeistert waren, wäre für den nachhaltigen Erfolg der Interventionsforschung weiter zu untersuchen.

Projekt: Investitionen (Betriebsansiedlungen) in Kärnten

Nach dem Niedergang von Bergbau und dem Beschäftigungsabbau in der Landwirtschaft, ist es der Politik in den 1970er Jahren mit dem Argument von Lohnkostenvorteilen gelungen, einige Betriebe erfolgreich anzusiedeln. Dieses Argument gilt natürlich heute nicht mehr. Weil aber Betriebsansiedlungen für die Dynamik einer regionalen Ökonomie wichtig sind, wurde versucht, im Rah-

---

356 Die Tourismuswirtschaft trägt direkt ca. 7% zum Regionalprodukt bei. Ihr Anteil am Förderungsbudget des KWF beträgt ca. 33%.
357 IFF -Abteilung für Weiterbildung und systemische Interventionsforschung 2005.

men einer Motivforschung herauszufinden, warum *heute* Unternehmer in Kärnten investieren?[358]

Das IFO-Projekt „Investitionen in Kärnten" brachte neue Erkenntnisse über die Investitionsmotive hervor. Es fiel auf, dass überwiegend emotionale Aspekte eine Rolle spielten und es häufig dann gelingt: „Wenn Ehefrauen heimatverbunden sind …"[359] Eine Betriebsansiedlungsagentur kann also Unternehmer über ihre emotionalen Motive zu (Investitions-)Entscheidungen für einen neuen Lebens- und Wirtschaftsstandort bewegen. Folgte man diesem Ergebnis könnte man sich aufwändige Standortwerbung sparen. Eine Kombination aus emotionaler Verbundenheit und standortstrategischer Bedeutung wäre nahezu der ideale Zugang mit wenigen Streuverlusten.

Ergänzend zu den für viele KMU bedeutenden, aber eher betrieblichen Problemstellungen, gab es für den KWF immer wieder Fragestellungen zum sehr umfangreichen Themenfeld Rahmenbedingungen/Regionalwirtschaft mit dem Schwerpunkt der Wirtschafts- und Technologieentwicklung in Kärnten.

Drei Projekte zur regionalwirtschaftlichen Entwicklung

Anhand mehrerer Projekte, die im Einzelnen nicht beschrieben werden können, wurden mit Hilfe von Interventionsforschungsprojekten die Bedingungen und Möglichkeiten von Investitionsprojekten als Schlüsselprojekte regionaler Entwicklung herausgefunden.

In Bad Bleiberg wurde versucht, den Transformationsprozess von einer Bergbaugemeinde in eine Tourismusgemeinde und die dabei entstehenden Schwierigkeiten zu beleuchten. Die Hypothesen und Hintergrundannahmen wurden an die Teilnehmer/innen des Interventionsforschungsprojekts rückgekoppelt. 12 Jahre nach dem Start des Projektes kann festgestellt werden, dass es zwar gelungen ist zwei touristische Leitbetriebe anzusiedeln, die Übernachtungsstatistik um fast 200% zu erhöhen und über 100 Arbeitsplätze zu schaffen (20% der örtlichen Arbeitsplätze), dass aber das Herzstück – eine neue Therme zu errichten nach wie vor auf erfolgreiche Umsetzung wartet.

In Heiligenblut waren die Probleme und das Nichtzustandekommen von Hotelinvestitionen das zentrale Thema. Hier hat sich herausgestellt, dass tief sitzende Konflikte und die historischen Interventionen von außen (Glockner-

---

358 Heintel/Krainer/Lerchster/Ukowitz 2007.
359 Ebd., S. 28.

Hochalpenstraße, Kaprun Stauseen usw.) bei neuen Projekten eine wesentliche Rolle für deren Verhinderung spielen. Eine Erkenntnis, die nicht vordergründig sichtbar wird.

Im Lavanttal wurde ein Regionalentwicklungsprozess gestartet, der mit den Methoden der Interventionsforschung wissenschaftlich begleitet wurde und in vielen Feldern (Bildung, Innovation, Infrastruktur usw.) zu Umsetzungsmaßnahmen geführt hat. Der Prozess wurde in einem Buch und einer Broschüre dokumentiert.[360]

Projekte im Umfeld der Alpen-Adria-Universität und des Lakesideparks

Die Errichtung des Lakesideparks, eines Wissenschafts- und Technologieparks in unmittelbarer Nachbarschaft der Alpen-Adria-Universität Klagenfurt, wird als über die Landesgrenzen hinaus sichtbare Intervention in die Kärntner Wissenschafts- und Arbeitswelt wahrgenommen. Im Zuge dieses Projekts wurde der technische Fachbereich an der Universität ausgebaut, die Fakultät für technische Wissenschaften gegründet und mit den Lakeside Labs ein außeruniversitäres Forschungsprojekt initiiert. Die „Projektlandschaft", welche innerhalb eines Jahrzehnts mit einem Budget von ca. 80 Mio. € umgesetzt wurde, war Hintergrund für die Beauftragung mehrerer Interventionsforschungsprojekte.

Projekt: Studienwahl

Europa ist mit einer rapid abnehmenden Zahl von Studierenden in naturwissenschaftlich-technischen Disziplinen konfrontiert. Dies bedroht die Wettbewerbsfähigkeit des Wirtschaftsstandorts. Ein Interventionsforschungsprojekt ging den Motiven bei der Studienwahl von Schülerinnen und Schülern nach und hat am Beispiel der Informatik versucht, die Ursachen für die mangelnde Attraktivität dieser Studienrichtung(en) herauszufinden. Um (negative) Klischees über Nerds[361] abzubauen wurde festgehalten, dass die direkten Kontakte zwischen

---

360 Groß/Strohmeier/Ukowitz 2009.
361 „Nerd" […] (Langweiler, Sonderling, Streber, Außenseiter, Fachidiot) ist ein gesellschaftliches Stereotyp, das für besonders in Computer oder andere Bereiche aus Wissenschaft und Technik vertiefte Menschen steht. […]Am häufigsten sind Computerfreaks gemeint. http://de.wikipedia.org/wiki/Nerd (6.6.2011).

den Lehrenden an der Universität und den künftigen Studierenden am ehesten geeignet sind, sich über Berufsbilder auszutauschen. Die Ergebnisse dieser Forschung wurden der neu gegründeten Fakultät für technische Wissenschaften zur Verfügung gestellt.

Projekt: Selbstorganisierende Systeme Inter- und Transdisziplinär (SO.I.T)

Die Forschung an naturwissenschaftlich/technischen Grundlagen und technischen Erfindungen wird mit den höchsten Dotierungen in den Forschungsbudgets ausgestattet.

Im Zusammenhang mit dem vorangegangenen Punkt (mangelnder Nachwuchs in den technischen Wissenschaften) stellte sich die Frage: Können andere Fakultäten und Disziplinen der Alpen-Adria-Universität Klagenfurt Beiträge zum technischen Fortschritt leisten? Daraus entstanden die Projekte SO.I.T. 1 und 2, deren Ergebnis ein umfassendes „Querschnittsprojekt" für den weiteren Ausbau der Universität ist. Das Projekt hat zusammen mit dem Schwerpunkt der Lakeside Labs[362], welcher sich mit den technischen Fragestellungen von selbstorganisierenden Systemen beschäftigt, das Potenzial, die internationale Sichtbarkeit des Forschungsstandorts Klagenfurt deutlich zu erhöhen. Das Management der Universität konnte sich bis heute (Jänner 2012) noch zu keinen Umsetzungsmaßnahmen durchringen.

Projekt: Kooperationen bzw. eine gemeinsame Strategie der Unternehmen im Lakesidepark

Der Lakesidepark selbst ist zwar beschäftigungspolitisch ein Erfolgsmodell (ca. 1.000 Beschäftigte in 5 Jahren, davon mehr als die Hälfte Neueinstellungen). [363] Die Zusammenarbeit der Unternehmen und eine gemeinsame Strategie sind dennoch nicht absehbar. Warum? Es eröffnete die Frage, ob eine klare Ausrichtung der Geschäftsfelder in Bezug auf gewünschte Mieter die Kooperation nicht eher behindert als fördert, obwohl die Ausrichtung von den Mietern sehr positiv und identitätsstiftend gewertet wird.

---

362 http://www.lakeside-labs.com/ s. auch SOMA I.T.
http://www.uni-klu.ac.at/iff/ikn/inhalt/1552.htm (22.7.2011).
363 http://www.lakeside-scitec.com/unternehmen-im-park/unternehmen-im-park/ (2.6.2011).

Lessons learned, Kritik und Verbesserungswünsche

Die Interventionsforschung hat dem KWF viele überraschende Erkenntnisse gebracht. Die Grenzen langfristigen Nutzens der Interventionsforschung in Bezug auf den Themenkomplex Wirtschaftsförderung und -entwicklung liegen, wie in vielen Sozialforschungsprojekten, in der Bereitschaft der Akteure über einen längeren Zeitraum mitzuarbeiten. Daran mangelt es hin und wieder und es stellt sich die Frage, ob dies ein Kärntner Phänomen ist?

Reine Forschungsprojekte

Die spürbare Begeisterung der Anfangsphase eines Projektes konnte nicht in Umsetzungsenergie übertragen werden. Das zeigte sich bei der Anzahl der TeilnehmerInnen an den Rückkoppelungsworkshops und bei den Schwierigkeiten, dafür einen passenden Termin zu finden. Vielleicht hilft hier verstärkter laufender Informationsfluss. Dieses Muster zeigt sich bei allen Projekten, was mich zu folgender Vermutung bringt: Eine unmittelbare Betroffenheit wird zu mehr Engagement und zu größerer Bereitschaft zur Mitwirkung führen. Man entscheidet sich eher für oder gegen ein unmittelbar anstehendes (drohendes) Projekt als für die Bearbeitung einer bereits lang andauernden regionalen Lähmung.

Forschungsprojekte mit Umsetzungsintentionen

Bei Projekten, wo bereits im Forschungsprozess ein Umsetzungsprozess integriert wurde, ergab sich die erste Schwierigkeit schon in der Akquisitionsphase, d.h. genügend Betroffene/Beteiligte zu finden. Dies war bei den Projekten Unternehmensnachfolge und das Wissens- und Entscheidungsmanagement im KMU zu beobachten.

Waren die Teilnehmenden endlich gefunden, gab es bereits zu Projektbeginn eine hohe Bereitschaft zur Mitarbeit und die Teilnehmenden blieben bei großer Zufriedenheit bis zum Ende dabei.

Für den KWF war dies Grund genug, diese Projekte wiederholt anzubieten. Der Projektverlauf war wiederum derselbe: Schwierigkeiten Teilnehmende zu finden ...

Interviews und deren Auswertung

Die Form der offenen Interviews und deren Auswertung hat uns als Auftraggeber immer wieder Raum für Spekulationen geboten. Zusammengefasst kann ich von Irritationen in der „Robustheit" der Aussagen sprechen. Sind es pointiert formulierte Einzelmeinungen, die gut auszuwerten sind oder handelt es sich um verbreitete Ansichten? Beides wird vorgekommen sein. Sind es von den Interviewenden als wichtig angeführte Punkte oder wurden sie nur beiläufig eingestreut? Die zugesicherte Anonymität hat in dem Zusammenhang Vor- und Nachteile. Auch in der Methode, offen zu interviewen, also keinen Fragebogen vorzugeben, liegt der unschätzbare Vorteil, ein breites Antwortspektrum zu erhalten beim gleichzeitigen Nachteil, die Antworten nur schwer in Abstufungen in Bezug auf ihre allgemeine Bedeutung einordnen zu können.

Kosten der Interventionsforschung

Die Kosten der Interventionsforschung sind hoch. Es gibt aufgrund des methodisch bedingten Aufwands auch keine nennenswerten Kostendegressionen bei Erhöhung der Anzahl der Teilnehmer/innen. Durch die hohen Kosten sind öffentliche Einrichtungen dem Druck ausgesetzt, günstigere Alternativen zu beauftragen.

Zusammenfassende Gedanken

Wirtschaftsförderung braucht Managementkompetenz bei Widersprüchen. Die Interventionsforschung organisiert partizipative Entwicklungs- und Entscheidungsprozesse. Die offenen Interviews mit der Zusicherung auf Wahrung der Anonymität bringen im ausgewerteten Zustand Motive und Hintergründe von Widersprüchen an die Oberfläche. Die Entscheidungen müssen die antragstellenden Unternehmen bzw. die Förderorganisationen selbst treffen. Durch die IFO-Projekte wurde Vertrauen aufgebaut. Von diesem Vertrauensaufbau profitierte der KWF. Dies ist bedeutend, weil dem KWF von den Unternehmen einerseits (nur) die monetäre Abwicklungskompetenz zugeschrieben wird – die Entscheidungskompetenz liegt in der Wahrnehmung vieler AntragstellerInnen nach wie vor bei „der Politik", andererseits wird mit dem KWF eine streng kontrollierende Rolle verbunden.

Wirtschaftsförderung ist zumindest seit dem Ende des Zweiten Weltkriegs (Marshall-Plan) sehr traditionsbehaftet. „Beton und Maschinen" bilden nach wie vor die wesentlichen Fördertatbestände. Wissens- und Entscheidungsmanagement, Technologietransfer und Internationalisierung sind neue Anforderungen an Förderagenturen. Das sehen auch Wirtschaftstreibende so – die bestehen jedoch auf den alten Ansätzen. Das weit verbreitete und gesetzlich vorgeschriebene Antragsprinzip, wie auch die Einschränkungen durch das Recht, im öffentlichen Bereich Aufträge frei zu vergeben, bremst Veränderungen zusätzlich.

Projekte mit dem IKN waren für uns und auch für das IKN ein Gewinn. In der Wirtschaft heißt das dann „win – win". Das IKN braucht immer wieder Projekte, um eine ausreichende Forschungsdynamik zu erzielen, neue Forschungsfelder zu identifizieren, aus Scheitern zu lernen.

Als abschließende Empfehlung kann ich nur betonen, dass Forschungstage oder Workshops mit Interessierten die beste Werbung für die Interventionsforschung sind. Hier wird es auf die Form des Ansprechens potenzieller Projektpartner ankommen. Dass diese Veranstaltungen gleichzeitig Marketing, wie auch Verstehen der Grundaxiomatik der Interventionsforschung beinhalten sollen, sei ergänzt. Provokant gemeint ist meine Empfehlung einfache Produkte unter dem Aspekt des „Schnupperns" anzubieten. Auch Beratungsempfehlungen für die Umsetzung sind geboten bis hin zu Beratungsleistungen (vielleicht gemeinsam mit anderen Unternehmen/Institutionen). Dies, um die Beteiligten/Betroffenen an der Interventionsforschung bei der Projektrealisierung nicht alleine zu lassen – damit sie das durch das Projekt aufgebaute Vertrauen für Umsetzungsenergie gut nutzen.

Literaturverzeichnis

Groß, H. P./Strohmeier, G./Ukowitz, M. (2009): Zukunftsgestaltung als Prozess. Kulturell nachhaltige Wirtschafts- und Lebensraumgestaltung am Beispiel des Kärntner Lavanttales. München: Oekom.

Heintel, P./Krainer, L./Lerchster, R./Ukowitz, M. (2007): Investitionen in Kärnten. Ein Ergebnisbericht. IFF-Abteilung für Weiterbildung und systemische Interventionsforschung. Klagenfurt: Alpen-Adria-Universität.

IFF-Abteilung für Weiterbildung und systemische Interventionsforschung (2005): Wissen und Entscheiden, Informieren und Dokumentieren, Steuern, Führen und Kooperieren (Abschlussbericht). Klagenfurt: Alpen-Adria-Universität.

Juritsch, E. (2011): Internationalisierungsentscheidungen von kleinen und mittleren Unternehmen. Bedingungen und Möglichkeiten internationaler Unternehmensentwicklung. Wien: Springer Verlag.

Juritsch, E. (2011): Unternehmensbroschüre des Kärntner Wirtschaftsförderungs Fonds. Klagenfurt: Band 3.

Kärntner Wirtschaftsförderungsgesetz - Gesetz über die Förderung der Wirtschaft in Kärnten (Kärntner Wirtschaftsförderungsgesetz - K-WFG) StF: LGBl Nr 6/1993, letzte Änderung LGBl Nr 7/2008.

Lerchster, R. E. (2011): Von Lebenswerken und blutenden Herzen. Die Übergabe in Familienunternehmen der Tourismusbranche. Heidelberg: Carl Auer Verlag.

Schwaninger, M. (2004): Was ist ein Modell? In: Dubs, R./Euler, D./Rüegg-Stürm, J./Wyss,Ch. E. (Hrg.): Einführung in die Managementlehre, Bd. 1, Bern: Haupt, S. 59.

Internetquellen

http://www.kwf.at/downloads/deutsch/Rechtsgrundlagen/KWFG.pdf

http://www.kwf.at/downloads/deutsch/Unternehmensbroschueren/KWF_Unternehmensbroschuere_03.pdf

http://www.lakeside-labs.com/

http://www.lakeside-scitec.com/unternehmen-im-park/unternehmen-im-park/

http://www.uni-klu.ac.at/iff/ikn/inhalt/1552.htm

Interventionsforschung in der Konfliktbehandlung.
Ein Erfahrungsbericht aus dem Dialogforum Flughafen Wien

Wolfgang Hesina

Vorwort

Der vorliegende Buchbeitrag geht, abgeleitet aus einer kurzen Darstellung der Ausgangsituation im Dialogforum zum Jahreswechsel 2009/2010 und der zu diesem Zeitpunkt vorhandenen Rahmenbedingungen, zuerst auf die Beauftragungsmotive des Auftraggebers und seine Erwartungshaltung hinsichtlich möglicher Effekte des Interventionsforschungsprojekts „Interventionsforschung und Evaluation Dialogforum Flughafen Wien" ein. Im nächsten Schritt werden die konkreten Erfahrungen aus dem Projekt und insbesondere die Auswirkungen des Interventionsforschungsprojektes auf den mediationsorientierten Kommunikations- und Konfliktlösungsprozess dargestellt, der durch das Dialogforum im Zusammenhang mit der von der Flughafen Wien AG zur Umweltverträglichkeitsprüfung eingereichten 3. Piste für den Flughafen Wien gesteuert und umgesetzt wird. Der Buchbeitrag endet mit persönlichen Anmerkungen des Auftraggebers zum wissenschaftlichen Design des Interventionsforschungsprojekts und zur Relevanz derartiger Projekte im Bereich von großen Infrastrukturprojekten mit volkswirtschaftlicher und globaler Bedeutung, die aus der Sicht des Autors ausnahmslos den Grundwiderspruch der Interessen von Ökonomie und Ökologie quasi „automatisch" eingebaut haben. Institutionen wie das Dialogforum Flughafen Wien versuchen zum Wohl unserer Gesellschaft mit den daraus resultierenden „natürlichen" Konflikten in einer Zeit umzugehen, in der unsere Informations- und Wissensgesellschaft inflationär Informationen, Daten, Fakten, Erfahrungen und Meinungen zur Verfügung stellt, die Einfluss auf den Interessenausgleich von Ökonomie und Ökologie und damit auch auf die Konfliktlösungsansätze und -strategien haben, die für Bevölkerung und Wirtschaft gleichermaßen positive Effekte generieren können.

Der Buchbeitrag erhebt nicht den Anspruch, eine wissenschaftliche Analyse der Effekte und Einsatzmöglichkeiten von Interventionsforschungsprojekten zu liefern. Vielmehr sind die Ausführungen als Werkstattbericht aus einem konkreten Interventionsforschungsprojekt zu verstehen, der darstellen soll, wie es mir als Auftraggeber des Projekts mit den Auswirkungen „so gegangen ist" und welche Effekte ich bei den Mitgliedern des Dialogforums und in Bezug auf den gesamten Kommunikations- und Konfliktlösungsprozess, den alle Mitglieder des Dialogforums gemeinsam durchlaufen, erkannt zu haben glaube.

Zur Entstehung des Dialogforums Flughafen Wien

Zum besseren Verständnis der weiteren Ausführungen müssen einleitend einige Basisinformationen über das Dialogforum Flughafen Wien und seine Entstehung dargestellt werden.

Die Vorgeschichte des Dialogforums beginnt schon im Jahr 1998, in dem erstmals Vorstände der Flughafen Wien AG (FWAG) öffentlich festgestellt haben, dass der Flughafen Wien aus Kapazitätsbedarfsgründen in den Spitzenstunden eine dritte Piste plant und mit der Bevölkerung darüber sprechen möchte. Die Reaktion der Anrainergemeinden und der Flughafenregion folgte rasch in Form einer klaren und unmissverständlichen Ablehnung des Pistenprojekts mit der Begründung, dass die damaligen Lärm- und Umweltbelastungen aus dem Flugbetrieb bereits unerträglich hoch seien. In weiterer Folge beauftragte die FWAG verschiedene Vorbereitungsmaßnahmen für ein Mediationsverfahren.

Das Mediationsverfahren am Flughafen Wien-Schwechat

Nach intensiven Vorgesprächen zwischen FWAG, den Anrainergemeinden und Bürgerinitiativen konnte am 1. März 2000 die „Vereinbarung über das Mediationsverfahren Flughafen Wien" unterzeichnet werden. Damit wurde der Grundwiderspruch Ökonomie und Ökologie zum Verfahrensgegenstand erhoben, hatten sich die Verfahrensparteien doch schon damals mit der Festlegung des Verfahrensgegenstands darauf verständigt, sowohl das Thema „3. Piste" als auch das Thema „aktuelle Auswirkungen des 2-Pisten-Systems auf Menschen und Umwelt" zu behandeln. Dort heißt es: „Gegenstand des Mediationsverfahrens sind die gegenwärtigen Auswirkungen des Flughafens Wien sowie dessen wesentliche umweltrelevanten Projekte und Ausbauvorhaben."[364]

---

364 Vereinbarung über das Mediationsverfahren Flughafen Wien 2000, S. 3.

In der Mediationsvereinbarung wurde darüber hinaus festgelegt, dass das Verfahren wissenschaftlich begleitet wird und die WissenschaftlerInnen den Parteien laufend über ihre Arbeitsergebnisse berichten.[365]

Mit der Unterzeichnung der Mediationsvereinbarung am 1. März 2000 starteten die Verhandlungen des größten jemals in Europa, wahrscheinlich sogar weltweit durchgeführten Mediationsverfahrens. Am Anfang des Verfahrens galt es jenseits von konkreten Lösungsoptionen primär eine gemeinsame Gesprächs- und Vertrauensbasis zu schaffen. Ein erster Erfolg wurde erzielt, indem man sich 2002 darauf einigen konnte, welche Themen jenseits der Verhandlung von Maßnahmen gegen die aktuellen Flugverkehrsbelastungen im Zusammenhang mit der geplanten 3. Piste zu besprechen sind.

Der Teilvertrag

Mit der Unterzeichnung des Teilvertrags „Aktuelle Maßnahmen"[366] am 27. Mai 2003 wurde ein erstes konkretes Verhandlungsergebnis erzielt. Die Parteien einigten sich im Teilvertrag auf ein Bündel von Maßnahmen gegen Flugverkehrsbelastungen. Die Flugverkehrswirtschaft ist damit das Risiko eingegangen, ohne zum Thema 3. Piste konkrete Verhandlungsergebnisse erzielt zu haben, erste Zugeständnisse zur Verringerung der Belastungen durch den Flugverkehr zu machen.

Der Teilvertrag stärkte aber das wechselseitige Vertrauen so weit, dass in weiterer Folge das Thema „3. Piste und mögliche Auswirkungen" im Detail weiter behandelt werden konnte.

Im Mai 2005 wurde das Mediationsverfahren Flughafen Wien nach rund fünfjähriger Laufzeit mit der Unterzeichnung des Mediationsvertrags[367] – einer zivilrechtlich verbindlichen und einklagbaren Vereinbarung – erfolgreich abgeschlossen. Der Mediationsvertrag enthält neben der Einigung auf eine konkrete Pistenlage, eine Nachtflugregelung und ein konkretes Lärmschutzprogramm u.a. auch Prozessvereinbarungen und Festlegungen, wie in Zukunft das Thema „3. Piste" weiter zu verhandeln sein und wie das Projekt im Rahmen der Umwelt-

---

365 Vgl. Vereinbarung über das Mediationsverfahren Flughafen Wien 2000, S.14.
366 Vgl. Teilvertrag „Aktuelle Maßnahmen" 2003.
367 Vgl. Allgemeiner Mediationsvertrag 2005.

verträglichkeitsprüfung (UVP) bei der zuständigen Behörde seitens der FWAG vertragskonform eingereicht werden würde.

Gleichzeitig mit dem Mediationsvertrag wurden auch die Statuten[368] für den gemeinnützigen, nicht auf Gewinn gerichteten „Verein Dialogforum Flughafen Wien" festgelegt und mit dem „Leistungsvertrag – Umweltfonds Flughafen Wien AG"[369] auch gleichzeitig die Basis für die Einrichtung des ebenfalls vereinbarten Umweltfonds zur Förderung einer nachhaltigen Entwicklung der Region rund um den Flughafen Wien geschaffen. Ferner wurde in einem Kooperationsvertrag[370] die Zusage der FWAG für die Finanzierung des Dialogforums festgehalten.

Von Beginn an wurde das Mediationsverfahren durch ein Forschungsteam des heutigen Instituts für Interventionsforschung und Kulturelle Nachhaltigkeit wissenschaftlich begleitet, der Abschlussbericht der Begleitforschung wurde im September 2005 veröffentlicht[371].

Der Verein Dialogforum Flughafen Wien – ein Ergebnis des Mediationsverfahrens

Die Vereinsgründung erfolgte Mitte 2005 nach Abschluss des Mediationsverfahrens. Es wurde unmittelbar mit den Vorarbeiten begonnen, damit der Verein so rasch wie möglich seine Arbeiten aufnehmen und die ihm zugedachten Funktionen erfüllen kann. Die konstituierende Sitzung des Vereins hat am 18. Jänner 2006 stattgefunden.

Der Verein ist somit ein unmittelbares Ergebnis des Mediationsverfahrens Flughafen Wien, weil die Anrainergemeinden und die Bürgerinitiativen massiv darauf gedrängt haben, den Kommunikations- und Verhandlungsprozess aus dem Mediationsverfahren fortzusetzen und sie sich letztlich mit ihrer Forderung durchsetzen konnten. Dementsprechend bilden die Gründungsmitglieder des Dialogforums einen repräsentativen Querschnitt der Parteien ab, die schon im Mediationsverfahren Flughafen Wien verhandelt haben. Die vollständige Finanzierung des Vereins erfolgt gemäß Kooperationsvertrag durch die FWAG.

Gründungsmitglieder des Vereins sind die zehn Anrainergemeinden des Flughafens, die Länder Wien, Niederösterreich und Burgenland, die ARGE der

---

368 Statuten Verein Dialogforum Flughafen Wien 2005.
369 Leistungsvertrag Umweltfonds – Flughafen Wien AG 2005.
370 Kooperationsvertrag Verein Dialogforum Flughafen Wien – Flughafen Wien AG (2005). Schwechat.
371 Falk/Heintel/Krainer (Hrg.) 2006.

Bürgerinitiativen und Siedlervereine um den Flughafen Wien („ARGE gegen Fluglärm"), einem Zusammenschluss von fünfzehn (heute sechzehn) Bürgerinitiativen sowie die Flugverkehrswirtschaft, vertreten durch die FWAG, die Austrian Airlines AG (AUA) und die Austro Control (ACG).

Der Vereinszweck des Dialogforums ist lt. Statuten „*Die Behandlung und Diskussion von Themen und Konflikten, die im Zusammenhang mit dem Fluggeschehen auf und rund um den Flughafen Wien sowie der Umsetzung der in der Abschlussvereinbarung des Mediationsverfahrens viemediation.at festgehaltenen Vereinbarungen entstehen*"[372]. Das Dialogforum hat dabei „*... für geeignete Kommunikationsprozesse zu sorgen, damit auf partizipative, transparente, kooperative und faire Weise unter Berücksichtigung aller Interessen auf freiwilliger Basis Lösungen gefunden* werden können."[373]

Die Aufgaben umfassen somit insbesondere

- die Einleitung, Organisation und Steuerung eines geeigneten Kommunikations- und Verhandlungsprozesses zu Themen und Fragen, die im Zusammenhang mit der Entwicklung des Flugverkehrsgeschehens und seine Auswirkungen auf Menschen und Umwelt stehen,
- die Umsetzung und Steuerung eines Monitoring- und Evaluierungsprozesses zur Überprüfung der Einhaltung der Vereinbarungen zur Lenkung des Fluggeschehens im 2-Pisten-System und 3-Pisten-System, insbesondere hinsichtlich der Verkehrsverteilung (Pistenverteilungsplan legt fest, in welche Pistenrichtung welcher Anteil an Starts und Landungen in einem Jahr stattfinden soll), der Einhaltung der An- und Abflugstrecken, des Lärmschutzprogramms, der Korridorregelungen, der Nachtflugregelung etc.,
- die Unterstützung von Mitgliedern des Vereins zur Bewältigung ihrer Funktion als Anlaufstelle und ihrer Aufgabe zur Rückbindung von Ergebnissen der Arbeit des Vereins.[374]

Schon frühzeitig, nämlich am Beginn des Mediationsverfahrens war es der Wunsch der Parteien, dass der begonnene Kommunikationsprozess aufgrund seiner Komplexität und der Zahl an teilnehmenden Personen einer externen Begleitung bzw. Beobachtung bedarf, die im Anlassfall Impulse für die Wei-

---

372 § 2, S. 1 der Vereinsstatuten.
373 § 3 Abs. 1, S. 1 Vereinsstatuten.
374 § 3 Abs. 2, S. 1 f. Vereinsstatuten.

terentwicklung und Verbesserung zu geben vermag. Die Erkenntnisse aus der Begleitforschung haben nicht nur die Bedeutung sowie die Stärken und Schwächen des Kommunikationsprozesses aufgezeigt, sondern auch dazu beigetragen, dass bei allen Parteien der Wunsch entstanden ist, gemeinsam an der erarbeiteten Vertrauensbasis und der in Form des Mediationsforums entstandenen Gesprächsplattform auch über den Zeitpunkt der Vertragsunterzeichnung hinaus weiterzuarbeiten. Aus der Vorgeschichte ist damit ableitbar, dass viele Mitglieder des Dialogforums bzw. der überwiegende Teil der Personen, die sich im Jahr 2010 für die teilstrukturierten Tiefeninterviews im Rahmen des Interventionsforschungsprojekts zur Verfügung gestellt haben, aus dem Mediationsverfahren Flughafen Wien „vorbelastet" waren, haben sie doch den Begleitforschungsprozess während des Mediationsverfahrens entweder selbst miterlebt oder zumindest mehrfach davon gehört, was Involvierte über ihre Erfahrungen zu berichten hatten.

Die Finanzierung des Dialogforums durch die FWAG ist im Kooperationsvertrag zumindest bis zur Eröffnung einer 3. Piste garantiert, „Seitens der FWAG kann dieser Vertrag jedoch frühestens mit Inbetriebnahme einer 3. Piste gekündigt werden."[375]

Für alle im Mediationsverfahren Flughafen Wien getroffenen Vereinbarungen wurde für den Fall von Streitigkeiten eine Mediationsklausel vereinbart und eine Schiedsgerichtsklausel festgeschrieben[376].

Zur Entwicklung des Dialogforums bis Anfang 2010

Die Ausgangssituation, die zur Beauftragung des Interventionsforschungsprojekts geführt hat, lässt sich aus den Arbeitsphasen, die das Dialogforum seit seiner Entstehung durchlaufen hat, ableiten.

Die Startphase 2005: Zwischen der Unterzeichnung des Mediationsvertrags am 22. Juni 2005 und der konstituierenden Sitzung des erweiterten Vorstands des Dialogforums am 18. Jänner 2006 dominierten die Verhandlungen um die Transition Arrivals (Luftfahrzeuge werden tlw. parallel gegen die Landerichtung geführt und „aufgefädelt", um sie damit für die Herstellung der Sicherheitsabstände im Endanflug vorzubereiten) sowie die Verhandlungen und Diskussio-

---

[375] Vgl. § IV., S. 3 Kooperationsvertrag.
[376] Vgl. dazu u.a. Allgemeiner Mediationsvertrag 2005, S. 12.

nen, wie einzelne Vereinbarungen (z.B. Einrichtung einer Website, Auftritt des Dialogforums in einem Besucherzentrum der FWAG, Umsetzung eines Internet-Auftritts des FANOMOS-Systems [Flight Track and Noise Monitoring System], Herausgabe eines Newsletters usw.) konkret umgesetzt werden können. Die Weichen für die inhaltliche Arbeit im Dialogforum wurden in Richtung einer regionalen (Bezirkskonferenzen) und einer thematisch-inhaltlichen (Arbeitskreise/-gruppen) Verhandlungs- und Kommunikationsschiene gestellt und die Operationalisierung der Vereinsorgane statutengemäß vorbereitet.

Die Aufbauphase 2006: Zu Beginn der Aufbauphase erfolgen die ersten konkreten Schritte zur Umsetzung der Vereinbarungen und Verhandlungsergebnisse *(vgl. dazu oben Startphase).* In den Bezirkskonferenzen liefen intensive Diskussionen zur Weiterentwicklung der An- und Abflugrouten und erstmals arbeitete das Dialogforum an einem gemeinsamen Evaluierungsbericht zur Einhaltung der Vereinbarungen. Die Geschäfte des Vereins wurden bis September 2006 von einem Vertreter der FWAG geführt, der im Mediationsverfahren von Anfang an involviert war. Für den Flughafenangestellten, der nun zugleich als neutraler Geschäftsführer fungieren sollte, war aber ein Interessenkonflikt gegeben, was von den Parteien letztlich trotz der hervorragenden Arbeit, die der Geschäftsführer leistete, für die Konfliktbehandlung als inkompatibel angesehen wurde. Ab September 2006 wurde deshalb ich als externe Person zum Geschäftsführer bestellt, der ich mir im Mediationsverfahren in einer neutralen Rolle als Bereitsteller möglicher Zukunftsszenarien Detailwissen angeeignet hatte.

Die Umsetzungsphase 2007-2009: Die erste Hälfte der Umsetzungsphase war geprägt durch die Weiterentwicklung mehrerer An- und Abflugrouten sowie die Einigungen zur Ausweitung des Lärmschutzprogramms auf die vom Flugbetrieb des 2-Pisten-Systems maßgeblich betroffenen Siedlungsgebiete und die Einführung von Lärmgebühren für laute Flugzeuge. Die Nachtflugregelung, das Lärmschutzprogramm, die Website, der Newsletter, der Auftritt des Dialogforums im Visitair-Center (Besucherzentrum), das Info-Telefon, die Darstellung der Flugspuren im Internet usw. wurden umgesetzt und die Öffentlichkeit kontinuierlich über die Arbeitsergebnisse im Dialogforum informiert.

Die zweite Hälfte der Umsetzungsphase wurde zunehmend von der Evaluierungs- und Monitoringfunktion des Dialogforums dominiert. Durch den Optimierungsgrad, der bei den Maßnahmen gegen die Flugverkehrsbelastungen zunehmend erreicht wurde, gestaltete es sich immer schwieriger, Verhandlungserfolge zu erzielen. Die Routinethemen und -arbeiten dominierten immer stärker und die tlw. dramatischen Änderungen in den Rahmenbedingungen haben maßgeblich dazu beigetragen, dass es immer schwerer wurde, die Vereinbarungen einzuhalten. Die Zeit für eine kritische Evaluierung der Aktivitäten und Inhalte des Dialogforums war gekommen.

Die Ausgangssituation als Auslöser der Beauftragung einer Evaluationsforschung

Seitens der Verfahrensleitung, aber auch von einzelnen Mitgliedern wurden die Veränderungen mit zunehmender Sorge beobachtet und in vielen informellen Gesprächen diejenigen Beobachtungen und Trends identifiziert, mit denen sich das Dialogforum offensichtlich auseinandersetzen musste. Dies war den meisten Dialogforumsmitgliedern bereits um die Jahresmitte 2009 klar. Klar war auch, dass es um den Start eines zumindest teilweisen Neuorientierungsprozesses gehen musste, unklar war allerdings, wie der Prozess eingeleitet werden konnte.

Ohne Anspruch auf Vollständigkeit ließ sich die Situation im Dialogforum in der zweiten Jahreshälfte 2009 und Anfang 2010 durch die in weiterer Folge stichwortartig skizzierten Phänomene, Trends, Entwicklungen und Beobachtungen charakterisieren:

- *Mit jedem Verhandlungserfolg reduziert sich der Spielraum für weitere Einigungen, die Verhandlungserfolge bleiben zunehmend aus:* Umsetzungserfolge (Nachtflugregelung, Lärmschutzprogramm) und zahlreiche Einigungen auf weitere Maßnahmen gegen die Flugverkehrsbelastungen (Tag-, Nachttransitions, Weiterentwicklung von Abflugrouten, Ausweitung des Lärmschutzprogramms, Lärmgebührenmodell usw.) reduzieren die noch erfolgversprechend zu verhandelnden Themen und für die AnrainerInnen wahrnehmbaren Lösungsoptionen immer mehr. Der reduzierte Spielraum führt zu einer schleichenden Verschiebung, weg von der Konfliktlösung hin zu einer verstärkten Konflikt- und Lösungsverwaltung.
- *Die Routinearbeit beginnt die Arbeit im Dialogforum zunehmend zu dominieren:* Bis Ende 2009 werden immer mehr Vereinbarungen aus Mediationsvertrag und Dialogforum konkret umgesetzt, die in den Vereinsstatuten festgeschriebene Evaluierungs- und Monitoringaufgabe gewinnt laufend an Bedeutung. Die Umsetzung der Mediationsvereinbarungen hebt einerseits das Vertrauen in die erzielten Ergebnisse und den Kommunikations- und Ver-

handlungsprozess, beginnt allerdings gleichzeitig auch strukturkonservierend zu wirken, was sich in einer gewissen „Ritualisierung" der Sitzungsabläufe bemerkbar zu machen beginnt.
- *Der ungleiche Stellenwert des Mediationsvertrags für einzelne Dialogforumsmitglieder taucht als neues Konfliktfeld auf:* In den Anfängen des Dialogforums galt die Hauptsorge der Mitglieder der Umsetzung und Stabilität des Mediationsvertrags. Mit zunehmender Umsetzung der Vereinbarungen und dem immer stärker ausgelasteten 2-Pisten-System, bestätigt sich ab 2009, was eigentlich schon immer klar, aber erstmals auch persönlich erlebbar und nachvollziehbar war, dass nämlich die Maßnahmen gegen die Flugverkehrsbelastungen nicht für alle Dialogforumsmitglieder gleichermaßen und automatisch positiv wirken können. Während die einen auf die Umsetzung des Mediationsvertrags pochen, werden immer mehr Forderungen nach der Adaptierung einzelner Vertragsvereinbarungen laut, das Match zwischen „Vertragskonservierern" und „Vertragsveränderern" bzw. „Vertragsgewinnern und -verlierern" ist eröffnet. In diesem Konfliktfeld spielt zudem auch noch die Ungleichzeitigkeit des Eintritts der Mitglieder in den Verhandlungsprozess eine wichtige Rolle.
- *Der mediale Druck steigt und verschärft den Konflikt Wien – Niederösterreich:* Die Intensität der medialen Auseinandersetzung mit dem Thema 3. Piste ist in Wien – bedingt durch Bürgerinitiativen außerhalb des Dialogforums mit guten medialen und politischen Kontakten – schon immer höher als in Niederösterreich und nimmt vor dem Wahljahr 2010 zusätzlich Fahrt auf. Bürgerinitiativen und Vertreter Wiens im Dialogforum artikulieren verstärkt ihre Unzufriedenheit mit den sie betreffenden Vereinbarungen aus dem Mediationsvertrag, um den medialen Druck abzufangen, verstärkt auch in der Öffentlichkeit. Dies führt unausweichlich zu einer Konfliktverschärfung mit den Bürgerinitiativen und Anrainergemeinen aus Niederösterreich im Dialogforum, denen immer schon klar ist, dass eine Verbesserung in Wien nur auf Kosten von niederösterreichischen Siedlungsgebieten erfolgen kann.
- *Mediale Angriffe auf die Bürgerinitiativen im Dialogforum nehmen zu und reduzieren das Selbstwertgefühl – der „Wert" der Vereinbarungen sinkt, die Unsicherheit steigt:* Die öffentlichen Vorwürfe, dass die Mediationsvereinbarungen nichts bewirken bzw. nicht eingehalten werden, widersprechen insgesamt den Daten und Fakten, führen aber dazu, dass es den Dialogforumsmitgliedern immer schwerer fällt, die Bedeutung des Erreichten wertzuschätzen. Auch die internationale Anerkennung von Mediationsverfahren und

Dialogforum ändert nur wenig daran, dass sich Unsicherheit und Unzufriedenheit breitmachen und das Selbstbewusstsein der Mitglieder schwächen. Die Gewinner der Mediationsvereinbarungen beginnen eine latente Konfliktscheue zu zeigen, weil nichts die Umsetzung der Vereinbarungen bzw. des bisher Erreichten gefährden soll. Die Dialogforumsmitglieder, die zusätzliche Maßnahmen gegen Flugverkehrsbelastungen einfordern, durchlaufen eine Phase zunehmender Identitätsprobleme und blicken immer öfter auf die Bürgerinitiativen außerhalb des Dialogforums, die selbst völlig unrealistische Forderungen jederzeit stellen und ihren Unmut äußern „dürfen".

- *Das UVP-Verfahren kommt nicht vom Fleck, die alten Zeitpläne im „Hinterkopf" existieren nicht mehr:* Die FWAG hat bereits am 1. März 2007 die Umweltverträglichkeitserklärung (UVE) samt Projektunterlagen bei der zuständigen UVP-Behörde abgegeben und damit das Umweltverträglichkeitsprüfungsverfahren (UVP-Verfahren) für die geplante 3. Piste formal begonnen. Es dauert bis zum Sommer 2008 bis die Unterlagen in den Anrainergemeinden öffentlich aufgelegt werden und Stellungnahmen erfolgen. Die öffentliche Auflage und Erörterung des Umweltverträglichkeitsgutachtens (UVGA) der UVP-Behörde rückt in weite Ferne. Zu beobachten gibt es lediglich, dass die FWAG auf Aufforderung der UVP-Behörde mehrere Revisionen der Projektunterlagen und auch eine neue Prognose der Flugverkehrsentwicklung umsetzen muss. Die FWAG spricht schon seit 2008 davon, dass die Fertigstellung einer 3. Piste nicht vor 2017/2018 zu erwarten sei – der gesamte von allen stillschweigend angenommene Zeitplan ist damit völlig über den Haufen geworfen worden und eine neue Situation entstanden.
- *Das „Mitreden in der 3-Pisten-Diskussion" gerät als wichtigstes Motiv für die Dialogforumsidentität ins Wanken:* Das Hauptmotiv, sich im Dialogforum zu engagieren, lag für die meisten Mitglieder darin, von Anfang an bei den im Mediationsvertrag festgeschriebenen Verhandlungen der Flugverkehrsorganisation (Flugrouten, Pistenverteilungsplan usw.) für ein 3-Pisten-System dabei gewesen zu sein. Gemeinsam ist man im Jahr 2005 bei der Unterzeichnung des Mediationsvertrags davon ausgegangen, dass spätestens 2008/2009 mit den Verhandlungen zum 3-Pisten-System zu beginnen sein werde. Nun zeichnet sich Mitte 2009 ab, dass das schier endlose Warten auf das UVGA weiter prolongiert wird. Äußerungen, ob eine 3. Piste tatsächlich benötigt wird, tauchten auf und schüren die Unsicherheit der Dialogforumsmitglieder massiv. Erste Zweifel wie und ob es mit dem Dialogforum überhaupt weitergehen kann entstehen, weil es offensichtlich ist, dass weder die

UVP-Behörde noch die FWAG nach dem Rezessionsjahr 2008 große Eile haben, die UVP für die geplante 3. Piste rasch voranzutreiben. Eine niemals in dieser Dimension angedachte Zeitspanne zwischen Unterzeichnung des Mediationsvertrags und dem von allen erwarteten Start einer 3-Pisten-Diskussion wird Realität.

- *Die Rahmenbedingungen verändern sich und erhöhen die Unsicherheit:* Die Weltwirtschaft und mit ihr auch die Flugverkehrswirtschaft geraten zum Jahresende 2008 in die Krise, das Rezessionsjahr 2009 bringt nach dem Rekordjahr 2008 einen deutlichen Rückgang an Flugpassagieren. Mit dem AUA-Verkauf an die Lufthansa Ende 2008 und dem harten Sanierungskurs, der im Rezessionsjahr gestartet wird, ändern sich die Rahmenbedingungen für das Dialogforum. Die Dringlichkeit, die geplante 3. Piste so rasch wie möglich zu bauen, reduziert sich. Diskussionen, ob der Flughafen Wien ein Hubflughafen bleiben kann, machen sich breit. Die Anzeichen für Veränderungen in der Vorstandsetage der FWAG häufen sich mit der massiv negativen öffentlichen Berichterstattung im Zusammenhang mit den Baukostensteigerungen des neuen Terminals „Skylink". Im Dialogforum steigt die Sorge massiv, ob die Flugverkehrswirtschaft nach wie vor zum Mediationsvertrag und zum Dialogforum steht. Die Frage, was passiert, wenn es auf Dauer bei einem 2-Pisten-System bleibt, steht verstärkt im Raum.

- *Die Einhaltung der Vereinbarungen wird immer schwieriger, die Befassung mit einem überlasteten 2-Pisten-System wird immer unausweichlicher:* Im bis dahin stärksten Flugverkehrsjahr 2008 nehmen die Schwierigkeiten, die Vereinbarungen aus Mediationsvertrag und Dialogforum einzuhalten, immer mehr zu. Insbesondere zeigt sich, dass die besprochene prozentuelle Verteilung der Starts und Landungen nach den einzelnen Pistenrichtungen, bedingt durch den immer dichter werdenden Flugverkehr, immer weniger erreicht werden kann. Als sich das auch im Rezessionsjahr 2009 nicht ändert, wird bis Ende 2009 zunehmend klar, dass kaum ein Weg an einer intensiveren Auseinandersetzung mit den Auswirkungen des zunehmend überlasteten 2-Pisten-Systems vorbeiführen wird. Verstärkt wird die Erkenntnis u.a. auch noch durch die geänderten Rahmenbedingungen, die schleppende UVP-Umsetzung, den Bundesländerkonflikt Wien – Niederösterreich und die öffentliche Diskussion vor allem in den Printmedien.

Alle Gespräche und Diskussionen zeigen insgesamt die Bereitschaft der Dialogforumsmitglieder, den Dialogprozess fortsetzen zu wollen. Klar artikuliert wird ferner das Interesse, sich einer Evaluierung von außen stellen zu wollen und die Ergebnisse zur Weiterentwicklung des Dialogforums zu nutzen. Wegen der guten Erfahrungen, die man mit der Begleitforschung während des Mediationsverfahrens gemacht hatte, ist es dann nur noch ein logischer und direkter Schritt zur Kontaktaufnahme mit dem ehemaligen Begleitforschungsteam und zur Beauftragung des Interventionsforschungsprojekts.

Evaluationsmotive, Fragen und Themen für die Forschung

Der Erstkontakt mit Vertretern des ehemaligen Begleitforschungsteams Mitte Jänner 2010 in Klagenfurt und die darauffolgenden Telefonate und Gespräche bis zur Auftragserteilung stellen aus heutiger Sicht schon das erste konkrete Ergebnis des Interventionsforschungsprojekts dar. Die Gespräche führten nämlich dazu, dass sich, unterstützt durch die eingebrachte Außensicht, die vielen Motive und Erwartungen zu einem klaren Bild der Auftraggeber formieren, was denn das Interventionsforschungsprojekt bewirken bzw. auf welche Fragen das Projekt eingehen soll. Auch wäre es wahrscheinlich deutlich schwieriger gewesen, die Entwicklungen im Dialogforum darzustellen, wie sie bisher in Punkt 3 dieses Buchbeitrags grob erläutert wurden.

Die Finanzierung des Interventionsforschungsprojekts erfolgte durch die FWAG. Als inhaltlicher Auftraggeber fungierten Dr. Thomas Prader, Mentor des Mediationsverfahrens Flughafen Wien sowie ich als Geschäftsführer des Dialogforums, die wir gemeinsam für die Verfahrensleitung des Dialogforums verantwortlich sind. Aus der Sicht eines inhaltlichen Auftraggebers und Verfahrensleitungsverantwortlichen ergaben sich aus den informellen Gesprächen mit den Mitgliedern und den Kontakten mit dem Interventionsforschungsteam eine Fülle an Themen, Fragen und Motiven für das Interventionsforschungsprojekt:

1. *Mitgliederzufriedenheit:* Naheliegend war, die Mitglieder nach den aktuellen und auch möglichen neuen Themen des Dialogforums, der inhaltlichen und organisatorischen Qualität des Kommunikations- und Verhandlungsprozesses sowie der Zufriedenheit mit der Verfahrensleitung selbst zu befragen. Die Ausgangssituation wies klar darauf hin, kritisch zu prüfen, was im Dialogforum funktioniert und was nicht bzw. wo die Mitglieder Stärken und Schwächen des Dialogforums zur Erfüllung der ihm zugedachten Aufgaben sehen.

2. *Dialogforum „reloaded"*: Schon die informellen Gespräche hatten die Verfahrensleitung ziemlich eindeutig darauf hingewiesen, dass die Mitglieder aller Voraussicht nach eine hohe Bereitschaft haben könnten, ein „Dialogforum reloaded" mitzutragen. Trotzdem erschien es für das Interventionsforschungsprojekt von Anfang an wichtig, das Design so auszulegen, dass die Frage, ob die Mitglieder das Dialogforum noch benötigen bzw. noch haben wollen, explizit beantwortet werden kann. Ferner sollte erhoben werden, welche inhaltlich-thematischen und strukturell-organisatorischen Anforderungen, Ideen und Vorstellungen die Mitglieder Anfang 2010 formulierten.

Für die Verfahrensleitung war es darüber hinaus besonders wichtig zu hinterfragen, ob das mediatorische „Bauchgefühl" richtig oder falsch sei, dass sich das Dialogforum spätestens seit 2009 am Anfang einer möglicherweise nur von einem Teil der Mitglieder bewusst wahrgenommenen Zwischenphase befand, die explizit gemacht werden musste, weil sich daraus wesentliche Handlungsoptionen, Themen, Vorgangsweisen etc. ergeben könnten. Für den Fall, dass die Mitglieder dieses „Bauchgefühl" ähnlich empfinden würden, war eine weitere Anforderung an das Interventionsforschungsprojekt auch klar zu formulieren, nämlich, ob es hinsichtlich möglicher Themen, die eine derartige Zwischenphase zu tragen vermögen, zumindest einige konkrete Vorstellungen gebe.

Die Gespräche zur Vorbereitung des Interventionsforschungsprojekts hatten auch ein bislang unbeachtetes Lock-In-Phänomen[377] aufgedeckt, das

---

377 Der Begriff „Lock-In-Phänomen" wurde in den achtziger und neunziger Jahren vor allem in der ökonomischen Diskussion wettbewerblicher Aspekte verwendet. In der Technologie- und Innovationsforschung beschreiben Lock-In-Phänomene pfadabhängige Entwicklungen bestimmter Technologien und die Tendenz von Institutionen und ganzen Volkswirtschaften, trotz großer Innovationen pfadabhängig und gegen den Erkenntnisstand traditionelle und erprobte Technologien zu bevorzugen. Typisches Beispiel sind u.a. die Energieerzeuger, die trotz der Fortschritte bei regenerativen Energieträgern nach wie vor konventionelle Energieerzeugungstechnologien bevorzugen. Im Zusammenhang mit diesem Buchbeitrag wird der Begriff „Lock-In-Phänomen" verwendet, um aufzuzeigen, dass jede Prozesssteuerung, je länger die Konfliktbehandlung andauert, in Gefahr läuft, zum Experten zu mutieren und zunehmend pfadabhängig Lösungsansätze verstärkt in den von Experten präsentierten Denkmustern und Lösungsansätzen sucht. Interventionen in Konfliktbehandlungsprozesse wie z.B. die Begleitforschung sind deshalb notwendig, um der Prozesssteuerung auf ihrem Weg zu sozial robusten Lösungsansätzen immer wieder ihre mediato-

schon bei der Beauftragung die Denk- und Handlungsweise der Verfahrensleitung maßgeblich beeinflusste: Nach mehreren Jahren der intensiven Befassung mit dem Konfliktbehandlungsprozess zur geplanten 3. Piste am Flughafen Wien war es der Verfahrensleitung offensichtlich nur noch begrenzt möglich, sich auf ihr Kerngeschäft zu konzentrieren, ohne in konkreten Lösungsansätzen und einer darauf abgestimmten Konfliktbehandlungsorganisation zu denken. Die Verfahrensleitung war bis zu einem gewissen Grad zu einem inhaltlichen Systembestandteil des Dialogforums geworden. Der erste Schritt auf der Lernkurve erfolgte, sobald das Lock-In-Phänomen bewusst war, schon in der Beauftragungsphase selbst, indem die anfänglich sehr konkreten Vorstellungen zu Fragen, Themen und Ideen, die im Interventionsforschungsprojekt herausgearbeitet werden sollten, deutlich zurückgeschraubt wurden. Damit versuchte die Verfahrensleitung den Weg freizumachen, damit mehr auf die Mitglieder des Dialogforums und deren Vorstellungen, Wünsche, Forderungen etc. eingegangen werden kann. Wie weit mir das auch tatsächlich gelungen ist, können wohl nur die Mitglieder der Interventionsforschungsgruppe beurteilen.

3. *Motiv: Stärkung des Dialogforums:* Aus der im Jahr 2009 verstärkt wahrnehmbaren Verunsicherung der Dialogforumsmitglieder, ob sie den richtigen Weg gewählt oder mit dem Dialogprozess und dem Mediationsverfahren „auf das falsche Pferd gesetzt" hatten, leitete sich unmittelbar das Motiv ab, das Dialogforum und seine Mitglieder in der Öffentlichkeit und auch nach innen bestmöglich zu stärken. Gleichzeitig galt es aber auch, der Verlockung zu widerstehen, durch einen öffentlichen „Kampf der Worte und Argumente" dem „Außenfeind" – nämlich den Bürgerinitiativen, die sich gegen den Dialogprozess entschieden hatten und sich für eine fundamentale Bekämpfung der geplanten 3. Piste einsetzten – eine Bühne zu geben, auf der diese ihre populistischen Strategien auf Kosten des Dialogforums erfolgreich umsetzen hätten können. Die Verfahrensleitung erhoffte sich aus den Interventionsforschungsergebnissen Hinweise zu erhalten, wie das Selbstbewusstsein der Dialogforumsmitglieder gestärkt und ein höherer Wertschätzungslevel der erreichten Maßnahmen und Vereinbarungen aus Mediationsverfahren und Dialogforum, um die Flugverkehrs-

---

rische Rolle bewusst zu machen und andererseits auch neue, mitunter unkonventionelle und wenig bis nicht vorhersehbare Lösungen nicht durch unbewusste Bevorzugung von Expertenwissen zu behindern.

belastungen so gering wie möglich zu halten, erreicht werden kann und wo die permanente Vertrauensarbeit in Zukunft verstärkt ansetzen könnte.

4. *Konflikte:* Auf Basis der Ausgangssituation hatte die Verfahrensleitung Ende 2009 unterschiedlich klare, aber eindeutige Hinweise darüber, dass offenkundig teilweise verdeckte, teilweise schwelende Konflikte vorhanden sein könnten, die im Hintergrund die Konfliktlösungschancen im Dialogforum beeinflussen. Die Überlegung war hier, durch die Interventionsforschung ein klareres Bild über die Themen und die dahinterliegenden Interessen der Mitglieder zu bekommen, insbesondere auch was den immer wieder aufflammenden Konflikt Wien – Niederösterreich anlangte. Eine weitere Hoffnung bestand darin, dass auch eine verbesserte Akzeptanz von „Dissensthemen" entstehen könnte, die, aus welchen Gründen immer, jedenfalls bis Ende 2009 keiner Konfliktlösung zugeführt werden konnten und deshalb als Dissensthemen festgestellt und nicht vergessen werden sollten.

5. *Welche Themen könnten eine nächste Phase tragen?* Zum Zeitpunkt der Auftragsvergabe war – wie schon erläutert – bewusst, aber noch nicht von allen zur Kenntnis genommen, dass der für den Mediationsvertrag implizit zugrundegelegte Zeitplan überholt ist und daraus zwangsweise weitreichende Konsequenzen für Arbeit und Inhalte im Dialogforum abzuleiten sein würden. Eine weitere Anforderung an das Interventionsforschungsprojekt bestand darin, Hinweise auf Themen zu generieren, die kurz- bis mittelfristig für das Dialogforum aus der Sicht seiner Mitglieder von Relevanz sein könnten.

Fasst man die Beauftragungsmotive, -fragen und -themen des Auftraggebers für das Interventionsforschungsprojekt zusammen, dann sollte mit dem Projekt das System Dialogforum, das nach außen immer mehr Abschottungstendenzen zeigte und nach innen immer mehr in Sitzungsritualen, Standardstatements und bereits endlos lange diskutierten Themen zu erstarren drohte, durch Einbringen eines zusätzlichen Elements – den Fragen der InterventionsforscherInnen – wieder in die Lage versetzt werden, flexibler auf die geänderten Rahmenbedingungen zu reagieren und sich mit mehr Selbstbewusstsein der schwierigen selbstgestellten Aufgabe des Interessenausgleichs zwischen Ökonomie und Ökologie mit ganzer Kraft widmen zu können.

Befunde, Projekteffekte und -erfahrungen

Ehe ich in weiterer Folge über wichtige Projekteffekte und -erfahrungen aus meiner persönlichen Sicht berichte, müssen zwei Dinge vorausgeschickt werden:

- Erstens war der erste Projekteffekt schon vorhanden, da gab es noch gar keine Auftragserteilung, sondern lediglich einen Beschluss des erweiterten Vorstands des Dialogforums das Projekt durchzuführen, dadurch eine kritische Evaluierung des Dialogforums vorzunehmen, um daraus für die Zukunft zu lernen. Mit dem Ersuchen, dass sich noch gemeinsam festzulegende Mitglieder für teilstrukturierte Tiefeninterviews zur Verfügung stellen mögen, war in den Sitzungen plötzlich ein deutlich erhöhtes Bemühen vieler SitzungsteilnehmerInnen spürbar, die Argumente der „Anderen" wieder besser zu verstehen. War bis dahin das Reframing zum größten Teil der Verfahrensleitung vorbehalten gewesen, so waren die Mitglieder nun plötzlich selbst verstärkt bemüht, bei Unklarheit über das Gehörte nachzufragen.
- Zweitens sind zum Zeitpunkt, zu dem dieser Buchbeitrag geschrieben wird, vermutlich noch gar nicht alle Effekte des Interventionsforschungsprojekts ersichtlich. Der Prozess der gemeinsamen Involvierung in das Projekt hat das Dialogforum verändert und wird es auch noch weiterhin und so lange tun, wie einzelne Aspekte, Themen, Fragen etc. Teil der Arbeit des Dialogforums sein werden. Ich behaupte das nicht zuletzt deshalb, weil ich aus dem Verfassen dieses Textes und der dazu erforderlichen erneuten Auseinandersetzung mit dem Bericht der Begleitforschung wieder ein paar Steine des „Dialogforumspuzzles" zumindest für mich selbst aneinanderfügen konnte. Ein Beispiel, nämlich das bereits erläuterte Lock-In-Phänomen als Prozesssteuerer, wurde bereits dargestellt.

Erwartete Befunde

Ausgehend von den Beauftragungsmotiven sowie unter Berücksichtigung der geplanten Projektphasen und der vom Interventionsforschungsteam eingesetzten Forschungsmethoden[378], hat das Projekt viele Befunde zu wichtigen Themen mit Auswirkungen für die Arbeit im Dialogforum und eine strategische Weiter-

---

378 Vgl. Heintel, P./Dalheimer/Goldmann/Heintel, M./Krainer/Strohmeier 2011, S. 13 ff.

entwicklung erbracht, die seitens der Verfahrensleitung erwartet, teilweise auch nur vermutet wurden.

Schon bei informellen Vorgesprächen zur Auslotung der Bereitschaft der Mitglieder, sich als InterviewpartnerInnen zur Verfügung zu stellen, bestätigte sich eine Einschätzung der Verfahrensleitung. Die Dialogforumsmitglieder lehnten Interviews von VertreterInnen der Bürgerinitiativen außerhalb des Dialogforums ab. Die Mitglieder waren sich sehr sicher, dass ein ablehnendes und in der Öffentlichkeit immer wieder strapaziertes Bild des „gekauften" Dialogforums gezeichnet worden wäre und auch keine neuen Argumentationsinhalte und Behauptungen zu erwarten gewesen wären. Damit bestätigte sich, dass die Dialogforumsmitglieder ein einigermaßen konsistentes Bild von den Bürgerinitiativen außerhalb des Dialogforums haben. Grundtenor war, dass die Bürgerinitiativen außerhalb keine Ahnung vom Dialogforum hätten und deshalb mit falschen Aussagen und Behauptungen das falsche Bild von „gekauften" Anrainergemeinden und Bürgerinitiativen vermutlich auch weiterhin zeichnen würden.

Bestätigt haben sich auch die Erwartungen der Verfahrensleitung hinsichtlich

- des Erkenntnisgewinns über die Zufriedenheit der Dialogforumsmitglieder mit der Organisation und Steuerung des Kommunikations- und Verhandlungsprozesses,
- des Inputs zur Themensammlung für die zukünftige Arbeit,
- der Hinweise für die Konfliktbehandlung,
- der Einbringung von organisatorisch-strukturellen Weiterentwicklungsvorstellungen (Stichwort „Dialogforum reloaded") sowie
- der Identifizierung von Ansatzpunkten zur Stärkung des inneren Zusammenhalts und zum Profil des Dialogforums in der Öffentlichkeit.

Für den Auftraggeber wurde weiters bestätigt, dass

- die Rollen[379] und das Agieren der Verfahrensleitung und der unterstützenden ExpertInnen, aber auch der einzelnen Mitglieder und Mitgliedergruppen im Wesentlichen realistisch gesehen werden. Auch die dargestellten Kri-

---

379 Vgl. Heintel, P./Dalheimer/Goldmann/Heintel, M./Krainer/Strohmeier 2011, S 18 ff.

tikpunkte an der Verfahrensleitung[380] und der Akzeptanzlevel der einzelnen Mitglieder beinhaltete wenig Überraschendes,
- dem Dialogforum mit „Verwalten, Optimieren, Gestalten"[381] eine Aufgabenkombination zugewiesen ist, die einerseits eine stabile und verlässliche Organisationsstruktur und Bearbeitung wiederkehrender Inhalte, Tätigkeiten und Funktionen erfordert, andererseits aber auch Mechanismen und Strukturen braucht, die ein sehr rasches und flexibles Eingehen des Dialogforums bzw. Reagieren auf die sich teilweise sehr schnell ändernden Umfeld- und Rahmenbedingungen ermöglicht. In diesem Zusammenhang ist für mich die Kritik an der zu hohen Sitzungsanzahl und den oft langwierigen Entscheidungsprozessen gut nachvollziehbar. Es überrascht aber dennoch, dass hier nicht auch gesehen wird, dass mit jeder weiteren Einigung der Verhandlungsspielraum automatisch enger wird und die in vielen Prozessen gemachte Erfahrung, dass achtzig Prozent der möglichen Problemlösungen bzw. Einigungen relativ rasch erzielt werden können, die restlichen zwanzig Prozent dann aber umso länger dauern, umso mehr Kraftanstrengungen erfordern und noch dazu auch nicht mehr die großen Fortschritte nach sich ziehen. Der Forschungsbericht gibt hier auch den Hinweis, dass die Organisationsstruktur des Dialogforums derzeit eher die Aufgabe des Verwaltens und Optimierens stützt, für das Gestalten bzw. die Konfliktlösung aber noch Adaptierungen überlegt und umgesetzt werden sollten[382],
- das Dialogforum mit dem Thema der 3. Piste und den Auswirkungen des Flugbetriebs auf die Standortregion im Kommunikations- und Verhandlungsprozess den Grundwiderspruch zwischen ökonomischen und ökologischen Interessen[383] fix „eingebaut" hat.

Wenig überraschend kommt auch die Forderung nach „Chancengleichheit", sehen doch viele Dialogforumsmitglieder ein Ungleichgewicht in der Vertretung Wiens und Niederösterreichs[384], das daraus resultiert, dass auf Landesebene zwar die Bundeshauptstadt durch einen Politiker vertreten ist, die Interessen Niederösterreichs aber durch einen Spitzenbeamten des Amtes der Niederösterreichischen Landesregierung wahrgenommen werden. In den Sitzungen kann es deshalb vorkommen, dass der niederösterreichische Spitzenbeamte auf politi-

---

380 Vgl. Heintel, P./Dalheimer/Goldmann/Heintel, M./Krainer/Strohmeier 2011, S 32 ff.
381 Vgl. ebd., S. 35.
382 Vgl. ebd., S. 34 f.
383 Vgl. ebd., S. 36 ff.
384 Vgl. ebd., S. 31 f.

scher Ebene Rücksprache halten muss, Wien aber sofort zustimmen bzw. ein Veto einlegen kann, weil keine Rückbindung auf politischer Ebene notwendig ist.

Erfreulich ist, dass das auch das von mir im Dialogforum erlebte gute Klima sowie die gute Gesprächsbasis und interne Kommunikation von den Mitgliedern ebenso wahrgenommen wird, wie die hohe internationale Anerkennung bei gleichzeitig weniger großen Wahrnehmung des Dialogforums auf nationaler Ebene.[385]

Die intensive Befassung der Dialogforumsmitglieder mit identitätsgefährdenden Differenzen war ebenfalls zu erwarten, weil allen bewusst ist, dass der „soziale Kitt"[386] aus dem Mediationsverfahren, der den sozialen Zusammenhalt und die emotionelle Verbundenheit unterstützt, nicht ewig halten kann, wenn nicht bewusst laufend gemeinsam an einer positiven emotionalen Verbundenheit und der Vertrauensbasis gearbeitet wird.

Last but not least kommt auch das Thema „große Herausforderung für die öffentliche Kommunikation" durchaus erwartet[387]. Die große Bedeutung des Themas ist den Mitgliedern im Dialogforum nicht zuletzt durch die Interventionsforschungsergebnisse sehr bewusst und auch ein wichtiges Anliegen. Dies hat bei der Anfang September 2011 erfolgten öffentlichen Erörterung des Umweltverträglichkeitsprüfungsgutachtens (UVGA) der UVP-Behörde zur geplanten 3. Piste am Flughafen Wien dazu geführt, dass die Kommunikation der Stellungnahmen der Dialogforumsmitglieder zum UVGA im Dialogforum von den Mitgliedern sehr gut vorbereitet wurde und es dadurch auch gelungen ist, im Zuge der öffentlichen Erörterung die Themenführerschaft in der Presse- und Medienlandschaft zu übernehmen.

Der Forschungsprozess selbst sowie Projektdesign und -methoden[388] haben auch Spuren im Dialogforum hinterlassen, die man als direkte Effekte sehen kann:

---

385 Vgl. Heintel, P./Dalheimer/Goldmann/Heintel, M./Krainer/Strohmeier 2011, S. 85 ff. und S. 94.
386 Vgl. ebd., S. 35.
387 Vgl. ebd., S. 99 ff.
388 Vgl. ebd., S. 12 ff.

- Die teilstrukturierten Tiefeninterviews haben viele unscharfe Bilder von Themen und Prozessen geschärft und bewirkt, dass bis heute verstärkt neue Blickwinkel in die Diskussionen eingebracht werden. Es darf vermutet werden, dass einige komplexere Zusammenhänge heute von den Mitgliedern besser verstanden und akzeptiert werden als vor dem Interventionsforschungsprojekt, weil es möglich war, die eigenen Positionen vor dem Hintergrund der Fragen von Außenstehenden selbst zu hinterfragen.
- Direkt und unmittelbar hat sich die Teilnehmende Beobachtung der InterventionsforscherInnen bei mehreren Sitzungen und auch insgesamt positiv auf die Gesprächskultur ausgewirkt. Bis heute ist tendenziell wahrnehmbar, dass die Bereitschaft ohne den weit verbreiteten Reflex „ich weiß ohnedies was der/die sagen will und deshalb höre ich sicherheitshalber nicht zu, damit ich selbst nicht über meine Position nachdenken muss, falls doch etwas Neues bzw. anderes gesagt wird" zu verhandeln, doch zugenommen hat.
- Sehr vage vermutet hatte ich demgegenüber, dass die Rückkoppelungsveranstaltung bei den Dialogforumsmitgliedern möglicherweise große Irritationen auslösen könnte, kamen mir doch spätestens nach der ersten Vorstellung der Forschungsergebnisse Zweifel, ob ich ebenso wie alle anderen die herbeigesehnte fertige Medizin zur „Gesundung" bzw. Weiterentwicklung des Dialogforums bekommen würde oder nicht. Die geradezu hartnäckige Weigerung des Interventionsforschungsteams eine solche Medizin in der Rückkoppelungsveranstaltung zu verabreichen, oder auch nur die Rezeptur bekannt zu geben, stürzte mich kurzfristig in tiefste Verzweiflung, bis ich glaubte, den Grund der Weigerung begriffen zu haben: War nicht das gesamte Forschungsdesign darauf ausgerichtet, durch den Forschungsprozess selbst das inkorporierte Wissen über das Dialogforum in den teilnehmenden Personen anzustoßen und im Sinn einer Hilfe zur Selbsthilfe auf die kreative Kraft des „Systems" Dialogforum zu vertrauen, das den gemeinsamen Weg für die kommenden Jahre alleine finden und gehen wird?

In diesem Sinn ist es auch ein wichtiges Ergebnis für mich als Verfahrensleiter, dass außenstehende Personen, die zwar aus dem Mediationsverfahren viele Vorinformationen hatten, offensichtlich mehr Vertrauen in die „Selbstheilungskraft" des Dialogforums haben, als die Mitglieder selbst. Ein Indiz dafür, nicht völlig daneben zu liegen, vermute ich darin zu erkennen, dass schon nach den ersten Interviews der Wunsch nach einer großen Klausur zur Diskussion der Weiterentwicklungsoptionen des Dialogforums laut wurde. Mag auch die erste Reaktion vieler Mitglieder nach der Präsentation der Forschungsergebnisse eher in die Richtung „Alles müssen wir selber machen" gegangen sein, ist diese Reaktion wohl spätestens in der Schwechater Klausur im Jänner 2011 – bewusst oder unbewusst – einem gestärkten Selbstbewusstsein gewichen, dass das Dialogforum durchaus in der Lage ist, viele Dinge aus eigener Kraft zufriedenstellend erledigen zu können.

Unerwartete Befunde

Das Interventionsforschungsprojekt hat neben den erwarteten Auswirkungen und Ergebnissen auch unerwartete Befunde und Denkanstöße für die Arbeit im Dialogforum erbracht. Es würde den Raum des Buchbeitrags bei Weitem sprengen auch nur den Versuch zu unternehmen, die wichtigsten Denkanstöße aufzuzählen, weshalb hier einfach einige überraschende Befunde kurz andiskutiert werden, die mich beim Lesen des Forschungsberichts besonders beschäftigt haben:

- Der Grundwiderspruch Ökonomie – Ökologie beschäftigt das Dialogforum permanent, überraschend waren jedoch die anderen „Widersprüche" bzw. identitätsgefährdenden Differenzen, die zwar als relevante Themen im Dialogforum durchaus bekannt waren, bislang aber nicht bzw. nur teilweise als eindeutige Widersprüche wahrgenommen wurden. Besonders wichtig und unerwartet waren auch die Ausführungen zum eng mit den Widersprüchen verbundenen Thema der „Machtasymmetrie", weil es für die erreichbare Balance der Interessen von Ökonomie und Ökologie einen neuen Zielbereich definiert. Einer der Schlüsselsätze des Forschungsberichts „Das große Versprechen, für alle eine ‚Win-Win-Situation' zu erreichen gehört u.E. in das Reich der Träumereien; außer man interpretiert es ein wenig um."[389] stellt unter Berücksichtigung der dargestellten „Machtasymmetrie" desillusionierend klar, dass es für die – man ist versucht zu sagen „natürlichen" – Gegenpole von Ökonomie und Ökologie keine gleiche Ausgangsposition für einen fairen Interessenausgleich geben kann, solange sich unser gesellschaftliches Wertesystem nicht grundlegend ändert. Nicht, dass mit Ausnahme von hoffnungslosen Optimisten diese Machtasymmetrie allen Realisten zumindest im Unterbewusstsein immer schon klar gewesen sein müsste,

---

389 Vgl. Heintel, P./Dalheimer/Goldmann/Heintel, M./Krainer/Strohmeier 2011, S. 37 f.

die formulierte Gewissheit zwingt geradezu zu einer massiven Aufwertung dessen, was bisher im Mediationsverfahren und im Dialogforum von Anrainergemeinden und Bürgerinitiativen erreicht werden konnte. Die Schlussfolgerung kann nämlich nur sein, dass Maßnahmen zum Schutz von Gesundheit, Lebens- und Umweltqualität, die die Flugverkehrswirtschaft zugesagt hat und die sie „wirklich" zu einem monetär messbaren Verzicht zwingen, unter Berücksichtigung der Machtasymmetrie jedenfalls einen überproportionalen Erfolg derjenigen darstellen, die um die Erhaltung der Lebens- und Umweltqualität kämpfen.

Zur Einschätzung der Größe des Erfolgs der Anrainergemeinden und Bürgerinitiativen aus der Flughafenregion Wien lohnt sich ein Blick nach Deutschland. Im Zusammenhang mit Flughafenausbaumaßnahmen in München, Frankfurt und Berlin wurde dort die vorhandene Machtasymmetrie von der Flugverkehrswirtschaft unter voller Ausnutzung der gesetzlichen Spielräume dazu verwendet, Begriffe wie Zugeständnisse, Verzicht auf sich bietende ökonomische Chancen und Anerkennung der legitimen Interessen der Anrainer zu Fremdwörtern zu degradieren. Wichtig erscheint in diesem Zusammenhang auch ein weiterer Satz aus dem Forschungsbericht „Die Formel: Projektgieriger Kapitalismus versus ‚leidende' Bürger greift nicht. In gewisser Weise sind wir alle Komplizen dessen, was wir auf der anderen Seite ablehnen."[390] Wenn aber die einfache Schwarz-Weiß-Malerei „gieriger Kapitalismus versus leidende Bürger" nicht gilt, weil wir als Menschen in unterschiedlicher Intensität diesen Konflikt in uns tragen, dann muss ein Schlüssel zur Konfliktlösung darin liegen, das persönliche innere Werteverhältnis von Ökonomie und Ökologie so zu verschieben, dass man beide Gegenpole als ausbalanciert empfindet, auch wenn nur ein subjektives Gleichgewicht der ökonomischen und ökologischen Sichtweisen hergestellt ist. Die Problematik, der sich die Verfahrensleitung im Dialogforum in der Konfliktbehandlung bewusst sein muss, mag wohl darin liegen, dass jedes Mitglied ein eigenes subjektives Gleichgewicht empfindet und daraus auch innerhalb der Interessengruppen wie z.B. den Bürgerinitiativen unterschiedliche Einschätzungen und Meinungen entstehen, wann ein Verhandlungsergebnis als akzeptabel oder unbefriedigend einzuschätzen ist.

- Nachvollziehbar hat das Interventionsforschungsprojekt auch die im Dialogforum immer wieder diskutierten Themen „historischer Ungleichzeitig-

---

390 Vgl. Heintel, P./Dalheimer/Goldmann/Heintel, M./Krainer/Strohmeier 2011, S. 38.

keiten", „die Alten und die Neuen"[391], das „ungleiche Match" von Experten und Laien[392] sowie „Überschätzung und Resignation"[393] als wichtig identifiziert. Überraschend waren hier das Ausmaß der aufgezeigten Widersprüche und insbesondere einige Aussagen, die nach Auffassung des Autors direkte Auswirkungen auf die Prozesssteuerung haben könnten. Verständlich ist, dass die „Neuen" einen höheren Erfolgsdruck haben als die „Alten", die schon sehr viel erreicht haben. Weniger klar war aber bisher, dass damit parallel auch eine hohe Erwartungshaltung der „Neuen", ihre Situation zum Besseren verändern zu können, einhergeht[394], die natürlich die Latte für die Prozessgestaltung aber auch für die „Alten" extrem hoch legt. Bei Letzteren deshalb, weil es in Zukunft auch darum gehen könnte, die Vereinbarungen des Mediationsvertrags zumindest dort nicht länger als den „heiligen Gral" anzusehen, wo die „Alten" auf Kosten der „Neuen" von Vereinbarungen profitieren. Hier spielen offensichtlich auch die Themen „Florianiprinzip" und „Verteilungswiderspruch" eine wichtige Rolle, weil „(...) Umverteilung muss im Sinne des Florianiprinzips Konflikte schaffen."[395] Überraschend bzw. ungewohnt ist diese Aussage für das Dialogforum insofern, als bisher immer kommuniziert wurde, nicht nach dem Florianiprinzip zu verhandeln. Der Zusammenhang ist aber nachvollziehbar, ist es doch in der Umverteilungsdiskussion z.B. beim Pistenverteilungsplan, der festlegt, in welche Richtung welcher Anteil an Starts und Landungen stattfinden soll, wahrscheinlich so, dass es denjenigen, die entlastet werden sollen, egal ist, wer mehr Flugbewegungen nimmt, solange sich irgendjemand bereit erklärt, aufgrund seiner geringen Belastung quasi ein „Solidaritätsopfer" zu erbringen. In diesem Sinn werden von den „Alten" offensichtlich auch der Mediationsvertrag und seine Vereinbarungen bis zu einem gewissen Grad sehr wohl nach dem „Florianiprinzip" verteidigt. In dieser Umverteilungsdiskussion muss die Verfahrensleitung berücksichtigen, dass auch kleinere Balanceverschiebungen, insbesondere aber solche von „Alten" zu „Neuen" auf allen Seiten ein Gefühl der „Imperfektheit"[396] hinterlassen.

---

391 Vgl. Heintel, P./Dalheimer/Goldmann/Heintel, M./Krainer/Strohmeier 2011, S. 50 ff.
392 Vgl. ebd., S. 68 ff.
393 Vgl. ebd., S. 53.
394 Vgl. ebd., S. 53.
395 Vgl. ebd., S. 46 ff.
396 Vgl. ebd., S. 45.

- Völlig überraschend war, dass einige Mitglieder das wichtige Prinzip „Maßnahmen und Vereinbarungen im Konsens beschließen" als gezielte Verzögerungstaktik der Flugverkehrswirtschaft interpretieren, wenn diese einfach „nichts mehr hergeben will"[397]. Hier spielt offensichtlich die bereits dargestellte Problematik hinein, dass mit sinkendem Verhandlungsspielraum – weil schon viel erreicht wurde – die Effekte zusätzlicher Maßnahmen für Gesundheit, Lebens- und Umweltqualität kleiner, dafür aber die Verhandlungsdauer immer größer wird. Dies ist letztlich ein besonders wichtiger Aspekt bei der Überbrückung der Phase, die im Forschungsbericht als „Zwischenzeit" bezeichnet wird. „(…) drei Zeitetappen voneinander unterscheiden: Ein Mediationsverfahren mit der antizipierten möglichen dritten Piste, ein Dialogforum ‚ohne' diese und eine Zukunftserwartung mit ihr. Die Gegenwart ‚ohne' ist gleichsam eine ‚Zwischenzeit', der eine Ausrichtung, ein konkreter Stützpfeiler fehlt."[398] In der „Zwischenzeit" wird dieser Zusammenhang für das Weiterbestehen des Dialogforums besonders wichtig, weil sich schon alleine durch die ungewisse Dauer der „Zwischenzeit" das Gefühl der Erfolglosigkeit und Sinnlosigkeit der Verhandlungen verstärken könnte, zumal ja auch die Gefahr besteht, dass insbesondere die Bürgerinitiativen aus der Enge des Verhandlungsspielraums dadurch auszubrechen versuchen, dass immer neue und immer unrealistischere Forderungen aufgestellt werden. Die Wahrscheinlichkeit, dass immer mehr nicht konsensfähige Forderungen in den Verhandlungsprozess eingebracht werden steigt, je länger die „Zwischenzeit" andauert bzw. je länger es nicht gelingt, der Zwischenzeit einen konkreten strategisch-inhaltlichen „Eckpfeiler" zu geben. Jede zusätzliche nicht konsensfähige Forderung ist aber Wasser auf die Mühlen des geäußerten Verdachts, dass das Konsensprinzip als Verzögerungstaktik bestätigt wird. Daraus könnte eine negative Entwicklungsspirale in Gang gesetzt werden, die letztlich auch die vorhandene Vertrauensbasis zerstört. Deshalb wird es für die positive Überbrückung der „Zwischenzeit" sehr wichtig sein, möglichst rasch einen „Eckpfeiler" zu finden, gleichzeitig aber auch dem bisher Erreichten in den Köpfen der Dialogforumsmitglieder den hohen Stellenwert zu geben, den es aus den Zusammenhängen der bereits diskutierten „Machtasymmetrie" auch tatsächlich hat.

---

397 Vgl. Heintel, P./Dalheimer/Goldmann/Heintel, M./Krainer/Strohmeier 2011, S. 20.
398 Vgl. ebd., S. 55 f.

- Überraschend war es für mich auch, eine Erklärung zu bekommen, warum der mehrfache Versuch der Verfahrensleitung mit „Außenstehenden" umzugehen bzw. über belegbare Daten und Fakten zu kommunizieren, sinnlos ist, weil diese nur dann eine adäquate Einschätzung des Dialogforums bekommen könnten, wenn sie das Aushandlungsgeschehen emotional erleben könnten.[399] Hier fügten sich nämlich wieder einige Puzzlesteine des Dialogforums neu zusammen, kann diese Aussage doch durch den Beitritt einer neuen Bürgerinitiative zur ARGE gegen Fluglärm – dem Zusammenschluss aller Bürgerinitiativen im Dialogforum – nach der öffentlichen Erörterung der 3. Piste im Rahmen des UVP-Verfahrens und nach Teilnahme an zwei Arbeitskreissitzungen als Zuhörer, untermauert werden. Die Begründung dieser Bürgerinitiative für den Beitritt: „Wir haben, bevor wir es nicht selbst gesehen haben, nicht geglaubt, dass hier wirklich offen und fair diskutiert und verhandelt wird", spricht genau den genannten Aspekt des „emotional Erleben-Könnens" an.
- Der Forschungsbericht spricht auch – wie erwartet – an, dass insbesondere für Anrainergemeinden und Bürgerinitiativen die „symbolische Repräsentanz" der Vorstände eine sehr hohe Bedeutung hat.[400] Überraschend für mich ist dabei, aus den Zusammenhängen zu erkennen, dass die physische Präsenz von Vorständen nicht nur ein Signal der Verhandlungsbereitschaft und der Vertragstreue ist, sondern offensichtlich auch ein erlebbarer Beitrag zum Ausgleich der vorhandenen Machtasymmetrie und auch ein wichtiger Beitrag zur Stärkung der Vertrauensbasis und der Stärkung des Vertrauens in den Kommunikations- und Verhandlungsprozess. In diesem Sinn ist wahrscheinlich sogar eine verstärkte Präsenz der Vorstände in der „Zwischenzeit" – auch wenn es kaum Verhandlungsspielräume und -gegenstände gibt – eine besonders wichtige Unterstützung der Weiterentwicklung des Dialogforums, weil die alternative Strategie, dem Dialogforum „eine Pause zu gönnen" die große Gefahr der Entfernung und Entfremdung in sich birgt und sehr wahrscheinlich die Vertrauensbasis ausgedünnt werden würde.[401]

---

399 Vgl. Heintel, P./Dalheimer/Goldmann/Heintel, M./Krainer/Strohmeier 2011, S 42 f.
400 Vgl. ebd., S. 52 f.
401 Vgl. ebd., S. 63.

- Für den Bereich der Verfahrensleitung werden im Forschungsbericht auch einige sehr interessante Facetten zu den Themen Steuerung und Identität dargestellt:

  - Die Steuerung des Dialogforums ist auf zwei Ebenen erforderlich. Auf der einen Seite gilt es, dafür Sorge zu tragen, dass die Konflikte – lösbar oder unlösbar – akzeptiert, die Unterschiede deutlich gemacht und die Themen abgeschlossen bzw. zumindest beiseite gelegt werden können. Auf der anderen Seite gilt es Themen, bei denen unklar ist, welche tatsächlichen Interessen sich dahinter verbergen bzw. bei denen eine Konfliktlösung zu einem späteren (günstigeren) Zeitpunkt zumindest denkbar erscheint, so lange nicht in der Diskussion zu verlieren, bis die Lösbarkeit oder Unlösbarkeit gemeinsamer Konsens aller Konfliktparteien wird, was letztlich bedeutet, dass die Prozesssteuerung in diesen Fällen den Konflikt auf „Dauer" stellen muss und „… jenes Klima im Prozess pflegen (muss), das einen adäquaten Umgang mit Konflikten garantiert und damit ihre Lösbarkeit in Aussicht stellt."[402] Für mich ist dies ein Hinweis darauf, dass das Klima im Dialogforum darauf ausgerichtet sein muss, dass Konfliktlösungen glaubhaft erarbeitet werden können, es aber dazu beinahe paradoxerweise auch gehört, alle erkennbaren Konflikte – und damit auch die, die wahrscheinlich keiner Lösung zugeführt werden können – offenzulegen.
  - Das Dialogforum braucht – wie jede Institution – eine klare Identität, zu deren Erlangung der Forschungsbericht drei Wege aufzeigt: die Strukturierung der Konfliktlandschaft, die Auslagerung von Funktionen und, von Zeit zu Zeit, die Pflege der identitätsgebenden Faktoren durch Klausuren. Angesprochen wird im Bericht als Beispiel die Funktion des „Lordsiegelbewahrers"[403], der für die zeitliche Aufbewahrung von Konfliktthemen verantwortlich ist und damit quasi als „Konfliktthemengedächtnis" agiert. Daraus schließe ich, dass es paradoxerweise nicht nur das umfassende Service- und Dienstleistungsangebot des Dialogforums sein könnte, das entscheidend zur Identität der Institution beiträgt, sondern noch mehr die aktive und direkte Einbindung der Mitglieder in diverse Aufgaben, Funktionen und Arbeiten. Hier kann wohl auch das Thema der Klausuren zugeordnet werden, weil dort über Selbstreflexi-

---

402 Vgl. Heintel, P./Dalheimer/Goldmann/Heintel, M./Krainer/Strohmeier 2011, S. 57.
403 Vgl. ebd., S. 58.

on und klassische Feedback-Fragen die Mitglieder ebenfalls vom passiven Konsumenten zum Akteur werden können.[404]
- Unbestritten ist einerseits, dass die Zukunft sofort Konturen bekäme, wenn bezüglich der 3. Piste eine klare Entscheidung fallen würde bzw. ein klarer Zeitplan erstellt werden könnte.[405] Damit wäre wohl auch die „Zwischenzeit" besser planbar und es ist doch einigermaßen überraschend, dass es offensichtlich im gesamten Interventionsforschungsprojekt kein wirklich relevantes Thema für die Mitglieder war, ab wann, in welcher Form und mit welchen Inputarbeiten die mögliche 3-Pisten-Diskussion vorbereitet werden müsste.

- Unklar bleibt für mich im Forschungsbericht, warum bei der Diskussion der „Währung", mit der im Dialogforum bzw. im Konfliktlösungsprozess bezahlt wird, nämlich Geld, technologische Optimierung und virtuelle Opferbereitschaft der Flugverkehrswirtschaft[406] nicht auch stärker der Frage nachgegangen wird, ob es nicht auch eine „Währung" für die Bürgerinitiativen und Anrainergemeinden gibt, mit der sie „bezahlen". Hier könnte man möglicherweise über „Währungen" wie „persönliche Freizeit", „Abwesenheit bei der Familie" oder „Gesichtswahrung/Reputation" als BürgerIn in seinem persönlichen Umfeld und in der Öffentlichkeit, diskutieren. Sehr überraschend waren hier die Ausführungen, dass man das Dialogforum selbst als „Währung" im Sinn der Bereitstellung einer „emotionellen Heimat" bzw. eines „sozialen Gefäßes" begreifen kann.[407]

Einige Auswirkungen für die weitere Arbeit im Dialogforum

Die Einigung, ein Interventionsforschungsprojekt zu beauftragen und sich damit einer Evaluierung zu stellen, war eine massive Intervention in das „System Dialogforum", die

---

404 Vgl. Heintel, P./Dalheimer/Goldmann/Heintel, M./Krainer/Strohmeier 2011, S. 58 f.
405 Vgl. ebd., S. 64.
406 Vgl. ebd., S. 40 ff.
407 Vgl. ebd., S. 41.

- eine positive Auswirkung auf die Gesprächskultur hatte, bewirkte, dass Themen mit Bedeutung für nur wenige Mitglieder zurückgestellt und der Dringlichkeit der Behandlung einer gemeinsamen Vorgangsweise untergeordnet werden konnten,
- die „Angst" vor dem „Außenfeind" beseitigte und das Selbstbewusstsein insbesondere der ARGE gegen Fluglärm deutlich stärkte,
- schlussendlich auch die Vertrauensbasis stärkte, weil offensichtlich erkannt wurde, dass alle fair, transparent und offen ihre Meinung eingebracht haben.

Unter Beweis gestellt wurde für mich zudem, dass die vielgepriesene hohe Gesprächskultur und Vertrauensbasis nicht nur tatsächlich vorhanden, sondern wohl für eine Einrichtung wie das Dialogforum einzigartig sind. Als Indiz dafür ist hier zu erwähnen, dass die Mitglieder zwar sehr daran interessiert waren zu wissen, welche Befunde und Ergebnisse vorliegen, der an dieser Stelle üblicherweise vorhandene Fragenkomplex „wer hat was, wie, über wen gesagt" war aber im Dialogforum kein Thema, im Gegenteil, es dürfte die Sensibilität bei den Wortmeldungen sogar noch gestiegen sein.

In der „Zwischenphase", in der sich das Dialogforum derzeit befindet, wird es wichtig sein, die identitätsstiftenden Faktoren[408] zu forcieren und wahrscheinlich auch nach dem Vorliegen des Bescheids 1. Instanz und der Abklärung des überaus konfliktträchtigen Themas „Berufung/Nicht-Berufung" im Rahmen des UVP-Verfahrens die Intensität des Kommunikations- und Verhandlungsprozesses so weit zurückzufahren, dass einerseits kein Frust des „Auf-der-Stelle-Tretens" entstehen kann, andererseits aber der Prozess des gemeinsamen Weiterarbeitens nicht so weit reduziert wird, dass Entfremdung eintreten kann.

Die Themenstrukturierung und „Katalogisierung" kann weiter vorangetrieben werden, wobei insgesamt eine etwas stärkere aktive Einbindung der Mitglieder forciert werden könnte. Durch die Zuweisung von ausgewählten Funktionen an Mitglieder, die für das Dialogforum insgesamt wahrzunehmen sind, könnte ein zusätzlicher Beitrag zur Identitätsstiftung gelingen.

Die internationalen Kontakte müssen jedenfalls weiter gepflegt werden. Es ist aber wahrscheinlich sinnvoll, vor allem auf nationaler Ebene eine verstärkte Präsenz zu zeigen, ohne damit den Bürgerinitiativen außerhalb des Dialogforums eine Plattform zu bieten, auf der sie ihre Behauptungen über das tatsächliche Gewicht in unserer Gesellschaft hinausgehend artikulieren könnten. Ansatz-

---

408 Vgl. Heintel, P./Dalheimer/Goldmann/Heintel, M./Krainer/Strohmeier 2011, S. 60 ff.

punkte für eine verstärkte Präsenz des Dialogforums könnten Tagungen, Veranstaltungen etc. bieten.

Besonders wichtig erscheint es mir für die weitere Arbeit im Dialogforum, sich der im Forschungsbericht dargestellten Widersprüche bewusst zu sein und vor allem die Ergebnisse der Interventionsforschung zu Schlagworten wie „Machtasymmetrie", „Verhältnis der Alten und Neuen" etc. zu nutzen, um damit die Wertschätzung des Erreichten zu heben und die Vertrauensbasis als Nährboden für die Konfliktlösungsanstrengungen, die noch auf das Dialogforum zukommen werden, zu erhalten.

Einige persönliche Bemerkungen zum Schluss

Fazit ist, dass eine permanente Interventionsforschung dem Dialogforum kurzfristig guttun würde. Längerfristig würde dies aber wahrscheinlich ähnliche Lock-In-Phänomene auch beim Interventionsforschungsteam auslösen, wie sie beim permanent mit dem Thema befassten Auftraggeber zu beobachten sind. Schlussfolgerungen des Begleitforschungsteams wären bei einer permanenten Begleitforschung wahrscheinlich tendenziell näher an der Sichtweise der Prozesssteuerung und wortgewaltiger einzelner Mitglieder angelehnt und würden damit den eingeschlagenen Pfad der Konfliktlösung weniger Impulse und weniger Außensicht geben können. Für mich könnte eine Effektmaximierung aus einer Mischung von genügend (zeitlichem und inhaltlichem) Abstand des Begleitforschungsteams zum laufenden Prozess bei gleichzeitigen bewusst gesetzten Maßnahmen zum Erhalt der Akzeptanz des Interventionsforschungsteams entstehen, da ohne Akzeptanz auch keine verwertbaren Ergebnisse zu erwarten wären.

Der Weg ist das Ziel, der Endbericht „nur" eine archivierte Momentaufnahme zum Zeitpunkt der Tiefeninterviews, die konsequenterweise durch die begleitende Beobachtung ein zeitlich begrenztes aber in diesem Zeitraum kontinuierliches Refreshing erfahren hat, das gleichzeitig auch bereits die beobachtbaren Auswirkungen der Interventionsforschung mit in die Ergebnisse einblendet.

Interventionsforschung kann entscheidende Impulse für die Konfliktbehandlung liefern und hat dies auch im konkreten Fall geleistet, ist aber nicht eine „Pille", die man einnimmt, sondern vielmehr „Hilfe zur Selbsthilfe". „Die Intervention in seiner mehrfachen Bedeutung des lateinischen Wortes für „Dazwischentreten/sich einmischen" versus die Bedeutung des „Vermittelns/Einschaltens" ist ein gefährliches und mächtiges Werkzeug, das aber einen hohen Reifegrad des „Untersuchungsobjekts" voraussetzt, nämlich nicht ein Untersuchungsobjekt sein zu wollen, sondern einfach schon aus der Beeinflussung durch den Prozess zu lernen. Auch im Dialogforum haben wir uns nur zähneknirschend damit abgefunden, dass wir keine Pille bzw. kein Patentrezept bekommen haben, sondern viel mehr, nämlich einen tiefen Einblick von außen auf unsere Prozesse und Handlungen, deren Zusammenhänge, Stärken und Schwächen.

Wir mussten uns die Aussagen und Ergebnisse vor unserem eigenen Erfahrungshintergrund, unserer Herkunft und Ausbildung selbst verdeutlichen und interpretieren sowie die Schlussfolgerungen für den Kommunikations- und Konfliktlösungsprozess gemeinsam ziehen. Das ist schwierig und gewöhnungsbedürftig, hat aber den positiven Effekt, dass wir uns weiterentwickelt haben und nun unsere nächsten Fehler und hoffentlich auch Erfolge einfahren können, bis wir uns vielleicht in einiger Zeit wieder dazu entschließen, eine Intervention von außen zuzulassen, damit wir nicht in Ritualen erstarren und unsere Aufgabe weiter in aller Unvollkommenheit, aber mit dem Anspruch, sie so gut wie eben möglich zu erfüllen. Dieser besteht darin, ein basisdemokratisches Experiment so lange weiterzuführen, bis unsere Gesellschaft erkennt, dass kein Weg an einer derartigen oder ähnlichen Vorgangsweise vorbeiführt, wenn es darum geht, BürgerInnen in Entscheidungsprozesse einzubinden, die den Grundkonflikt Ökonomie – Ökologie automatisch „eingebaut" haben, wie dies typischerweise bei großen Infrastrukturprojekten mit volkswirtschaftlicher bzw. globaler Bedeutung zutrifft.

Die Zukunft wird zeigen, ob wir im Dialogforum in der Lage sind, den gemeinsamen Weg erfolgreich bis zum Ende zu gehen. Wenn dies gelingt, ist es dann wohl der lebende Beweis dafür, dass politisches Handeln quer über alle Parteien hinweg die mündigen BürgerInnen nicht nur einbinden kann, sondern sogar muss. Es handelt sich ja bei der geplanten 3. Piste nicht um irgendein Projekt mit maximal regionaler Bedeutung, sondern unabhängig davon, ob eine 3. Piste tatsächlich gebaut wird oder nicht, jedenfalls um eine volkswirtschaftlich und global bedeutende Weichenstellung für Österreich und die Einbettung in ein im Umbruch befindliches weltweites Wirtschaftssystem.

Als Verantwortlicher für die Verfahrensleitungsleitung des Dialogforums kann ich mich dem Resümee des Forschungsteams vollinhaltlich anschließen, in dem festgestellt wird, dass die von den Dialogforumsmitgliedern in der Schwechater Klausur Ende Jänner 2011 für das Dialogforum formulierte „Vision

2015" „… zwar ein ehrgeiziges, aber potenziell erreichbares Ziel[409]" ist. Dort ist als Vision formuliert: „Im Jahr 2015 ist das Dialogforum eine Diskussions- und Verhandlungsplattform zum Thema Flugverkehr und den damit in Zusammenhang stehenden Themen. Das Dialogforum ist mit einem gemeinsamen Wissenstand ausgestattet, gestaltet und entscheidet. Das Dialogforum ist in der Öffentlichkeit, wie bei Gemeinden, Bürgerinitiativen und Politik anerkannt und wird als Institution gesehen, die Verantwortung trägt und hohe Problemlösungskompetenz hat, wenn es darum geht, den Interessenausgleich von Flugverkehrswirtschaft, Anrainergemeinden und Bevölkerung voranzutreiben. Das Dialogforum steht 2015 dafür, dass alle Themen, Forderungen und Konflikte, die für den Interessenausgleich relevant sind, fair und offen behandelt werden. Die Konfliktbearbeitung im Dialogforum erfolgt in einem Klima von Vertrauen, hohem gegenseitigen Respekt, Offenheit und Transparenz."[410]

Literaturverzeichnis

Allgemeiner Mediationsvertrag (2005): Schwechat.
Falk, G./Heintel, P./Krainer, L. (Hrg.) (2006): Das Mediationsverfahren am Flughafen Wien-Schwechat. Wiesbaden: Deutscher Universitätsverlag (DUV); ISBN-10 3-8450-6048-4, ISBN-13 978-3-8350-6038-8.
Heintel, P./Dalheimer, V./Goldmann, H./Heintel, M./Krainer, L./Strohmeier, G. (2011): Interventionsforschung und Evaluation Dialogforum Flughafen Wien – Forschungsbericht. Klagenfurt: Alpen-Adria-Universität.
Kooperationsvertrag Verein Dialogforum Flughafen Wien – Flughafen Wien AG (2005): Schwechat.
Leistungsvertrag Umweltfonds – Flughafen Wien AG (2005): Schwechat.
Protokoll Schwechater Klausur des Dialogforums 28./29. Jänner (2011): Schwechat, S. 1.
Statuten Verein Dialogforum Flughafen Wien (2005): Schwechat.
Teilvertrag „Aktuelle Maßnahmen" (2003): Schwechat.
Vereinbarung über das Mediationsverfahren Flughafen Wien (2000): Schwechat.

---

409 Vgl. Heintel, P./Dalheimer/Goldmann/Heintel, M./Krainer/Strohmeier 2011, S.108.
410 Protokoll Schwechater Klausur des Dialogforums 28./29. Jänner 2011, S. 1.

Beratung · Supervision · Coaching

Astrid Schreyögg
Supervision
Ein integratives Modell
5., erw. Aufl. 2010. 428 S. Br. EUR 49,95
ISBN 978-3-531-17343-6

Dieses Lehrbuch ist längst als Standardwerk etabliert. Neben seiner Systematik und Verständlichkeit zeichnet es sich insbesondere durch seinen konzeptuellen Ansatz aus: Eine Vielzahl supervisionsrelevanter (Organisations-)Theorien und Methoden werden zu einem in sich konsistenten, „integrativen" Ansatz verbunden. Psychoanalyse und Kommunikationstheorie finden ebenso Berücksichtigung wie methodische Elemente z.B. aus Gestalttherapie und Psychodrama.

Karolina Galdynski / Stefan Kühl (Hrsg.)
Black-Box Beratung?
Empirische Studien zu Coaching und Supervision
2009. 260 S. (Coaching und Supervision) Br. EUR 39,90
ISBN 978-3-531-16292-8

In diesem Sammelband erkunden die Autoren in empirischen Studien, wie sich die Popularität von Coaching und Supervision erklären lässt, welche Strategien der Professionsbildung verfolgt werden, welche Funktionen die personenorientierte Beratung erfüllt und wie Erfolge und Misserfolge von Beratungen evaluiert werden.

Surur Abdul-Hussain
Genderkompetenz in Supervision und Coaching
Mit einem Beitrag zur Genderintegrität von Ilse Orth und Hilarion Petzold
2011. ca. 180 S. (Integrative Modelle in Psychotherapie, Supervision und Beratung) Br. ca. EUR 24,90
ISBN 978-3-531-16754-1

Brauchen Frauen und Männer in Supervision und Coaching Unterschiedliches? Werden Frauen und Männer in der supervisorischen Praxis „gleich" behandelt? Was bedeutet Genderkompetenz im beraterischen Setting? Diesen und ähnlichen Fragen geht die Autorin nach und räumt mit Vorurteilen und Alltagstheorien auf.

Eva-Maria Graf / Yasmin Aksu / Ina Pick / Sabine Rettinger (Hrsg.)
Beratung, Coaching, Supervision
Multidisziplinäre Perspektiven vernetzt
2011. ca. 270 S. Br. ca. EUR 34,95
ISBN 978-3-531-17965-0

Dem Ruf nach fundierter Forschung zu Beratung, Coaching und Supervision folgend, sind in diesem Band einige der neuesten Ergebnisse zur Beratungsforschung aus der Perspektive verschiedener Disziplinen – beispielsweise der Sprachwissenschaft, der Sozialwissenschaften, der Psychologie und der Erziehungswissenschaft – sowie Impulse aus der Praxis vereint.

Erhältlich im Buchhandel oder beim Verlag.
Änderungen vorbehalten. Stand: Juli 2011.

Einfach bestellen:
SpringerDE-service@springer.com
tel +49 (0)6221 / 3 45 – 4301
springer-vs.de

Springer VS

Printed by Books on Demand, Germany